Basiswissen Sozialwirtschaft und Sozialmanagement

Reihe herausgegeben von
Klaus Grunwald, Stuttgart, Deutschland
Ludger Kolhoff, Wolfenbüttel, Deutschland

Die Lehrbuchreihe „Basiswissen Sozialwirtschaft und Sozialmanagement" vermittelt zentrale Inhalte zum Themenfeld Sozialwirtschaft und Sozialmanagement in verständlicher, didaktisch sorgfältig aufbereiteter und kompakter Form. In sich abgeschlossene, thematisch fokussierte Lehrbücher stellen die verschiedenen Themen theoretisch fundiert und kritisch reflektiert dar. Vermittelt werden sowohl Grundlagen aus relevanten wissenschaftlichen (Teil-)Disziplinen als auch methodische Zugänge zu Herausforderungen der Sozialwirtschaft im Allgemeinen und sozialwirtschaftlicher Unternehmen im Besonderen. Die Bände richten sich an Studierende und Fachkräfte der Sozialen Arbeit, der Sozialwirtschaft und des Sozialmanagements. Sie sollen nicht nur in der Lehre (insbesondere der Vor- und Nachbereitung von Seminarveranstaltungen), sondern auch in der individuellen bzw. selbstständigen Beschäftigung mit relevanten sozialwirtschaftlichen Fragestellungen eine gute Unterstützung im Lernprozess von Studierenden sowie in der Weiterbildung von Fach- und Führungskräften bieten.

Beiratsmitglieder

Holger Backhaus-Maul
Philosophische Fakultät III
Universität Halle-Wittenberg
Halle (Saale), Sachsen-Anhalt
Deutschland

Waltraud Grillitsch
Fachhochschule Kärnten
Feldkirchen, Österreich

Andreas Langer
Department Soziale Arbeit
HAW Hamburg
Hamburg, Deutschland

Peter Zängl
Hochschule für Soziale Arbeit
Fachhochschule Nordwestschweiz
Olten, Schweiz

Marlies Fröse
Evangelische Hochschule Dresden
Dresden, Sachsen, Deutschland

Andreas Laib
Fachbereich Soziale Arbeit
Fachhochschule St. Gallen
St. Gallen, Schweiz

Wolf-Rainer Wendt
Stuttgart, Baden-Württemberg
Deutschland

Waltraud Grillitsch · Steffen Felscher

Qualitätsmanagement in Organisationen der Sozialwirtschaft

Eine Einführung

Waltraud Grillitsch
Gesundheit und Soziales
Fachhochschule Kärnten
Feldkirchen in Kärnten, Österreich

Steffen Felscher
Leitung
NEUSTART Kärnten
Klagenfurt, Österreich

ISSN 2569-6009 ISSN 2569-6017 (electronic)
Basiswissen Sozialwirtschaft und Sozialmanagement
ISBN 978-3-658-40201-3 ISBN 978-3-658-40202-0 (eBook)
https://doi.org/10.1007/978-3-658-40202-0

Die Deutsche Nationalbibliothek verzeichnet diese Publikation in der Deutschen Nationalbibliografie; detaillierte bibliografische Daten sind im Internet über https://portal.dnb.de abrufbar.

© Der/die Herausgeber bzw. der/die Autor(en), exklusiv lizenziert an Springer Fachmedien Wiesbaden GmbH, ein Teil von Springer Nature 2024

Das Werk einschließlich aller seiner Teile ist urheberrechtlich geschützt. Jede Verwertung, die nicht ausdrücklich vom Urheberrechtsgesetz zugelassen ist, bedarf der vorherigen Zustimmung des Verlags. Das gilt insbesondere für Vervielfältigungen, Bearbeitungen, Übersetzungen, Mikroverfilmungen und die Einspeicherung und Verarbeitung in elektronischen Systemen.
Die Wiedergabe von allgemein beschreibenden Bezeichnungen, Marken, Unternehmensnamen etc. in diesem Werk bedeutet nicht, dass diese frei durch jede Person benutzt werden dürfen. Die Berechtigung zur Benutzung unterliegt, auch ohne gesonderten Hinweis hierzu, den Regeln des Markenrechts. Die Rechte des/der jeweiligen Zeicheninhaber*in sind zu beachten.
Der Verlag, die Autor*innen und die Herausgeber*innen gehen davon aus, dass die Angaben und Informationen in diesem Werk zum Zeitpunkt der Veröffentlichung vollständig und korrekt sind. Weder der Verlag noch die Autor*innen oder die Herausgeber*innen übernehmen, ausdrücklich oder implizit, Gewähr für den Inhalt des Werkes, etwaige Fehler oder Äußerungen. Der Verlag bleibt im Hinblick auf geografische Zuordnungen und Gebietsbezeichnungen in veröffentlichten Karten und Institutionsadressen neutral.

Planung/Lektorat: Katrin Emmerich
Springer VS ist ein Imprint der eingetragenen Gesellschaft Springer Fachmedien Wiesbaden GmbH und ist ein Teil von Springer Nature.
Die Anschrift der Gesellschaft ist: Abraham-Lincoln-Str. 46, 65189 Wiesbaden, Germany

Wenn Sie dieses Produkt entsorgen, geben Sie das Papier bitte zum Recycling.

Inhalt

Abbildungsverzeichnis XI

Tabellenverzeichnis XIII

1 Einleitung 1

2 Grundlagen der Qualität und des Qualitätsmanagements
  in sozialen Organisationen 9
  2.1 Soziale Organisationen in ihrer Vielfalt 11
  2.2 Bedeutung von Qualität und Dienstleistungsqualität .. 16
  2.3 Prozessebenen der Qualität aus der
      Wertschöpfungsperspektive 20
      2.3.1 Der Prozessbegriff 20
      2.3.2 Leistungs- bzw. Kernprozesse 22
      2.3.3 Unterstützende Prozesse bzw. Supportprozesse . 23
      2.3.4 Management- oder Führungsprozesse 24
      2.3.5 Erkenntnisse aus den Prozessbetrachtungen ... 26
  2.4 Qualitätsmanagement 29
      2.4.1 Relevanz des Qualitätsmanagements 29
      2.4.2 Herausforderungen aus dem organisationalen
            Umfeld 31
      2.4.3 Herausforderungen in der Organisation 32
      2.4.4 Aufgaben des Qualitätsmanagements 34
  2.5 Fallbeispiel autArK Soziale Dienstleistungs-GmbH .. 35
      2.5.1 Qualitätsmanagement bei autArK 36

		2.5.2 Warum EFQM und was bedeutet es?	37
2.6		Arbeit mit dem Fallbeispiel autArK Soziale Dienstleistungs-GmbH	42
	2.6.1	Aufgaben zum Fallbeispiel	42
	2.6.2	Musterlösungen zum Fallbeispiel	43
2.7		Fragen zur Übung und Kontrolle des Lernerfolgs	49
2.8		Literaturverzeichnis	50

3		Total Quality Management (TQM) als Versuch eines ganzheitlichen Ansatzes	53
3.1		Begriff und Grundsätze des Total Quality Managements	54
3.2		Die vier Betrachtungsperspektiven des Total Quality Managements	57
	3.2.1	Kundenorientierung (Kostenträger – Adressat*innen)	58
	3.2.2	Mitarbeiterorientierung	60
	3.2.3	Prozessorientierung	61
	3.2.4	Umfeld- und Gesellschaftsorientierung	62
3.3		Dimensionen der Qualität	65
	3.3.1	Struktur- bzw. Potentialqualität	66
	3.3.2	Prozessqualität	66
	3.3.3	Ergebnisqualität	67
	3.3.4	Gesamtqualität bzw. Organisationsqualität	68
3.4		Total Quality Management (TQM) als Führungsphilosophie	69
	3.4.1	Qualitätsmanagement in der Leitung	69
	3.4.2	Qualitätsmanagement von der Basis	72
	3.4.3	Kombination von Top-Down und Bottom-Up Ansätzen	74
3.5		Fallbeispiel: Die Humanomed Gruppe	75
3.6		Arbeit mit dem Fallbeispiel Humanomed	83
	3.6.1	Aufgaben zum Fallbeispiel	83
	3.6.2	Musterlösungen zum Fallbeispiel	83
3.7		Fragen zur Übung und Kontrolle des Lernerfolgs	86
3.8		Literaturverzeichnis	87

4		Standardisierte Verfahren zur Entwicklung und Abbildung von Qualität	91
4.1		Tendenziell intern orientierte Ansätze	93
	4.1.1	Prozessbeschreibungen	93
	4.1.2	Prozesslandkarten	96
	4.1.3	Analyse der Service- bzw. Dienstleistungsqualität	98
	4.1.4	Betriebliches Vorschlagswesen	100

	4.1.5	Qualitätszirkel	101
	4.1.6	Beschwerdemanagement	103
	4.1.7	GAB-Verfahren	105
4.2	Tendenziell extern orientierte Ansätze	109
	4.2.1	DIN EN ISO-Normen	109
	4.2.2	Das EFQM-Modell	112
	4.2.3	Qualitätsaudits und Qualitätszertifikate	116
	4.2.4	Gütesiegel am Beispiel des Spendengütesiegels	119
	4.2.5	Selbstbewertung als Verbindungselement zwischen interner und extern orientierter Qualitätsarbeit	121
4.3	Eignung der Ansätze für Organisationen der Sozialwirtschaft	123
4.4	Fallbeispiel Lebenshilfe Syke gemeinnützige GmbH	124
4.5	Arbeit mit dem Fallbeispiel der Lebenshilfe Syke gemeinnützige GmbH	130
	4.5.1	Aufgaben zum Fallbeispiel	130
	4.5.2	Musterlösungen zum Fallbeispiel	131
4.6	Fragen zur Übung und Kontrolle des Lernerfolgs	136
4.7	Literaturverzeichnis	137
5	**Schritte der Implementierung und exemplarische Instrumente der Qualitätsplanung und Qualitätsdarlegung**	141
5.1	Qualitätsanalyse	143
	5.1.1	Stakeholder Analyse	144
	5.1.2	SWOT-Analyse	148
	5.1.3	GAP-Analyse	150
	5.1.4	Zufriedenheitsanalyse	153
	5.1.5	Problem- und Ursachenanalyse	155
5.2	Qualitätsziele	156
	5.2.1	Qualitätsleitbild	157
	5.2.2	Zielformulierung	161
	5.2.3	Benchmarking	162
5.3	Zukunftsgerichtete Qualitätsplanung	164
	5.3.1	Szenariotechnik	164
	5.3.2	Zukunftskonferenzen	166
	5.3.3	Strategieklausuren und Strategiesitzungen	167
5.4	Qualitätsmessung	169
	5.4.1	Qualitätskennzahlen	169
	5.4.2	Qualitätsstatistiken	171
	5.4.3	Balanced Scorecard	172

	5.4.4	Weitere Ansätze zur Messung der Dienstleistungsqualität	175
5.5	Qualitätsdarlegung		178
	5.5.1	Sach- und Qualitätsberichte	179
	5.5.2	Qualitätshandbuch	181
5.6	Fallbeispiel Verein NEUSTART		183
5.7	Aufgaben und Musterlösungen zum Fallbeispiel Verein NEUSTART		191
	5.7.1	Aufgaben zum Fallbeispiel	191
	5.7.2	Musterlösungen zum Fallbeispiel	191
5.8	Fragen zur Übung und Kontrolle des Lernerfolgs		199
5.9	Literaturverzeichnis		201

6	Verankerung von Qualität in der täglichen Praxis und Entwicklung einer Qualitätskultur		205
6.1	Kontinuierliche Verbesserung und der Deming Cycle		207
6.2	Ebenen und Akteur*innen im Rahmen einer Qualitätskultur in Organisationen		209
	6.2.1	Rolle des Individuums und die Verortung im Team	210
	6.2.2	Rolle der Leitung	212
	6.2.3	Rolle der Organisation	214
6.3	Qualitätsumsetzung		216
	6.3.1	Vier-Augen-Prinzip	217
	6.3.2	Checklisten	217
	6.3.3	Intervision und Kollegiales Feedback	220
	6.3.4	Supervision	222
	6.3.5	Coaching	223
	6.3.6	Mitarbeiter*innengespräche	226
	6.3.7	Externes und internes Feedback	229
	6.3.8	Dokumentation	230
6.4	Analyse und Entwicklung einer Qualitätskultur in der Organisation		231
	6.4.1	Ausgewählte Instrumente zur Diagnose der Unternehmenskultur	231
	6.4.2	Der Prozess des Kulturwandels im Überblick	234
6.5	Erfolgsfaktoren bei der Verankerung von Qualität und Qualitätsmanagement		238
6.6	Fallbeispiel Qualität im Verein Spektrum Salzburg		239

6.7	Arbeit mit dem Fallbeispiel Verein Spektrum Salzburg		249
	6.7.1	Aufgaben zum Fallbeispiel	249
	6.7.2	Musterlösungen zum Fallbeispiel	250
6.8	Fragen zur Übung und Kontrolle des Lernerfolges		256
6.9	Literaturverzeichnis		256
7	**Zusammenfassung**		**261**
8	**Literaturverzeichnis (Gesamtwerk)**		**269**

Abbildungsverzeichnis

Abb. 2.1	Sozialwirtschaftliches Dreieck	12
Abb. 2.2	Träger und Anbieter der Sozialwirtschaft	13
Abb. 2.3	Vielfalt an Anforderungen für qualitätsvolle Arbeit in Organisationen	15
Abb. 2.4	Sichtweisen des Qualitätsbegriffs	17
Abb. 2.5	Exemplarische Sichtweisen auf die Qualität der Sozialen Arbeit	19
Abb. 2.6	Übersicht über das Zusammenwirken der Prozessarten	27
Abb. 2.7	Interne und externe Kunden-Lieferanten-Beziehungen	28
Abb. 2.8	Qualitätsanforderungen im Spannungsfeld unterschiedlicher Anspruchsgruppen	31
Abb. 2.9	Prozessmodell der Personalentwicklung	33
Abb. 3.1	Total Quality Management als ganzheitlicher Ansatz	56
Abb. 3.2	Beispiele für kundenorientierte Qualitätskomponenten bzw. Leistungsmerkmale	59
Abb. 3.3	Die vier Phasen des Prozessmanagements	62
Abb. 3.4	Interne und externe Interessenspartner der Humanomed	78
Abb. 3.5	Auszug zu den Qualitätsdimensionen in der Humanomed	80
Abb. 3.6	Überblicksdarstellung der Prozesslandschaft in der Humanomed	81
Abb. 3.7	Auszug aus den Prozesskennzahlen der Humanomed	82
Abb. 4.1	Standardsymbole bei Flussdiagrammen	94
Abb. 4.2	Beispiel einer Prozesslandkarte	97
Abb. 4.3	Überblick über Methoden und Instrumente im GAB-Verfahren	107
Abb. 4.4	Das EFQM-Modell nach der Überarbeitung 2019	113
Abb. 4.5	Tabelle zum Themenbereich Ausrichtung mit Einschätzungsskala	115

Abb. 4.6	Organigramm der Lebenshilfe Syke	126
Abb. 5.1	SWOT-Normstrategien	150
Abb. 5.2	Konzeptionelle Umgebung von Leitbildern	159
Abb. 5.3	Phasen der Leitbildentwicklung	160
Abb. 5.4	Vorgehensweise beim Benchmarking	163
Abb. 5.5	Das Grundmodell der Balanced Scorecard	174
Abb. 5.6	Systematik zur Messung von Dienstleistungsqualität	175
Abb. 5.7	Klassische Hierarchie der Qualitätsdokumentation	178
Abb. 5.8	Inhaltlich vorgegebene Eckpunkte zum Sachbericht, Förderbereich Arbeit und Soziales der ESF-Verwaltungsbehörde	179
Abb. 6.1	Unternehmenskulturbegriffe	210
Abb. 6.2	Sozialisationsprozess: Vom „Neuen" zum Kulturträger	211
Abb. 6.3	Kulturassessment und Kulturveränderungsprozess	215
Abb. 6.4	Unterschiede zwischen internen und externen Coaches	225
Abb. 6.5	Der Kulturwandelprozess im Überblick	235
Abb. 6.6	Der Culture Excellence Prozess	237
Abb. 6.7	Organigramm Verein Spektrum	241
Abb. 6.8	Historische Entwicklung der drei Handlungsfelder	242

Tabellenverzeichnis

Tab. 4.1	Wesentliche Aspekte im Rahmen einer Prozessbeschreibung	95
Tab. 4.2	Kategorisierung von Beschwerdeinformationen	104
Tab. 4.3	Überblick über wichtige ISO Normen zu Qualität und Qualitätsmanagement	111
Tab. 5.1	Entwicklung einer Stakeholder-Strategie	145
Tab. 5.2	Erwartungen ausgewählter Anspruchsgruppen an Profit-Organisationen	146
Tab. 5.3	Kategorien einer noch im weiteren Dialogprozess zu befüllenden Stakeholder-Matrix eines Studiengangs Sozialer Arbeit	147
Tab. 5.4	Phasen der Zufriedenheitsanalyse	154
Tab. 5.5	Grundlegende Funktionen der Wirkung von Leitbildern innerhalb und außerhalb der Organisation	158
Tab. 5.6	Die vier Perspektiven der Balanced Scorecard im Überblick	173
Tab. 5.7	Hinweise zur Verfassung eines Qualitätsberichts nach Vorlage	180
Tab. 5.8	Auszüge einer Stakeholder Matrix für NEUSTART	192
Tab. 6.1	Funktionen von Führungskräften im Zusammenhang mit Unternehmenskultur	213
Tab. 6.2	Förderliche Rahmenbedingungen für Unternehmenskultur	216
Tab. 6.3	Checkliste einer Leitungsperson zu Maßnahmen der Qualitätssicherung in der Organisation	219
Tab. 6.4	Merkmale der Kollegialen Beratung	221
Tab. 6.5	Formen der Supervision	223
Tab. 6.6	Anlassfälle des Coaching	224

Tab. 6.7	Relevante Vorbereitungsaspekte für Führungskräfte im Rahmen des Mitarbeitergesprächs	228
Tab. 6.8	Prinzipien für eine kulturelle Neuausrichtung und die Gestaltung von Kulturentwicklungsprozessen	234
Tab. 6.9	Die Phasen des Culture Excellence Prozesses	237

Einleitung 1

Beschäftigt man sich mit dem Thema Qualität und deren Bedeutung so stellt man laut Knon et al. (2013) fest, dass das Thema schon im Altertum bei den Griechen und Römern von großer Bedeutung war. Bereits zu dieser Zeit existierten erste Ansätze von Qualitätsversprechen in Bezug auf die Herstellung, den Handel und den Tausch von Ware. Über die Jahrhunderte entwickelte sich das Thema immer weiter und im 16. Jahrhundert waren es beispielsweise die Fugger, welche die Qualitätskennzeichnung etablierten. Eine ganz neue Bedeutung erlangte das Thema im Zusammenhang mit der industriellen Revolution Ende des 19. bzw. Anfang des 20. Jahrhunderts. Qualitätsstandards und Aspekte der Qualitätssicherung bilden von dieser Zeit an die Grundlage für eine umfassende Entwicklung des Qualitätsmanagements in der uns heute bekannten Form. (Knon et al., 2013, S. 9)

Seit den 1990er Jahren konfrontiert die Qualitätsdebatte Organisationen der Sozialwirtschaft zunehmend mit steigenden Anforderungen an Effektivität, der Rechenschaft über das Verhältnis von Aufwand und erreichter Wirkung sowie einer Notwendigkeit zur Entwicklung von strukturierten Aktivitäten, für die planmäßige Verbesserung der Qualität des Handelns. (Merchel, 2013, S. 9) Laut Grunwald (2018) lässt sich der Stellenwert von Qualität und Qualitätsmanagement vor allem an drei Entwicklungen der Sozialwirtschaft und der Sozialen Arbeit feststellen: a) Wandel ökonomischer Rahmenbedingungen, der eine verstärkten Verankerungsbedarf betriebswirtschaftlicher Ansätze in sozialen Einrichtungen bewirkte und immer noch bewirkt, b) Verankerung der Qualitätsthematik in Sozialgesetzen durch den Gesetzgeber und c) Professionalisierungsdiskurs Sozialer Arbeit und Forderung von Nachweisen für die Wirksamkeit der fachlichen Arbeit – Qualität und Qualitätsmanagment wirken hoch legitimatorisch. (Grunwald, 2018, S. 617)

© Der/die Autor(en), exklusiv lizenziert an
Springer Fachmedien Wiesbaden GmbH, ein Teil von Springer Nature 2024
W. Grillitsch und S. Felscher, *Qualitätsmanagement in Organisationen der Sozialwirtschaft*, Basiswissen Sozialwirtschaft und Sozialmanagement,
https://doi.org/10.1007/978-3-658-40202-0_1

Für die Autor*innen ist die Impementierung von Qualität und Qualitätsmanagment zentral, um Organisationen nachhaltig als Anbietende im Sozialbereich zu verankern. Fachkräfte und Leitungspersonen brauchen somit fundierte Kenntnisse in diesem Themenfeld.

Das vorliegende Werk bietet theoretische Grundlagen und praktische Beispiele im Sinne eines fundierten Grundverständnisses von Qualitätsmanagement in Organisationen der Sozialwirtschaft im deutschsprachigen Raum. Es richtet sich an Studierende, Dozierende und Fachkräfte der Sozialen Arbeit, des Sozialmanagements und der Sozialwirtschaft sowie an Praktiker*innen im dritten Sektor. Als Grundlagenwerk des Qualitätsmanagements bietet das Buch mit seinen Unterkapiteln einen Orientierungsrahmen für die Praxis und das Studium. Es beinhaltet wesentliche, theoretisch fundierte Ansatzpunkte und handlungsleitende Elemente für Qualitätsmanagement, die durch konkrete Herangeheneswiesen und methodische Betrachtungen für die Umsetzung in der Praxis ergänzt werden. Neben der ganzheitlichen Betrachtung zum Total Quality Management stehen Verfahren zur Entwicklung und Abbildung von Qualität sowie Prozesse der Implementierung und nachhaltigen Verankerung im Fokus. Fallbeispiele ermöglichen den praktischen Einblick bei der Umsetzung von Qualitätsmanagement in unterschiedlichen sozialen Einrichtungen. Ein kurzer Einblick in die Inhalte der Kapitel 2–6 zeigt die Bandbreite des Qualitätsmanagements in Kürze auf.

Kapitel 2 liefert den fachlichen Einstieg mit Grundlagen der Qualität und des Qualitätsmanagements in sozialen Organisationen. Soziale Organisationen werden in ihrer Vielfalt thematisiert und die Bedeutung von Qualität und im Spezifischen der Dienstleistungsqualität wird erläutert. Anschließend werden die Prozessebenen der Qualität aus der Wertschöpfungsperspektive heraus betrachtet, indem der Prozessbegriff und die gängigen Prozessarten geklärt werden. Diese umfassen die Leistungs- bzw. Kernprozesse, die Unterstützungs- bzw. Supportprozesse sowie die Management- bzw. Führungsprozesse. Das Kapitel geht außerdem auf die Relevanz des Qualitätsmanagements ein, thematisiert Herausforderungen aus dem organisationalen Umfeld sowie innerhalb der Organisation und spricht Aufgaben des Qualitätsmanagements an.

Kapitel 3 ist dem Total Quality Management (TQM) als Versuch eines ganzheitlichen Ansatzes gewidmet, an dem sich die meisten Qualitätsmanagementansätze in ihren Begrifflichkeiten orientieren. Nach den Begriffsdefinitionen und Grundsätzen des Total Quality Managements werden die vier Betrachtungsperspektiven der Kundenorientierung (Kostenträgerschaft und Adressat*innen in der Sozialwirtschaft), der Mitarbeiterorientierung, der Prozessorientierung sowie der Umfeld- und Gesellschaftsorientierung beschrieben. Auch die im TQM verankerten Dimensionen der Qualität finden sich in allen gängigen Konzepten des Qualitätsmanagments. Zu diesen zählen die Struktur- und Potentialqualität, die Prozessqualität und die Ergebnisqualität, welche gemeinsam die Organisationsqualität bzw. Gesamtqualität einer Organisation bilden. Wesentlich ist zu verstehen, dass es sich bei Total Quality Management um eine Führungsphilosophie handelt und nicht um einen konkreten Ansatz bzw. eine Methodik des Qualitätsmanagements. Im Sinne des TQM muss Qualität und Qualitätsmanagement sowohl allen Leitungsebenen als auch auf der Ebene der operativ (ausführend) tätigen Mitarbeiter*innen verankert sein. Die Bedeutung einer Kombination von Top-Down und Bottom-Up Ansätzen wird daher im Anschluss erklärt.

Kapitel 4 beschäftigt sich mit standardisierten Verfahren zur Entwicklung und Abbildung von Qualität, die sich durch genaue Vorgaben der Darstellung der jeweiligen Verfahren auszeichnen.

Dabei sind tendenziell intern orientierte Ansätze innerhalb der Organisation erforderlich, um Qualitätsmanagement zu etablieren und tendenziell extern orientierte Ansätze dabei behilflich, die Qualität einer Organisation auch nach außen hin darzustellen. Zu wesentlichen tendenziell intern orientierten Ansätzen gehören die Prozessbeschreibungen und Prozesslandkarten, die einen Überblick über die Prozesslandschaft einer Organisation ermöglichen. Organisationen müssen sich intern der Anaylse der Service- bzw. Dienstleistungsqualität widmen, um einen Überblick über die eigene Qualität der Organisation zu gewinnen. Das betriebliche Vorschlagswesen und der Qualitätszirkel ermöglichen eine interne Weiterentwicklung von Qualität und Qualitätsmanagement. Beschwerdemanagement integriert gezielt Feedback von Außen zur Verbesserung der internen Prozesse und das GAB-Verfahren ermöglicht eine kontinuierliche Weiterentwicklung der Qualtät in Organisationen, kombiniert mit einer grundlegenden dialogorientierten Haltung, die im Sozialbereich sehr wesentlich ist.

Die tendenziell extern orientierten Verfahren brauchen interne Entwicklungen und Prozesse und bauen daher auf intern orientierte Ansätze auf, sie ermöglichen es jedoch auch, die Qualitätsentwicklung der Organisation verständlich und vergleichbar nach außen zu tragen. Zu den beiden bekanntesten Ansätzen zählen die DIN EN ISO-Normen und das EFQM-Modell. Qualitätsaudits ermöglichen die Abbildung der Qualitätsnormen nach außen im Sinne der Erlangung von Qualitätszertifikaten für einen bestimmten Zeithorizont, die anschließend wieder eine Re-Zertifizierung erfordern. Gütesiegel bieten die Möglichkeit der Qualitätsauszeichnung mit bestimmten Schwerpunkten, spezifisch wird hier beispielhaft auf das Spendengütesiegel eingegangen.

Abschließend ist im Kapitel 4 festzuhalten, dass tendenziell intern und extern orientierte Ansätze gut zusammenwirken müssen, um Qualität und Qualitätsentwicklung in Organisationen zu befördern. Die Selbstbewertung von Qualität und Qualitätsprozessen in Organisationen wirkt hier als wesentliches Verbindungselement zwischen interner und externer Qualitätsarbeit und ist auch häufig erforderlich in Vorbereitung auf die Erlangung extern orientierter Qualitätssiegel/Qualitätsauszeichnungen.

Kapitel 5 beschäftigt sich mit Schritten der Implementierung und exemplarischen Instrumenten der Qualitätsplanung und Qualitätsdarlegung, wobei gängige Instrumente aus Theorie und Praxis erklärt werden, die für sozialee Organisationen unterschiedlicher Größen anwendbar sind. Im Rahmen der Qualitätsanalyse wird auf die Instrumente der Stakeholder Analyse, der SWOT-Analyse, der GAP-Analyse, der Zufriedenheitsanalyse sowie auf die Problem- und Ursachenanalyse eingegangen um die wesentlichen verschiedenen Betrachtungsebenen des Total Quality Managements aus Kapitel 2 (Mitarbeiter*innen, Prozesse, Kund*innen, Umfeld/Gesellschaft) analysieren zu können.

Wesentlich für die Umsetzung von Qualität und Qualitätsmanagement sind klare Qualitätsleitlinien und Qualitätsziele, dazu wird exemplarisch auf das Qualitätsleitbild, Zielformulierungen und Benchmarking eingegangen. Im Sinne einer zukunftsgerichteten Qualitätsplanung werden die beispielhaften Instrumente der Szenariotechnik, der Zukunftskonferenzen, der Strategieklausuren und Strategiesitzungen besprochen.

Qualitätsmessung bietet einen klaren Orientierungsrahmen für die Organisation und ist daher essentiell, dazu werden Qualitätskennzahlenn und Qualitätsstatistiken erklärt. Die Balanced Sorcecard als Kennzahlensystem, das für den Sozialbereich praktikable Erkenntnisse liefern kann wird thematisiert und weitere Ansätze zur Messung von Dienstleistungsqualität werden komakt dargestellt wie z.B. Befragungen unterschiedlicher Stakeholderegruppen. Als bedeutenste Instrumente der Qualtätsdarlegung werden Sach- und Qualitätsberichte sowie das Instrument des Qualitätshandbuches beschrieben.

In Kapitel 6 geht es abschließend um die Verankerung von Qualität in der täglichen Praxis, wofür die Entwicklung einer Qualitätskultur in der Organisation erforderlich ist. Die Philosophie der kontinuierlichen Verbesserung (Kaizen) und die prozesshafte laufende Verankerung im Sinne des Demin Cycle (Plan-Do-Check-Act) werden eingangs behandelt. Anschließend wird auf Ebnen und Akteur*innen im Rahmen einer Qualitätskultur in Organisationen eingegangen, also die Rolle des Individuums und die Verortung im Team, die Rolle der Leitung und die Rolle der Organisation in diesem Kontext thematisiert.

Das nächste Unterkapitel zur Qualitätsumsetzung ist exemplarischen personenorientierten Instrumenten gewidmet, die häufig auch im Kontext der Personalentwicklung zum Einsatz kommen und die im Sozialbereich häufig Anwendung finden. Eingegangen wird auf das 4-Augen-Prinzip, die Checklisten, Intervision und Kollegiales Feedback, Supervision, Coaching, Mitarbeiter*innengespräche, externes und interenes Feedback sowie die Dokumentation der Qualität der erbrachten Leistungen. Damit soll sichergestellt werden, dass Qualität und

Einleitung

Qualitätsmanagement in der direkten Umsetzung im Arbeitsalltag Anwendung findet.

Kapitel 6 kümmert sich anschließend gezielt der Analyse und Entwicklung einer Qualitätskultur in der Organisation und geht auf ausgewählte Instrumente zur Diagnose der Unternehmenskultur ebenso ein wie auf den Prozess des Kulturwandels im Überblick. Zum Abschluss werden Erfolgsfaktoren bei der Verankerung von Qualität und Qualitätsmanagement genannt.

Den Autor*innen ist ein wichtiges Anliegen, Theorie und Praxis zu verknüpfen, um den bestmöglichen Lerneffekt bei Leser*innen zu erzielen. Jedes Kapitel beinhaltet daher ein Fallbeispiel in der folgenden Form:

- Text zum Fallbeispiel: Die fallgebende Organisation und relevante Ansätze der Qualität und des Qualitätsmanagements für das jeweilige Kapitel werden erklärt
- Aufgaben zum Fallbeispiel: Fragen und Aufgabenstellungen für die Leser*innen zum Fallbeispiel werden angeführt.
- Musterlösungen zum Fallbeispiel: Beispielhafte Lösungen ohne Anspruch auf Vollständigkeit helfen den Leser*innen bei der Selbstkontrolle, ob die Aufgaben passend gelöst wurden.

Für den besten Lerneffekt wird Leser*innen empfohlen, die Aufgaben zum Fallbeispiel selbst zu bearbeiten und erst anschließend mit den Musterlösungen zu vergleichen. Aus der Fallarbeit können so vor allem folgende Fähigkeiten trainiert und Erkenntnisse gewonnen werden:

- Theoretischen Einblick in einem praktischen Kontext anwenden
- Verschiedene Organisationen und deren Ansätze im Qualitätsmanagement kennenlernen
- Aus dem Kapitel erworbenes Wissen direkt erproben und den eigenen Wissensfortschritt zu überprüfen (Musterlösung als Hilfestellung)

Bei der Auswahl der Fallbeispiele lag der Fokus darauf, ein möglichst breites Spektrum an Organisationen sozialer Handlungsfelder abzubilden sowie eine unterschiedliche Größe der Orgnaisation, in Bezug auf Mitarbeiter*innen, bei der Betrachtung des Themas Qualitätsmanagement heranzuziehen. So finden sich im Buch die folgen fünf Organisationen wieder:

autArK Soziale Dienstleistungs-GmbH (Kapitel 2): Diese Organisation begleitet seit 25 Jahren Menschen mit Behinderung im Rahmen des Kärntner Chancengleichheitsgesetzes und unterstützt sie in besonderen Lebenssituationen auf dem

Weg zur größtmöglichen beruflichen und persönlichen Eigenständigkeit. Die autArK Soziale Dienstleistungs-GmbH hat über 600 Mitarbeiter*innen.

Humanomed-Gruppe (Kapitel 3): Die Humanomed-Gruppe ist ein privates Unternehmen mit einer 45jährigen Geschichte. Sie umfasst verschiedene Organisationen mit Schwerpunkt im Gesundheitsbereich in Form unterschiedlicher Klinik- und Dienstleistungsangebote. Die Humanomed-Gruppe hat circa 1 200 Mitarbeiter*innen.

Lebenshilfe Syke gemeinnützige GmbH (Kapitel 4): Die Lebenshilfe Syke ist als einer von 500 Kreisverbänden der Bundesvereinigung Lebenshilfe in Deutschland tägig und wurde 1966 gegündet. Sie setzt sich seither für die Verwirklichung von Chancengleichheit und Selbstbestimmung von Menschen mit Behinderungen ein sowie für Menschen, die von einer Behinderung bedroht sind. In der Lebenshilfe Syke gemneinnützige Gmbh sind rund 800 Mitarbeiter*innen tätig.

Verein NEUSTART (Kapitel 5): Der Verein NEUSTART arbeitet seit 1957 im Bereich der justiznahen Sozialarbeit, der Straffälligenhilfe, Opferhilfe und Prävention. Mit über 1 600 haupt- und ehrenamtlichen Mitarbeiter*innen ist der Verein eine der größten Non-Profit-Organisationen der Sozialwirtschaft Österreichs und in allen neun Bundesländern tätig.

Verein Spektrum Salzburg (Kapitel 6): Der Verein ist seit der Gründung im Jahr 1978 mit seinen Angeboten und sozialen Dienstleistungen im Sozial- und Freizeitraum von Kindern und Jugendlichen, im Lebensumfeld von Familien sowie im Lebensraum Schule tätig. Beim Verein Verein Spektrum Salzburg sind circa 100 Mitarbeiter*innen beschäftigt.

An dieser Stelle gilt ein Dankeschön den aufgeführten Orgnaisationen und Autor*innen, für die Bereitschaft der Mitwirkung und den konstruktiven sowie erkenntnisreichen Austausch:

- autArK Soziale Dienstleistungs-GmbH – Mag.a (FH) Pamela Aichelburg-Petschar, Leitung des Kompetenzteam Qualität der autArK Soziale Dienstleistungs-GmbH; Andreas Jesse, MBA, Geschäftsführer autArK Soziale Dienstleistungs-GmbH
- Humanomed-Gruppe – Stephanie Schuller, MSc, M.Ed, Leitung Qualitätsmanagement, Humanomed Consult; DI Werner Hörner, Geschäftsführer der Humanomed

- Lebenshilfe Syke gemeinnützige GmbH – Laura Kuhlmann, Öffentlichkeitsarbeit und Fundraising; Dorothee Schwahn, Bereichsleitung für Schulische Bildung und Frühförderung und Sandra Sonnemann, Dipl. Pädagogin, stellvertretende Geschäftsführerin und Bereichsleitung für Kindertagesstätten
- Verein NEUSTART – Mag. Bernhard Glaeser, Leiter Sozialarbeit; Mag.a Doris Pumberger; Leiterin Projektmanagement, Strategie und Organisation; Alfred Kohlberger, MAS, Geschäftsführer für wirtschaftliche Angelegenheiten und Dr. Christoph Koss, Geschäftsführer Sozialarbeit
- Verein Spektrum Salzburg – Mag.a (FH) Pamela Heil, Fachbereichsleitung jetzt – Soziale Arbeit in der Schule; DSA Thomas Schuster, Geschäftsführer Verein Spektrum

Vielen Dank für die Bereitschaft die Erfahrungen Ihrer Organisation und Ihr Expert*innenwissen zu teilen, damit Studierende, Lehrende und Praktiker*innen davon profitieren können und ein toller Theorie-Praxis-Transfer hergestellt werden kann.

Finale Lern- und Kontrollfragen zu jedem Kapitel ermöglichen Leser*innen die Überprüfung des eigenen theoretischen Wissensfortschritts und in den Kapitelliteraturverzeichnissen sind die verwendeten Quellen für weiterführende Informationen oder eine Nachlese genannt.

Grundlagen der Qualität und des Qualitätsmanagements in sozialen Organisationen

2

Zusammenfassung

Dieses Kapitel geht auf die Besonderheiten von sozialen Dienstleistungen und sozialen Organisationen im Überblick ein. Die Merkmale von Dienstleistungen und das sozialrechtliche Dreiecksverhältnis im Zusammenhang mit der Konsumption von Dienstleistungen werden vorgestellt. Öffentliche und freie Träger und deren Aufgaben werden kurz erläutert. Die Besonderheiten von Nonprofit-Organisationen als häufige Organisationsform in der Sozialen Arbeit und Sozialwirtschaft werden angesprochen. Anforderungen an (soziale) Organisationen werden exemplarisch thematisiert.

Der Qualitätsbegriff wird definiert und aus verschiedenen Perspektiven beleuchtet. Der Prozessbegriff wird im Sinne einer Input-Output-Betrachtung sowie mit Hilfe der Wertkettenbetrachtung nach Porter analysiert. Das Kapitel geht darauf ein, warum Kernprozesse in Subprozesse, Aktivitäten und Aufgaben gegliedert werden sollen und wie die Optimierung von Prozessen arbeitsteilig erfolgen kann. Die Unterschiede zwischen Leistungs- bzw. Kernprozessen, Unterstützungs- bzw. Supportprozessen sowie Management- und Führungsprozessen werden detailliert beschrieben und Erkenntnisse aus der Analyse von Wertketten und der Prozessbetrachtung von Organisationen abgeleitet.

Ausgehend von der Qualitätsdebatte, ihren Ursprüngen und der daraus resultierenden Notwendigkeit für Organisationen der Sozialwirtschaft, das Handeln in Bezug auf Qualität mit Konzepten und Instrumenten zu flankieren, werden in diesem Kapitel Gründe für Qualitätsorientierung benannt. Es werden Herausforderungen aus dem organisationalen Umfeld, anhand der Quali-

© Der/die Autor(en), exklusiv lizenziert an
Springer Fachmedien Wiesbaden GmbH, ein Teil von Springer Nature 2024
W. Grillitsch und S. Felscher, *Qualitätsmanagement in Organisationen der Sozialwirtschaft*, Basiswissen Sozialwirtschaft und Sozialmanagement,
https://doi.org/10.1007/978-3-658-40202-0_2

tätsanforderungen verschiedener Anspruchsgruppen verdeutlicht, ebenso organisationsinterne Problemfelder am Beispiel der Personalentwicklung sowie formativer Gestaltungszugänge. Abschließend werden die Aufgaben des Qualitätsmanagements in Bezug auf Planung, Steuerung, Prüfung, Verbesserung und Darlegung beschrieben und am Beispiel der Lebenshilfe Kärnten ein Praxisbezug hergestellt.

Schlüsselwörter

Soziale Dienstleistungen, soziale Organisationen, Nonprofit-Organisationen, Qualitätsbegriff, Prozessbetrachtung, Qualitätsdebatte, Herausforderungen, Qualitätsmanagement, Qualitätsplanung, Qualitätssteuerung, Qualitätsprüfung, Qualitätsverbesserung, Qualitätsdarlegung, Personalentwicklung, normative Aspekte, Fallbeispiel.

Lernziele

- Sie kennen die Besonderheiten (sozialer) Dienstleistungen und wissen, wieso ein sozialrechtliches Dreiecksverhältnis bei deren Konsumption entsteht.
- Sie können unterschiedliche Typen von freien Trägern erklären und kennen die Aufgabe der öffentlichen Trägerschaft.
- Sie können Beispiele für Anforderungen an (soziale) Organisationen benennen, durch die Qualitätsdruck entsteht.
- Sie sind in der Lage den Begriff der Qualität in eigenen Worten zu definieren und verschiedene Perspektiven auf den Qualitätsbegriff zu erläutern.
- Sie können den Prozessbegriff im Sinne einer wertschöpfungsorientierten Perspektive verstehen und die Wertkettenbetrachtung nach Porter erläutern.
- Sie wissen, welche verschiedenen Prozessarten unterschieden werden und können jeweils Beispiele benennen.
- Sie können Erkenntnisse aus der Analyse der Wertketten nach Porter und der Prozessbetrachtung von Organisationen beschreiben.
- Sie lernen qualitätsbezogene Herausforderungen in der Organisation und im Zusammenhang mit unterschiedlichen Anspruchsgruppen kennen.
- Sie können interne Entwicklungszusammenhänge in Bezug auf Personal und normative Aspekte beschreiben.
- Die konkreten Aufgaben des Qualitätsmanagements sind Ihnen bekannt.

2.1 Soziale Organisationen in ihrer Vielfalt

Die Dienstleistungsproduktion ist zumeist der Hauptleistungsgegenstand von sozialen Organisationen. Soziale Dienstleistungen dienen der Lösung sozialer Probleme und der Hilfe in sozialen Bedarfs- und Notlagen von Einzelnen, Gruppen und dem Gemeinwesen, oder versuchen soziale Problemlagen durch Prävention zu verhindern (Cremer et al., 2013, S. 12) Eine Analyse der Dienstleistungsproduktion ergibt laut Arnold (2014a) folgende Besonderheiten:

- Immaterialität: Dienstleistungen sind nicht materiell greifbar, die Qualität der erbrachten Leistung ist durch Leistungsabnehmer*innen nicht objektiv überprüfbar. Die Dokumentation von Prozess- und Ergebnisqualität (siehe dazu Kapitel 3.3 zu den Dimensionen von Qualität) kann in der Kommunikation mit Kund*innen genutzt werden.
- Uno actu Prinzip (Unteilbarkeit/Vergänglichkeit): Produktion und Konsumption fallen untrennbar zusammen, die Inputfaktoren (Personal, Ressourcen) müssen bereitstehen, erst wenn der/die Leistungsabnehmer*in hinzu kommt, kann die endgültige Leistung (persönlich und interaktiv) erstellt werden. Durch das uno actu Prinzip ergibt sich auch Standortgebundenheit, die Dienstleistung kann nur dort erbracht werden, wo sich die entsprechenden Personen und/oder das Sachgut befinden.
- Heterogenität/Individualität: Personenbezogene Dienstleistungen sind nur begrenzt standardisierbar und müssen oft höchst individuellen Anforderungen angepasst werden, Herausforderungen ergeben sich aufgrund von Subjektivität und Situationsbezogenheit der Leistungserstellung.
- Keine Lagerfähigkeit: Dadurch ergeben sich Herausforderungen in der optimalen Auslastung der Produktionsfaktoren, ungenutzte Service-Kapazitäten gehen verloren, flexibler Arbeitseinsatz ist nur in Grenzen möglich, wie z. B. mit Bereitschaftsdienst. (Arnold, 2014a, S. 460–461; Vogelbusch, 2018, S. 17)

Dienstleistungen brauchen aufgrund ihrer Charakteristika eine spezielle Form des Dienstleistungsmanagements, das die spezifischen Merkmale der Dienstleistungen und der Leistungserstellungsprozesse berücksichtigt. Soziale Dienstleistungen kennzeichnen sich darüber hinaus durch Besonderheiten in der Dienstleistungsabrechnung.

Die Abrechnung der Dienstleistungen erfolgt laut Schellberg (2014) am häufigsten über Leistungsentgelte, dies ist die am weitesten verbreitete Kontraktform in der Sozialwirtschaft und fällt in die Kategorie der subjektbezogenen Finanzierungsformen. Der Sozialleistungsträger schließt mit einem Leistungserbringer (Sozialorganisation) eine Leistungs- und Entgeltvereinbarung. Der Leistungserbringer verpflichtet sich zu einer bestimmten sozialen Dienstleistung, der öffentliche Träger zur Bezahlung der Entgelte, die Leistung wird für Leistungsempfänger*innen erbracht. Zuzahlungen im Sinne von Selbstbehalten durch Leistungsempfänger*innen sind möglich. (Schellberg, 2014, S. 261–262)

Die Form der Rechtsbeziehungen zwischen Leistungsnutzer*innen, Leistungserbringern (Anbieter/Einrichtungen/Träger) und den Kostenträgern (Kommunen, Sozialversicherungsträger) lässt sich laut Bäcker et al. (2020, S. 1151) wie in Abbildung 2.1 darstellen:

Abb. 2.1 Sozialwirtschaftliches Dreieck (Bäcker et al., 2020, S. 1152)

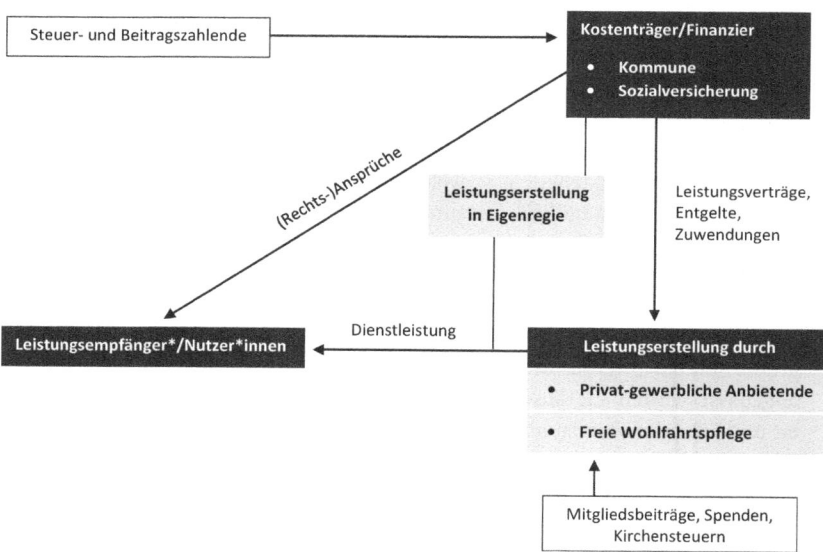

Aus der Abbildung 2.1 ist ersichtlich, die finanziellen Austauschbeziehungen zwischen Leistungserbringenden und Kostenträgern stattfinden statt wie marktüblich zwischen Nutzer*innen und Leistungserstellenden. Die Nutzer*innen haben einen grundsätzlichen Anspruch auf die Leistung gegenüber den Kostenträgern und gegenüber den Leistungserstellenden den konkreten Dienstleistungsanspruch ohne Zahlungsverpflichtung, außer es sind Selbstzahlungsbeiträge vorgesehen. Die Kostenträger sind die eigentlichen (zahlenden) Kund*innen, sie schließen Verträge zur konkreten Ausgestaltung der Dienstleistungen mit den Leistungserstellenden ab. Die Leistungsanbietenden stehen in Konkurrenz um knappe finanzielle

Mittel der Kostenträger, dadurch entsteht ein Quasimarkt mit einem Preis- und Qualitätswettbewerb. (Bäcker et al., 2020, S. 1151–1152)

Der Kostenträger bezahlt für die Leistung aufgrund eines (Rechts-)Anspruches, weil die betreffenden Adressat*innen in der Sozialen Arbeit für die Dienstleistung selbst nicht bezahlen können (finanzielle Lage der Personen) oder wollen (z. B. in Zwangskontexten), der Kostenträger die Leistung aber als essentiell für die betroffenen Personen oder die Gesellschaft ansieht. Der Kostenträger ist damit in den Leistungserstellungsprozess einbezogen und wirkt auf die Organisationen Sozialer Arbeit bzw. der Sozialwirtschaft koordinierend und steuernd ein.

Abbildung 2.2 stellt die Aufgabe öffentlicher Träger und die drei Grundkategorien von freien Trägern in der Sozialwirtschaft im Überblick dar.

Abb. 2.2 Träger und Anbieter der Sozialwirtschaft (Brinkmann, 2010, S. 60)

Die hoheitliche Aufgabe öffentlicher Träger umfasst die Gewährleistung, Koordination und Steuerung der Leistungserbringung durch die Freien Träger		
Freie Träger der Sozialwirtschaft		
Privatfreigemeinnützige Träger (NPO)	privatfreiberufliche Träger	privatgewerbliche Anbieter
Typ: Non-Profit-Organisationen mit und ohne Gewinnerzielungsabsicht	**Typ:** Privatfreiberufliche Anbieter mit kleinen Organisationsgrößen	**Typ:** Privatgewerbliche Anbieter mit Gewinnerzielungsabsicht
Mitglieds- und dienstleistungsorientiert (z. T. schwindender mitgliedschaftlicher Einfluss)	Dienstleistungsorientiert, bislang fehlendes freiberufliches Bild Sozialer Arbeit (z. B: die Vertretung durch eine Kammer für freiberufliche Soziale Arbeit)	Betriebswirtschaftliche Steuerung bzw. dienstleistungsorientierte Leistungserstellung
Multifunktionsorganisationen: Vereine und Kapitalgesellschaften	Selbstständigkeit, kleine Trägervereine, gGmbH	Vorrangig Kapitalgesellschaften (GmbH, Aktiengesellschaften)
Hohe sozialpolitische Einflussnahme und anwaltschaftliche Position für soziale Zielgruppen	Geringe sozialpolitische Relevanz	Mäßige sozialpolitische Relevanz
Beispiel: Einrichtungen der Diakonie	Beispiel: freiberufliche Betreuer*innen	Beispiel: private Kitas

Aus Abbildung 2.2 ist ersichtlich, dass die öffentlichen Träger gegenüber freien Trägern eine Kostenträgerfunktion innehaben und als öffentliche Sozialleistungsträger auch Gewährleistungsträger für die Leistungserstellung durch die freien

Träger sind. Zusätzlich können sie aber auch Träger eigener sozialer Dienste sein. Die freien Träger in der Organisationsform der Nonprofit-Organisation können in höherschwellige (z. B. hoch professionalisierte Wohlfahrtsverbände) und niederschwellige NPOs (z. B. Formen der Selbsthilfe oder des Freiwilligenengagements) unterteilt werden, die primär dem Gemeinwohl verpflichtet sind. Privatgewerbliche Anbieter sind durch die gewinnorientierte Dimension der Leistungserstellung und Auftragserfüllung gekennzeichnet. (Brinkmann, 2010, 60 f.) Durch die Verschiedenheit der freien Träger in der Sozialwirtschaft ergibt sich eine vielfältige Trägerlandschaft, wobei Nonprofit-Organisationen (NPO) häufig auftreten.

Unter NPO versteht man jene Organisationen, „die weder erwerbswirtschaftliche Firmen noch öffentliche Behörden der unmittelbaren Staats- und Kommunalverwaltung sind". NPO werden von gewählten Ehrenamtlichen strategisch geführt und können durch Ehrenamtliche in ihrer Tätigkeit unterstützt werden. (Helmig & Boenigk, 2020, S. 9) Die NPO weisen dabei nach Helmig et al. (2006) folgende Besonderheiten auf:

- Sachzielorientierung: NPOs haben einen spezifischen Zweck zu erfüllen, weisen zumeist ein komplexeres, mehrdimensionales Zielsystem auf und erbringen Leistungen qualitativer Natur, die schwer messbar sind.
- Keine Gewinnausschüttung: NPOs dürfen Gewinne erzielen, diese aber nicht an die Kapitalgeberschaft ausschütten. Sondern diese dienen als Mittel zum Zweck, Leistungen der NPO zu forcieren und gegebenenfalls das Wachstum zu sichern, um die Förderung der Mitglieder oder Dritter sachzielorientiert zu fördern.
- Demokratische Organisationsstruktur: Mitgliedsorientierte NPOs unterliegen demokratischen Entscheidungsprozessen. Mitglieder übernehmen im Rahmen von Wahlen und Willensbildungsprozessen Führungsarbeit in den Gremien der NPO.
- Produktion von Kollektivgütern: Kollektivgüter werden für Mitglieder oder Dritte produziert (z. B. Interessensvertretung), die auch anderen zugutekommen, was zu einer Trittbrettfahrer-Problematik bezogen auf die Finanzierung führen kann.
- Finanzierungs-Mix: NPO finanzieren sich über einen Finanzierungsmix aus z. B. Spenden, Mitgliedsbeiträgen, Subventionen und öffentlichen Beiträgen, der ausgewogene Finanzierungsmix ist bedeutsam für die langfristige Existenzsicherung einer NPO.
- Ehrenamtliche Arbeit: NPOs zeichnen sich durch eine differenzierte Personalstruktur aus Haupt- und Ehrenamtlichen auf der Führungs- und/oder Ausführungsebene aus. (Helmig et al., 2006, 7 f.)

Nonprofit-Organisationen unterscheiden sich somit deutlich von klassischen, gewinnorientierten Organisationen und werden durch das Nonprofit-Management und durch teilweise partizipativere Formen der Leitung gesteuert. Was Profit- und Nonprofit-Organisationen jedoch gemeinsam haben, ist dass sie als soziale Organisationen mit einer Vielzahl von Anforderungen konfrontiert sind, wie aus Abbildung 2.3 ersichtlich.

Abb. 2.3 Vielfalt an Anforderungen für qualitätsvolle Arbeit in Organisationen (Binner, 2002, S. 11)

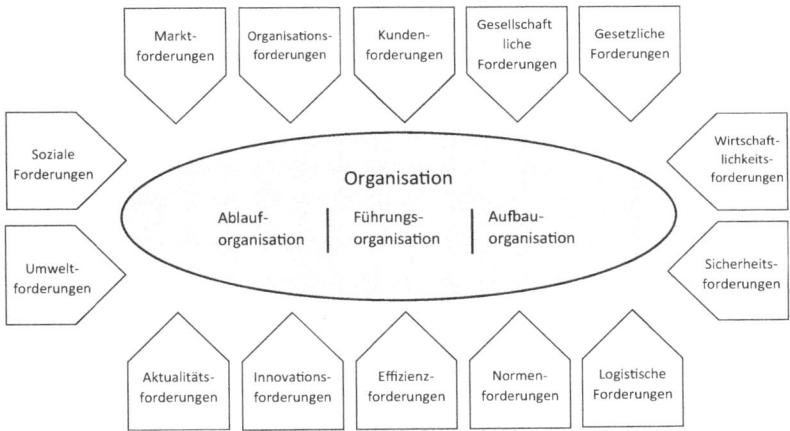

Abbildung 2.3 demonstriert, dass Anforderungen nicht nur durch Kund*innen oder Adressat*innen entstehen, sondern durch alle Beteiligten oder Partner*innen, mit denen eine Organisation Verbindungen hat. Diese nennt man auch Stakeholder der Organisation (siehe dazu auch Kapitel 5.4.1 zur Stakeholder Analyse). Die soziale Einrichtung muss ihre Führungs-, Aufbau- und Ablauforganisation so gestalten, dass diese Ansprüche und Anforderungen bestmöglich erfüllt werden. (Binner, 2002, S. 11–12)

Das Organisationsumfeld bleibt jedoch nicht stabil, sondern verändert sich laufend. Die Organisation muss sich somit ebenfalls anpassen und entsprechend eigene Strukturen, Abläufe und Aktivitäten optimieren. Im Qualitätsmanagement ist der Umfeldblick wesentlich, um Anforderungen an qualitätsvolle Arbeit aus der Organisationsumwelt bewusst in die Qualitätsarbeit einzubinden. Davor muss sich die Organisation dem Qualitätsbegriff widmen und diesen für die eigene Organisation definieren. Das nächste Kapitel befasst sich mit dem Qualitätsbegriff und der Bedeutung von Dienstleistungsqualität für Organisationen.

2.2 Bedeutung von Qualität und Dienstleistungsqualität

Das Wort „Qualität" ist lateinischen Ursprungs und leitet sich von „qualis" = wie beschaffen ab. Nach allgemeiner Sprachauffassung wird damit die Beschaffenheit, Güte oder der Wert eines Objektes beschrieben. Dennoch hat sich kein allgemein akzeptierten Qualitätsverständnis durchgesetzt. (Arnold, 2014b, S. 587–588; Bruhn, 2020, S. 32) Zwei Ansätze der Qualitätsbeschreibung können grundlegend unterschieden werden:

- Der leistungsbezogene Qualitätsbegriff umfasst alle objektiv beschreibbaren Eigenschaften eines Gutes oder einer Dienstleistung, diese lassen sich bestimmen und messen.
- Der kundenbezogene Qualitätsbegriff beschreibt Qualität als die Summe der von Kund*innen wahrgenommenen Eigenschaften und ist damit subjektiv. Die wahrgenommenen Qualitätsmerkmale einer (Dienst-)Leistung durch Kund*innen entscheiden über die Inanspruchnahme der Leistung. (Arnold, 2014b, S. 588; Vogelbusch, 2018, S. 402)

Gegenstand dieses vorliegenden Werkes ist insbesondere die Dienstleistungsqualität, die von Bruhn (2020) definiert wird: Unter Dienstleistungsqualität wird die Fähigkeit der Anbieterorganisation verstanden, „die Beschaffenheit einer primär intangiblen und der Kundenbeteiligung bedürfenden Leistung gemäß den Kundenerwartungen auf einem bestimmten Anforderungsniveau zu erstellen. Sie bestimmt sich aus der Summe der Eigenschaften bzw. Merkmale der Dienstleistung, bestimmten Anforderungen gerecht zu werden." (Bruhn, 2020, S. 37)

Vogelbusch (2018) erläutert, dass es für Leistungsabnehmer*innen einer sozialen Organisation schwierig ist, Qualität zu beurteilen und dass es unterschiedliche Zugänge und Schwerpunktsetzungen bei der Qualitätsbeurteilung gibt:

- Beurteilung der vorhandenen Rahmenbedingungen und der (technischen, räumlichen und finanziellen) Infrastruktur, des Standorts, der tätigen Mitarbeiter*innen, wie z. B. im Empfang,
- Beurteilung der mit der Leistungserstellung verbundenen Prozesse, wie z. B. Wartezeiten,
- Beurteilung der eingetretenen Veränderung bei dem/der Leistungsabnehmer*in, wie z. B. Linderung von Symptomen. (Vogelbusch, 2018, S. 402)

Abbildung 2.4 präsentiert eine alternative Darstellung unterschiedlicher Sichtweisen auf den Qualitätsbegriff, die in Summe eine Annäherung an die Gesamtqualität einer Organisation ergeben können.

Bedeutung von Qualität und Dienstleistungsqualität 17

Abb. 2.4 Sichtweisen des Qualitätsbegriffs (Binner, 2002, S. 21)

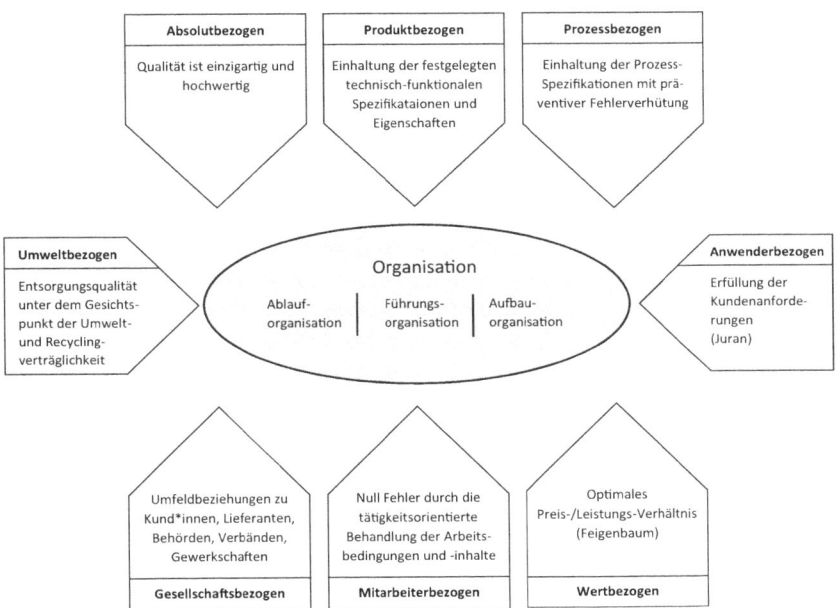

Aus Abbildung 2.4 ist ersichtlich, wie vielfältig Qualität definiert werden kann. Organisationen im Qualitätsmanagementprozess müssen sich daher mit der Frage befassen, von welchen Qualitätsbegriffen in der Organisation in unterschiedlichen Kontexten ausgegangen wird, um ein zielgerichtetes und nachvollziehbares Qualitätsmanagement zu etablieren.

Im Total Quality Management TQM werden diese Zugänge als die Einzeldimensionen der Strukturqualität, Prozessqualität und Ergebnisqualität bezeichnet und diese werden um den Begriff der Potentialqualität ergänzt. Auf diese Begrifflichkeiten wird in Kapitel 3.3 näher eingegangen.

Hoyle (2007) verweist darauf, dass es sich bei Qualität um einen dynamischen Begriff handelt Erwartungen, Bedürfnisse und Anforderungen ändern sich laufend und damit auch die nötige Performance einer Organisation. Qualität ergibt sich in dieser Betrachtung als der Unterschied zwischen dem künftig geforderten oder angestrebten Qualitätsstandard und dem bereits erreichten Performancelevel. Damit sollen alle Qualitätsinstrumente, -methoden und -techniken dazu dienen, das angestrebte Qualitätsniveau zu erreichen. (Hoyle, 2007, S. 10–11)

Wenngleich sich die Begriffsauffassungen unterscheiden, ist Qualität laut Arnold (2014b) immer das Ergebnis von Entscheidungen, die von den Interessen der Nachfrager*innen, dem Verhalten des Wettbewerbs sowie den Fähigkeiten der Anbieterorganisationen beeinflusst werden. Wenn soziale Organisationen daran interessiert sind, dass die Nachfrager*innen (Kostenträger*innen und Adressat*innen) mit den Leistungen zufrieden sind, dann stellen die Anforderungen aus Kundensicht einen zentralen Maßstab zur Bestimmung der Qualität dar. Das Verhalten der Anbieterorganisationen entscheidet hingegen darüber, ob sich Organisationen im Wettbewerb profilieren und die Qualität der Leistungen als Wettbewerbsvorteil ansehen können. Die Qualität der Leistungen ist aber auch da das Ergebnis der Bereitschaft und der Fähigkeit der sozialen Organisation, Nachfrageerwartungen zu entsprechen. (Arnold, 2014b, S. 589)

Die Ausführungen zeigen, wie vielfältig Qualität in der Theorie gesehen und interpretiert werden kann. Nun soll dies mit konkreten Beispielen für Organisationen der Sozialen Arbeit bzw. der Sozialwirtschaft verdeutlicht werden. Die Fachkräfte der Sozialen Arbeit können unter Qualität der Arbeit andere Aspekte als wesentlich erachten als beispielsweise die Leitungskräfte oder das Top-Management. Die Sicht der Adressat*innen ist wiederum anders und legt z. B. auf die Qualität der Beziehung wert und auf das Vertrauen, dass sie den Fachkräften entgegen bringen können und wünschen sich eine verständliche Sprache und Rücksichtnahme auf die eigene Lebenssituation sowie genügend Zeit für die persönliche und familiäre Entwicklung. Die Angehörigen oder das persönliche Netzwerk der betreffenden Personen könnten wiederum ganz andere Sichtweisen vertreten und sich z. B. einen rascheren Fortschritt bei der Bewältigung eines kritischen Ereignisses oder einer kritischen Lebenslage wünschen. Die fördergebenden Institutionen/Organisationen legen ebenfalls eigene Mess- und Qualitätskriterien fest, die neue Aspekte von Qualität beleuchten und wünschen sich z. B. nicht nur eine kurzfristige Verbesserung, sondern eine langfristige Änderung und das bei möglichst vielen betroffenen Adressat*innen und gegebenenfalls auch eine Wirkung auf die Gesamtgesellschaft oder eine Verbesserung der Problemlagen in einer bestimmten Region. Abbildung 2.5 zeigt einige Beispiele, wie unterschiedlich „qualitätsvolle Arbeit" aus unterschiedlichen Perspektiven gesehen werden kann.

Aus Abbildung 2.5 ist am Beispiel von Fördergebern und Gesellschaft, Leitungskräften und Management, Fachkräften, Adressat*innen und Angehörigen ersichtlich, wie unterschiedlich sich gute Qualität von Sozialer Arbeit oder sozialen Einrichtungen definieren lassen, je nachdem welche eigene Orientierung die definierende Gruppe aufweist. Dabei ist dies nur ein Auszug aus den möglichen Betrachtungsperspektiven und je nach Größe und Ausrichtung könnten in und mit einer konkreten Organisation noch weitere relevante Personengruppen identifiziert werden, die wiederum eigene Perspektiven einbringen. Die einzel-

Abb. 2.5 Exemplarische Sichtweisen auf die Qualität der Sozialen Arbeit (eigene Darstellung)

Fördergeberschaft und Gesellschaft

- Gesetzeskonforme Bereitstellung von (Dienst-)Leistungen
- Einbindung von Adressat*innen in die Gesellschaft
- Richtliniengemäße Verwendung der Fördermittel
- Effizienz und Effektivität des Mitteleinsatzes

Leitungskräfte und Management in den Organisationen

- Gute Auslastung der Einrichtung durch Adressat*innen bzw. Kooperationspartner*innen
- Zufriedenheit bei Finanzgeberschaft und Bereitschaft zur weiteren Finanzierung
- Positives Feedback von unterschiedlichen Stakeholdergruppen
- Professionalität und Engagement der Fachkräfte für die Adressat*innen und die Organisation

Fachkräfte der Sozialen Arbeit

- Genug Zeit für Beratung und Beziehungsarbeit mit Adressat*innen
- Überschaubare Anzahl von Fällen zur Bearbeitung
- Möglichkeiten der Weiterbildung und eigenen Weiterentwicklung
- Raum für kollegialen Austausch, Team- und Einzelsupervision

Adressat*innen

- Verständnisvolle Berater*innen, die sich Zeit nehmen
- Individuelles Eingehen auf Problemsituationen oder Anliegen und gute Lösungen
- Sicherung der eigenen Existenz und Hilfe bei Förderansuchen
- Zeit für die eigene Entwicklung und möglichst wenig Stress

Angehörige

- (Rasche) Verbesserung der Lebenslage von Adressat*innen
- Adressat*innen sollen „gut aufgehoben" und „gut betreut" sein
- Selbstkostenbeiträge sollen nicht anfallen oder sich in Grenzen halten
- Laufende Information über Entwicklung der Adressat*innen

nen Sichtweisen können sich zudem noch widersprechen und voneinander abweichende Zielrichtungen oder Kriterien für Qualität anlegen (z. B. genügend Zeit für Adressat*innen versus eines effizienten und effektiven Mitteleinsatzes). Diese Beispiele aus Abbildung 2.5 sowie die theoretischen Betrachtungen zeigen, wie wesentlich es in der Praxis ist, sich auf die unterschiedlichen, in den jeweiligen Kontexten zu verwendenden Qualitätsbegriffe und -kriterien zu einigen und diese auch transparent zu kommunizieren.

Da Qualität schwer als Gesamtheit umfassend und gleichzeitig auf verschiedenen Ebenen und in unterschiedlichen Unternehmensbereichen bearbeitet werden kann, muss die Gesamtqualität in der Praxis in einzelne, bearbeitbare Einheiten heruntergebrochen werden. Die Prozessebenen der Qualität bieten dazu einen möglichen Ansatzpunkt, der Prozesse/Vorgänge in einer Organisation in den Mittelpunkt der Betrachtungen stellt. Die Prozessebenen der Qualität werden im nächsten Kapitel aus der Wertschöpfungsperspektive fokussiert.

2.3 Prozessebenen der Qualität aus der Wertschöpfungsperspektive

Das Kapitel zu den Prozessebenen der Qualität setzt sich eingangs mit dem Prozessbegriff in einer Input-Output-Betrachtung (Wertschöpfungsperspektive) und der Zusammenschau von Prozessen im Sinne der Wertkette nach Porter (2014) auseinander. Die folgenden Unterkapitel beschäftigen sich näher mit den Leistungs- bzw. Kernprozessen, den unterstützenden Prozessen bzw. Supportprozessen sowie den Management- oder Führungsprozessen, um anschließend Erkenntnisse aus den Prozessbetrachtungen zu ziehen.

2.3.1 Der Prozessbegriff

Im Sinne einer Input-Output-Perspektive transformiert ein Prozess sogenannte Inputfaktoren in einen bestimmten Output. Inputfaktoren werden von Lieferant*innen oder Vermittlerorganisationen bereit gestellt. Dazu zählen Materialien, Personal, Ausstattung, aber auch das Informationen, Fähigkeiten und Wissen der Mitarbeiter*innen, Bildung, Methoden und Vorgänge. Diese werden in einem Prozess der Leistungserstellung in Output umgewandelt. Unter Output versteht man Produkte, Dienstleistungen, Information, Dokumentation oder auch Rechte und Lizenzen. (Oakland, 2014, S. 12)

Aus der Betrachtung der nötigen Inputs und des Prozesses selbst sowie der Ergebnisse des Prozesses können Anforderungen an die Qualität und das Qualitätsmanagement resultieren. Qualitätsanforderungen der Input- und Output-Faktoren sowie im Prozess selbst sind daher planerisch, in der Durchführung und im Resultat zu berücksichtigen. Feedback von den Kund*innen und den Mitarbeiter*innen im Prozess ist einzuholen, um den Prozess laufend zu verbessern. (Oakland, 2014, S. 12) In dieser allgemeinen Betrachtung von Prozessen können Kund*innen als interne (Mitarbeiter*innen) und/oder externe Kund*innen (Adressat*innen und Kostenträger) betrachtet werden.

Der Leistungserstellungsprozess als dieser wichtige Transformationsprozess von Input zu Output wird von Porter (2014) mit der Wertkette (supply chain) dargestellt, um alle Aktivitäten einer Organisation systematisch zu analysieren. Die Wertkette gliedert eine Organisation in strategisch relevante Tätigkeiten, wenn diese besser durchgeführt werden, als von der Konkurrenz, verschafft sich die Organisation einen Wettbewerbsvorteil. Zusammenhängende Unternehmensaktivitäten werden in primäre Aktivitäten (Kernprozesse, wie Eingangslogistik, Produktion, Marketing/Vertrieb, Ausgangslogistik und Kundendienst) und unterstützende Aktivitäten (Supportprozesse, wie Unternehmensinfrastruktur, Personalwirtschaft, Technologieentwicklung, Beschaffung) unterteilt und am Ende der Grafik wird eine Gewinnspanne ausgewiesen. (Porter, 2014, S. 61–64) Organisationen können ihre grundlegenden Aktivitäten analog zum Modell einer Wertkette nach Porter darstellen. Dabei werden im Dienstleistungsprozess andere Prozesse relevant sein, als in Produktionsbetrieben (näheres dazu ist auch Kapitel 4.1.5 zu den Prozesslandkarten zu finden). Auch wird eine Gewinnspanne nicht in jeder Organisation entscheidend sein, sondern im vielfachen Angebot der Non-Profit Organisationen wird das ausgeglichene Budget zum Ziel. Die Wertkettenbetrachtung zeigt, wie verschiedene Schlüsselprozesse der Organisation zusammenwirken und wie sie von ihrer Abfolge her in eine sinnvolle Ordnung gebracht werden können.

Die Wertkette einer Organisation hat sehr viel mit den spezifischen Prozessen der Organisation zu tun. So kann eine Wertkette in derselben Branche ähnlich sein, oder sich von den Wertketten der Konkurrenz unterscheiden. Unterschiede in den Konkurrenzwertketten spielen eine entscheidende Rolle für Wettbewerbsvorteile. (Porter, 2014, S. 65–66) Somit lohnt es sich, die eigene Wertkette der Organisation zu visualisieren und zu analysieren, um daraus Erkenntnisse für eine sinnstiftende Zusammenarbeit, aber auch hinsichtlich möglicher Verbesserungspotentiale zu gewinnen.

Auch Oakland (2014) betont, dass ein wesentlicher Schritt zu einem qualitätsvollen Dienstleistungsangebot sei, die Schlüsselprozesse und deren operative Zusammenhänge zu verstehen. Um die eigene Wertkette genauer zu analysieren, sollten Schlüsselprozesse in Subprozesse und dann weiter in Aufgabenpakete und anschließend noch in Aufgaben untergliedert werden. Je nach Komplexität des Kernprozesses sind unterschiedliche Teams für die Beschreibung und das Monitoring der jeweiligen Ebenen zuständig. Die Aufgaben werden üblicherweise von Einzelpersonen ausgeführt und verantwortet, die Verbesserung der Qualität der Aufgabenpakete obliegt einem Qualitätsverbesserungsteam, die Steuerung des Subprozesses dem Prozessqualitätsteam und der gesamte Kernprozess ist in der Verantwortung des Leitungsteams, das für den jeweiligen Schlüsselprozess verantwortlich ist. Zur Bewertung der Qualität werden Messkriterien herangezogen und Kommunikationssysteme sollen die Durchführung und Verbesserung der Aufgaben, Aufgabenpakete, Subprozesse und Schlüsselprozesse unterstützen. (Oakland, 2014, S. 60–61)

Wie detailliert eine Verantwortungsaufteilung sinnvoll ist, hängt von der Größe der Organisation und der Anzahl der zu bearbeitenden Elemente auf der einzelnen Ebene ab. Als Schlüsselprozesse sind als wesentliche Prozesse der Organisation zu verstehen. Diese können weiter in Leistungs- bzw. Kernprozesse, in unterstützende Prozesse bzw. Supportprozesse und in Management- bzw. Führungsprozesse unterteilt werden, wie die folgenden Unterkapitel beschreiben.

2.3.2 Leistungs- bzw. Kernprozesse

Leistungsprozesse widmen sich der eigentlichen (Dienst-)Leistung einer Organisation und spielen daher eine zentrale Rolle. Es sind Prozesse, die der Wertschöpfung dienen, sie erbringen direkten Kundennutzen und die Kund*innen sind bereit dafür zu zahlen (bzw. Kostenträger*innen der Sozialen Arbeit/Sozialwirtschaft). Welche Prozesse den Leistungsprozessen zuzuordnen sind, ergibt sich aus dem spezifischen Organisationszweck. Bei Dienstleistungsunternehmen ist die Durchführung der Dienstleistung(en) der Kernprozess. (Herrmann & Fritz, 2021, S. 88) In der Wertkettenbetrachtung nach Porter werden sie als primäre Aktivitäten bezeichnet, die sich mit der Produktion des Produktes oder der Dienstleistung und des Verkaufs bzw. der Übermittlung an Abnehmer*innen sowie mit dem Kundendienst beschäftigen. (Porter, 2014, S. 67)

Leistungsprozesse wandeln Kundenerwartungen bzw. -forderungen in Produkte und Dienstleistungen um. Zu den klassischen Kernprozessen gehören der Produkt- und Dienstleistungsentwicklungsprozess sowie der Fertigungs- oder Kundenauftragsabwicklungsprozess. (Schmitt & Pfeifer, 2015, S. 293) Die Leistungs- bzw. Kernprozesse sind mit konkreten Erwartungen und Anforderungen der Kund*innen konfrontiert. Dabei können nach Bruhn (2020) drei Kategorien von Anforderungen unterschieden werden, für diese bei Mitarbeitenden ein Bewusstsein zu schaffen ist:

1) Basisanforderungen: Diese sind Muss-Kriterien einer Dienstleistung, die Nichterfüllung dieser Anforderungen führt zu einer negativen Qualitätswahrnehmung bei Kund*innen, diese müssen also auf jeden Fall erfüllt werden. So ist das gute Produkt bzw. die gute Dienstleistung in vielen Branchen bereits eine Basisanforderung, eine positive Differenzierung zum Wettbewerb ist dabei kaum noch möglich. Diese Anforderungen werden von Kund*innen als selbstverständlich vorausgesetzt und deren Erfüllung wird nicht als erhöhte Dienstleistungsqualität anerkannt.
2) Leistungsanforderungen: Diese beschreiben Soll-Kriterien einer Dienstleistung, je höher deren Erfüllungsgrad, desto höher ist die wahrgenommene Dienstleistungsqualität. Im Gegensatz zu den Basisanforderungen werden Leistungsanforderungen von Kund*innen deutlich artikuliert.
3) Begeisterungsanforderungen: Diese werden als Kann-Kriterien beschrieben. Darunter werden jene Leistungsanforderungen verstanden, deren Erfüllung zu einer hohen Wahrnehmung der Dienstleistungsqualität führen. Kund*innen formulieren Kann-Kriterien einer Dienstleistung nicht explizit und diese werden auch nicht erwartet, Beispiele liegen vor allem in einer erfolgreichen, hervorragenden Kundeninteraktion. (Bruhn, 2020, S. 41–42)

Ein Beispiel für Basisanforderungen wäre, dass die Beratung durch qualifizierte Fachkräfte erfolgt. Zu den Leistungsanforderungen zählt, dass die Beratung auch tatsächlich kompetent durchgeführt wird. Als Begeisterungsanforderung könnte ein besonderes, empathisches Eingehen von Berater*innen auf die Adressat*innen wahrgenommen werden.

Kernprozesse werden außerdem in Kapitel 4.1.3 zur Analyse der Servicequalität behandelt.

Damit die Kernprozesse in einer Organisation gut funktionieren, brauchen sie unterstützende Prozesse (Supportprozesse) und Management- bzw. Führungsprozesse, auf diese wird in den nächsten beiden Kapiteln eingegangen.

2.3.3 Unterstützende Prozesse bzw. Supportprozesse

Unterstützende Prozesse bzw. Supportprozesse sind Hilfsprozesse, welche die Leistungserstellung und Erbringung der Leistung überhaupt erst ermöglichen. Kund*innen sind nicht bereit für die Supportleistungen direkt zu bezahlen, setzen deren ordnungsgemäße Durchführung aber voraus, da diese zum normalen organisationalen Ablauf zählen. Häufig enthält diese Prozessart die größte Anzahl von Prozessen. (Herrmann & Fritz, 2021, S. 88–89) In der Wertkettenbetrachtung nach Porter werden sie als unterstützende Aktivitäten bezeichnet, die primäre Aktivitäten aufrecht erhalten, indem die Beschaffung von Inputs, Technologie und Personal erfolgt sowie verschiedene Funktionen für die gesamte Organisation erfüllt werden. (Porter, 2014, S. 67) Supportprozesse dienen der Unterstützung von Kernprozessen bzw. Teilkernprozessen und ermöglichen den reibungslosen Ablauf der Kernprozesse in der Organisation. Dazu zählen beispielsweise Verwaltungstätigkeiten, Instandhaltungsleistungen oder EDV-Dienste. (Schmitt & Pfeifer, 2015, S. 293)

Porter (2014) unterscheidet vier Kategorien unterstützender Aktivitäten:

- Beschaffung: Die Funktion der Beschaffung/des Einkaufes sowie die Verbesserung von Beschaffungsaktivitäten findet meist in allen Bereichen der Organisation statt und umfassen die Beschaffung von Produkten und Dienstleistungen.
- Technologieentwicklung oder auch Forschung und Entwicklung: Hierbei geht es um Produkt- und Verfahrensentwicklungen, dieser unterstützende Prozess ist für die Realisierung von Wettbewerbsvorteilen wichtig.
- Personalwirtschaft: Dazu gehören alle mit Personal verbundenen Tätigkeiten, wie die Rekrutierung, Einstellung, Aus- und Fortbildung und Personalentschädigung. Auch personalwirtschaftliche Aktivitäten finden in verschiedenen Bereichen der Organisation statt und hat einen entscheidenden Einfluss auf Kenntnisstand und Motivation der Mitarbeitenden sowie auf Einstellungs- und Ausbildungskosten.
- Unternehmensinfrastruktur: Darunter wird eine Vielzahl von Aktivitäten verstanden, wie die Gesamtgeschäftsführung, Planung, Finanzen, Rechnungswesen, Rechtsfragen, Kontakte zu Behörden und staatlichen Stellen sowie Qualitätskontrollen. (Porter, 2014, S. 68–73)

In der Wertkettenbetrachtung nach Porter werden keine Management- oder Führungsprozesse unterschieden, diese Unterscheidung kommt in anderen Literaturquellen hingegen schon vor. Im Sinne dieser Unterscheidung würden die unterstützenden Aktivitäten der Personalwirtschaft und Unternehmensinfrastruktur teilweise zu Management- oder Führungsaktivitäten zählen, wie sie im nächsten Kapitel erläutert werden.

2.3.4 Management- oder Führungsprozesse

Managementprozesse werden häufig auch Führungsprozesse genannt und umfassen die Prozesse der strategischen Ausrichtung der Organisation, der Weiterentwicklung von Mitarbeiter*innen sowie von organisationalen Abläufen mithilfe konkreter Ziele. Managementprozesse definieren den Rahmen für die Leistungs- bzw. Kernprozesse und die unterstützenden Prozesse bzw. Supportprozesse. „Sie sorgen für die notwendige Prozess-, Kunden- und Mitarbeiterorientierung und die Bereitstellung der benötigten Ressourcen. Beispiele für diese Prozesse sind die strategische Planung, das Risikomanagement sowie Planung, Bereitstellung und Aufrechterhaltung von Ressourcen, z. B. der Infrastruktur." (Herrmann & Fritz, 2021, S. 87)

Managementprozesse sind richtungsweisend und geben der Organisation Orientierung. Sie wirken indirekt, aber entscheidend auf Kern- und Supportprozesse. Beispiele hierfür sind Führung und Organisation, Controlling, Qualitätsmanagement und strategische Planung. (Weidner, 2020, S. 53) Managementprozesse (Führungsprozesse, Lenkungsprozesse) sind planende, bewertende und steuernde Tätigkeiten, die vor allem durch prozessverantwortliche Mitarbeiter*innen und Führungskräfte durchgeführt werden. Darunter fallen Planungs- und Reviewprozesse. (Schmitt & Pfeifer, 2015, S. 292–293)

Unterschieden werden können das normative, das strategische und das operative Management (siehe dazu beispielsweise Benes und Groh (2017):

- Normatives Management (normgebend) wird von der Unternehmensleitung vertreten, dazu gehören die Unternehmenspolitik und -philosophie, Leitlinien, Unternehmensstandards, Unternehmensziele und Grundsätze (z. B. die Unternehmensleitung beschließt, ein umfassendes Qualitätsmanagement/QM einzuführen, um die organisationalen Prozesse qualitativ hochwertig zu gestalten).
- Strategisches Management (Planungszeitraum von 3–5 Jahren) entwickelt Vorgehensweisen, um die Unternehmensziele und Leitsätze zu erreichen. Die nötigen Teilkonzepte werden entwickelt, Strategien projektiert und in Pläne umgewandelt (z. B. eine neue Abteilung Total Quality Management wird aufgebaut, die für die Einführung des QM mit geeigneten Projektplänen zuständig ist).
- Operatives Management (Planungszeitraum von 1–3 Jahren) ist die unterste Managementebene, die für Prozesse der Mitarbeiterführung, die Bereitstellung von Ressourcen für die operative Arbeit sowie die Planung, Steuerung und Überwachung der Geschäftsprozesse zuständig ist (z. B. Prozessteams analysieren, restrukturieren und dokumentieren eigenverantwortlich die vorhandenen Prozesse). (Benes & Groh, 2014, S. 80–81)

Den Unterschied zwischen Führung und Management definiert Bennis (1990) auf Basis der unterschiedlichen Ausrichtung der Tätigkeiten von Führungskräften und Manager*innen. Führungskräfte sind laut dieser Definition an Mitarbeiter*innen orientiert und sind für die längerfristigere Orientierung mit den Fragen „was" und „warum" in der Organisation zuständig. Sie entwickeln Visionen, Strategien und sorgen für Innovation und Entwicklung. Sie haben die Aufgaben Mitarbeiter*innen zu mobilisieren und zu inspirieren, Partizipation zu ermöglichen und Bewegung in die Organisation zu bringen, wobei sie die richtige Prioritätensetzung im Blick haben müssen. Manager*innen sind vor allem aufgaben- und sachzielorientiert und kümmern sich um die konkrete Umsetzung von Zielen und Strategien und konzentrieren sich auf Systeme und Strukturen. Sie bewahren Bestehendes, verwalten und organisieren, sie fragen nach dem „wie" und „wann" im Sinne einer kurzfristigen Orientierung. Sie haben die Aufgaben zu planen, budgetieren und zu evaluieren, sie organisieren Prozesse und sichern Qualität und ihnen wird Durchführungsstärke zugeschrieben. (Bennis, 1990, S. 48)

Einschränkend zu dieser Unterscheidung ist festzuhalten, dass sich diese in der Fachliteratur nicht durchgesetzt hat, sondern Leitung und Management immer wieder auch synonym verwendet werden. In der Praxis in einer Leitungsrolle fallen im Sinne dieser Definition sowohl Management- als auch Führungstätigkeiten an – je nach Hierarchiestufe und Aufgabenbereich in unterschiedlicher Ausprägung. Die Unterscheidung von Management- und Führungsprozessen kann jedoch als Reflexionselement genutzt werden, um die Anteile der jeweiligen Tätigkeiten zu hinterfragen. Dies ermöglicht Leitungskräften zu reflektieren, ob die anteiligen Aufgaben und Tätigkeiten für die eigene Leitungsrolle und das Aufgabenprofil in der Organisation stimmig erscheinen, oder ob je nach Situation und Kontext eine andere Gewichtung vorzunehmen wäre. So kann zum Beispiel abgewogen werden, ob eher die „Mitarbeiter*innenorientierung" oder die „Sach- und Aufgabenorientierung" in bestimmten Situationen und Kontexten im Sinne qualitativ hochwertiger Arbeit zu fokussieren ist bzw. welche Form der Balance zwischen diesen Gestaltungselementen sinnvoll wäre.

Im nächsten Kapitel werden die einzelnen Prozessebenen wieder zusammengeführt und Erkenntnisse aus den Prozessbetrachtungen abgeleitet. Das Kapitel veranschaulicht auch die Rolle von internen und externen Kund*innen im Rahmen der Prozessorientierung.

2.3.5 Erkenntnisse aus den Prozessbetrachtungen

Die Betrachtung von verschiedenen Prozessarten ermöglicht eine Unterscheidung und Kategorisierung von Prozessen, sie erleichtert die Beschreibung und gewährleistet eine übersichtliche Darstellung. Die Prozesse in der Organisation bleiben jedoch voneinander abhängig. Die verschiedenen Prozessarten stehen in einer Wechselwirkung zueinander, wie Abbildung 2.6 visualisiert.

Prozessebenen der Qualität aus der Wertschöpfungsperspektive

Abb. 2.6 Übersicht über das Zusammenwirken der Prozessarten (Herrmann & Fritz, 2021, S. 88)

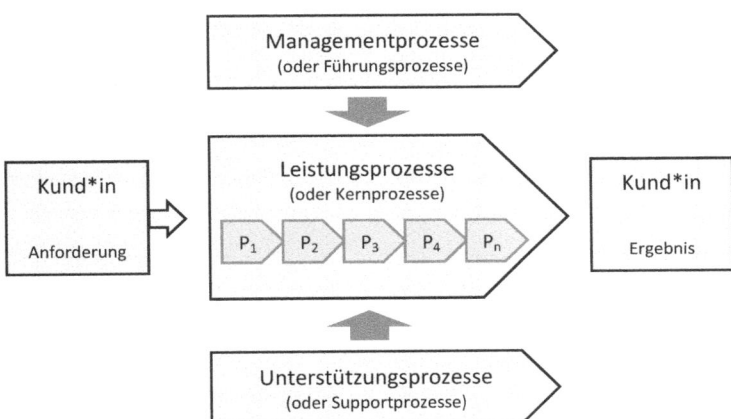

Ausgangspunkt der Leistungsprozesse ist gemäß Abbildung 2.6 die Anforderung eines*einer Kund*in, die Organisation wird im Sinne bestimmter (Dienst-)Leistungsprozesse tätig und stellt das Ergebnis dem*der Kund*in zur Verfügung. Die Managementprozesse legen den Rahmen für die Leistungs- und Unterstützungsprozesse fest, die Supportprozesse sorgen für ein Funktionieren der Leistungsprozesse. (Herrmann & Fritz, 2021, S. 87–88)

Erkenntnisse aus der Analyse der Wertketten sind laut Vogelbusch (2018):

- Kernprozesse sind strategisch relevant und zu stärken,
- Unterstützungsprozesse können durch Dritte (Outsourcing) erfolgen,
- Schnittstellen entstehen bei der Verknüpfung von Stellen oder Aktivitäten in einer Prozesskette, diese haben entsprechenden Koordinationsbedarf.
- Nach dem Konzept der Wertketten haben sich unternehmerische Strukturen an die Bedürfnisse der Prozessorganisation anzupassen. (Vogelbusch, 2018, S. 361–362)

In einer prozessorientierten Organisation steht die Abfolge der Prozesse/Tätigkeiten im Vordergrund und es gibt eine durchgängige Verantwortung für den Gesamtprozess (durch eine/n Prozesseigner*in). Die Effekte von Schnittstellen/Nahtstellen wird reduziert, jeder Teilprozess beliefert den nächsten Prozess und ist andererseits Kunde vom vorhergehenden Prozess – es entsteht eine interne Kunden-Lieferanten-Beziehung entlang der Prozesskette. Um sicherzustellen, dass die Leistung des betreffenden Prozesses passt, wird diese mit den internen Kundenerwartungen des Nachfolgeprozesses abgestimmt. (Herrmann & Fritz, 2021, S. 90–91)

Durch die Prozessorientierung ergeben sich interne und externe Kunden-Lieferanten-Beziehungen in einer Prozesskette eines Unternehmens, wie Abbildung 2.7 veranschaulicht.

Abb. 2.7 Interne und externe Kunden-Lieferanten-Beziehungen (Herrmann & Fritz, 2021, S. 91)

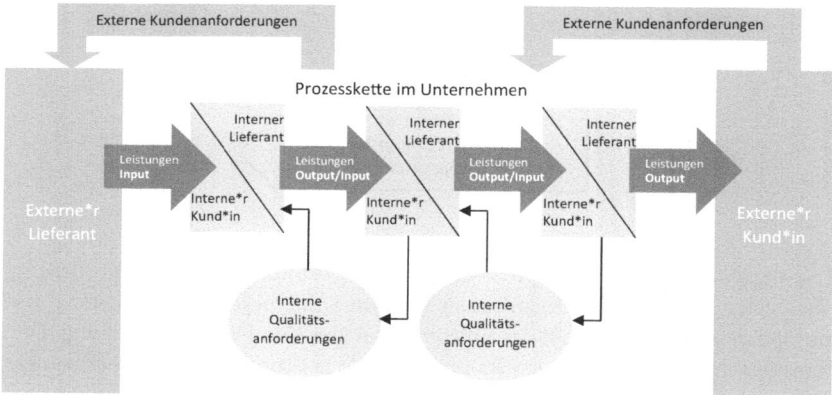

Wenn soziale Organisationen wie in Abbildung 2.7 als Prozessorganisationen verstanden werden, sind interne Mitarbeiter*innen im Prozessablauf als interne Kund*innen zu sehen. Ein Austausch über Erwartungen der Qualität von Teilprozessen in der Dienstleistungserstellung ist daher unerlässlich, mit dem Bestreben, dass Schnittstellen im Dienstleistungsprozess zu Nahtstellen werden.

Im folgenden Kapitel wird die Führungsebene als Schnittstelle im Qualitätsmanagement näher betrachtet. Nach einem kurzen Überblick über die Qualitätsdebatte wird die Relevanz des Qualitätsmanagements diskutiert und hier insbesondere auf Herausforderungen aus dem organisationalen Umfeld und interner Gegebenheiten eingegangen. Daraus ableitend werden die Aufgaben des Qualitätsmanagements dargestellt und die Inhalte des Kapitels werden mit einem Fallbeispiel verknüpft.

2.4 Qualitätsmanagement

Seit den 1990er Jahren konfrontiert die Qualitätsdebatte Organisationen der Sozialwirtschaft zunehmend mit steigenden Anforderungen an Effektivität, der Rechenschaft über das Verhältnis von Aufwand und erreichter Wirkung sowie einer Notwendigkeit zur Entwicklung von strukturierten Aktivitäten, für die planmäßige Verbesserung der Qualität des Handelns. (Merchel, 2013, S. 9) Ein nachhaltiges Interesse an möglichst hoher Qualität der Arbeit lässt sich jedoch nach Böhm und Engelhardt (2009) schon vor der Qualitätsmanagementwelle verorten. „Es gab schon länger intensive, ständige Bemühungen, um die methodischen Zugänge zur Lösung oder Bewältigung von Problemen zu verfeinern und zu verbessern, auch wenn die Mitarbeiter*innen und die Einrichtungen von den erarbeiteten Konzepten und Werkzeugen in unterschiedlichem Maße Gebrauch machten. Die Sorge um und für die Qualität Sozialer Arbeit ist also nichts wirklich Neues." (Böhm & Engelhardt, 2009, S. 15)

Betrachtet man die Entwicklung zum Thema so wird deutlich, dass neben den hohen Erwartungen an das Qualitätsmanagement und dessen Wirksamkeit auch eine Vielzahl kritischer Stimmen bezüglich einer Adaptation von betriebswirtschaftlichen Verfahren auf Organisationen der Sozialwirtschaft existiert. Beckmann (2009), Merchel (2013) und Zech (2019) verweisen in diesem Zusammenhang auf die unterschiedlichen Rahmenbedingungen zwischen den Bereichen Privatwirtschaft und Sozialwirtschaft, einem zunehmenden Druck auf Leistungserbringer, mit der Folge einer restringierenden Formalisierung der Arbeitsbedingungen und dem möglichen Verlust der Organisationsautonomie, bis hin zur Gefahr, professionelles Ermessen durch mechanisches Abarbeiten zu ersetzen. (Beckmann, 2009, S. 130–132; Merchel, 2013, S. 33; Zech, 2019, S. 1–3)

In weiterer Folge wird jedoch nicht näher auf die gegensätzliche Analyse dieser Thematik eingegangen, vielmehr sollen die Bedeutung des Qualitätsmanagements für Organisationen der Sozialwirtschaft, die damit verbundenen externen und internen Herausforderungen sowie die Aufgaben des Qualitätsmanagements im Fokus der Betrachtung stehen, um letztendlich Rahmenbedingungen zu schaffen, welche in Anbetracht der geschilderten Anforderungen ein sicheres Agieren ermöglichen.

2.4.1 Relevanz des Qualitätsmanagements

Aufgrund hoher Komplexität der Sozial- und Gesundheitssysteme und den daraus resultierenden Ansprüchen verschiedenster Stakeholder scheint es erforderlich, ein Instrument der Organisationsführung zu implementieren, welches ein sicheres Agieren in entstehenden Spannungsfeldern ermöglicht. In diesem Zusammenhang verweist Merchel (2013) darauf, dass dem Qualitätsmanagement eine strategische Bedeutung für umfängliche Unternehmensaktivitäten zukommt und als Führungsansatz an Gewichtung gewinnt, im Hinblick auf alle Prozesse, welche existenzsichernd für eine Organisation von zentraler Bedeutung sind. (Merchel, 2013, S. 14–15)

Bruhn (2021) und Brüggemann und Bremer (2020) zeigen eine Vielzahl von Gründen auf, welche nicht nur für Wirtschaftsunternehmen von hoher Bedeutung in Bezug auf die Qualität ihrer Produkte und Dienstleitungen sind, sondern ebenso die Relevanz von Qualitätsorientierung für Organisationen der Sozialwirtschaft unterstreichen:

- Wettbewerbszunahme und steigende Wettbewerbsintensität entstehen durch den Markteintritt von neuen und auch international agierenden Organisationen.
- Die zunehmende Ökonomisierung und damit verbundene Pauschalisierungsverfahren bei der Finanzierung sind gekoppelt mit steigenden Qualitätsanforderungen, wie zum Beispiel bei Anbietern stationärer Versorgungsdienstleitungen.
- Durch den Rückgang von Ressourcen verschärft sich der Wettbewerb für Organisationen der Sozialwirtschaft noch einmal zusätzlich. Der damit einhergehende Legitimationsdruck bei der Vergabe von finanziellen Mitteln macht es daher erforderlich, über die Qualität der Leistung Rechenschaft abzulegen.
- Das schnelle Imitieren von Dienstleitungsangeboten einer Organisation durch Wettbewerber kann verstärkt zur Homogenisierung des allgemein zusätzlichen Leistungsangebotes beitragen. Diese Zusammenhänge machen es zwangsläufig erforderlich, dass sich die Organisation über eine exzellente Qualität der eigenen Kernleistung und zusätzliche Serviceleistungen einen Wettbewerbsvorteil verschaffen muss.
- Für Leistungsempfänger wird durch die dynamischen Entwicklungen von Informations- und Kommunikationstechnologien ein hohes Maß an Transparenz ermöglicht. Um den Anschluss zu Mitbewerbern nicht zu verlieren, müssen Bedürfnisse und Wünsche der Anspruchsgruppen erfüllt werden.
- Hohe Qualitätsstandards kommerzieller Anbieter steigern die Ansprüche von Leitungsempfängern im Bereich der Sozialwirtschaft. (Brüggemann & Bremer, 2020, S. 1–3; Bruhn, 2021, S. 1–6)

Aufgrund dieser daraus zu schließenden, meist sehr komplexen inneren und äußeren Betrachtungszusammenhänge stellt sich die Frage, für wen Qualitätsmanagement in Organisationen der Sozialwirtschaft letztendlich relevant ist? Auf

Qualitätsmanagement

eine umfängliche Analysemöglichkeit im Zusammenhang mit Anspruchsgruppenbeziehungen sowie deren Erwartungen, wird im Kapitel 5.5. näher eingegangen. Das folgende Kapitel konzentriert sich auf Herausforderungen aus dem organisationalen Umfeld.

2.4.2 Herausforderungen aus dem organisationalen Umfeld

Nach Bruhn (2021) unterscheiden sich die Herausforderungen aus dem Umfeld für Organisationen der Sozialwirtschaft noch einmal von kommerziellen Unternehmen dahingehend, dass sich die Ziele stärker an Bedürfnissen, Erwartungen und Wünschen der Anspruchsgruppen orientieren. Sie lassen sich somit nicht eindeutig festlegen und sind demzufolge anspruchsgruppenspezifisch zu definieren. (Bruhn, 2021, S. 18) Abbildung 2.8 verdeutlicht die Qualitätsanforderungen und daraus resultierende Qualitätsbegrifflichkeiten an Organisationen der Sozialwirtschaft im Spannungsfeld unterschiedlicher Anspruchsgruppen.

Abb. 2.8 Qualitätsanforderungen im Spannungsfeld unterschiedlicher Anspruchsgruppen (Darstellung nach Bruhn, 2021, S. 19, leicht modifiziert)

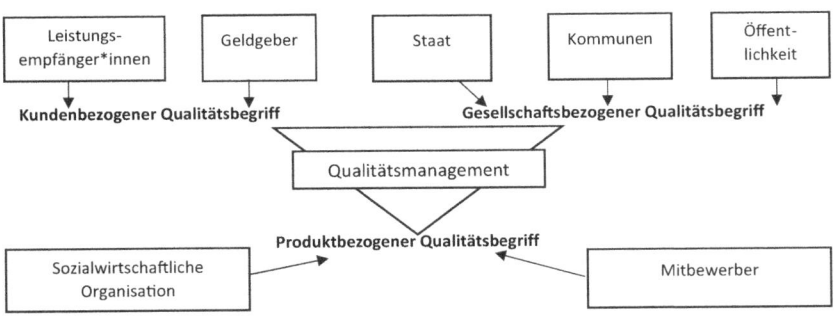

Aus Abbildung 2.8 ist ersichtlich, dass der Qualitätsbegriff laut dieser Darstellung drei Dimensionen aufweist. Im Zusammenhang mit dem kundenbezogenen Qualitätsbegriff sind Leistungsempfänger*innen und Geldgeber zu berücksichtigen. Der gesellschaftsbezogene Qualitätsbegriff bezieht Staat, Kommunen und Öffentlichkeit mit ein. Der produktbezogene Qualitätsbegriff hat einen direkten Bezug zu Dienstleistungsangeboten der Organisation und der Mitbewerber.

Oft stellt es Unternehmen vor große Herausforderungen, allen Anforderungen aus dem Umfeld und daraus folgend einer fehlerfreien Erfüllung dieser gerecht zu werden. Fehlerbeseitigung im Nachhinein bindet in der Regel zusätzliche

Ressourcen, was in der Praxis meist zusätzliche Spannungsfelder erzeugt. Binner (2002) verweist in diesem Zusammenhang auf die Problematik der dynamischen Veränderung existierender Anforderungen: „Veränderungen im Kundenverhalten, auf den Märkten, in den gesellschaftlichen Werthaltungen, in der Gesetzeslage, bei den Produkten und Prozessen, in den Technologien sowie in der Umwelt führen dazu, dass ein sehr hoher Leistungs-, Konkurrenz-, Anpassungs-, Verantwortungs-, Erfolgs-, Zeit- und Kostendruck entsteht. Die Unternehmen müssen funktions- und prozessorientiert diesem Druck standhalten und besser sein als der Wettbewerb, um den Unternehmenserfolg für die Zukunft zu sichern." (Binner, 2002, S. 13) Dazu kommen noch organisationsinterne Herausforderungen, denen das nächste Kapitel gewidmet ist.

2.4.3 Herausforderungen in der Organisation

Eine erfolgreiche und nachhaltige Umsetzung von Qualitätsmanagement und den damit in Verbindung stehenden Maßnahmen und Instrumenten kann nur dann gelingen, wenn auch die internen Herausforderungen von den zuständigen Akteuren mit Weitsicht berücksichtigt und gesteuert werden. Auf die Rolle und Funktion von Führungskräften im Zusammenhang mit Qualitätsmanagement wird im Kapitel 3.5 näher eingegangen. Folgend wird zunächst der Zusammenhang von Personalentwicklung und Qualitätsmanagements als eine Herausforderung in der Organisation näher betrachtet.

Ertl-Wagner et al. (2013) benennen Personalentwicklung als entscheidenden Baustein eines gelingenden Qualitätsmanagementsystems. Unter Personalentwicklung sind in diesem Zusammenhang alle Maßnahmen subsumiert, welche eine Entwicklung und Optimierung der Leistungsfähigkeit von Mitarbeiter*innen sicher stellen. In erster Linie sind es interne und externe Maßnahmen, mit einem Fokus auf fachbezogene Themen oder auch persönlichkeitsorientierte Ausrichtung, welche ein sicheres Agieren in auftretenden Spannungsfeldern oder im Rahmen neuer Herausforderungen sicher stellen sollen. (Ertl-Wagner et al., 2013, S. 90) Ryschka et al. (2011) konkretisieren die Merkmale und organisationalen Herausforderungen von Personalentwicklung in ihrem Prozessmodell der Personalentwicklung wie Abbildung 2.9 darstellt.

Abbildung 2.9 zeigt die komplexen Zusammenhänge von Prozessen am Beispiel der Personalentwicklung auf. In diesem Modell sind Merkmale und Elemente von Personalentwicklung ersichtlich sowie exemplarische Methoden zur Evaluation der Personalentwicklung.

Qualitätsmanagement

Abb. 2.9 Prozessmodell der Personalentwicklung (Ryschka et al., 2011, S. 24)

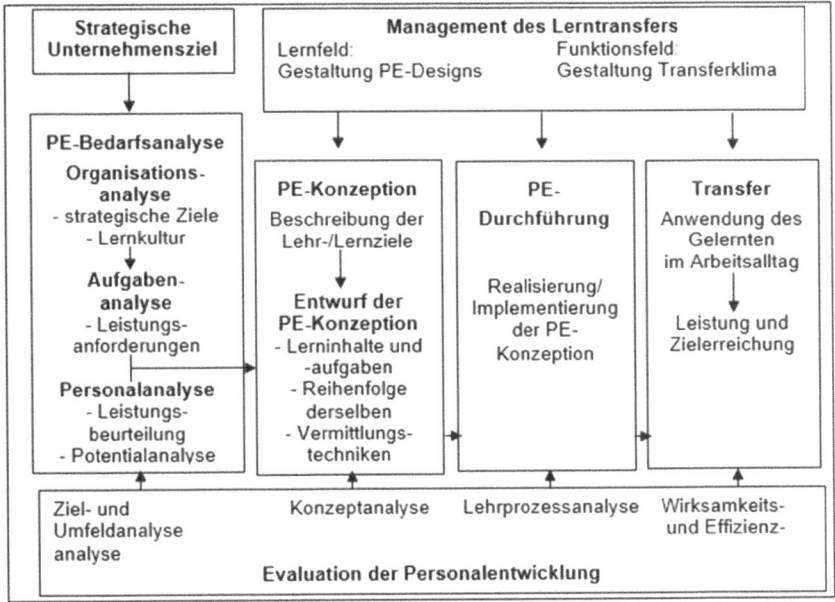

Neben Herausforderungen in Bezug auf die Personalentwicklung skizzieren Böhm und Engelhardt (2009) eine Reihe normativer Aspekte, welche unumgänglich mit Herausforderungen für eine Organisation verbunden sind und sich an die Standards von DIN (Deutsche Industrie Norm) und ISO (International Standardisation Organisation) anlehnen:

- Rahmengestaltung für die Umsetzung und Wirksamkeitsüberprüfung des Qualitätsmanagements: Festlegung der für das Qualitätsmanagement relevanten Prozesse, deren Abfolge und Wechselwirkungen sowie von Methoden zur Lenkung und Steuerung. Sicherstellung von Ressourcen und Informationen zur Durchführung, Überwachung, Messung und Analyse der Prozesse. Regelungen der Kompetenzen und Verantwortungen.
- Anforderungen in Bezug auf Dokumentation: Dokumentierte Qualitätsziele und Qualitätspolitik, Verschriftlichung in einem Qualitätshandbuch, Prozessbeschreibungen und dokumentierte Verfahren zur Planung, Durchführung und Lenkung der Prozesse.

- Verpflichtung der Leitung in Bezug auf das Qualitätsmanagementsystem: Vermittlung der Bedeutung der Erfüllung von Anforderungen der Anspruchsgruppen, der Relevanz in Bezug auf Gestaltung der Qualitätspolitik, dem Festlegen der Qualitätsziele und dem Sicherstellen von Ressourcen. (Böhm & Engelhardt, 2009, S. 35–37)

Zusätzlich zu allen formellen und gut planbaren Schritten bei der Implementierung eines Qualitätsmanagements darf jedoch ein wesentlicher Aspekt nicht unbeachtet bleiben, der Umgang mit Widerstand. Widerstand kann als alltägliches Phänomen und normale Begleiterscheinung jedes Entwicklungsprozesses betrachtet werden. In der Praxis gibt es kein Lernen und keine Veränderung ohne Widerstand. (Doppler & Lauterburg, 2008, S. 336) Auf Erfolgsfaktoren bei der Implementierung von Qualitätsmanagement in die Organisation wird im Kapitel 6.4.3 noch einmal näher eingegangen. Hier werden Herangehensweisen beschrieben, welche dazu beitragen können, optimale Voraussetzungen zu schaffen, um als Organisation die Herausforderung von internen Widerständen zu bewältigen.

Die aufgeführten Aspekte verdeutlichen die Bandbreite, mit welcher die verantwortlichen Akteur*innen, vor allem Führungskräfte, rund um das Thema Qualitätsmanagement konfrontiert werden. Nachfolgend werden die Aufgaben des Qualitätsmanagements aus der Perspektive funktionsorientierter Managementfelder näher beschrieben.

2.4.4 Aufgaben des Qualitätsmanagements

Merchel (2013) und Schmidt (2016) kennzeichnen mit dem Begriff Qualitätsmanagement die Prozesse, bei denen es um eine gezielte und strukturierte Bewertung und Weiterentwicklung der Güte einer Dienstleistung geht. Diese umfassen unter Einbeziehung theoretischer Management- und Führungstheorien alle Aufgaben, welche dazu beitragen, die Qualität eines Produkts oder einer Dienstleistung und letztendlich die Kundenzufriedenheit zu verbessern. (Merchel, 2013, S. 15; Schmidt, 2016, S. 28)

Binner (2002) und Geiger und Kotte (2008) teilen das Qualitätsmanagement in folgende, funktionsorientierte Tätigkeitsfelder ein: Qualitätsplanung, Qualitätssteuerung, Qualitätsprüfung, Qualitätsverbesserung/Qualitätsdarlegung. Aus jedem dieser Bereiche lassen sich eine Vielzahl von Aufgaben ableiten, welche jedoch an dieser Stelle nicht im Detail erläutert werden. Zusammenfassend sollen einzelne Aspekte dazu dienen, Ausgestaltungs- und Umsetzungsmöglichkeiten für die individuelle Betrachtung zu identifizieren:

- **Qualitätsplanung** – qualitätsbezogene Ziele und dazu notwendige Ausführungsprozesse sowie hierfür notwendige Ressourcen werden festgelegt.
- **Qualitätssteuerung** – beinhaltet vorbeugende, überwachende und korrigierende Tätigkeiten, welche unmittelbar (während der Umsetzung) beziehungsweise mittelbar (vorausschauend) zum Einsatz kommen.
- **Qualitätsprüfung** – impliziert die Feststellung durch verschiedene Blickwinkel (Beobachten, Beurteilen, Begleiten) und Prüfarten (Messen, Testen, Vergleichen), ob die Gesamtheit von vorher festgelegten Merkmalen die Erfordernisse erfüllt.
- **Qualitätsverbesserung** – geht einher mit der Erhöhung der Qualitätsfähigkeit einzelner Komponenten, in Bezug auf Produkt/Dienstleistungsqualität, Führungs- und Organisationsqualität, Mitarbeiter- und Zulieferqualität, Managementqualität, Systemqualität und Prozessqualität mit dem Ziel, die Effizienz und Effektivität zum Vorteil der Organisation und der Anspruchsgruppen zu verbessern.
- **Qualitätsdarlegung** – unterliegt meist den externen Anforderungen von Anspruchsgruppen und stellt die Überprüfung von Struktur-, Prozess- und Ergebnisqualität in Form einer Dokumentation in den Mittelpunkt. (Binner, 2002, S. 24–25; Geiger & Kotte, 2008, S. 106–1116)

Nachdem in den vorherigen Kapitelpunkten das Qualitätsmanagement und seine Relevanz, externe und interne Herausforderungen für Organisationen und die Aufgaben des Qualitätsmanagements näher beschrieben wurden, soll nun am Beispiel der Lebenshilfe Kärnten der Praxisbezug hergestellt werden. Neben einer ausführlichen Organisationsbeschreibung, werden wesentliche Zugangsweisen und Entwicklungsaspekte zum Qualitätsmanagement vorgestellt.

2.5 Fallbeispiel autArK Soziale Dienstleistungs-GmbH

Mag.a (FH) Pamela Aichelburg-Petschar, Leitung des Kompetenzteam Qualität der autArK Soziale Dienstleistungs-GmbH
Gemäß der Vision von autArK: Es ist normal, verschieden zu sein (Richard von Weizsäcker) – begleiten wir seit 25 Jahren Menschen in besonderen Lebenssituationen, auf ihrem Weg zur größtmöglichen beruflichen und persönlichen Eigenständigkeit. Dieser Grundsatz prägt unsere gesamte Unternehmenskultur und ist in all unseren Dienstleistungen spür- und erlebbar. Eine inklusive Gesellschaft, in der alle Menschen ihren Platz haben und selbstbestimmt leben können, ist uns ein Anliegen. Dafür stehen wir. Im Jahr 1997 ist autArK als gemeinnütziger Verein und kleines EU-Projekt im Bereich der beruflichen Integration, am Übergang

Schule und Beruf, gestartet. Heute zählen wir als Soziale Dienstleistungs-GmbH mit über 600 Mitarbeitenden zu einem der größeren Non-Profit-Unternehmen in der Kärntner Soziallandschaft. Die Organisationsstruktur zeigt vier Abteilungen, sechs Kompetenzteams und neun Fachbereiche. An 27 Standorten werden 35 unterschiedliche Dienstleistungen angeboten:

- **Berufliche Integration:** Angebote zur Unterstützung bei der Integration in den allgemeinen Arbeitsmarkt (z. b. Betriebsservice, Arbeitsassistenz, Jobcoaching, Ausbildung in Sicht, MOPS – Mobile psychosoziale Prävention)
- **Chancengleichheit** und **Chancengleichheit & Erwerbsarbeit:** Arbeitsmarktnahe Ausbildungs-, Beschäftigungs- und Qualifizierungsmöglichkeiten (z. B. Chancen Forum, Inklusive Kleinunternehmen, Leasingteams, Tageswerkstätten, Angebote für Menschen im Alter
- **Wohnen:** Normalisierte Wohnangebote
- **Stab & Verwaltung:** Kompetenzteams

Im folgenden Kapitelunterpunkt wird beschrieben, wie die autArK Soziale Dienstleistungs-GmbH das Thema Qualitätsmanagement über Jahre entwickelt hat und mit welchem Aufwand die Prozesse laufend auf die beschrieben Dienstleistungsbereiche heruntergebrochen und an den Adressat*innenbedarf angepasst werden.

2.5.1 Qualitätsmanagement bei autArK

Qualität wurde bei autArK immer schon groß geschrieben. Von 2005 bis 2020 gab es die Stabsstelle Qualität. Seit 2020 gibt es ein eigenes Kompetenzteam Qualität, dass sich intensiv mit der Thematik und all ihren Herausforderungen beschäftigt. Alle Aktivitäten rund um das Erbringen einer Dienstleistung erfordern gut geplante Strukturen und Abläufe und fallen in das Kerngebiet des Qualitätsmanagements. Was sich in den letzten Jahren allerdings verändert hat, sind die Anforderungen und Einflussfaktoren auf autArK. Steigender Wettbewerb, gesellschaftliche Veränderungen, verschiedene bzw. neue Finanzierungssysteme, Ressourcenknappheit oder Digitalisierung sind nur einige Schlagwörter die neue Herausforderungen mit sich bringen. Es ist notwendig, sich konkret und strukturiert mit den Anforderungen und deren (Wechsel-)Wirkungen auseinanderzusetzen.

Bevor autArK 2014 mit der Implementierung des Qualitätsmanagementsystems nach EFQM (dazu unten mehr) begonnen hat, wurde das Leitbild neu erarbeitet. Das Leitbild bildet, neben der Vision und der Mission des Unternehmens, die Basis für die strategischen Unternehmensziele und in weiterer Folge die

Basis für die Qualität der zu erbringenden Dienstleistungen. Die Entwicklung des Leitbildes umfasste einen zweijährigen Prozess, in dem alle Mitarbeitenden die Möglichkeit hatten, sich aktiv daran zu beteiligen. Das Ergebnis dieses (Partizipations-)Prozesses ist ein Leitbild, dass nicht nur auf dem Papier existiert, sondern das sich tagtäglich in der Erbringung der Dienstleistungen und im beruflichen Miteinander widerspiegelt. Eine regelmäßige Reflexion und bei Bedarf eine Überarbeitung des Leitbildes gehört u. a. zur Strategiearbeit von autArK.

Partizipation ist ein wesentlicher Grundstein um Akzeptanz und Verständnis für Veränderungen, Weiterentwicklungen und Innovationen zu erreichen, aber auch um Ängste und Unsicherheiten abzubauen. Das sind Grundvoraussetzungen die für ein erfolgreiches Qualitätsmanagement unentbehrlich sind. Je nach Themenlage unterschiedlich ist auch die Beteiligung an der Umsetzung von Prozessen und Projekten. Strategische Entwicklungen erfolgen ausschließlich in der Geschäftsführung und dem Overhead. In Form von Klausuren und (Themen-)Jour-Fixes erfolgen Weichenstellungen, die zur Erreichung der Unternehmensziele dienlich sind. Je nach Bedarf und Notwendigkeit werden die weiteren Schritte so geplant, dass sich Mitarbeitende, in unterschiedlichen Konstellationen, an den Prozessen beteiligen können. Das Spektrum reicht von QM-Teams, (Einzel-)Befragungen, Vorschlagswesen hin bis zu Arbeitsgruppen oder Wettbewerben.

2.5.2 Warum EFQM und was bedeutet es?

autArK befindet sich seit 25 Jahren in einem stetigen Wachstums- und Veränderungsprozess. Vor diesem Hintergrund, müssen ständig Grundlagen, die in weiterer Folge als Basis für das heutige Qualitätsmanagementsystem dienen, erarbeitet werden. Dazu zählen, heute selbstverständliche Einrichtungen wie, eine elektronische Zeiterfassung, Klient*innendokumentationssysteme, standardisierte Ausstattung von Arbeitsplätzen, ein gut durchdachtes EDV-System, die Betriebliche Gesundheitsförderung etc. „Nebenbei" wurden viele neue Dienstleistungen entwickelt und angeboten. Dieses Zusammenspiel vieler unterschiedlichster Faktoren machte die Suche nach einem geeigneten Qualitätsmanagementsystem nicht einfacher. Jedoch war es 2014 soweit und autArK entschied sich für ein Qualitätsmanagementsystem nach EFQM – European Foundation for Quality Management (2021). Es brauchte ein System, dass die notwendige Flexibilität mit sich bringt und uns in diesen Prozessen gut unterstützt. Das haben wir im EFQM-Modell und dieses in Form des „Gütesiegels für soziale Unternehmen (GSU)" gefunden. (Das EFQM-Modell wird in Kapitel 4.2.2 theoretisch erklärt).

2014 konnten wir als Pilotprojekt maßgeblich und aktiv an der Entwicklung des heute gültigen Kriterienkatalogs des GSU mitwirken. Ebenso erhielten wir

2014 das erste Mal die Zertifizierung durch das „Gütesiegel für soziale Unternehmen". 2015 stellten wir uns dem Staatspreis, dieser basiert ebenfalls auf dem nach EFQM – European Foundation for Quality Management (2021) und erreichten auf Anhieb „Recognised for Excellence***". Diesen Standard halten wir durch die regelmäßige Re-Zertifizierung durch das GSU. Aber auch hier gilt es unseren Qualitätsstandard zu steigern und so wird eine neuerliche Teilnahme am Staatspreis in den kommenden Jahren angestrebt. Das „Gütesiegel für Soziale Unternehmen" basiert auf dem EFQM – Modell und ist eine Auszeichnung für Soziale Unternehmen, die nach klar definierten sozialen, organisatorischen und wirtschaftlichen Qualitätsstandards arbeiten. Durch das Gütesiegel verpflichtet sich autArK zur ständigen Überprüfung und Weiterentwicklung der Qualitätsstandards der eigenen Organisation, der eigenen Produkte und Dienstleistungen. D. h. es wird gewährleistet, dass soziale, organisatorische und betriebswirtschaftliche Standards in einem ausgewogenen Maße erfüllt werden. Die Erreichung dieser Standards wird jährlich durch autArK selbst, in Form der Self-Assessments, und alle drei Jahre durch ein externes Assessment durch die Quality Austria überprüft. Weitere Vorgabe des GSU ist, dass Gender Mainstreaming (GM) und Diversity Management (DM) implementiert und auch laufend evaluiert werden müssen. Bei autArK gibt es hierzu eine eigene Stabsstelle. Seit dem Jahr 2022 gibt es auch eine eigene Diversity und Gender Steuerungsgruppe, um die Anforderungen an diesen Bereich noch gezielter und strukturierter erarbeiten und umsetzen zu können. Die umfassende und systematische Auseinandersetzung mit dem Kriterienkatalog des Gütesiegels regt die Organisationsentwicklung an. Die Auszeichnung bestätigt Effektivität und Effizienz der eingesetzten Fördermittel und Ressourcen. Dadurch werden die Vorgaben von Förderrichtlinien nach einem anerkannten Qualitätsmanagementsystem erfüllt. (Quality Austria & arbeit plus, 2021)

Die aktuell gültige Version des neuen EFQM-Modells ist von November 2019. Das Modell ist im Gegensatz zum Modell von 2013 nicht mehr statisch und linear, sondern als Regelkreis und flexibel angelegt. Unter der Ausrichtung wird die Beschreibung der Organisation verstanden. Festlegung von Zweck, Vision, Mission und der Strategie. Organisationskultur und Organisationsführung sind wesentliche Ergebnisse dieser Phase. Außerdem müssen rechtliche Rahmenbedingungen (div. Gesetze, Statuten, Betriebsvereinbarungen, Kontrollsysteme, Berichtssysteme etc.) definiert werden. Die Ausrichtung ist kein einmaliges Ereignis und zeigt sich bei uns in Form von Organigrammen, des Leitbildes, Beschreibung des Unternehmens und seiner Ziele, Kommunikationsstrukturen etc. Im Sinne des KVP (Kontinuierlicher Verbesserungsprozess) setzt sich autArK regelmäßig mit allen Fragestellungen dieses Modells auseinander, so auch mit der Ausrichtung und ob sie mit den aktuellen Gegebenheiten noch standesgemäß ist. Als ein Ergebnis kann, der Organisationsentwicklungsprozess aus dem Jahr 2019/2020 genannt werden. Ohne zu wissen, dass Corona zusätzliche Herausforderungen mit sich bringen wird, führte die Geschäftsführung eine Umstrukturierung der Organisationseinheiten durch. Eine strategische Entscheidung die aufgrund des stetigen Wachstums und des Angebotes an Dienstleistungen notwendig war, um unseren zukünftigen Erfolg zu sichern. Trotz der schwierigen externen Bedingungen, die diesen Prozess begleitet haben, wurde dieser gut und erfolgreich auf den Boden gebracht. Klare, transparente Zuständigkeiten und Kompetenzen und ebenso logische Kommunikationsstrukturen sind nur einige Punkte die sich bereits bewährt haben. So ein Prozess bringt aber auch sehr viel Neues und Potentiale mit sich an denen gearbeitet werden muss. So gibt es z. B. seit 2020 die Kompetenzteams, die ebenso wie andere Abteilungen einer Leitung unterstellt sind. Das ist gänzlich neu und erfordert auch in diesen Bereichen viel an Entwicklungen und Veränderungen.

In allen Diskussionen und Auseinandersetzungen mit strategischen Fragen und unserer Ausrichtung bilden folgende Punkte die Basis:

- Im Zentrum all unserer Entwicklungen steht der Mensch mit Unterstützungsbedarf.
- Die Maßnahmen, die autArK setzt, egal, in welchen Arbeitsbereichen, tragen dazu bei, die Inklusion jedes einzelnen Menschen mit Behinderung zu stärken.
- Die Angebote beziehen sich ganzheitlich auf alle Bereiche des Lebens unter Berücksichtigung individueller Notwendigkeiten und Bedürfnislagen.

Diese Punkte sind ebenso notwendig, wenn wir uns mit dem Thema der Definition und Priorisierung unserer Interessengruppen (Stakeholder) beschäftigen. Grundlage unseres Qualitätsmanagementsystems ist es, die externen und internen Anforderungen zu (er)kennen. Das setzt voraus, dass sich autArK mit seinem Umfeld beschäftigt. Dies sieht in der Praxis so aus, dass neben einem Ecosystem in dem das gesamte Umfeld abgebildet ist, auch der regelmäßige Diskurs über die Stakeholder (Interessengruppen) zu führen ist. Das heißt, wozu bzw. für wen gibt es autArK und entsprechen unsere Dienstleistungen unseren Interessengruppen. Welche Bedürfnisse haben unsere Klient*innen? Bereits bei der Gründung von autArK war es uns wichtig, unsere Angebote nicht nur in den Kärntner Ballungszentren anzubieten, sondern „hinauszugehen", wo der Bedarf in den ländlichen Regionen gegeben ist. Unter dem Motto „Die Angebote kommen zu den Menschen und nicht die Menschen zu den Angeboten", war Dezentralität von Anfang an gelebter Alltag. autArK hat sich also klar positioniert und seine Klient*innen zum Stakeholder Nummer 1 festgelegt. Die von uns bezogene Position kann aus unterschiedlichen Blickwinkeln diskutiert und unterschiedlich interpretiert werden. Für uns aber ist klar, dass autArK das oberste Ziel, die Integration von Menschen mit Benachteiligung und/oder Behinderung, verfolgt. Gäbe es unsere Klient*innen nicht, gäbe es autArK nicht. Daher sind für uns die Klient*innen unser Stakeholder Nummer 1. Das heißt aber nicht, dass alle anderen Interessengruppen (Mitarbeitende, Fördergeber*innen, Wirtschaftsbetriebe, Schulen, Behörden, Angehörigen etc.) nicht berücksichtigt werden. Deren Anforderungen und Bedürfnisse sind unverzichtbar und ohne deren Existenz, wären wir nicht in der Lage unsere Dienstleistungen zu erbringen. Die Zusammenarbeit, Kommunikationsstrukturen, das Know-how, das Berichtswesen, ein gutes vertrauensvolles Klima etc. basieren auf dem Wissen, welche Anforderungen und Bedürfnisse unsere weiteren Stakeholder haben. autArK sieht seine Mitarbeitenden als wertvollste Ressource und legt seinen Fokus sehr stark auf diese Interessengruppe. Dies spiegelt sich z. B. wider in flexiblen Arbeitszeitmodellen, zusätzlichen Urlaubstagen, Betrieblicher Gesundheitsförderung, Arbeitsbereiche und deren Ausstattungen, Veranstaltungen und Feiern, Jubiläumsgeschenken etc. Zusammengefasst kann festgestellt werden, dass das System generell dazu dient, alle unsere Interessengruppen zu erfassen und uns strukturiert und regelmäßig mit ihnen und ihren Anforderungen auseinanderzusetzen. Man erkennt also, dass es kein statisches und einmaliges System und ein gutes Werkzeug ist, um sich mit sämtlichen Interessengruppen und Einflussfaktoren die auf autArK einwirken, zu beschäftigen.

Durch die regelmäßigen Auseinandersetzung mit den An- und Herausforderungen befindet man sich auch schon in der nächsten Phase des EFQM-Modells (EFQM – European Foundation for Quality Management, 2021), der Realisierungsphase. Während die Ausrichtung hauptsächlich die Management- und Kernprozesse definiert, werden in der Realisierung die Kernprozesse in die Praxis umgesetzt. Dort gilt es die erhobenen Bedürfnisse unserer Interessengruppen in Form unserer Dienstleistungen zur Verfügung zu stellen. Wie oben erwähnt sind das unsere Angebote zur Beruflichen Integration, der Chancengleichheit und Erwerbsarbeit und die Wohnangebote. Konzepte, Abläufe, Beschreibungen, Dokumentationssysteme etc. sind nur einige Arbeitsmittel, die den Mitarbeitenden dafür zur Verfügung stehen. Diverse unterstützende Prozesse sind notwendig, um die Kernprozesse umsetzen zu können. Diese werden hauptsächlich von den Kompetenzteams geleistet (Verwaltung, Personal, Qualität, Öffentlichkeitsarbeit, Barrierefreie Kommunikation und Infrastruktur). Der Zweck autArKs zeigt sich tatsächlich in den erbrachten Dienstleistungen und dem nachhaltigen Nutzen den diese schaffen. Viele Prozesse, doch vordergründig die Kernprozesse, sind mit Kennzahlen ausgestattet, die es mindestens zu erreichen gilt. In der Phase der Realisierung ist es wichtig, sich wiederum mit den Interessengruppen (Mitarbeitenden, Fördergeber*innen, Partner*innen und Lieferant*innen etc.) zu beschäftigen. Gute Kommunikation, Beteiligung, gegenseitiges Vertrauen, teilen und nutzen von Know-how, etc. schaffen eine gute Basis und fördern die Verbesserung und Weiterentwicklung der Dienstleistungen. Ein weiteres wichtiges Element in dieser Phase ist es, die Leistungsfähigkeit und die Transformation voranzutreiben. Damit ist gemeint, dass wichtige Elemente wie Innovationen und Technologien genutzt werden um autArK zukunftsfit zu gestalten. Wie können wir Wissen, Daten, Informationen, Ressourcen gut und nachhaltig einsetzen bzw. verwalten und sichern? Wie können Risiken minimiert und Chancen identifiziert werden? Beispiele hierfür wären der Datenschutz, die Agenda 2030, Cyberangriffe, knappe finanzielle Mittel, aber auch Bereiche wie das Personalmanagement oder unsere Betriebliche Gesundheitsförderung u.v.m.

Wie vorhin erwähnt, muss die Erreichung von Prozessen durch das Definieren von Kennzahlen und Leistungsindikatoren messbar gemacht werden. Durch die Analyse der erzielten Ergebnisse wird festgestellt, in welchen Bereichen autArK gut aufgestellt ist und wo es noch Verbesserungspotential gibt. Hierzu dienen die externen Assessments die den Blick von außen in das Unternehmen holen. Das EFQM-Modell (EFQM – European Foundation for Quality Management, 2021) unterscheidet hierzu sogenannte Strategie- und leistungsbezogene Ergebnisse, wie auch die Wahrnehmungen der einzelnen Interessengruppen. In unserer Praxis sind solche Wahrnehmungen z. B. Feedbackbögen, Beschwerden, Umfragen, die Anzahl von Veranstaltungen, öffentlichen Auftritten und Presseberichten, Rezertifizierungen (GSU, Betriebliche Gesundheitsfördern, Staatspreis, familienfreundlicher Betrieb, Sozialmarie, ...), Teilnahme in verschiedensten Netzwerken und Gremien (dabei Austria, AmmA, Netzwerk „Verantwortung zeigen, ...) etc. Leistungs- und strategiebezogene Ergebnisse wären z. B. Wirtschaftliche, finanzielle oder personelle Messgrößen (Budget, Kontostand, Investitionen, Rücklagen, Anzahl Mitarbeitende,...), Erfüllungsgrad von Erwartungen (Befragungen zur Zufriedenheit von Klient*innen, Mitarbeitenden, Unternehmen, Angehörigen, Fördergeber*innen, Halbjahresgespräche,...), Erreichung und Umsetzungsgrad strategischer Ziele, etc.

Die Ergebnisse werden im Rahmen unseres Qualitätsmanagementmodells und mit Hilfe des kontinuierlichen Verbesserungsprozesses herangezogen und in die jeweiligen Prozesse eingearbeitet. Diese werden wiederum realisiert und die Ergebnisse werden überprüft. So ist es möglich sich ständig zu verbessern und die angestrebte Excellence zu erreichen. Denkt man an die Unternehmensgröße und die vielen Bereiche die wir abdecken, so findet sich hier nur ein kleiner Teil, um das Qualitätsmanagement bei autArK zu beschreiben.

Zusammengefasst sind die für uns wichtigsten Erkenntnisse der letzten Jahre im Bereich des Qualitätsmanagements die Notwendigkeit der laufenden strategischen Arbeit und deren Umsetzung sowie das Schaffen einer stabilen Organisation, mit klaren Strukturen, Zuständigkeiten und Kompetenzen, um Innovationen und Leistungsfähigkeit zu ermöglichen, aber auch um Standhaftigkeit und Sicherheit für alle Interessengruppen zu bieten.

„Für die Geschäftsführung von autArK ist ein funktionierendes Qualitätsmanagement für den dauerhaften Bestand der Organisation von existentieller Notwendigkeit. Es sorgt für Ordnung und damit bei allen Beteiligten für eine gute Transparenz. Die fortlaufende Verbesserung der Dienstleistungen ist dabei ein wichtiges Thema, denn sie dient einer beständigen Zufriedenheit der Leistungsempfänger*innen sowie zahlreicher weiterer Stakeholder."

Andreas Jesse, MBA, Geschäftsführer autArK Soziale Dienstleistungs-GmbH

2.6 Arbeit mit dem Fallbeispiel autArK Soziale Dienstleistungs-GmbH

2.6.1 Aufgaben zum Fallbeispiel

1) Welche Besonderheiten der sozialen Dienstleistungsproduktion werden deutlich und wie stellen sich diese am konkreten Fallbeispiel dar?
2) Erläutern Sie das sozialrechtliche Dreiecksverhältnis am Beispiel der autArK Soziale Dienstleistungs-GmbH.
3) Welche Formen der Trägerschaft werden im Fallbeispiel der autArK Soziale Dienstleistungs-GmbH angesprochen (siehe dazu Abbildung 2.2: Träger und Anbieter in der Sozialwirtschaft)?
4) Welche Sichtweisen auf Qualität werden im Fallbeispiel deutlich? Lösen Sie diese Frage mit Bezug auf die verschiedenen Anforderungen an eine Organisation nach Binner (Abbildung 2.3).
5) Welche Leistungs- bzw. Kernprozesse, unterstützende bzw. Supportprozesse sowie Management- und Führungsprozesse sind aus dem Fallbeispiel ersichtlich?
6) Warum ist Qualitätsmanagement aus Ihrer Sicht relevant für die autArK Soziale Dienstleistungs-GmbH?
7) Welche Herausforderungen sehen Sie im organisationalen Umfeld? Welche relevanten Anspruchsgruppen können Sie aus dem Fall erkennen?
8) Welche Herausforderungen sehen Sie innerhalb der Organisation?
9) Welche Aufgaben des Qualitätsmanagements sind in diesem Fall identifizierbar?

2.6.2 Musterlösungen zum Fallbeispiel

Die Musterlösungen zeigen beispielhafte Möglichkeiten der Antwort auf die Fragen, damit Sie sich betreffend der Arbeitsaufgaben orientieren können und erheben keinen Anspruch auf Vollständigkeit.

1. Besonderheiten der sozialen Dienstleistungsproduktion bei autArK Soziale Dienstleistungs-GmbH
Bezugnehmend auf die in Kapitel 2.1 dargelegten Zusammenhänge und Besonderheiten zur Qualität der Dienstleistungsproduktion, ergeben sich folgende Betrachtungszusammenhänge:

Immaterialität: Die Kernleistungen der autArK Soziale Dienstleistungs-GmbH beruhen auf dem im Fallbeispiel benannten Ziel, die Inklusion jedes einzelnen Menschen mit Behinderung zu stärken. Eine Vorstellung zu angebotenen Leistungen wird so ermöglicht, jedoch für Nutzer*innen im Detail noch nicht greifbar.

Uno actu Prinzip (Unteilbarkeit/Vergänglichkeit): Am Fallbeispiel autArK wird deutlich, dass Produktion und Konsumption der Dienstleistung direkt zusammenfallen. Dies geschieht in der täglichen Begleitung der Klient*innen an den jeweiligen Standorten im Kontext der Dienstleistungserbringung in den einzelnen Fachbereichen berufliche Integration, Chancengleichheit und Chancengleichheit & Erwerbsarbeit sowie Wohnen.

Heterogenität/Individualität: Dieser Aspekt spiegelt sich anhand der teilweise sehr individuellen Anforderungen und Bedürfnisse der Adressat*innen bei autArK wieder. Gemäß der Vision werden seit 25 Jahren Menschen in besonderen Lebenssituationen, auf ihrem Weg zur größtmöglichen beruflichen und persönlichen Eigenständigkeit begleitet. Eine inklusive Gesellschaft, in der alle Menschen ihren Platz haben und selbstbestimmt leben können, ist ein großes Anliegen des Dienstleisters.

Keine Lagerfähigkeit: Bedingt durch das Uno actu Prinzip ergeben sich in diesem Zusammenhang ebenfalls Herausforderungen in Bezug auf Planung, Einsatz und Auslastung der Produktionsfaktoren. Das hier und jetzt oder auch Ausnahmesituationen bestimmten die tägliche Arbeit und demzufolge auch die oftmals direkte Notwendigkeit der Leistungserbringung. Eine Ausnahme gibt es jedoch in Bezug auf hergestellte Produkte im Rahmen der Beschäftigungsmodelle. Betrachtet man sie als Ergebnis der Dienstleistungserbringung, ergibt sich durchaus die Notwendigkeit Materialien für Produktion und Fertigung zu lagern.

2. Sozialrechtliches Dreiecksverhältnis am Beispiel der autArK Soziale Dienstleistungs-GmbH

Wie im Kapitel 2.1 beschrieben, entsteht durch die Leistungsentgeltlogik auch bei der autArK Soziale Dienstleistungs-GmbH, eines der größten Non-Profit-Unternehmen im Österreichischen Bundesland Kärnten, ein sozialrechtliches Verflechtungsnetzwerk. Das Land Kärnten ist als öffentlicher Sozialleistungsträger zu identifizieren. Die Adressat*innen bilden die Gruppe der Leistungsempfänger*innen, mit einem individuellen und gesetzlich verankerten Rechtsanspruch auf Leistungen vom Land Kärnten. Die autArK Soziale Dienstleistungs-GmbH, als Leistungserbringerin, schließt einen Vertrag mit dem Land Kärnten zur Erbringung der Dienstleistungen ab. Dieser Vertrag beinhaltet definierte Parameter in Bezug auf die zu erbringenden Leistungen, ebenso die dafür vereinbarten Entgeltbeträge (Tagsätze). Das Leistungsangebot ist, wie am Beispiel deutlich wird, sehr vielfältig. Von der klassischen Begleitung in Tageswerkstätten bis hin zu Projekten im Arbeits- und Ausbildungskontext oder Wohnhäusern.

3. Formen der Trägerschaft im Fallbeispiel

Anhand des Fallbeispiels lässt sich das Land Kärnten als öffentlicher Träger, also unmittelbare Behörde der Staatsverwaltung, identifizieren. Es stellt Finanzmittel zur Verfügung, um so die Handlungsfähigkeit der autArK Soziale Dienstleistungs-GmbH sicherzustellen. Die autArK Soziale Dienstleistungs-GmbH ist dem Sektor privatgemeinnütziger Träger (NPO) zuzuordnen und durch ihre Rechtsform als gemeinnützige BetriebsGmbH (gGmbH) gekennzeichnet. Folgende Besonderheiten einer Nonprofit-Organisation (NPO), mit Bezug auf Kapitel 2.2, lassen sich bei der autArK Soziale Dienstleistungs-GmbH identifizieren: Sachzielorientierung, keine Gewinnausschüttung, demokratische Organisationsstruktur.

4. Anforderungen (nach Binner) an die autArK Soziale Dienstleistungs-GmbH

Marktanforderungen: Im Rahmen der beschriebenen Maßnahmen und Entwicklungsschritte rund um das Thema Qualitätsmanagement wird deutlich, dass sich die autArK Soziale Dienstleistungs-GmbH dauerhaft und nachhaltig mit den Marktanforderungen in Bezug auf steigenden Wettbewerb, gesellschaftliche Veränderungen, verschiedene beziehungsweise neue Finanzierungssysteme, Ressourcenknappheit und Digitalisierung auseinandersetzt.

Organisationsanforderungen: Auch im Rahmen der Organisationsanforderungen werden im Fallbeispiel Schritte und Prozesse benannt, die eine Auseinandersetzung mit dieser Thematik verdeutlichen. Beginn des bewusst geplanten Prozesses der Organisationsentwicklung 2019/2020, zu nennen sind hier beispielsweise

Anpassungen in Bezug auf Strukturen und Abläufe in der Organisation, die Schaffung neuer Stabsstellen und Aufgabenspezialisierung in den Kompetenzteams.

Kundenanforderungen: In allen Diskussionen mit strategischen Fragen und der Ausrichtung der autArK Soziale Dienstleistungs-GmbH bilden folgende Punkte die Basis:

- Im Zentrum all unserer Entwicklungen steht der Mensch mit Unterstützungsbedarf.
- Die Maßnahmen, die autArK setzt, egal, in welchen Arbeitsbereichen, tragen dazu bei, die Inklusion jedes einzelnen Menschen mit Behinderung zu stärken.
- Die Angebote beziehen sich ganzheitlich auf alle Bereiche des Lebens unter Berücksichtigung individueller Notwendigkeiten und Bedürfnislagen.

Die autArK Soziale Dienstleistungs-GmbH positioniert sich in diesem Zusammenhang sehr klar, „Gäbe es unsere Klient*innen nicht, gäbe es aus autArK nicht. Daher sind für uns die Klient*innen unsere Stakeholder Nummer 1."

Gesellschaftliche Forderungen: Die enge Ausrichtung am EFQM Modell und dem darin verankerten Punkt, als Organisation einen Beitrag zur Entwicklung und dem Wohlergehen sowie dem Wohlstand der Gesellschaft zu leisten, lässt sich aus dem Gesamtkontext des Fallbeispiels herleiten. Darüber hinaus implizieren daran angelehnte Kriterien in wiederkehrenden Auszeichnungsprozessen, wie zum Beispiel „Gütesiegel für soziale Unternehmen", dass auch zu diesem Thema eine gesamtheitliche Ausrichtung in der Organisation existiert.

Gesetzliche Forderungen: Aufgrund des soliden Wachstums, der Bandbreite und Qualität der erbrachten Dienstleistungsangebote sowie deren ständiger (Weiter-)Entwicklung wird deutlich, dass die autArK Soziale Dienstleistungs-GmbH eine sehr gute Reputation bei Auftraggeber*innen und Stakeholdern genießt. Dieser Aspekt lässt darauf schließen, dass eine positive Beurteilung in Bezug auf das Einhalten gesetzlicher Forderungen vorliegt.

Wirtschaftlichkeitsforderungen: Eine maßgebliche Ausrichtung am EFQM Modell bedingt die Ausrichtung der Organisation an Anforderungen in Bezug auf die Wahrnehmung wirtschaftlicher und regulatorischer Interessengruppen. Auch hier wird eine intensive Fokussierung der autArK Soziale Dienstleistungs-GmbH deutlich.

Sicherheitsforderungen: Das Managen von Risiken ist ein Kriterium, welches im EFQM Modell verankert ist. Die Standardisierung von Abläufen und Prozessen sowie eine regelmäßige Evaluierung in verschiedensten Formen und Bereichen lässt darauf schließen, dass auch in puncto Sicherheitsanforderungen Maßnahmen und Instrumente implementiert sind.

Logistische Forderungen: Die Größe Organisation und Bandbreite der Dienstleistungsangebote machen es unabdingbar, sich dieser Thematik als Organisation zu stellen. Unterstrichen wird es auch durch den Leitgedanken „die Angebote kommen zu den Menschen und nicht die Menschen zu den Angeboten".

Normenforderungen: Durch die regelmäßige Auseinandersetzung mit Fragestellungen rund um das Thema Qualitätsentwicklung sowie der kontinuierlichen (Re-)Zertifizierung wird auch diesem Anforderungspunkt durch die autArK Soziale Dienstleistungs-GmbH Rechnung getragen.

Effizienzforderungen: Viele Prozesse, allen voran die Kernprozesse, sind mit Kennzahlen ausgestattet, welche es mindestens zu erreichen gilt. Standards in Bezug auf Aufbau- und Ablaufstrukturen stehen im Rahmen des Qualitätsmanagements bei der autArK Soziale Dienstleistungs-GmbH im Mittelpunkt, was erkennen lässt, dass dem Thema Effizienz ein großes Augenmerk zugesprochen wird.

Innovationsforderungen: Mit einem ausgeprägten Fokus auf Stakeholder Interessen, einem soliden Wachstum der Dienstleistungsangebote sowie zahlreichen Auszeichnungen, Zertifizierungen (GSU, Betriebliche Gesundheit fördern, Staatspreis, familienfreundlicher Betrieb, Sozialmarie) und Mitwirkung in Gremien/Netzwerken (dabei Austria, AmmA, Netzwerk Verantwortung zeigen!) wird deutlich, dass es bei der autArK Soziale Dienstleistungs-GmbH ein großes Bestreben nach Innovation gibt.

Aktualitätsforderungen: Ein kontinuierlicher Verbesserungsprozess (KVP) ist in der autArK Soziale Dienstleistungs-GmbH Teil des Qualitätsmanagements. In diesem Zusammenhang wird als Ergebnis der Organisationsentwicklungsprozess aus dem Jahr 2019/2020 genannt. Auch die über einen langen Zeitraum bestehenden und hinzukommenden Zertifizierungen sowie Auszeichnungen verdeutlichen die Bereitschaft der Organisation, sich permanent mit Anforderungen hinsichtlich Aktualität auseinanderzusetzen.

Umweltforderungen: Auch in diesem Zusammenhang werden Vorgehensweisen in Bezug auf Interessensverortung umweltrelevanter Stakeholder im Fallbeispiel erwähnt. Ein partizipativer Zugang beziehungsweise die daran orientierte Umsetzung des Qualitätsmanagements wird hervorgehoben. Betroffene, insbesondere Klient*innen und Mitarbeiter*innen, entwickeln Kriterien und Standards zur Beurteilung der Qualität. Anspruchsgruppen, welche unter anderem im Zusammenhang mit der Finanzierung oder Ermöglichung der Dienstleistungserbringung identifiziert werden können, wird ebenfalls große Aufmerksamkeit gewidmet. Erwähnt werden im Fallbeispiel die Zusammenhänge sowie die Notwendigkeit um das Wissen in Bezug auf Anforderungen und Bedürfnisse relevanter Stakeholdergruppen sowie das hier zum Einsatz kommende Tool Ecosystem Map.

Soziale Forderungen: Soziale Forderungen greift die autArK Soziale Dienstleistungs-GmbH im Rahmen ihrer Dienstleistungsangebote und deren Erbringung ebenfalls auf. Sie sind die eng verknüpft mit der Umsetzung der UN-Behindertenrechtskonvention. Im direkten Wirkungskontext der Organisation werden gezielte Maßnahmen gesetzt, wie beispielsweise Dezentralität der Dienstleistungsangebote sowie Vernetzung der Organisation mit dem Sozialraum. Die Ausweitung der Angebote auf ländliche Regionen, unter dem Motto „die Angebote kommen zu den Menschen und nicht die Menschen zu den Angeboten", steht im Mittelpunkt und ist gelebter Alltag.

5. Prozessarten und Beispiele bei der autArK Soziale Dienstleistungs-GmbH

Folgende Leistungs- beziehungsweise Kernprozesse lassen sich anhand des Fallbeispiels identifizieren:

- **Berufliche Integration:** Angebote zur Unterstützung bei der Integration in den allgemeinen Arbeitsmarkt (z.B. Betriebsservice, Arbeitsassistenz, Jobcoaching, Ausbildung in Sicht, MOPS – Mobile psychosoziale Prävention)
- **Chancengleichheit** und **Chancengleichheit & Erwerbsarbeit:** Arbeitsmarktnahe Ausbildungs-, Beschäftigungs- und Qualifizierungsmöglichkeiten (z.B. ChancenForum, Inklusive Kleinunternehmen, Leasingteams, Tageswerkstätten, Angebote für Menschen im Alter
- **Wohnen:** normalisierte Wohnangebote

Folgende Prozesse werden als Unterstützungs- bzw. Supportprozesse bezeichnet:

- Verwaltung, Personal, Qualität, Öffentlichkeitsarbeit, Barrierefreie Kommunikation und Infrastruktur werden im Fallbeispiel als unterstützende Prozesse benannt. Sie werden in ihrer Umsetzung von den Kompetenzteams begleitet.

Management- beziehungsweise Führungsprozesse:

- Normatives Management/strategisches Management – Es kann aufgrund der beschriebenen Aufbau- und Ablaufstrukturen im Fallbeispiel davon ausgegangen werden, dass Prozesse und Verantwortlichkeiten in diesem Zusammenhang der Geschäftsführung und den Kompetenzteams der autArK Soziale Dienstleistungs-GmbH zuzuordnen sind. Strategische Entwicklung wird im Fallbeispiel dezidiert der Geschäftsführung und dem Overhead (Kompetenzteams) zugeschrieben.

- Operatives Management – Das umfängliche Dienstleitungsangebot sowie die Größe (über 600 Mitarbeiter*innen) der autArK Soziale Dienstleistungs-GmbH lässt darauf schließen, dass Aufbau- und Ablaufstrukturen in der Organisation existieren, welche klare Vorgaben und Verantwortlichkeiten im Rahmen des operativen Managements festlegen.

6. Relevanz des Qualitätsmanagements für die autArK Soziale Dienstleistungs-GmbH

Genannt werden im Fallbeispiel die veränderten Anforderungen und Einflussfaktoren auf die Organisation, wie steigender Wettbewerb, gesellschaftliche Veränderungen, verschiedene beziehungsweise neue Finanzierungssysteme, Ressourcenknappheit und Digitalisierung. Die daraus resultierende Notwendigkeit, sich konkret und strukturiert mit den Anforderungen und deren (Wechsel-)Wirkungen auseinanderzusetzen, wird im Rahmen aller Aktivitäten um das Erbringen einer Dienstleistung für relevant erachtet und begründet somit die Relevanz des Qualitätsmanagements für die autArK Soziale Dienstleistungs-GmbH.

7. Herausforderungen aus dem organisationalen Umfeld und relevante Anspruchsgruppen

Folgende Anspruchsgruppen und damit verbundene Herausforderungen werden im Fallbeispiel benannt: Klient*innen, Mitarbeitende, Fördergeber*innen, Wirtschaftsbetriebe, Schulen, Behörden und Angehörige.

Deren Interessen, Anforderungen und Bedürfnisse werden als unverzichtbar beschrieben und die Erbringung der Dienstleistungen ohne eine Fokussierung auf die jeweilige Anspruchsgruppe nicht möglich. Herausforderungen ergeben sich aus dem Wissen um die Ansprüche, deren Komplexität sowie Vielfalt und damit im Zusammenhang stehende Prozesse, wie zum Beispiel Zusammenarbeit, Kommunikation, Know-how, Berichtswesen und die Arbeit an einem guten, vertrauensvollen Klima. Zum Einsatz bei der Erfassung, strukturierten und regelmäßigen Auseinandersetzung mit Anforderungen der unterschiedlichsten Interessengruppen, kommt das Instrument Stakeholder Ecosystem Map.

8. Herausforderungen innerhalb der Organisation

Am Fallbeispiel wird deutlich, mit welchem hohen Aufwand das Thema Qualitätsmanagement in der Organisation umgesetzt wird, was aufgrund der Größe (über 600 Mitarbeitende an 27 Standorten) und Dienstleistungsvielfalt (35 unterschiedliche Dienstleistungen) viele Ressourcen bindet. Auch die in Kapitel 2.4.3 beschrieben normativen Aspekte und damit verbunden Herausforderungen werden benannt. Es existieren Konzepte, Ablaufbeschreibungen, Dokumentationssysteme und Standards in vielen Bereichen, was die Notwendigkeit bedingt, dauerhaft zu analysieren und bei Bedarf zu adaptieren, um sich so an den strategischen Zielen und Messgrößen auszurichten.

9. Aufgaben des Qualitätsmanagements

Folgende Aufgabenbereiche des Qualitätsmanagements lassen sich am Fallbeispiel identifizieren.

- Qualitätsplanung – erfolgt durch die Geschäftsführung sowie dem Kompetenzteam Qualität, dies geschieht in regelmäßigen Abständen und Settings (Klausuren und Themen-Jour-Fixes).
- Qualitätssteuerung – diese Aufgabe wird von der Geschäftsführung und dem Kompetenzteam Qualität wahrgenommen.
- Qualitätsprüfung – Erfolgt in Form von regelmäßiger Reflexion und Befragungen der Interessensgruppen sowie im Rahmen fortlaufender (Re-)Zertifizierungen.
- Qualitätsverbesserung – erfolgt im Rahmen des Kontinuierlichen Verbesserungsprozesses (KVP).
- Qualitätsdarlegung – erfolgt in Form von Dokumentationssystemen und Berichtslegungen für Fördergeber*innen.

2.7 Fragen zur Übung und Kontrolle des Lernerfolgs

a) Welche besonderen Merkmale kennzeichnen (soziale) Dienstleistungen?
b) Wodurch entsteht ein sozialrechtliches Dreiecksverhältnis? Stellen Sie dieses grafisch dar und beschreiben Sie es.
c) Welche Typen von freien Trägern kennen Sie in der Sozialwirtschaft? Beschreiben Sie diese kurz und nennen Sie jeweils ein Beispiel. Welche Rolle(n) haben öffentliche Träger?
d) Welche Besonderheiten weisen Nonprofit-Organisationen auf?
e) Nennen Sie Beispiele für Anforderungen an (soziale) Organisationen.

f) Definieren Sie Qualität in eigenen Worten und nennen Sie Beispiele für unterschiedliche Perspektiven auf den Qualitätsbegriff.
g) Erläutern Sie den Prozessbegriff im Sinne einer wertschöpfungsorientierten Perspektive (Input-Output-Betrachtung).
h) Was besagt die Wertkettenbetrachtung nach Porter? Wozu dient diese und welche grundlegenden Prozesse werden dabei unterschieden?
i) Erklären Sie den Begriff „Schlüsselprozesse" und erläutern Sie wozu ein Herunterbrechen der Schlüsselprozesse in Subprozesse, Aktivitäten und Aufgaben erfolgen soll. Welche Zuständigkeiten für diese Definitionsebenen können beispielsweise abgeleitet werden.
j) Definieren Sie Leistungs- bzw. Kernprozesse, Unterstützungs- bzw. Supportprozesse sowie Management- und Führungsprozesse und nennen Sie Beispiele für diese Prozesskategorien.
k) Welche Erkenntnisse können aus der Analyse von Wertketten und der Prozessbetrachtung von Organisationen gezogen werden?
l) Warum scheint es für Organisationen der Sozialwirtschaft erforderlich, sich mit Qualitätsfragen zu beschäftigen?
m) Erläutern Sie die Herausforderungen im Zusammenhang mit Anforderungen unterschiedlichster Anspruchsgruppen.
n) Welche Herausforderungen können in der Organisation zum Thema Qualitätsmanagement beschrieben werden?
o) Was kennzeichnet den Begriff Qualitätsmanagement und welche Aufgaben lassen sich in diesem Zusammenhang identifizieren?

2.8 Literaturverzeichnis

Arnold, U. (2014a). Besonderheiten der Dienstleistungsproduktion. In U. Arnold, K. Grunwald, B. Maelicke, H. Backhaus-Maul, B. Benz & K.-H. Boeßenecker (Hrsg.), *Lehrbuch der Sozialwirtschaft* (4. erweiterte Aufl., S. 460–480). Nomos.

Arnold, U. (2014b). Qualitätsmanagement in Sozialwirtschaftlichen Organisationen. In U. Arnold, K. Grunwald, B. Maelicke, H. Backhaus-Maul, B. Benz & K.-H. Boeßenecker (Hrsg.), *Lehrbuch der Sozialwirtschaft* (4. erweiterte Aufl., S. 585–628). Nomos.

Bäcker, G., Naegele, G., Bispinck, R., Hofemann, K. & Neubauer, J. (2020). *Sozialpolitik und soziale Lage in Deutschland* (6., vollständig überarbeitete und erweiterte Aufl.). Springer VS.

Beckmann, C. (2009). *Qualitätsmanagement und Soziale Arbeit* (1. Aufl.). VS Verlag für Sozialwissenschaften.

Benes, G. & Groh, P. E. (2014). *Grundlagen des Qualitätsmanagements: Mit 46 Tabellen und 239 Lernerfolgskontrollfragen* (3., aktualisierte Aufl. [Elektronische Ressour-

Literaturverzeichnis

ce]. Fachbuchverl. Leipzig im Carl-Hanser-Verl. http://www.hanser-elibrary.com/isbn/9783446440234 https://doi.org/10.3139/9783446440234

Benes, G. & Groh, P. E. (2017). *Grundlagen des Qualitätsmanagements* (4., aktualisierte Aufl.). Fachbuchverlag Leipzig im Carl Hanser Verlag. http://www.hanser-fachbuch.de/9783446451834

Bennis, W. G. (1990). *Führen lernen* (T. Schmidt, Übers.). Campus.

Binner, H. F. (2002). *Prozessorientierte TQM-Umsetzung* (2., verb. und aktualisierte Aufl.). Hanser Lehrbuch. Hanser.

Böhm, W. & Engelhardt, H. D. (2009). *Qualitätsmanagement (Total Quality Management) für die Soziale Arbeit: Qualität/Evaluation/Qualitätssicherung/Total Quality Management*. Studienbrief 2-020-1702 (2. Aufl.). Service-Agentur des Hochschulverbundes Distance Learning.

Brinkmann, V. (2010). *Sozialwirtschaft: Grundlagen – Modelle – Finanzierung* (1. Aufl.). *Lehrbuch*. Gabler. http://bvbr.bib-bvb.de:8991/F?func=service&doc_library=BVB01&doc_number=014612951&line_number=0002&func_code=DB_RECORDS&service_type=MEDIA

Brüggemann, H. & Bremer, P. (2020). *Grundlagen Qualitätsmanagement: Von den Werkzeugen über Methoden zum TQM* (3. Aufl.). Springer Vieweg.

Bruhn, M. (2020). *Qualitätsmanagement für Dienstleistungen: Handbuch für ein erfolgreiches Qualitätsmanagement: Grundlagen – Konzepte – Methoden* (12., aktualisierte und erweiterte Aufl.). Springer Gabler. https://doi.org/10.1007/978-3-662-62120-2

Bruhn, M. (2021). *Qualitätsmanagement für Non-Profit-Organisationen: Grundlagen – Planung – Umsetzung – Kontrolle* (2., überarbeitete und erweiterte Aufl.). Springer Gabler.

Cremer, G., Goldschmidt, N. & Höfer, S. (2013). *Soziale Dienstleistungen: Ökonomie, Recht, Politik*. UTB Wirtschaftswissenschaften, Rechtswissenschaften, Sozialwissenschaften: Bd. 3665. Mohr Siebeck. http://www.socialnet.de/rezensionen/isbn.php?isbn=978-3-8252-3665-6

Doppler, K. & Lauterburg, C. (Hrsg.). (2008). *Change Management: Den Unternehmenswandel gestalten* (12., aktualisierte und erweiterte Aufl.). Campus-Verlag.

EFQM European Foundation for Quality Management. (2021). *Das EFQM Modell: 2. überarbeitete Ausgabe 2. überarbeitete Ausgabe. Enthält ergänzende Informationen zu Anwendungsbeispielen, RADAR und Bewertungsprofilen*. https://efqm.org/de/the-efqm-model/

Ertl-Wagner, B., Steinbrucker, S. & Wagner, B. (2013). *Qualitätsmanagement und Zertifizierung: Praktische Umsetzung in Krankenhäusern, Reha-Kliniken, stationären Pflegeeinrichtungen* (2. Aufl.). Springer.

Geiger, W. & Kotte, W. (2008). *Handbuch Qualität: Grundlagen und Elemente des Qualitätsmanagements: Systeme – Perspektiven* (5., vollständig überarbeitete und erweiterte Aufl.). *Springer eBook Collection Computer Science & Engineering*. Vieweg. https://doi.org/10.1007/978-3-8348-9429-8

Helmig, B. & Boenigk, S. (2020). *Nonprofit Management* (2., komplett überarbeitete Aufl.). *Vahlens Handbücher der Wirtschafts- und Sozialwissenschaften*. Verlag Franz Vahlen.

Helmig, B., Purtschert, R. & Beccarelli, C. (2006). Nonprofit but Management. In B. Helmig & R. Purtschert (Hrsg.), *Nonprofit-Management: Beispiele für Best-Practices im Dritten Sektor* (2., aktualisierte und erweiterte Aufl., S. 1–20). Betriebswirtschaftlicher Verlag Dr. Th. Gabler – GWV Fachverlage GmbH Wiesbaden.

Herrmann, J. & Fritz, H. (2021). *Qualitätsmanagement: Lehrbuch für Studium und Praxis* (3., aktualisierte und erweiterte Aufl.). Hanser.

Hoyle, D. (2007). *Quality Management Essentials* (1. Aufl.). Elsevier professional. http://site.ebrary.com/lib/alltitles/docDetail.action?docID=10167105

Merchel, J. (2013). *Qualitätsmanagement in der Sozialen Arbeit. Eine Einführung*. Beltz Juventa.

Oakland, J. S. (2014). *Total Quality Management and Operational Excellence: Text with Cases* (4th ed.). Taylor and Francis. http://gbv.eblib.com/patron/FullRecord.aspx?p=1682288

Porter, M. E. (1986). *Wettbewerbsvorteile: Spitzenleistungen erreichen u. behaupten = (Competitive advantage)*. Campus-Verlag.

Porter, M. E. (2014). *Wettbewerbsvorteile: Spitzenleistungen erreichen und behaupten = (Competitive Advantage)* (8., durchges. Aufl.). Campus-Verl.

Quality Austria & arbeit plus. (2021). *Leitfaden zum Gütesiegel für Soziale Unternehmen: Version 6.1*. https://arbeitplus.at/wordpress/wp-content/uploads/2021/06/RE_27_01_037_Leitfaden-GSU-1.pdf

Ryschka, J., Solga, M. & Mattenklott, A. (Hrsg.). (2011). *Praxishandbuch Personalentwicklung: Instrumente, Konzepte, Beispiele* (3rd ed. 2011). Gabler Verlag; Imprint Gabler Verlag. https://doi.org/10.1007/978-3-8349-6384-0

Schellberg, K. (2014). Finanzierung in der Sozialwirtschaft. In U. Arnold, K. Grunwald, B. Maelicke, H. Backhaus-Maul, B. Benz & K.-H. Boeßenecker (Hrsg.), *Lehrbuch der Sozialwirtschaft* (4. erweiterte Aufl., S. 224–271). Nomos.

Schmidt, S. (2016). *Das QM-Handbuch: Qualitätsmanagement für die ambulante Pflege*. Springer.

Schmitt, R. & Pfeifer, T. (2015). *Qualitätsmanagement: Strategien – Methoden – Techniken* (5., überarb. Aufl.). Hanser.

Vogelbusch, F. (2018). *Management von Sozialunternehmen: Eine Einführung in die allgemeine Betriebswirtschaftslehre mit Abbildungen und Praxisbeispielen*. Verlag Franz Vahlen.

Weidner, G. E. (2020). *Qualitätsmanagement: Kompaktes Wissen, konkrete Umsetzung, praktische Arbeitshilfen* (3., überarbeitete Aufl.). Hanser.

Zech, R. (2019). *Qualitätsmanagement und gute Arbeit: Grundlagen einer gelingenden Qualitätsentwicklung für Einsteiger und Skeptiker* (2. Aufl.). Essentials. Springer. http://www.springer.com/

Total Quality Management (TQM) als Versuch eines ganzheitlichen Ansatzes

3

Zusammenfassung

In diesem Kapitel wird der Ansatz des Total Quality Management erläutert. Die Möglichkeiten und Grenzen des TQM werden angesprochen. Die Bedeutung der vier Betrachtungsperspektiven Kundenorientierung, Mitarbeiterorientierung, Prozessorientierung sowie Umfeld- bzw. Gesellschaftsorientierung werden allgemein und für die Soziale Arbeit beleuchtet. In weiterer Folge wird auf die verschiedenen Dimensionen von Qualität eingegangen, dabei werden die Struktur- bzw. Potentialqualität, die Prozessqualität und die Ergebnisqualität thematisiert sowie Erkenntnisse im Sinne der Gesamtqualität einer Organisation abgeleitet.

Mit der Betrachtung des Total Quality Management als Führungsphilosophie werden in diesem Kapitel nicht nur Denk-, Planungs- und Gestaltungsansätze in der Verantwortung von Führungskräften vorgestellt, sondern auch aus den verschiedenen Hierarchieperspektiven heraus die grundlegenden beteiligungsorientierten Möglichkeiten und damit verknüpfte Instrumente und Methoden. Das Fallbeispiel „Die Humanomed Gruppe" mit Arbeitsaufgaben und Musterlösungen rundet das Kapitel ab. Final werden noch Lern- und Kontrollfragen zum Kapitel gestellt.

Schlüsselwörter

Total Quality Management (TQM), Betrachtungsperspektiven von Qualität, Struktur- bzw. Potentialqualität, Prozessqualität, Ergebnisqualität, Gesamtqualität, Führungsphilosophie, Organisationskultur, Top-Down, Bottom-Up, Fallbeispiel.

© Der/die Autor(en), exklusiv lizenziert an
Springer Fachmedien Wiesbaden GmbH, ein Teil von Springer Nature 2024
W. Grillitsch und S. Felscher, *Qualitätsmanagement in Organisationen der Sozialwirtschaft*, Basiswissen Sozialwirtschaft und Sozialmanagement,
https://doi.org/10.1007/978-3-658-40202-0_3

Lernziele

- Sie sind in der Lage, den Ansatz des Total Quality Managements sowie dessen Möglichkeiten und Grenzen zu erläutern.
- Sie verstehen den Kundenbegriff für die Soziale Arbeit und wissen, welchen Einfluss Kund*innen auf die Qualität der Sozialen Arbeit nehmen.
- Sie können Beispiele benennen, worauf Kund*innen im Dienstleistungserstellungsprozess sowie im Kontakt mit der Organisation achten (kundenbezogene Leistungsmerkmale).
- Sie erfahren, wieso Mitarbeiterorientierung wichtig für eine qualitätsvolle Arbeit und für die organisationale Qualitätsentwicklung ist.
- Sie wissen, welche Phasen ein klassisches Prozessmanagement umfasst.
- Sie verstehen die Unterscheidung zwischen allgemeiner Umwelt und direkter Aufgabenumwelt und können Beispiele dazu benennen.
- Sie können die Begriffe Struktur- bzw. Potentialqualität, Prozessqualität, Ergebnisqualität und Gesamt- bzw. Organisationsqualität erläutern.
- Sie können die wesentlichen Aufgabenfelder für Leitungskräfte im Zusammenhang mit Total Quality Management benennen.
- Ihnen sind förderliche Aspekte im Rahmen der Prozessgestaltung bekannt.
- Sie können die unterschiedlichen Kulturtypen einer Organisation benennen, sowie deren wesentliche Merkmale.
- Sie kennen den Unterschied zwischen den verschiedenen Beteiligungszugängen (top down, bottom up) und können dem jeweiligen Zugang die wesentlichen Vor- und Nachteile zuordnen.
- Exemplarische Instrumente zur Problemerkennung und Lösungsorientierung im Rahmen einer Beteiligungsorientierung sind Ihnen bekannt.

3.1 Begriff und Grundsätze des Total Quality Managements

Total Quality Management ist ein Zugang zur Erreichung von Managementzielen in einer Organisation und bedarf neben infrastrukturellen Voraussetzungen vor allem auch einer qualitätsorientierten Einstellung von Mitarbeiter*innen, um den Erfolg einer Organisation sicher zu stellen. TQM ist ein soziotechnisches Führungsmodell, das alle Mitarbeiter*innen und Hierarchieebenen auf Qualität ausrichtet und ist eine Vorgehensweise zur Umsetzung eines Qualitätsmanagement-Systems. Qualität wird zum obersten Ziel der Organisation und erfordert eine Firmenkultur, bei der alle Mitarbeiter*innen im Sinne der Erfüllung von Kundenbedürfnissen mitwirken. Der Ansatz des TQM lässt sich gut auf Dienstleistungsbetriebe umlegen. (Brandl, 2021, S. 93–94)

Das Managementkonzept des Total Quality Managements stellt das Streben nach Qualität in den Mittelpunkt. Qualität im Sinne des Total Quality Managements strebt vor allem das Erreichen von höchster Kundenzufriedenheit an, aber auch die Erfüllung der Bedürfnisse von Mitarbeiter*innen, Lieferanten und der Gesellschaft. (Hövemann, 2009, S. 106) Als Kund*innen werden im TQM Leistungsabnehmer*innen außerhalb und innerhalb der Organisation angesehen. Im Ansatz des TQM ist das Streben nach hoher Qualität in der Unternehmenskultur verankert. (Vogelbusch, 2018, S. 401)

Die drei zentralen Bausteine des TQM-Konzeptes für Dienstleistungen ergeben sich aus der Begrifflichkeit des Total Quality Managements unter anderem nach Bruhn (2020):

- Total steht für die Einbeziehung sämtlicher Personengruppen in den Qualitätsprozess, die an der Dienstleistungserstellung beteiligt sind,
- Quality bezieht sich auf die konsequente Orientierung aller Aktivitäten der Dienstleistungsorganisation an den Qualitätsanforderungen der externen und internen Kund*innen,
- Management bezeichnet die Übernahme von Verantwortung und Initiative durch die oberste Führungsebene der Dienstleistungsorganisation für systematisches Qualitätsbestreben im Sinne eines partizipativ-kooperativen Führungsstils. (Bruhn, 2020, S. 72)

Einschränkend ist zum Ansatz des Total Quality Managements festzuhalten, dass es in der Literatur keine einheitliche Herangehensweise gibt, wie das Konzept im Detail zu denken ist, insbesondere im Zusammenhang mit Instrumenten für die Umsetzung von TQM-Prinzipien gibt es Unterschiede. Die Stärke des TQM ist, dass der Anspruch an eine ganzheitliche Denkweise im Qualitätsmanagement im Sinne konkreter Betrachtungsperspektiven, Qualitätsdimensionen und der Aufgabe von Management und Mitarbeitenden angenähert werden kann und dennoch viel Raum für die konkrete und pragmatische Ausgestaltung in der Praxis möglich ist.

Abbildung 3.1 konkretisiert die drei Begriffsbestandteile „Total", „Quality" und „Management" des TQM.

Abb. 3.1 Total Quality Management als ganzheitlicher Ansatz (Pfeifer, 2001, S. 6)

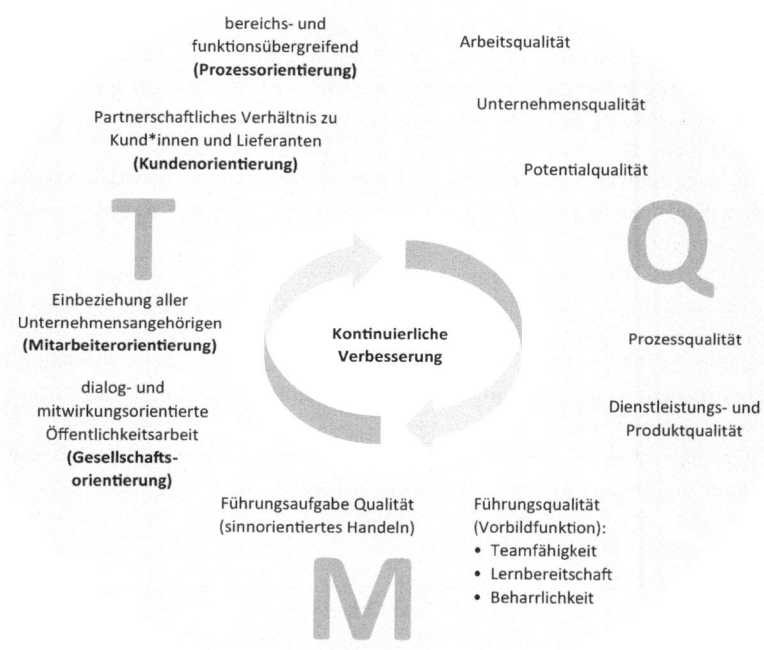

Wie aus Abbildung 3.1 ersichtlich, beschreibt der Begriff „Total" eine allumfassende Strategie, die nach einer unternehmensweiten Einführung verlangt, mit einer Beteiligung aller Unternehmensangehörigen verbunden ist, die Optimierung der Unternehmensprozesse erfordert, ein partnerschaftliches Verhältnis mit Kund*innen und Lieferanten anstrebt und Gesellschaftsorientierung erfordert. Der Begriff der „Qualität" bezieht verschiedene Qualitätsdimensionen ein und das „Management" steht für alle Führungs-, Planungs-, Steuerungs- und Kontrollaktivitäten in der Organisation. Dabei muss das Top Management die Rahmenbedingungen für TQM setzen und die Implementierung des Konzeptes auf allen Unternehmensebenen unter Einbeziehung der Mitarbeitenden fördern. (Pfeifer, 2001, S. 5–6)

Merchel (2013) kritisiert die fehlende Spezifität des Total Quality Managements, leitet aber daraus dennoch Anregungen für ein Qualitätsmanagement in der Sozialen Arbeit ab, mit Hinweis darauf, dass sich diese grundlegenden Gestaltungsprinzipien auch aus anderen Qualitätsdiskursen ergeben:

- TQM betont die Notwendigkeit, sich auf Adressat*innen als wichtige Bezugsgröße für die Definition von Qualität einzulassen.
- TQM thematisiert die Bedeutung der Leitung für ein produktives Qualitätsmanagement.
- TQM sieht Qualitätsmanagement als etwas Prozesshaftes und betont damit den Qualitätsentwicklungs- und weniger den Qualitätssicherungsgedanken.
- TQM verdeutlicht den Stellenwert von Mitarbeiter*innen für die Qualitätsentwicklung. (Merchel, 2013, S. 129–130)

„Letztlich geht es bei TQM mehr um eine spezifische Haltung, die in der Ausübung und Gestaltung von Managementaufgaben zum Ausdruck kommen soll, und weniger um ein spezifisch auf das Thema ‚Qualität' bezogenes Konzept mit methodischen Handlungsinstrumenten." (Merchel, 2013, S. 130)

Die folgenden Kapitel nehmen dennoch die Begrifflichkeiten des TQM genauer unter die Lupe, da deren Grundverständnis hilfreich für das Verstehen von Qualitätskonzepten erscheint. Die benannten Elemente kommen in allen gängigen Qualitätsansätzen grundsätzlich vor. Kapitel 3.2 ist den verschiedenen Betrachtungsperspektiven von Qualität gewidmet und geht auf Kundenorientierung, Mitarbeiterorientierung, Prozessorientierung sowie Umfeld- und Gesellschaftsorientierung näher ein. Kapitel 3.3 beschäftigt sich mit den Dimensionen von Qualität und behandelt die Struktur- bzw. Potentialqualität, die Prozess-, Ergebnis- und Gesamtqualität einer Organisation. Kapitel 3.4 konzentriert sich auf Total Quality Management als Führungsphilosophie und thematisiert Qualitätsmanagement als nötige Kombination von Leitungsaufgaben und der Mitwirkung von Mitarbeitenden im Sinne der Qualitätsarbeit und Qualitätsentwicklung.

3.2 Die vier Betrachtungsperspektiven des Total Quality Managements

Der Begriffsteil „Total" des Total Quality Managements steht für die Perspektivenvielfalt in der Betrachtung der Qualität einer Organisation und berücksichtigt die Kundenorientierung, die Mitarbeiterorientierung, die funktions- und bereichsübergreifende Prozessorientierung und die Umfeld- bzw. Gesellschaftsorientierung. Diese einzelnen Perspektiven werden in den folgenden Unterkapiteln beschrieben.

3.2.1 Kundenorientierung (Kostenträger – Adressat*innen)

Dies ist die wichtigste Dimension im Total Quality Management, da das Total Quality Management eine Methode der Organisationsführung ist, welche die Bedürfnisse der Nachfrager optimal erfüllen soll, um den langfristigen Erfolg der Organisation sicher zu stellen. (Arnold, 2014b, S. 594) Hövemann (2009) geht von einem kundenbezogenen Qualitätsbegriff aus und beschreibt Qualität als „die Anforderungen an ein Produkt oder eine Prozessleistung" durch Kund*innen. „Unterschiedliche Kundensegmente haben damit in der Regel auch unterschiedliche Qualitätsanforderungen." (Hövemann, 2009, S. 96)

Der Kundenbegriff im Qualitätsmanagement inkludiert interne Kund*innen (Mitarbeiter*innen) genauso wie externe Kund*innen, zu diesen gehören Klient*innen, Vermittler*innen der Dienstleistung und Kostenträger bzw. Zuwendungsgeber*innen. (Meinhold & Matul, 2011, S. 43) „Zweifelsohne sind für soziale Organisationen die Leistungsempfänger von zentraler Bedeutung, doch sie übernehmen nur in seltenen Fällen auch die volle Finanzierung der sozialen Dienstleistung. Daher müssen sozialwirtschaftliche Organisationen auch die Angehörigen, die Kostenträger sowie gegebenenfalls den eigenen Träger ebenfalls als Kunden ansehen." (Hövemann, 2009, S. 108)

Anzumerken ist, dass der Kundenbegriff in der Sozialen Arbeit kritisch diskutiert wird. Meinhold und Matul (2011) vertreten die Ansicht, dass Klient*innen der Sozialen Arbeit als „Kund*innen" Würde bewahren, da Fachpersonen ermahnt werden, auf die nötige Distanz zu achten, eine „Klientenorientierung" suggeriere eine „Interessensidentität" zwischen Fachperson und Klient*in, die nicht besteht, wenn auch Interessen der Adressat*innen vertreten werden. Klient*innen in der Kundenperspektive wahrzunehmen, eröffnet neue Aspekte, eine größere Sensibilität und größerer Respekt im Umgang mit den Unterstützungs- und Hilfsbedürftigen kann daraus resultieren. Fachpersonen bevorzugen auch teilweise den Begriff des/der Co-Produzent*in, da eine Balance zwischen Kundenzufriedenheit und Veränderungsnotwendigkeit im Beratungsprozess herzustellen ist. (Meinhold & Matul, 2011, S. 43–45)

Leistungsempfänger*innen sind sehr wichtig für die Soziale Arbeit. Sozialwirtschaftliche Organisationen haben jedoch auch die Kostenträger als ihre Nachfrageorganisationen anzusehen. Diese nehmen entscheidenden Einfluss auf die Gestaltung der Dienstleistungen sozialwirtschaftlicher Organisationen und fordern als „Gegenleistung" für die Finanzierung, dass bestimmte Richtlinien und Standards eingehalten werden. Auch die Leistungsträgerorganisationen sind als nachfragende Einheiten anzuerkennen. Die Trägerorganisationen stellen die grundsätzliche Leistungsbereitschaft der sozialen Organisation her und erwarten, dass die Ziele der Trägerorganisation durch die Aktivitäten der sozialwirtschaftlichen Organisation erreicht werden. (Arnold, 2014b, S. 596)

Abbildung 3.2 zeigt die Vielfalt möglicher kundenbezogener Leistungsmerkmale laut Binner (2002).

Abb. 3.2 Beispiele für kundenorientierte Qualitätskomponenten bzw. Leistungsmerkmale (Binner, 2002, S. 87)

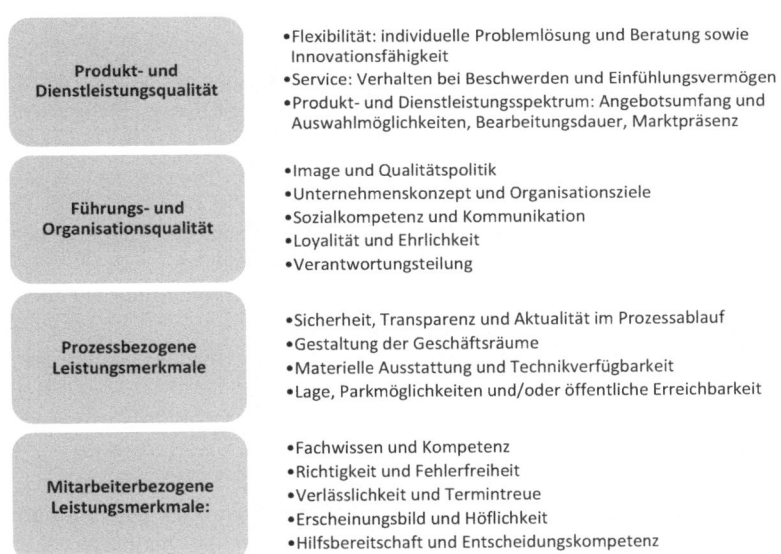

Aus Abbildung 3.2 ist ersichtlich, worauf Kund*innen beispielhaft achten, wenn sie die Qualität einer Dienstleistung oder einer Organisation beurteilen. Die Auflistung zeigt, dass die Berücksichtigung von kundenbezogenen Leistungsmerkmalen wesentlich ist, wenn es darum geht, bemerkbare Verbesserungsmöglichkeiten aus der Perspektive der Kund*innen zu entwickeln. Aus der Betrachtung der beispielhaft angeführten Qualitätsmerkmale, ergeben sich viele Ansatzpunkte zur Optimierung und Steigerung der Qualität im Sinne der subjektiven Wahrnehmung der Kund*innen.

Zu gängigen Instrumenten zur Erhebung der Perspektiven der Kund*innen zählt das Einholen von Kundenfeedback sowie systematische Kundenbefragungen. Dabei ist zwischen Kund*innen und Nutzer*innen zu unterscheiden (z. B. Eltern als Kund*innen, Kinder als Nutzer*innen), da sich diese in ihren Bedürfnissen, Motiven und Erwartungen üblicherweise unterscheiden (Sommerhoff, 2021, S. 87).

Neben der Orientierung an Kund*innen ist die Perspektive von Mitarbeiter*innen im Qualitätsmanagement unverzichtbar, um Mitarbeiterorientierung geht es im nächsten Kapitel.

3.2.2 Mitarbeiterorientierung

Zur Erhebung der Mitarbeiterperspektive im Sinne nach innen gerichteter Marktforschung zur Qualität der Dienstleistung ist das Instrument der qualitätsgerichteten Mitarbeiterbefragungen nutzbar. Dabei sollten laut Bruhn (2020) folgende Fragestellungen im Vordergrund stehen:

- Welche Facetten der Dienstleistungserstellung werden nach Einschätzung der Mitarbeitenden besonders positiv/negativ wahrgenommen?
- Wie wird die erstellte Dienstleistungsqualität direkt durch die Mitarbeitenden beurteilt?
- Welches Wissens ist auf Seiten der Mitarbeitenden zum Thema „Qualität" vorhanden?
- Inwieweit ist bei den Mitarbeitenden ein grundsätzliches Qualitätsbewusstsein vorhanden? (Bruhn, 2020, S. 224)

Diese Fragen eignen sich vor allem zur Ausgangsanalyse, wenn eine Organisation mit Qualitätsmanagement beginnt. Im weiter vorangeschrittenen Qualitätsprozess können speziellere Fragen bezogen auf bestimmte Qualitätsmanagementprozesse bzw. laufende Feedbackschleifen im Zuge des Qualitätsmanagements genutzt werden. Das Verfahren der Selbstbewertung kann eingesetzt werden, um vertiefende Erkenntnisse zur Qualitätseinschätzung von Mitarbeiter*innen zu gewinnen (siehe Kapitel 4.1.3). Um konkrete, qualitätsrelevante Verbesserungsvorschläge zu erhalten, eignet sich das betriebliche Vorschlagswesen, das in Kapitel 4.1.1 beschrieben wird sowie das Instrument des Qualitätszirkels (siehe Kapitel 4.1.2).

„Alle MitarbeiterInnen müssen in das Qualitätskonzept integriert werden. Sie müssen die Qualitätsziele des Unternehmens kennen und ihre Möglichkeiten zur Qualitätsverbesserung auch tatsächlich wahrnehmen können." (Hövemann, 2009, S. 107) „Wer immer im Unternehmen eine bestimmte Tätigkeit ausübt, muss verantwortlich dafür sein, dass sie gut und richtig ausgeübt wird. Anreizsysteme können genutzt werden, um eine Dezentralisierung von Verantwortung zu unterstützen." (Hungenberg, 2011, S. 239) Mit der Mitarbeiterorientierung ist eine „stärkere Gewichtung der fach- und abteilungsübergreifenden Teamarbeit" und ein selbstständiges, unternehmerisches Denken der Mitarbeiter*innen verbunden. Dabei wird Qualität von Mitarbeiter*innen in der gesamten Organisation erwirkt. (Meinhold & Matul, 2011, S. 70) Dazu ist die Etablierung einer Qualitätskultur in einer Organisation hilfreich, Kapitel 6.3 geht näher darauf ein.

Um die Perspektiven sowie Anforderungen der Mitarbeiter*innen und der Kund*innen zu verbinden, erfolgt die Prozessorientierung im Qualitätsmanagement.

3.2.3 Prozessorientierung

Die Prozessorientierung im TQM steht für die Orientierung der Unternehmensorganisation an den Kundenwünschen im Leistungserstellungsprozess und erfordert die laufende Optimierung aller Prozesse. (Meinhold & Matul, 2011, S. 70) Erforderlich für ein gelungenes Prozessmanagement sind laut Vogelbusch (2018) und Herrmann und Fritz (2021) Personen in den folgenden Rollen und Funktionen:

- Prozessmanager*innen: Sind verantwortlich für die Prozesse im Detail, kümmern sich um die Zusammenarbeit der involvierten Stellen und Abteilungen.
- Prozessowner*innen: Gestalten die betrieblichen Prozesse im Rahmen der Ablauforganisation, haben das Ganze im Blick, weisen dem Prozessmanagement Aufgaben und Kompetenzen zu, regeln die Kommunikation mit betroffenen Mitarbeiter*innen. (Vogelbusch, 2018, S. 363)
- Prozessteam: Unterstützt die Prozessowner*innen bei der Erarbeitung und Verbesserung einer Prozessbeschreibung.
- Interne Auditor*innen: Überprüfen nach Implementierung des Qualitätsmanagementsystems, ob alle Anforderungen (z. B. ÖNORM EN ISO 9001) erfüllt sind und die Prozesse wie beschrieben angewandt werden. (Herrmann & Fritz, 2021, S. 94)

Das Prozessmanagement läuft in vier Phasen ab, wie Abbildung 3.3 grafisch darstellt.

Abb. 3.3 Die vier Phasen des Prozessmanagements (Herrmann & Fritz, 2021, S. 95)

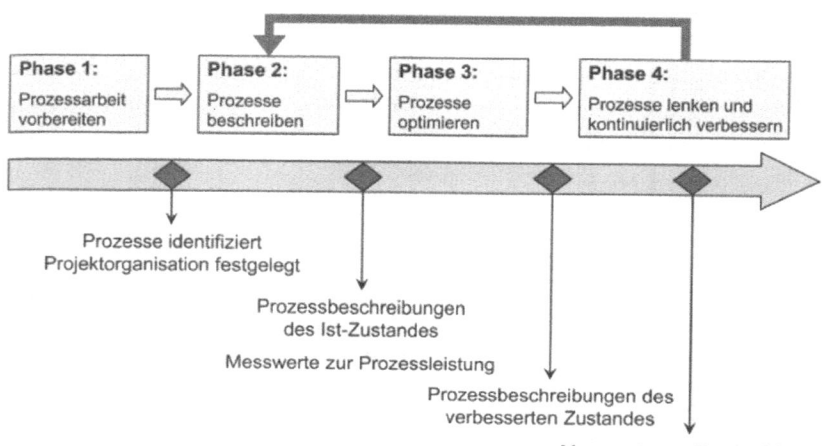

Aus Abbildung 3.3 ist erkennbar, dass die Prozessarbeit in der ersten Phase vorbereitet werden muss, indem Prozesse identifiziert und die Projektorganisation festgelegt wird. In der nächsten Phase 2 werden die Prozesse entsprechend des Ist-Zustandes beschrieben und Messwerte festgelegt, um darauf aufbauend in Phase 3 die Prozesse optimieren zu können. Die veränderten Prozesse werden beschrieben, die neuen Messwerte zur Prozessleistung erhoben und weitere Anregungen für die Verbesserung der Prozesse gesammelt, um die Prozesse in Phase 4 zu lenken und kontinuierlich zu verbessern. (Herrmann & Fritz, 2021, S. 95)

Prozessorientierung ist auch Thema in Kapitel 2.3 zu den Prozessebenen der Qualität, in Kapitel 3.3.2 zum Begriff der Prozessqualität, im Kapitel 4.1.5 zu den Prozesslandkarten sowie im Kapitel 4.1.6 zu den Prozessbeschreibungen.

Das nächste Kapitel widmet sich der Umfeld- und Gesellschaftsorientierung als vierter Betrachtungsebene des Total Quality Managements.

3.2.4 Umfeld- und Gesellschaftsorientierung

Im Rahmen der Umfeldorientierung erfolgt die „Identifikation aller Anspruchsgruppen und Berücksichtigung ihrer Vernetzung mit dem Unternehmen". (Meinhold & Matul, 2011, S. 70) Die genaue Betrachtung von Anspruchsgruppen/Stakeholdern erfolgt üblicherweise im Rahmen einer Stakeholder Analyse, diese wird in Kapitel 5.2.1 beschrieben. Zur Analyse des Organisationsumfeldes dient auch die Chancen/Risiko-Betrachtung im Rahmen der SWOT-Analyse, dieses Instrument wird in Kapitel 5.2.2 erläutert.

Im Rahmen der Umfeldbetrachtung können die allgemeine Umwelt und die direkte Aufgabenumwelt sozialwirtschaftlicher Organisationen unterschieden werden. Zu den Einflussfaktoren der allgemeinen Umwelt gehören laut Arnold (2014b):

- Die makroökonomische Umwelt, die globale konjunkturelle Entwicklungen und wirtschaftspolitische Ereignisse umfasst sowie die Finanzsituation der öffentlichen Haushalte widerspiegelt;
- die technologische Umwelt der neuen Technologien, insbesondere der Informations- und Kommunikationstechnologien sowie neuer technischer Verfahren deren Nachsorge-, Diagnose- oder Rehabilitationstechnik;
- die politisch-rechtliche Umwelt, wie z. B. der Stand von Gesetzgebungsverfahren, geplante Gesetze, Veränderungen von Verwaltungspraktiken, Auswirkungen der EU-Sozialpolitik, sowie aktuelle Verordnungen und Erlässe;
- die soziokulturelle Umwelt mit beispielsweise Veränderungen der Bevölkerungsstruktur, Wertewandel, Konsum- und Freizeitverhalten der Bewohner*innen, Umweltbewusstsein und kulturelle Werte. (Arnold, 2014b, S. 604)

Aus der direkten Aufgabenumwelt sozialwirtschaftlicher Organisationen identifiziert Arnold (2014b) folgende Einflussfaktoren:

- Stakeholder (alle Anspruchsgruppen einer Organisation) und deren (zukünftige) Erwartungen, Bedarfsmerkmale, soziodemografische Entwicklungen, künftige Machtverhältnisse, finanzielle Aussichten, potentielle neue Mitarbeiter*innen, Qualifizierungsprogramme, Entwicklung persönlicher Kontakte)
- Potentielle Neuanbieter, wie private Anbieter, andere sozialwirtschaftliche Organisationen, öffentliche Einrichtungen, Organisationen in anderen Branchen/Bereichen
- Vor- und nachgelagerte Leistungen, z. B. durch neue Anbieterstrukturen, inhaltliche Veränderungen, Substitutionsleistungen
- Konkurrenzleistungen, wie z. B. Entwicklungspfade konkurrierender sozialwirtschaftlicher Organisationen, Akzeptanz der Wettbewerber, Expansionsbemühungen der Konkurrenz. (Arnold, 2014b, S. 605)

Ein Akronym, das aktuelle Entwicklungen und Herausforderungen im Umfeld und der Gesellschaft treffend zusammenfasst, ist „VUCA". Das Kunstwort steht laut (Gläser, 2020; Gläser und Partner, 2018) für:

- Volatility – Flüchtigkeit: Die Welt verändert sich laufend, wird instabiler, Ereignisse werden unvorhersehbarer, unerwarteter und das „Verstehen von Ursache und Wirkung wird mitunter unmöglich".
- Uncertainty – Unvorhersehbarkeit/Unsicherheit: „Prognosen und Erfahrungen aus der Vergangenheit als Grundlage für die Gestaltung von Zukunft verlieren ihre Gültigkeit und Relevanz." Die Planung, Entwicklung und Gestaltung von z. B. Aufgaben, Prozessen, Projekten und Organisationen werden damit schwieriger.
- Complexity – Komplexität: „Probleme und deren Auswirkungen werden vielschichtiger und schwerer zu verstehen. Es vermischen sich die verschiedenen Ebenen und machen Zusammenhänge unübersichtlicher." Entscheidungen werden riskanter, müssen unter Unsicherheitsbedingungen getroffen werden. Es ist kaum möglich festzustellen, was der tatsächlich „richtige Weg" ist.
- Ambiguity – Mehrdeutigkeit: „Die Anforderungen an Organisationen und Führung von heute sind widersprüchlicher und paradoxer denn je und stellen das persönliche Wertesystem komplett auf die Probe. [...] Entscheidungen fordern Mut, Bewusstheit und Fehlerfreudigkeit. (Gläser, 2020; Gläser und Partner, 2018)

Kohlen und Müller (2021) identifizieren vier Phänomene, die Menschen und Organisationen gegenwärtig und künftig besonders berücksichtigen müssen:

- Umwelt- und Klimakrise: Der Umgang mit dieser Krise fordert die Menschheit besonders, vielfältig ist noch eine Problemverdrängung zu bemerken, die mit Kreativität und Umsetzungskraft überwunden werden muss. Nachhaltigkeit und ökologisches Verhalten werden künftig erstrangige Qualitätsanforderungen sein.
- Makroökonomie geprägt von Globalisierung und Digitalisierung: Die Globalisierung als Prozess der weltweiten Verflechtungen wird trotz Kritikpunkten (Umwelt- und Klimazerstörung; Migrationsbewegungen, massive Auswirkungen der Verödung in einzelnen Ländern) ein bestimmendes Element in der ökonomischen und sozialen Entwicklung bleiben und zu einer noch stärkeren Vernetzung und Zusammenarbeit führen. Gleichzeitig schreitet die Digitalisierung aller Lebensbereiche voran, elektronische Kommunikation und soziale Medien werden eingesetzt, die Potentiale von Robotik und künstlicher Intelligenz werden zunehmend genutzt und damit stehen auch Organisationen vor den Herausforderungen der digitalen Transformation, Digitalisierung wird ein Schlüssel zur Wettbewerbsfähigkeit, ebenso wie Agilität, lebenslanges Lernen und Kundenzentrierung.

- Umgang mit den neuen Generationen Y und Z: Die Generationen Y (Geburtsjahrgänge von ca. 1980–2000) und die Generation Z (Geburt nach 2000) werden 2025 etwa zwei Drittel der globalen Belegschaften bilden, deren Erwartungen und Bedürfnisse an die Arbeitswelt müssen daher einbezogen werden. Befragte der Generation Y und Z messen Organisationen zunehmend an der Produktion hochwertiger Güter und Dienstleistungen sowie am Verantwortungsbewusstsein für das Wohlergehen des Planeten/der Gesellschaft, der Mitarbeiter*innen und der Stakeholder und suchen eine sinnstiftende Tätigkeit
- Komplexität: Diese ist eine Eigenschaft offener Systeme, die von ihrer Umgebung beeinflusst werden. Komplexe Systeme bestehen aus vielen Elementen, zwischen denen es zahlreiche Beziehungen und Interaktionen gibt, deren Auswirkungen schwer vorhersehbar sind. Komplexe Systeme sind dynamisch und verändern sich laufend. Jedes System mit einer Beteiligung lebendiger Organismen ist komplex, damit sind auch Organisationen komplexe Systeme und erfordern die Expertise und Intuition von Menschen zur Lösung komplexer Probleme. (Kohlen & Müller, 2021, S. 67–97)

Um komplexe Systeme zu gestalten, sind Ansatzpunkte auf verschiedenen Ebenen und in unterschiedlichen Elementen nötig. Für Qualitätsmanagement hat es sich bewährt, verschiedene Dimensionen von Qualität zu unterscheiden, wohl wissend, dass diese wiederum miteinander zusammenhängen, diesen Dimensionen der Qualität ist das nächste Kapitel gewidmet.

3.3 Dimensionen der Qualität

Der Begriffsteil „Quality" des Konzeptes Total Quality Management geht auf verschiedene Qualitätsdimensionen ein. Dieses Kapitel betrachtet die Struktur- bzw. Potentialqualität, die Prozessqualität und die Ergebnisqualität der Organisation und deren Arbeitsprozesse und geht anschließend kurz auf die Gesamtqualität (Organisationsqualität) ein. Die grundlegende Unterscheidung in Struktur-, Prozess- und Ergebnisqualität (structure, process, outcome) ist auf die Analysen von Donabedian (1966, 2005) zurückzuführen und wurde von zahlreichen Autor*innen aufgegriffen und weiter entwickelt.

3.3.1 Struktur- bzw. Potentialqualität

„Die Strukturqualität bezieht sich auf alle organisationsinternen Sachverhalte. Sie sagt also etwas über „innere" Qualität einer Organisation und damit über die in ihr steckenden Möglichkeiten. Eine gute Strukturqualität signalisiert, dass in der Organisation alle (vor allem personellen und sachlichen) Voraussetzungen für eine gute Leistungserbringung gegeben sind." (Hövemann, 2009, S. 100) Die Struktur- bzw. Potentialqualität bezieht sich auf alle notwendigen Rahmenbedingungen der Leistungserstellung und der zur Verfügung stehenden Potentiale bzw. Ressourcen. Dazu gehören organisatorische und administrative Regelungen, die Infrastruktur im Umfeld der Organisation, die materielle, finanzielle, technische und räumliche Ausstattung, der Standort sowie personelle Ressourcen und Qualifikationen. (Arnold, 2014b, S. 590)

Aufgabe des Qualitätsmanagements im Rahmen der Strukturqualität ist die Schaffung der nötigen Rahmenbedingungen und der technischen, räumlichen und finanziellen Infrastruktur zur Leistungserstellung sowie die Berücksichtigung von Standort- und Personalaspekten. (Vogelbusch, 2018, S. 401)

In der Potentialdimension beurteilen Nachfragerorganisationen das Potential der Anbietenden zur Leistungserstellung. Dabei fließen unter anderem Informationen über die Größe der Organisation, die Standorte, die Mitarbeiteranzahl, die Bekanntheit, das Vorhandensein der nötigen Ausstattung ein. (Arnold, 2014b, S. 591)

Obwohl die Strukturqualität entscheidend auf Organisationen einwirkt, ist diese aufgrund von begrenzten finanziellen, personellen oder infrastrukturellen Ressourcen nicht immer beeinflussbar. Es bleibt damit die Aufgabe der handelnden Personen, mit den vorhandenen Mitteln bestmöglich zu arbeiten und sich insbesondere auch der Prozessqualität zu widmen, die von der Organisation insbesondere in Dienstleistungsprozessen beeinflussbar ist.

3.3.2 Prozessqualität

Die Prozessqualität bezieht sich auf die Arbeitsleistung im Rahmen der Dienstleistungserstellung. „Die Prozessqualität wird am ehesten erreicht und gesichert, indem die Kernprozesse (Inhalte der sozialwirtschaftlichen Dienstleistungserstellung) einer sozialwirtschaftlichen Organisation regelmäßig durch die Tätigen beschrieben, analysiert und optimiert werden." (Hövemann, 2009, S. 101)

Die Prozessqualität umfasst die Gesamtheit aller Aktivitäten im Leistungserstellungsprozess, die zwischen Leistungsersteller*innen und Nachfrager*innen bzw. Adressat*innen stattfinden. Dabei fließen auch das Handeln steuernde Wertvorstellungen mit ein. Nachfragerorganisationen beurteilen die Prozesse während der Leistungserstellung. Dazu gehört der Einsatz und die Qualifikationen des Personals, die Hinzuziehung und Güte technischer Geräte, sowie die Art und Intensität der verwendeten Herstellungsverfahren (Arnold, 2014b, S. 590)

Prozesse in sozialen Organisationen können sehr unterschiedlich und vielfältig gestaltet sein. Das Spektrum reicht von sehr überschaubaren und damit leichter erklärbaren Prozessen in kleineren Organisationen bis hin zu sehr komplexen Prozesslandschaften in mittleren und großen Organisationen. Die Prozesse sollten so gestaltet sein, dass sich die im Prozess involvierten Mitarbeiter*innen und Führungskräfte sowie die von den jeweiligen Prozessen betroffenen internen oder externen Personen gut auskennen und der Prozess eine erfolgreiche Arbeitsgestaltung sowie qualitätsvolle Produkte/Dienstleistungen unterstützt. Wenn es im Zuge der Durchführung von Prozessen Fehler, Konflikte, Unklarheiten oder Schnittstellenprobleme gibt, sind dies beispielhafte Anzeichen, Prozesse optimieren zu können. Im Idealfall bewirken eine gute Strukturqualität und Prozessqualität auch eine gute Ergebnisqualität, vorausgesetzt die Bedürfnisse und Ansprüche von Kund*innen oder Adressat*innen sowie wesentlichen Stakeholdern fließen in die Gestaltung der Struktur- und Prozessqualität bestmöglich ein und widersprüchliche Interessen lassen sich vereinbaren.

3.3.3 Ergebnisqualität

Diese Perspektive widmet sich der Beurteilung der erfolgten Leistung bzw. des Ergebnisses des Dienstleistungsprozesses. (Bruhn, 2020, S. 45) Die Ergebnisqualität hinterfragt inwieweit die produzierte Dienstleistung zu einem Ergebnis führt, das den Zielvorstellungen der Kund*innen gerecht wird. „Die Frage, in welchem Maße die Ergebnisqualität auf die Wünsche, Erwartungen und Einschätzungen der Kunden eingehen kann und soll, gibt gerade in der Sozialwirtschaft immer wieder Anlass zu Kontroversen." Denn verschiedene Kundengruppen mit teilweise sehr unterschiedlichen Erwartungen sind zu berücksichtigen, wie Nutzer*innen, Kostenträger, Angehörige und die allgemeine Öffentlichkeit. Kontrovers wird auch die Frage diskutiert, ob die Beurteilung der Ergebnisqualität alleine den Kund*innen überlassen werden sollte oder auch gerade im sozialen Bereich Fachleute der eigenen Organisation gehört werden sollen. (Hövemann, 2009, S. 103–104)

Die Ergebnisqualität drückt sich beispielsweise durch die vom Leistungsprozess verursachten Veränderung aus (z. B. Erfolg in der beruflichen Rehabilitation, Rückfallquote in der Suchthilfe, Vermittlung sozialer Kompetenzen im Bereich der Jugendhilfe). Nachfrageorganisationen beurteilen das Ergebnis der Leistungserstellung (eingetretene Veränderung) und den hierfür benötigten Zeitrahmen. (Arnold, 2014b, S. 590)

Die Beispiele aus der Literatur zeigen, dass Ergebnisqualität von unterschiedlichen Stakeholdergruppen auch durchaus divers beurteilt werden kann. Für das organisationsinterne Qualitätsmanagement ist daher entscheidend zu wissen, nach welchen quantitativen und qualitativen Prinzipien die Qualität der Organisation eruiert werden soll. Dies hängt von den Strategien und Zielen der Organisation ab sowie von Berichtspflichten der (sozialen) Organisation gegenüber Stakeholdergruppen und Finanzgeberschaft sowie von allenfalls angestrebten Qualitätszertifizierungen durch externe Stellen. Das Qualitätsmanagement braucht diesbezüglich eine enge Abstimmung mit der Organisationsleitung und je nach Rechtsform gegebenenfalls vorhandenen zusätzlichen Leitungsgremien.

Kriterien und Indikatoren zur Ermittlung der Ergebnisqualität werden in Kapitel 4.1.3 zur Analyse der Servicequalität bearbeitet.

3.3.4 Gesamtqualität bzw. Organisationsqualität

Die Aufgliederung der Qualität in Einzeldimensionen ermöglicht eine strukturierte Analyse und gezielte Bearbeitung der einzelnen Qualitätsdimensionen. Hinsichtlich der Gesamtqualität ist festzuhalten, dass diese nicht aus der Summe der einzelnen Qualitätsdimensionen besteht, sondern die Qualitätsdimensionen in einer wechselseitigen Beziehung bestehen.

Hövemann beschreibt, dass von einem positiven Zusammenhang zwischen Struktur-, Prozess- und Ergebnisqualität ausgegangen wird. Eine gute Strukturqualität käme damit der Prozessqualität zugute, beide Qualitätsdimensionen würden wiederum zu einer guten Ergebnisqualität führen. Dennoch kommt es in der Praxis der sozialen Organisationen vor, dass trotz ausgezeichneter Struktur- und Prozessqualität die Ergebnisqualität unter den Erwartungen liegt, oder aber trotz bescheidener Struktur- und Prozessqualität eine sehr gute Ergebnisqualität erreicht wird. (Hövemann, 2009, S. 105–106)

Dienstleistungen entstehen als Resultat der Gesamtqualität einer Organisation. Bruhn (2020) erläutert, dass es sich bei Dienstleistungen in diesem Sinne um eigenständige, marktfähige Leistungen handelt, die mit der Leistungsfähigkeit der Organisation (Potentialorientierung) verbunden sind. Dabei werden interne und externe Faktoren kombiniert (Prozessorientierung), um nutzenstiftende Wirkungen für die Kund*innen zu erzielen (Ergebnisorientierung). (Bruhn, 2020, S. 27)

Zielgerichtetes und umfassendes Qualitätsmanagement muss sich somit um die Gesamtqualität der Organisation bemühen, wobei einzelne Teilbereiche, Prozesse und Tätigkeiten bei der Umsetzung von Qualitätsmanagement bearbeitet werden. Der Ansatz des Total Quality Management ist ein umfassendes Konzept zur Erfassung und Bearbeitung der Gesamtqualität und wird im nächsten Kapitel behandelt.

3.4 Total Quality Management (TQM) als Führungsphilosophie

Der Begriffsteil „Management" des Konzeptes des Total Quality Managements verweist auf die Bedeutung des Managements/der Leitung, um die nötigen Rahmenbedingungen für eine qualitätsvolle Organisation zu schaffen und den Qualitätsgedanken umfassend in die Organisation zu implementieren. So formuliert (Hungenberg, 2011, S. 239) „TQM ist nicht einfach ein Ansatz zur Qualitätsverbesserung, sondern hinter TQM steht eine umfassende Philosophie, durch die Qualität zu einem Leitprinzip für alles wird, was ein Unternehmen macht." Diese Philosophie muss von der Leitung, aber auch allen Mitarbeiter*innen der Organisation getragen werden. Eine hierfür notwendige, umfassende Betrachtung impliziert Denk-, Planungs- und Handlungsansätze, welche sich nicht nur aus dem Selbstverständnis einzelner Personen heraus definieren, sondern auch im Sinne einer General-Management-Strategie für alle relevanten Akteur*innen zur Anwendung kommen sollten. (Binner, 2002, S. 30) Nachfolgend werden aus den verschiedenen Organisationsperspektiven heraus die grundlegenden Gestaltungsansätze Top-Down, Bottom-Up skizziert sowie die in der Praxis ebenfalls häufig angewandte Möglichkeit der Kombination beider Ansätze.

3.4.1 Qualitätsmanagement in der Leitung

„Der Qualitätsgedanke und die unter Umständen notwendigen Investitionen zur Implementierung dieses Gedankens im gesamten Unternehmen müssen von der Unternehmensleitung deutlich sichtbar getragen werden." (Hungenberg, 2011, S. 239) Es fällt nach Merchel (2013) in die Verantwortung der Leitung dafür Sorge zu tragen, dass Qualitätsentwicklung in einer Organisation auf Grundlage von förderlichen Strukturen entstehen kann, sich als Instrument zur fachlichen und organisationsbezogenen Reflexion etabliert und nachhaltig von allen Akteuren motiviert mitgetragen wird. (Merchel, 2013, S. 180) Die in diesem Zusammenhang notwendigen Schritte setzten nicht nur Kompetenzen und Know-how im Kontext zielgerichteter innerer Prozessgestaltung voraus, sie erfordern auch ein erhebliches Maß an Wahrnehmungssensibilität für Umweltanforderungen an die Organisation und organisationskultureller Aspekte. Tergeist (2015) und Merchel (2013) benennen drei wesentliche Aufgabenfelder, welche sich als relevant für Leitung im

Zusammenhang mit Qualitätsmanagement auszeichnen, wobei Leitung je nach Größe einer Organisation auf unterschiedliche Wirkungsebenen zugeordnet werden kann:

- Gestaltung und Pflege einer Organisationskultur, welche trotz möglicher Spannungsfelder eine Verankerung der Lernbereitschaft zum Thema Qualität ermöglicht.
- Methodische Sicherheit im Umgang und der Vermittlung von Instrumenten und Verfahren für Organisationsmitglieder, um zielgerichtet in der Praxis agieren und Aufgaben im Zusammenhang mit Qualitätsentwicklung bewältigen zu können.
- Differenzierungs- und Integrationsfähigkeiten, um Strukturen und Gestaltung zu ermöglichen. (Merchel, 2013, S. 181; Tergeist, 2015, S. 211)

Betrachtet man den Gestaltungsprozess zum Thema Qualität aus der Perspektive der Unternehmensführung, gilt es zunächst globale (Rahmen-)Ziele festzulegen sowie Möglichkeiten zu bestimmen, wie diese erreicht werden können. Sind die Rahmenziele und Schritte zur Erreichung festgelegt, werden diese auf die unteren Ebenen der Organisationshierarchie heruntergebrochen mit dem großen Vorteil, dass weitere Schritte über alle Hierarchieebenen hinweg der Zielsetzung des gesamten Unternehmens und somit der Unternehmensführung entsprechen. Zudem entfallen aufwändige und zeitintensive Koordinationsaufgaben, sodass ein Plan zügig erstellt werden kann. Der größte Nachteil des Top-Down-Planungsansatzes ergibt sich aus der Tatsache, dass die Geschäftsführung nur in seltenen Fällen mit den Chancen und Problemen einzelner Abteilungen vertraut ist. Unrealistische und dadurch unerreichbare Zielvorgaben können die Folge sein.

Schmidt (2016) benennt im Zusammenhang mit Qualitätsmanagement 14 Managementregeln, welche vom Entwickler des Total Quality Management, William Edwards Deming, beschrieben wurden:

1) „Schaffe eine auf andauernde Verbesserung der Produkte und Dienstleistungen ausgerichtete Geschäftspolitik mit dem Ziel, konkurrenzfähig zu bleiben und neue Arbeitsplätze zu schaffen.
2) Übernehme die Managementphilosophie!
3) Die Abhängigkeit von Kontrollen zur Verbesserung der Qualität muss aufhören. Insbesondere werden lückenlose Inspektionen überflüssig, wenn Qualität durch kontrollierte Prozesse in die Produktion eingebaut wird.
4) Beende die Praxis, Aufträge allein dem billigsten Anbieter zu erteilen. Suche stattdessen langfristige Lieferantenbeziehungen, welche auf gegenseitigem Vertrauen und gegenseitiger Loyalität beruhen.

5) Suche unablässig nach weiteren Verbesserungen des Systems, um die Qualität der Produkte und Dienstleistungen zu erhöhen, um die Produktivität zu steigern und gelichzeitig die Kosten zu senken.
6) Betreibe Ausbildung am Arbeitsplatz (training on the job).
7) Sorge für die motivierende Führung, die den Mitarbeiter*innen hilft, bessere Arbeit zu leisten.
8) Sorge für ein von gegenseitigem Vertrauen geprägtes Betriebsklima.
9) Reiß die Schranken zwischen den Abteilungen nieder! Die Mitarbeiter*innen müssen als Team zusammenarbeiten.
10) Vermeide Schlagwörter, Ermahnungen und willkürliche Vorgaben für die Mitarbeiter*innen.
11) Vermeide Quoten für die Mitarbeiter und Leistungsziele für das Management.
12) Schaffe Voraussetzungen für Erfolgserlebnisse der Mitarbeiter*innen. Verzichte auf jährliche Mitarbeiterbeurteilungen.
13) Betreibe wirkungsvolle Programme zur Schulung und Förderung der Mitarbeiter*innen.
14) Stelle die aktive Beteiligung jedes/jeder Mitarbeiter*in an der Umgestaltung der Firma sicher. Übernehme Methoden und Verfahren anderer erst dann, wenn sämtliche Grundlagen und Voraussetzungen bekannt sind und verstanden werden." (Deming, 1982; Schmidt, 2016, S. 40–41)

Um aus der Perspektive von Leitung eine Qualitätsentwicklung in der Organisation nachhaltig zu gewährleisten, soll für eine reflexive Betrachtung noch einmal aufgezeigt werden, welche Kulturtypen nach Tergeist (2015) in Organisationen existieren und welche besonderen Merkmale bei einer Entwicklung in diesem Zusammenhang förderlich beziehungsweise hemmend wirken können.

- Technokratische Organisationskultur/soziale Organisationskultur: Die technokratische Organisationskultur ist sehr aufgabenorientiert, die soziale Organisationskultur hingegen an den Personen und einer Erfüllung der Erwartungen in Bezug auf Tätigkeiten und Aufgaben ausgerichtet. Ein hoher Grad an Formalisierung lässt sich bei einer technokratischen Organisation identifizieren (regulatorische Vorgaben, Handbücher, Ablaufpläne).
- Palastartige Organisationskultur/zeltartige Organisationskultur: Eine palastartige Organisationskultur neigt zu geringer Bereitschaft Risiken einzugehen und in der Vergangenheit getroffene Entscheidungen in Frage zu stellen. Bei der zeltartigen Organisationskultur werden Kreativität und Eigeninitiative favorisiert.
- Außenorientierte Organisationskultur/innenorientierte Organisationskultur: Die nach außen gerichtete Organisationskultur ist mehr auf ihre Umwelt be-

zogen und agiert entsprechend. Die nach innen gerichtete Organisationskultur priorisiert interne Fragestellungen, externe Anforderungen nimmt die Organisationen in diesem Zusammenhang verzögert wahr und an.
- Hierarchische Organisationskultur/netzwerkorientierte Organisationskultur: Bei einer hierarchischen Organisationskultur ist die Tendenz zentralisierten Strukturen und Top-down-Entscheidungen verstärkt (viele Hierarchiestufen und Spezialisierungen). Eine netzwerkartig ausgeprägte Organisationskultur ist von Teamstrukturen geprägt und dem Bemühen, nach gemeinsamen Lösungen zu suchen. (Tergeist, 2015, S. 178–179)

Sternad und Mödritscher (2018) beziehen sich in diesem Zusammenhang auf die Qualität des Führungshandelns und benennen wesentliche Kompetenzen, welche sie in vier Kategorien zusammenfassen:

- „Intrapersonelle Fähigkeiten (z. B. emotionale Stabilität, Selbstbeherrschung, persönliches Auftreten, Anpassungsfähigkeit, Problemlösungskompetenz, Kreativität, Integrität);
- Interpersonelle Fähigkeiten (z. B. Einfühlungsvermögen, Beziehungen aufbauen und produktiv gestalten können, Fairness im Umgang mit anderen, Kommunikationskompetenz, Konfliktlösungskompetenz, Sensitivität für Diversitätsfragen);
- Fachlich-organisatorische Fähigkeiten (z. B. Planen, Ziele setzen, budgetieren, koordinieren, Grad der Zielerreichung feststellen); und
- Führungsfähigkeiten (z. B. Richtung vorgeben, Mitarbeiter motivieren, unterstützen und entwickeln können, Delegationskompetenz, ein gut funktionierendes Team aufbauen können)." (Sternad & Mödritscher, 2018, S. 14)

Im Rahmen einer ganzheitlichen Betrachtungs- und Gestaltungsperspektive ist es erforderlich, nicht nur die Aufgaben und Anforderungen an die Führungsebene hervorzuheben, sondern auch die Mitarbeiter*innen mit einzubeziehen. Nachfolgendes Kapitel beschreibt den möglichen Zugang zum Qualitätsmanagement von der Basis einer Organisation.

3.4.2 Qualitätsmanagement von der Basis

Wie im vorherigen Abschnitt bereits beschrieben, wird das Qualitätsmanagement vorrangig durch Leitungspersonen strukturiert und gesteuert. Von Mitarbeiter*innen wird in diesem Zusammenhang viel abverlangt. Böhm und Engelhardt (2009) beschreiben es wie folgt: „Sie müssen sich nicht nur mit den Entwicklungszielen identifizieren, sondern darüber hinaus auch Interesse an ständiger Veränderung entwickeln. Die Aussicht, als Lohn für erarbeitete Qualitätsverbesserungen die Reduzierung von Arbeitsplätzen und anderen Ressourcen zu erhalten, dämpft vielerorts die Motivation erheblich." (Böhm & Engelhardt, 2009, S. 124) Der daraus zu ziehende Schluss unterstreicht die Notwendigkeit, eine auf Lernbereitschaft aufgebaute Kultur im partizipativen Sinne zu etablieren. (Merchel, 2013, S. 182) Sind in der Kultur einer Organisation partizipative, von der Basis ausgehende Gestaltungselemente für alle Akteure verankert, so eignen sich mehrere Instrumente, um das Thema Qualitätsmanagement und eine möglichst breit gefächerte Beteiligung von Mitarbeiter*innen sicher zu stellen.

Herrmann & Fritz (2021), Brüggemann und Bremer (2020) sowie Binner (2002) benennen eine Vielzahl elementarer Qualitätstools im Rahmen von Beteiligungsorientierung, welche ihren Schwerpunkt auf Problemerkennung und Lösungsorientierung legen. Sie sind gekennzeichnet durch einfache Anwendungsmöglichkeit, Intensivierung und Systematisierung der Zusammenarbeit, Visualisierung von Zusammenhängen und Problemen sowie der Förderung von Kreativität bei der Problemlösung. Nachfolgend werden exemplarisch einige dieser Maßnahmen skizziert, die zur Identifikation von Problemursachen und einer ersten Lösungssuche herangezogen werden können.

Sechs Fragen zur Identifizierung von Problemursachen
Durch folgende sechs Fragen können Problemfelder identifiziert und mit deren Beantwortung Ansatzpunkte für eine Beseitigung erarbeitet werden: Wer? Was? Wo? Wann? Warum? Wie? (Binner, 2002, S. 210)

5 × die Frage: Warum
Das fünfmalige Hinterfragen eines Problems kann die Suche nach der eigentlichen Problemursache unterstützen. Die Methode stammt aus dem japanischen Qualitäts- und Produktionsmanagement. Beteiligte sollen anhand dieser Vorgehensweise dazu gebracht werden, die eigentliche Problemursache in ihrer Tiefe aufzudecken. Wichtig hierbei ist die Sensibilisierung dafür, dass die eigentliche Fehlerursache mit dem wiederholten Nachfragen gefunden werden soll. (Brüggemann & Bremer, 2020, S. 19–27)

Brainstorming/Brainwriting
Beides sind klassische Methoden zur Ideenfindung. Das kreative Potential einer Gruppe soll genutzt werden, um Problemstellungen in der Tiefe zu betrachten und in kurzer Zeit eine große Anzahl von Lösungsvorschlägen zu erarbeiten. Beim Brainstorming werden zu einer vorgegebenen Fragestellung beziehungsweise einem Problem durch die Gruppenmitglieder Lösungsvorschläge gesam-

melt. Eingebrachte Vorschläge sollen zu weiteren Lösungsideen anregen. Die gesammelten und für alle sichtbar dokumentierten Vorschläge werden abschließend strukturiert und bewertet. Es empfiehlt sich eine moderierte Begleitung der Gruppe. Beim Brainwriting werden die Lösungsvorschläge von den Gruppenmitgliedern nicht geäußert, sondern auf Karten festgehalten. Auch hier erfolgt eine sichtbare Dokumentation, Strukturierung und abschließende Bewertung. Die Karten mit eingebrachten Lösungsvorschlägen können auch wieder in der Gruppe verteilt werden, um als Grundlage für die Ausarbeitung weiterer Vorschläge zu dienen. (Brüggemann & Bremer, 2020, S. 19–27) Folgende Grundregeln gilt es bei der Anwendung dieser Methoden zu beachten:

- Jede Idee ist erlaubt!
- Kritik ist grundsätzlich verboten!
- Quantität vor Qualität!
- Übernehmen ist erwünscht!
- Jede Idee muss protokolliert werden! (Brüggemann & Bremer, 2020, S. 19–27)

Der Vorteil der dargestellten Methoden und Instrumente liegt darin, dass aufgrund der dezentralen Vorgehensweise die Planung direkt von den beteiligten Mitarbeiter*innen ausgeht und sie im Prozess eingebunden sind. Eine höhere Motivation und Identifikation zum Thema Qualität in der Organisation kann so erreicht werden, ebenso eine realistischere Planung. Ein entscheidender Nachteil von beteiligungsorientierten Methoden im Rahmen von Qualitätsmanagement liegt jedoch im hohen Zeit- und Koordinationsaufwand.

Nachdem in den vorherigen beiden Kapiteln die Herangehensweisen Top-Down und Bottom-Up näher betrachtet wurden, soll es im Folgenden noch einmal um die Betrachtung einer Kombination beider Ansätze bei der Gestaltung relevanter Aspekte zum Thema Qualitätsmanagement in der Organisation gehen.

3.4.3 Kombination von Top-Down und Bottom-Up Ansätzen

Als dritte Form der Gestaltung von Prozessen im Rahmen der Qualitätsmanagemententwicklung benennen Wöhe et al. (2016) das Gegenstromverfahren, also die Kombination von Top-Down und Bottom-Up im Planungsprozess. Bei diesem Vorgehen stellt die Unternehmensführung zunächst Top-Down einen ersten vorläufigen Rahmen für alle Akteure auf. Im folgenden Schritt werden Bottom-Up die Planvorgaben auf ihre Realisierbarkeit überprüft und Teilpläne abgeleitet sowie koordiniert und an die oberste Leitungsebene zur unterstützenden Verabschiedung der Gesamtplanung zurückgemeldet. Eine Kombination beider Richtungen hat die Vorteile, effizient und zielgerichtet die Unternehmensziele und Maßnahmen in Bezug auf das Qualitätsmanagement aufeinander abzustimmen und umsetzen zu können. Mit der Einbeziehung der betroffenen Akteur*innen lassen sich eine höhere Identifizierung und Motivation erreichen. Die Qualität der Planungsergebnisse kann so erheblich gesteigert werden, jedoch bei Abweichungen vom vorgegebenen Rahmenplan auch die Notwendigkeit begründen, zeitintensive Rückkoppelungsschleifen sowie einen erhöhten Bedarf an Kommunikation und Koordination mit einzukalkulieren. (Wöhe et al., 2016, S. 76)

Welche Herangehensweise bei der Auswahl einer geeigneten Methode die Richtige ist, hängt in erster Linie von den organisationskulturellen Faktoren und den zur Verfügung stehenden Ressourcen ab. Das Top-Management muss entscheiden, wie viel Gestaltungsspielraum allen Akteuren bei einem strategisch relevanten Thema wie dem Qualitätsmanagement zugestanden wird.

3.5 Fallbeispiel: Die Humanomed Gruppe

Stephanie Schuller, MSc, M.Ed, Leitung Qualitätsmanagement, Humanomed Consult

Die Humanomed-Gruppe ist ein privates Unternehmen, das auf eine über 45-jährige Geschichte zurückblickt. Zur Humanomed-Gruppe zählen das Humanomed Zentrum Althofen, die Privatklinik Villach, die Privatklinik Maria Hilf in Klagenfurt, die Humanomed Consult, die Humanomed IT Solutions, das BLEIB BERG Health Retreat und der Heilklimastollen Friedrich in Bad Bleiberg, sowie das AMI Arbeitsmedizinisches und Arbeitspsychologisches Institut Kärnten. Die Humanomed beschäftigt rund 1 200 Mitarbeiter. Ausgehend vom „Kurbad Althofen", dem heutigen Humanomed Zentrum Althofen, wurden seit 1975 Gesundheitsbetriebe in ganz Österreich aufgebaut. In Summe stehen 650 Kur- und Reha Betten, 312 Akutbetten sowie 90 Hotelbetten zur Verfügung.

Aus der Programmierung einer Krankenhaus Software, die bereits in den 80er Jahren begonnen wurde, entwickelte sich die Humanomed IT Solutions. Im Zentrum steht das webbasierte Krankenhausinformationssystem ebody, das in allen Humanomed Betrieben im Einsatz ist.

Die Humanomed Consult führt als Managementgesellschaft die privaten Gesundheitseinrichtungen, das Humanomed Zentrum Althofen, die Privatklinik Villach, die Privatklinik Maria Hilf, das BLEIB BERG Health Retreat, den Heilklimastollen Friedrich, die Humanomed IT Solutions und das AMI Kärnten.

Die Humanomed Consult ist auch als Consultingunternehmen tätig. In der Humanomed Consult sind die zentralen Unternehmensbereiche zusammengefasst: Geschäftsführung, Finanz- und Rechnungswesen, Personalverrechnung,

Controlling, Technik und Bau, Consulting, Marketing und Kommunikation, Qualitätsmanagement, Mitarbeiter Ressourcen und Kommunikation.

Qualitätsmanagement in der Humanomed
Die Humanomed Gruppe hat sich seit vielen Jahren der Qualitätsarbeit verschrieben. Die Humanomed Consult als Managementunternehmen wurde bereits 2006 nach ÖNORM EN ISO 9001:2008 zertifiziert. 2013 wurde das Humanomed Zentrum Althofen mit mehr als 650 Betten für Kur- und Rehabilitation erstmals erfolgreich zertifiziert. Die dabei entwickelten Projektstrukturen zur Einführung eines Qualitätsmanagement-Systems wurden in Folge für die Zertifizierung der Privatklinik Villach 2015 und der Privatklinik Maria Hilf 2016 in Klagenfurt nach ISO 9001:2015 erfolgreich genutzt. 2021 erhielt folglich auch der BLEIB BERG Health Retreat die ISO-Zertifizierung. Somit sind alle bettenführenden Humanomed Betriebe nach ISO 9001 zertifiziert.

Ziel und Zweck des Qualitätsmanagementsystems ist es, die Unternehmensabläufe strukturiert und effizient zu gestalten sowie eine Optimierung der Dienstleistungsprozesse für eine hervorragende Patientenversorgung zu erreichen. Durch die Implementierung eines Qualitätsmanagementsystems wird sichergestellt, dass die innerbetrieblichen Abläufe des Unternehmens den festgelegten Standards und Anforderungen angepasst sind. In der Humanomed ist damit vorrangig die optimale Versorgung und Betreuung der Patient*innen und zufriedene Mitarbeiter*innen gemeint. Es ist Anspruch der Humanomed, Qualität ganzheitlich zu leben und nicht nur ein Zertifikat präsentieren zu können.

Schon bei der Entscheidung, das QM-Systems nach ISO 9001 in der Humanomed einzuführen, war Transparenz ein wesentlicher Grundsatz. Alle Mitarbeiter*innen wurden von Beginn an über die Beweggründe informiert, ein QM-System einzuführen. Im Rahmen einer Kick-off Veranstaltung wurden alle Mitarbeiter*innen über das QM-Projekt, den Ablauf sowie die Projektziele informiert.

In einer etwa 18-monatigen Projektphase wurden die Normelemente nach und nach, gemeinsam mit den Mitarbeiter*innen, erarbeitet. Schon in der Projektphase wurde das QM auf vier Säulen aufgebaut. Die oberste Leitung trifft strategische QM-Entscheidungen. In jedem Humanomed Betrieb gibt es außerdem ein QM-Team, das sich für die Aufrechterhaltung und Weiterentwicklung des QM-Systems zuständig zeichnet und in QM-Belangen entscheidungsbefugt ist. Die dritte Säule bilden sogenannte QM-Moderator*innen aus allen Abteilungen. Die QM-Moderator*innen nehmen an regelmäßigen QM-Besprechungen und Audits teil. Sie bilden die Informationsschnittstelle zwischen dem QM-Team und ihrer Abteilung und stellen sicher, dass geplante QM-Maßnahmen in ihrer Abteilung umgesetzt werden und sämtliche Dokumente am aktuellen Stand sind. Die vierte Säule bilden alle Mitarbeiter*innen des Betriebes. Sie haben die Verantwortung, die kontinuierliche Verbesserung von Arbeitsabläufen und Prozessen aktiv mitzugestalten und QM-Aktivitäten umzusetzen. Auch nach erfolgreicher Implementierung der ISO9001 in der Humanomed, blieb das QM auf diesen vier Säulen bestehen. Die Motivation aller Mitarbeiter*innen war – von Beginn an – ein wesentlicher Erfolgsfaktor für die Implementierung der QM-Strukturen in der Humanomed.

Wenn sich möglichst alle Mitarbeiter*innen informiert und eingebunden fühlen, kann Spekulationen und Ängsten vorgebeugt werden. Das gesamte Team muss merken, dass die Führungskräfte, das QM-Team und die QM-Moderatorinnen hinter dem Qualitätsmanagement stehen – dies ist wesentlich für ein funktionierendes QM-System.

Jeder Humanomed Betrieb hat ein eigenes Leitbild, welches für Mitarbeiter*innen in der QM-Software und für externe Personen auch öffentlich über die Homepage ersichtlich ist. Die hohe Qualität und Sicherheit, die den Patient*innen in der Humanomed geboten werden soll, ist explizit im Leitbild verankert.

Ein Verhaltenskodex, der 2021 zur Orientierung für die Mitarbeiter*innen erstellt wurde, gilt als interne Richtlinie und basiert auf der Vision und dem Leitbild des Unternehmens (Humanomed, 2021a; 2021b). Die oberste Leitung muss ein klares Bekenntnis zur Kundenorientierung zeigen (ÖNORM Österreichisches Normungsinstitut, 2015, 5.1.2). Sie muss dafür Sorge tragen, dass Anforderungen und Bedürfnisse von Kunden aufgenommen, systematisiert und bewertet werden und in Produkten oder Dienstleistungen berücksichtigt werden (Hinsch, 2014, S. 33).

Um ein Qualitätsmanagementsystem sinnvoll aufzubauen, muss man verstehen, in welchem Umfeld man tätig ist und welche wesentlichen internen und externen Einflussfaktoren auf das Unternehmen wirken. Es gibt einige erprobte Werkzeuge, die bei der analytischen Auseinandersetzung mit dem Umfeld behilflich sind. (Koubek, 2017, S. 44–45). In der Humanomed erfolgte die Analyse des Umfeldes und der internen Themen im Rahmen der Strategiearbeit mithilfe der PESTEL-Analyse. Diese Analyse wurde für unterschiedliche Märkte erstellt, in denen die Humanomed tätig ist. Regelmäßig werden in Anlehnung an Dahl (2015) folgende Fragen zu den einzelnen Partnern gestellt:

- Welche Trends könnten das Verhalten der Patient*innen, Gäste und Mitarbeiter*innen zukünftig verändern?
- Welche Auswirkungen hat das für die Humanomed?
- Wie können wir darauf reagieren? (Dahl, 2015, S. 42)

Abbildung 3.4 zeigt eine Übersicht der internen und externen Interessenspartner der Humanomed.

Abb. 3.4 Interne und externe Interessenspartner der Humanomed (Interne Darstellung der Humanomed Gruppe)

Aus Abbildung 3.4 ist ersichtlich, dass die Humanomed Gruppe unterschiedlichste Interessensgruppen in ihre Planung einbeziehen muss. Die direkten Kunden der Humanomed sind Patient*innen, die zur Diagnostik, Behandlung oder Rehabilitation in den Betrieb kommen. Sie sollen in der Humanomed jene Rahmenbedingungen vorfinden, die es erlauben Medizin mit Lebensqualität zu verbinden. Patient*innen, Gäste und Mitarbeiter*innen sollen vor unerwünschten Ereignissen und Zwischenfällen bewahrt werden. Dazu zählen beispielsweise Patientenverwechslungen, Ausfall von Therapien, nosokomiale Infektionen, Ausfall der Krankenhaustechnik oder der Verlust/Missbrauch von Daten (Humanomed, 2021a, S. 11). Ziel ist es, eine sichere Krankenanstalt zu bieten, die Patient*innen nach den anerkannten Regeln der Wissenschaft sowie medizinischen, pflegerischen und therapeutischen Erfahrungen behandelt. Dazu sind ausreichend qualifizierte Fach- und Führungskräfte wie auch eine angemessene technische Infrastruktur erforderlich (Kahla-Witzsch et al., 2019, S. 20).

Um eine hohe Sicherheit für Patient*innen und Mitarbeiter*innen zu erreichen, lebt die Humanomed eine offene Sicherheitskultur, die das systematische Qualitätsmanagement ergänzt. Mithilfe von CIRS (Critical Incident Reporting

System) können Mitarbeiter*innen kritische Ereignisse und Beinahe-Fehler anonym melden. Diese Fälle werden von einem eigens zusammengestellten CIRS-Team bearbeitet und bei Bedarf Maßnahmen implementiert.

Die Humanomed arbeitet außerdem eng mit Behörden, Versicherungen, Sozial- und Vertragspartnern zusammen. Sie alle haben Interesse an reibungslosen Unternehmensabläufen und bestimmte Erwartungen. Die Einhaltung der gesetzlichen und vertraglichen Bestimmungen haben oberste Priorität und definieren die Rahmenbedingungen und den Handlungsspielraum der Humanomed (Humanomed, 2021a, S. 8).

Eine Gliederung im Qualitätsmanagement erfolgt durch das etablierte Qualitätsmodell nach Avedis Donabedian (Donabedian, 2005). Der „Three-Part-Approach" unterscheidet die drei Dimensionen Strukturqualität, Prozessqualität und Ergebnisqualität. Unter Strukturqualität werden personenbezogene Voraussetzungen, materielle und organisatorische Elemente zusammengefasst – es geht darum, über die richtigen Voraussetzungen zu verfügen. Prozessqualität betrachtet alle versorgungsrelevanten Leistungen und die dazugehörigen Teilprozesse. Sie bezieht sich auf die Art und Weise der Leistungserbringung einschließlich der Einhaltung von Vorgaben und Standards. Die Ergebnisqualität betrachtet den Outcome der Behandlung. Aus versorgungsrelevanter Sicht kann dies beispielsweise eine Verbesserung des Gesundheitszustandes oder der Erhalt von Lebensqualität sein. Aus ökonomischer Sicht wäre ein wünschenswerter Outcome z. B. ein wirtschaftlicher Erfolg wie die Erreichung eines marktwirtschaftlichen Erfolges (Hensen, 2019b, S. 32–33). Das Humanomed Zentrum Althofen ist Vertragspartner der österreichischen Sozialversicherungen. Durch die jeweiligen Vereinbarungen ist eine Direktverrechnung der erbrachten medizinischen Leistungen gewährleistet. Diese Vereinbarungen beinhalten genaue Vorgaben zur Struktur-, Prozess- und Ergebnisqualität (Humanomed, 2021a, S. 13). In Abbildung 3.5 (nächste Seite) sind Beispiele für die Umsetzung der Qualitätsdimensionen in der Humanomed abgebildet.

Aus Abbildung 3.5 ist exemplarisch ersichtlich, wie die Qualitätsdimensionen der Struktur-, Prozess- und Ergebnisqualität weiter konkretisiert werden. Bei der Strukturqualität geht es um die Mitarbeiter*innen sowie die Infrastruktur, die Prozessqualität beschäftigt sich mit der konkreten Erstellung der Dienstleistungen und die Ergebnisqualität definiert Zielsetzungen, die im Dienstleistungserstellungsprozess verfolgt werden. Die einzelnen Elemente werden in der Praxis noch weiter aufgeschlüsselt und mit konkreten Maßnahmen bearbeitet.

Abb. 3.5 Auszug zu den Qualitätsdimensionen in der Humanomed (Interne Darstellung der Humanomed in Anlehnung an Donabedian, 1966, 2005)

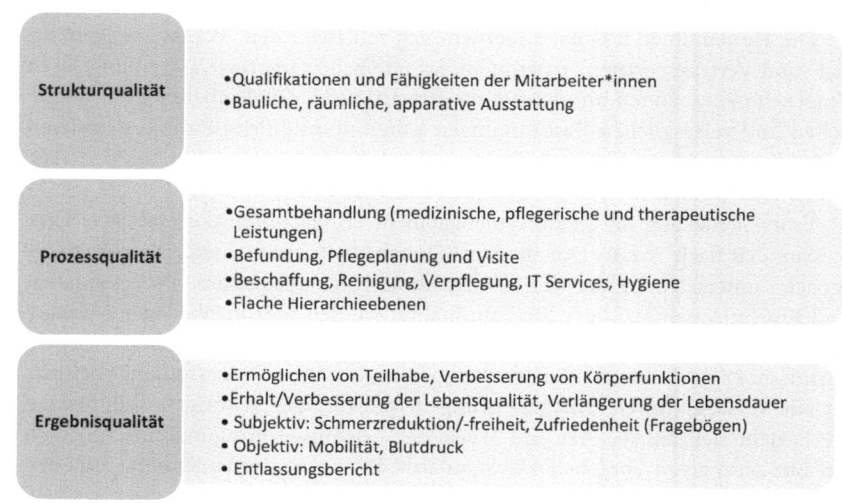

Prozessmanagement kann als das Kernelement der ISO 9001 gesehen werden. Das Prozessdenken, die Einbettung von Prozessen in die Gesamtorganisation und die zielgerichtete Steuerung der Prozesse hat große strategische Bedeutung und ist fester Bestandteil des Qualitätsmanagements (Hensen, 2019b, S. 269). Das Fundament des QM sind effiziente Prozesse mit funktionierenden Schnittstellen, welche die geplanten Ergebnisse erreichen (Koubek, 2017, S. 51). Entsprechend den Anforderungen der ISO 9001 (ÖNORM Österreichisches Normungsinstitut, 2015, 4.4.1), muss die Humanomed alle notwendigen Prozesse einführen, aufrechterhalten und stetig verbessern.

Die Humanomed unterscheidet in ihrer Prozesslandschaft zwischen Kern-, Management- und unterstützenden Prozessen. Der Kernprozess der Humanomed ist die Patientenbehandlung: aus diesem Grund kommen Patient*innen in den Betrieb. Abbildung 3.6 zeigt eine Überblicksdarstellung der Prozesslandschaft (interne Darstellung der Humanomed).

Abb. 3.6 Überblicksdarstellung der Prozesslandschaft in der Humanomed (Interne Darstellung der Humanomed)

Aus Abbildung 3.6 ist der Kernprozess der Humanomed ersichtlich, bestehend aus den Teilprozessen der Termin- und Bettenbereitstellung, der Aufnahme der Patient*innen, der Diagnostik und Behandlung sowie der Entlassung der Patient*innen. Dieser Kernprozess benötigt eine Reihe von Supportprozessen, die als grau schattierte Pfeile hin zum Kernprozess dargestellt sind. Die Kern- und Unterstützungsprozesse aus dieser Übersichtsgrafik werden im Qualitätsmanagement in weitere Teilprozesse untergliedert. Zu den einzelnen Prozessen gibt es eine Reihe an Verfahrens- und Arbeitsanweisungen, die Mitarbeiter*innen im Alltag unterstützen und Handlungssicherheit geben sollen.

Bei der Steuerung der einzelnen Prozesse, wie auch des Gesamtsystems, orientiert sich die Humanomed am PDCA-Zyklus (PDCA: Plan – Do – Check – Act). Zusätzlich wird ein Nachweis benötigt, ob die geplanten Ergebnisse erreicht wurden. Dies bedeutet in der Praxis, dass relevante Prozesse mit Hilfe von Prozesskennzahlen überwacht werden (Dahl, 2015, S. 47). Prozesskennzahlen können je nach Zielsetzung entlang der drei Dimensionen Qualität, Zeit und Kosten festgelegt werden (Hensen, 2019b, S. 287). Abbildung 3.7 zeigt Beispiele für Kennzahlen, welche in der Humanomed zur Steuerung von Prozessen erhoben werden.

Abb. 3.7 Auszug aus den Prozesskennzahlen der Humanomed (angelehnt an Hensen, 2019b, S. 287)

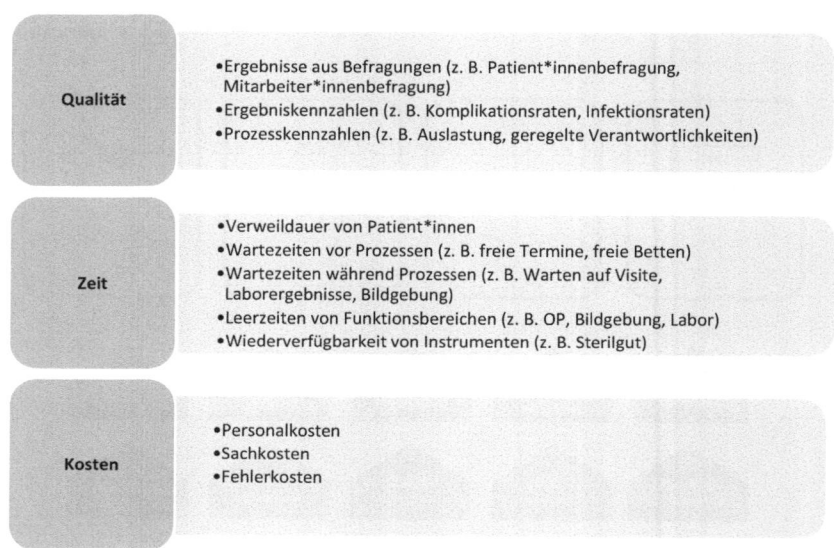

Aus Abbildung 3.7 ist ersichtlich, dass bei der Prozess-Steuerung auf die Dimensionen Qualität, Zeit und Kosten eingegangen wird und dazu Kennzahlen in diesen Bereichen erhoben werden. Die Abbildung präsentiert einen Auszug aus den Steuerungs-Kennzahlen, die in der Humanomed Gruppe beispielsweise verwendet werden.

Primäres Ziel des Qualitätsmanagement-Systems (QMS) ist die Erhöhung der Patientenzufriedenheit und -sicherheit. „Wir sehen die Einführung eines QM-Systems als Werkzeug zur Optimierung der Arbeitsabläufe, für Transparenz und Nachvollziehbarkeit im Unternehmen und somit zur strukturierten und kontinuierlichen Weiterentwicklung der Gesamtleistungen in den einzelnen Häusern", so DI Werner Hörner, Geschäftsführer der Humanomed.

3.6 Arbeit mit dem Fallbeispiel Humanomed

3.6.1 Aufgaben zum Fallbeispiel

1) Welche Ziele verfolgt das Qualitätsmanagement bei der Humanomed Gruppe?
2) Welche Personengruppen sind in das Qualitätsmanagement eingebunden und in welcher Zuständigkeit?
3) Welche internen und externen Kund*innen sind im Rahmen der Qualitätsprozesse in diesem Fall zu berücksichtigen?
4) Wie sind Qualität und Qualitätsmanagement in der Organisation formal verankert?
5) Worauf legen die Patient*innen besonderen Wert?
6) Welche Qualitätsdimensionen werden in der Humanomed Gruppe unterschieden? Nennen Sie Beispiele.
7) Was ist bezüglich der Prozessorientierung bei der Humanomed Gruppe zu bemerken?
8) Welche wichtigen Maßnahmen zur Sicherstellung des Erfolges des Qualitätsmanagements können Sie aus dem Fallbeispiel „Die Humanomed Gruppe" ableiten?

3.6.2 Musterlösungen zum Fallbeispiel

Die Musterlösungen zeigen beispielhafte Möglichkeiten der Antwort auf die Fragen, damit Sie sich betreffend der Arbeitsaufgaben orientieren können und erheben keinen Anspruch auf Vollständigkeit.

1. Ziele des Qualitätsmanagements
Die Humanomed Gruppe verfolgt vor allem folgende Ziele durch das Qualitätsmanagement:

- Erhöhung der Patientenzufriedenheit und -sicherheit als wichtigstes Ziel
- Hervorragende Patientenversorgung und Mitarbeiterzufriedenheit
- Strukturierte und effiziente Gestaltung sowie Optimierung der Arbeitsabläufe
- Transparenz und Nachvollziehbarkeit im Unternehmen durch klare Standards
- Kontinuierliche Weiterentwicklung der Gesamtleistungen in den einzelnen Häusern
- Anerkanntes Qualitätszertifikat (nach ISO-Norm) führen
- Qualität ganzheitlich leben

2. Personengruppen und Zuständigkeiten im Qualitätsmanagement der Humanomed Gruppe

Alle Mitarbeiter*innen wurden zu Beginn im Rahmen einer Kick-off Veranstaltung über das QM-Projekt, den Ablauf sowie die Projektziele informiert und in der folgenden Projektphase wurden die Normelemente gemeinsam mit den Mitarbeiter*innen erarbeitet. Involviert sind folgende Gruppen:

- Oberste Leitung für strategische Entscheidungen
- QM-Team mit fachlicher Entscheidungsbefugnis und Zuständigkeit für die Aufrechterhaltung und Weiterentwicklung des QM-Systems
- QM-Moderator*innen als Informationsschnittstelle zwischen QM-Team und der eigenen Abteilung mit der Zuständigkeit der Teilnahme an Sitzungen/Audits, der Umsetzung von Maßnahmen und der Aktualisierung von Dokumenten
- Alle Mitarbeiter*innen mit der Verantwortung, Arbeitsabläufe und Prozesse kontinuierlich zu verbessern und QM-Aktivitäten umzusetzen.

Festzustellen ist eine umfassende Einbindung aller relevanten Personengruppen im Sinne des Total Quality Managements.

3. Interne und externe Kund*innen im Rahmen des Qualitätsprozesses

Als interne Interessensgruppen wurden Eigentümer*innen, Mitarbeiter*innen und der Betriebsrat einbezogen. Als externe Interessensgruppen wurden Zuweiser, Patient*innen, Lieferanten, Versicherung bzw. Kostenträger, relevante Behörden, Politik, Mitbewerber*innen und die Bank berücksichtigt.

4. Formale Verankerung von Qualität und Qualitätsmanagement

- Die Humanomed Gruppe ist nach ISO zertifiziert, somit gibt es zahlreiche formelle Dokumente zu Qualität und Qualitätsmanagement.
- Jeder Humanomed Betrieb hat ein eigenes Leitbild, das hohe Qualität und Sicherheit für Patient*innen verankert. Zusätzlich gibt es einen Verhaltenskodex für die Mitarbeiter*innen.
- Die oberste Leitung bekennt sich klar zur Kundenorientierung und zum Qualitätsmanagement.
- Eine offene Sicherheitskultur ergänzt das formelle Qualitätsmanagement – CIRS (Critical Incident Reporting System), es ist möglich, Fehler anonymisiert zu melden.

5. Worauf Patient*innen besonderen Wert legen

Die Patient*innen wollen professionell, rasch und sicher durch qualifiziertes Fachpersonal betreut werden. Anforderungen und Bedürfnisse der einzelnen Personen sollen gehört und berücksichtigt werden. Patient*innen wollen, dass sich die Produkte und Dienstleistungen nach den Bedürfnissen der Patient*innen richten und eine individuelle Beratung und Betreuung möglich ist. Die Patient*innen erwarten sich außerdem hohe Sicherheitsstandards, eine sehr gute technische Ausstattung und eine zeitgemäße, räumliche Infrastruktur.

6. Qualitätsdimensionen in der Humanomed Gruppe

Die Humanomed wendet Unterteilung in Strukturqualität (Infrastruktur und Mitarbeiter*innen), Prozessqualität (Dienstleistungsprozesse, wie die Behandlung der Patient*innen und der nötigen unterstützenden Prozesse) und Ergebnisqualität (durch die Bewertung von Resultaten aus der Behandlung sowie die Einbindung der Patient*innen) an.

7. Prozessorientierung in der Humanomed Gruppe

Prozessmanagement ist ein Kernelement der ISO 9001 und daher sehr wichtig:

- Die Humanomed unterscheidet Kern-, Management- und unterstützende Prozesse.
- Die Einbettung von Prozessen in die Gesamtorganisation ist abzubilden. Die wichtigsten Prozesse sind im Überblick in einer „Prozesslandschaft" dargestellt und es gibt zu jedem Prozess weitere Dokumente.
- Prozesse müssen zielgerichtet gesteuert werden und sind in der Humanomed Gruppe entsprechend der ISO-Norm auszurichten.
- Effiziente Prozesse und Schnittstellen sind einzuführen, aufrecht zu erhalten und laufend zu verbessern (PDCA-Zyklus).
- Prozesskennzahlen prüfen relevante Prozesse in den Dimensionen Qualität, Zeit und Kosten.

8. Maßnahmen für Erfolg des Qualitätsmanagements

Es lassen sich z. B. folgende Maßnahmen für den Erfolg in der „Humanomed Gruppe" ableiten:

- Mitarbeiter*innen informieren und einbinden, um Spekulationen und Ängsten vorzubeugen.
- Die Führungskräfte müssen hinter dem Qualitätsmanagement stehen und dies muss für die Mitarbeiter*innen ersichtlich sein.

- Qualitätsprinzipien sollten auch formal verankert sein (z. B. Leitbild und Verhaltenskodizes).
- Sich für klare und nachvollziehbare Qualitätsmanagementinstrumente entscheiden, wie z. B. die Gliederung in verschiedene Qualitätsdimensionen, die Anwendung einer bestimmten Qualitätssystematik (in diesem Fall ISO) und Möglichkeiten der Visualisierung nutzen (z. B. die Prozesslandschaft in diesem Fall).
- Das eigene Umfeld und die relevanten internen und externen Interessenspartner kennen, um deren Erwartungen im Qualitätsmanagement zu berücksichtigen.
- Die kontinuierliche Verbesserung gewährleisten, z. B. durch das anonymisierte Fehlermanagement in diesem Fall sowie durch das Streben nach laufender Verbesserung der Produkte und Dienstleistungsprozesse.

3.7 Fragen zur Übung und Kontrolle des Lernerfolgs

a) Was bedeutet Total Quality Management? Definieren Sie den Begriff, indem Sie auf die verschiedenen Elemente „Total", „Quality" und „Management" eingehen.
b) Welche Möglichkeiten und Grenzen bietet der Ansatz des Total Quality Managements?
c) Welche Erkenntnisse für ein Qualitätsmanagement der Sozialen Arbeit lassen sich laut Merchel (2013) daraus ableiten?
d) Was bedeutet Kundenorientierung in der Sozialen Arbeit? Wieso ist der Kundenbegriff in zumindest zwei Dimensionen zu denken?
e) In welchen Kategorien können kundenbezogene Leistungsmerkmale eingeteilt werden? Nennen Sie zwei bis drei Beispiele pro Kategorie.
f) Welchen Einfluss nehmen Kund*innen (Leistungsempfänger*innen und Kostenträger) auf die Qualität der Sozialen Arbeit? Bringen Sie dazu auch Beispiele aus Ihrer Praxis.
g) Wieso ist Mitarbeiterorientierung wichtig für eine qualitätsvolle Arbeit und für die organisationale Qualitätsentwicklung?
h) Welche Rollen und Funktionen können bei der Prozessorientierung definiert werden und welche Aufgaben haben diese?
i) Welche Phasen umfasst ein klassisches Prozessmanagement? Erklären Sie diese kurz.
j) Erklären Sie die Unterscheidung zwischen allgemeiner Umwelt und direkter Aufgabenumwelt laut Arnold (2014b) und nennen Sie Beispiele.

k) Erklären Sie die Begriffe Struktur- bzw. Potentialqualität, Prozessqualität und Ergebnisqualität.
l) Was bedeutet Gesamt- bzw. Organisationsqualität und wie hängt diese mit den vorher definierten Begrifflichkeiten zusammen?
m) Welche Aufgabenfelder für Leitungspersonen können Sie im Rahmen des Qualitätsmanagements benennen?
n) Welche Managementregeln benennt Schmidt (2016, zitiert nach Deming 1982) für das Leitungshandeln?
o) Welche Managementkompetenzen sind im Zusammenhang mit Qualitätsmanagement in der Leitung relevant?
p) Welche Qualitätstools zur Problemerkennung und Lösungsorientierung im Rahmen von Beteiligungsorientierung kennen Sie? Erklären Sie diese kurz.
q) Welche Vor- und Nachteile können Sie in Bezug auf Qualitätsmanagement von der Basis ausgehend benennen?
r) Welche Herangehensweise kommt beim Gegenstromverfahren zum Einsatz?

3.8 Literaturverzeichnis

Arnold, U. (2014). Qualitätsmanagement in Sozialwirtschaftlichen Organisationen. In U. Arnold, K. Grunwald, B. Maelicke, H. Backhaus-Maul, B. Benz & K.-H. Boeßenecker (Hrsg.), *Lehrbuch der Sozialwirtschaft* (4. erweiterte Aufl., S. 585–628). Nomos.

Binner, H. F. (2002). *Prozessorientierte TQM-Umsetzung* (2., verb. und aktualisierte Aufl.). Hanser Lehrbuch. Hanser.

Böhm, W. & Engelhardt, H. D. (2009). *Qualitätsmanagement (Total Quality Management) für die Soziale Arbeit: Qualität/Evaluation/Qualitätssicherung/Total Quality Management.* Studienbrief 2-020-1702 (2. Aufl.). Service-Agentur des Hochschulverbundes Distance Learning.

Brandl, P. (2021). Die QM-Systeme sind in die Jahre gekommen – Wie geht's weiter? In A. Wöhrle, M. Boecker, P. Brandl, K. Grunwald, L. Kolhoff, S. Noll, J. Ribbeck & M. Sagmeister (Hrsg.), *Studienkurs Sozialwirtschaft. Qualitätsmanagement, Qualitätsentwicklung* (1. Aufl., S. 85–120). Nomos.

Brüggemann, H. & Bremer, P. (2020). *Grundlagen Qualitätsmanagement: Von den Werkzeugen über Methoden zum TQM* (3. Aufl.). Springer Vieweg.

Bruhn, M. (2020). *Qualitätsmanagement für Dienstleistungen: Handbuch für ein erfolgreiches Qualitätsmanagement: Grundlagen – Konzepte – Methoden* (12., aktualisierte und erweiterte Aufl.). Springer Gabler. https://doi.org/10.1007/978-3-662-62120-2

Dahl, C. (2015). *ISO 9001:2015 einfach erklärt* (Version 1.0 vom 28.10.2015). Amazon Fulfillment.

Deming, W. E. (1982). *Quality, Productivity, and Competetive Position*. Massachusetts Institute of Technology.

Donabedian, A. (1966). Evaluating the quality of medical care. *The Milbank Memorial Fund quarterly, 44*(3), 166–206.

Donabedian, A. (2005). Evaluating the quality of medical care. 1966. *The Milbank quarterly, 83*(4), 691–729. https://doi.org/10.1111/j.1468-0009.2005.00397.x

Gläser, W. (2020). *Leadership Skills & Strategies. VUCA world. Volatility/Uncertainty/Complexity/Ambiguity*. https://www.vuca-world.org

Gläser und Partner. (2018). *Leadership Skills und Strategien für eine VUCA Welt*. https://www.vuca-welt.de/

Hensen, P. (2019). *Qualitätsmanagement im Gesundheitswesen: Grundlagen für Studium und Praxis* (2., überarbeitete und erweiterte Aufl.). Springer Gabler.

Herrmann, J. & Fritz, H. (2021). *Qualitätsmanagement: Lehrbuch für Studium und Praxis* (3., aktualisierte und erweiterte Aufl.). Hanser.

Hinsch, M. (2014). *Die neue ISO 9001:2015 – Status, Neuerungen und Perspektiven* (Aufl. 2014). Springer Berlin Heidelberg.

Hövemann, G. (2009). *Wirtschaftslehre für soziale Berufe: Fachbuch für Sozialwirtschaft*. Lambertus-Verlag.

Humanomed. (2021a). *Unser Verhaltenskodex – Kur & Rehabilitation/Health Retreat: Die richtigen Entscheidungen treffen*. https://www.humanomed.at/fileadmin/user_upload/Media/Humanomed_Zentrum_Althofen/hza_verhaltenskodex2021.pdf

Humanomed. (2021b). *Unser Verhaltenskodex – Privatkliniken: Die richtigen Entscheidungen treffen*. https://www.humanomed.at/fileadmin/user_upload/Media/Privatklinik_Villach/pkv_verhaltenskodex2021.pdf

Hungenberg, H. (2011). *Strategisches Management in Unternehmen: Ziele – Prozesse – Verfahren* (6. Aufl.). Gabler Verlag.

Kahla-Witzsch, H. A., Jorzig, A. & Brühwiler, B. (2019). *Das sichere Krankenhaus: Leitfaden für das klinische Risikomanagement* (1. Aufl.). Verlag W. Kohlhammer.

Kohlen, R. & Müller, R. A. (2021). *Quality Reinvented! Zusammenarbeit kreativ gestalten, Organisation sinnstiftend entwickeln, ISO 9001 wertschöpfend einsetzen*. Hanser.

Koubek, A. (2017). *DIN EN ISO 9001:2015 umsetzen: QM-System aufbauen und weiterentwickeln. Pocket-Power: Bd. 080*. Hanser.

Meinhold, M. & Matul, C. (2011). *Qualitätsmanagement aus der Sicht von Sozialarbeit und Ökonomie* (2., überarb. und aktualisierte Aufl.). *utb-studi-e-book: Bd. 3568*. Nomos-Verl.-Ges; UTB. http://www.utb-studi-e-book.de/9783838535685

Merchel, J. (2013). *Qualitätsmanagement in der Sozialen Arbeit. Eine Einführung*. Beltz Juventa.

ÖNORM Österreichisches Normungsinstitut (15. November 2015). *Qualitätsmanagementsysteme – Anforderungen* (ÖNORM EN ISO 9001:2015).

Pfeifer, T. (2001). *Qualitätsmanagement: Strategien, Methoden, Techniken* (3., völlig überarb. und erw. Aufl.). Hanser.

Schmidt, S. (2016). *Das QM-Handbuch: Qualitätsmanagement für die ambulante Pflege*. Springer.

Literaturverzeichnis

Sommerhoff, B. (2021). *QM im Wandel: Personenzentriertes Innovations- und Qualitätsmanagement.* Hanser.

Sternad, D. & Mödritscher, G. (2018). *Qualitatives Wachstum: Der Weg zu nachhaltigem Unternehmenserfolg* (1st ed. 2018). Springer Fachmedien Wiesbaden; Imprint Springer Gabler. https://doi.org/10.1007/978-3-658-18880-1

Tergeist, G. (2015). *Führen und leiten in sozialen Einrichtungen.* (1. Aufl.). BALANCE buch + medien verlag.

Vogelbusch, F. (2018). *Management von Sozialunternehmen: Eine Einführung in die allgemeine Betriebswirtschaftslehre mit Abbildungen und Praxisbeispielen.* Verlag Franz Vahlen.

Wöhe, G., Döring, U. & Brösel, G. (Hrsg.). (2016). *Vahlens Handbücher. Einführung in die allgemeine Betriebswirtschaftslehre* (26., überarbeitete und aktualisierte Aufl.). Verlag Franz Vahlen.

Standardisierte Verfahren zur Entwicklung und Abbildung von Qualität

Zusammenfassung

Kapitel 4 ist verschiedenen standardisierten Verfahren zur Entwicklung und Abbildung von Qualität gewidmet, wobei auf tendenziell intern und extern orientierte Ansätze eingegangen wird. Kapitel 4.1 beschreibt verschiedene Ansätze zur internen Entwicklung und Abbildung von Qualität, die auch als singuläre Ansätze oder als Kombination verschiedener Ansätze in der Organisation genutzt werden können. Darunter fallen die Analyse der Servicequalität, Verfahren der Selbstbewertung, Prozessbeschreibungen, Prozesslandkarten, das betriebliche Vorschlagswesen, der Qualitätszirkel, das Beschwerdemanagement und das GAB-Verfahren. Diese Ansätze eignen sich insbesondere, wenn Organisationen mit Qualitätsmanagement starten oder einzelne Initiativen zum Qualitätsmanagement setzen wollen, die relativ rasche Wirkung im täglichen Handeln erzielen. Gleichzeitig eignen sich diese Ansätze aber auch zur Unterstützung und Flankierung umfassender Qualitätsinitiativen mit einer stärker externen Fokussierung, wie sie in Kapitel 4.2 erklärt werden. Es wird auf DIN EN ISO-Normen, EFQM, Qualitätsaudits, Auszeichnungen und Gütesiegel am Beispiel des Spendengütesiegels eingegangen. Kapitel 4.3 thematisiert Verfahren der Selbstbewertung als Verbindungselement zwischen intern und extern orientierten Ansätzen. In Kapitel 4.4 wird die Eignung der verschiedenen Verfahren zur Entwicklung und Abbildung von Qualität für soziale Organisationen reflektiert. Kapitel 4.5 ist der Lebenshilfe Syke gewidmet und Kapitel 4.6 zeigt Aufgaben und Musterlösungen zum Fallbeispiel der Lebenshilfe Syke. Abschließend folgen die Fragen zur Übung und Kontrolle des Lernerfolges in Kapitel 4.7.

© Der/die Autor(en), exklusiv lizenziert an
Springer Fachmedien Wiesbaden GmbH, ein Teil von Springer Nature 2024
W. Grillitsch und S. Felscher, *Qualitätsmanagement in Organisationen der Sozialwirtschaft*, Basiswissen Sozialwirtschaft und Sozialmanagement,
https://doi.org/10.1007/978-3-658-40202-0_4

Schlüsselwörter

Prozessbeschreibungen, Prozesslandkarten, Betriebliches Vorschlagswesen, Qualitätszirkel, Beschwerdemanagement, ISO Qualitätsnormen, EFQM-Modell, Qualitätsaudits, Spendengütesiegel, Fallbeispiel

Lernziele

- Sie verstehen die Ziele von Prozessbeschreibungen und Prozesslandkarten und können erklären, wie diese gestaltet werden können.
- Sie können erklären, warum Dienstleistungen schwerer qualitativ zu messen sind als materielle Produkte. Sie wissen, warum Kernprozesse bei der Analyse von Dienstleistungen betroffen sind und können erläutern wie Prozessbeschreibungen bei der Analyse von Dienstleistungen helfen können.
- Sie verstehen die Zielsetzungen des betrieblichen Vorschlagswesens und können einen dafür nötigen Prozess skizzieren. Sie sind dazu in der Lage, Zielsetzungen und wesentliche Kriterien eines Qualitätszirkels zu erklären und können vier wichtige Schritte der Arbeit eines Qualitätszirkels benennen.
- Sie verstehen die Ziele des Beschwerdemanagements, können verschiedene Beschwerdekanäle nennen und können erklären, wie Beschwerden kategorisiert werden können. Sie können exemplarische Maßnahmen des Umgangs mit Beschwerden erläutern.
- Sie kennen den Leitgedanken des GAB-Verfahrens und die bei einer möglichen Implementierung zur Anwendung kommenden Schritte, Instrumente und Methoden.
- Sie sind dazu in der Lage die Abkürzungen DIN EN ISO zu erklären und können erläutern, wie ISO Normen entstehen und weiterentwickelt werden. Sie können die wichtigsten branchenübergreifenden ISO Qualitätsnormen mit Norm und Titel benennen deren Inhalte kurz wiederzugeben.
- Sie können die Dimensionen des 2019 überarbeiteten EFQM-Modells und dessen Kriterien erklären und wissen, was das Akronym „RADAR" bedeutet und wie die Bewertung mit der RADAR-Logik funktioniert.
- Die Definition des Begriffes der Qualitätsaudits und verschiedene Formen von Audits nach ihren Optimierungsobjekten sind ihnen bekannt. Außerdem können Sie Zielsetzungen interner und externer Audits benennen und den idealtypischen Ablauf von Audits beschreiben. Sie wissen, was der Begriff der Zertifizierung bedeutet und können diesen erklären.
- Die Kriterien, welche durch externe Prüfer*innen im Rahmen des Spendengütesiegels beurteilt werden, sind Ihnen bekannt. Neben dem Grundgedanken des GAB-Verfahrens können Sie Instrumente und Methoden zur Anwendung einordnen.

- Sie können Gründe nennen, wieso eine Selbstbewertung für Organisationen relevant ist und wie Organisationen beispielhaft Selbstbewertungen vornehmen können.
- Sie können die Eignung der im Kapitel vorgestellten Verfahren und Ansätze für den Einsatz in der Praxis beurteilen, indem Sie theoretische Betrachtungen dazu wissen sowie die Ziele der Verfahren und mögliche Schritte der Umsetzung und Anwendung der Verfahren kennen gelernt haben.

4.1 Tendenziell intern orientierte Ansätze

Kapitel 4.1 geht auf ausgewählte Ansätze des Qualitätsmanagements ein, die tendenziell dazu dienen, interne organisatorische Abläufe zu optimieren. Die möglichst qualitätsvolle Gestaltung von internen Abläufen hat natürlich auch Wirkungen auf die Prozesse und Dienstleistungen, die an Kund*innen oder Externen orientiert sind, jedoch dienen diese behandelten Prozesse nicht per se auch der Außendarstellung von Qualität, darauf wird in Kapitel 4.2 eingegangen.

Die nächsten Unterkapitel konzentrieren sich auf Ansätze, die in der Praxis des Qualitätsmanagements häufig genutzt werden und aus der Perspektive der Autor*innen gut für soziale Organisationen anwendbar sind. Behandelt werden Prozessbeschreibungen und Prozesslandkarten, die Analyse der Servicequalität und die Selbstbewertung, das Betriebliche Vorschlagswesen, der Qualitätszirkel, das Beschwerdemanagement und das GAB-Verfahren.

4.1.1 Prozessbeschreibungen

Der Prozessbegriff wurde in verschiedenen Zusammenhängen bereits in vorherigen Kapiteln dieses Buches aufgegriffen (Kapitel 2.3 beleuchtet den Prozessbegriff sowie Prozessebenen der Qualität, Kapitel 3.3.2 widmet sich der Prozessorientierung im Total Quality Management). Im Nachfolgenden steht die Prozessbeschreibung im Mittelpunkt der Betrachtung, also das konkrete Erarbeiten und Entwickeln eines Prozesses in der Prozesslandschaft einer Organisation.

Da es in einer Organisation meist eine Vielzahl von Prozessverknüpfungen gibt, welche oft nicht verschriftlicht oder in ihrem Ablauf in gleicher Weise von allen Mitarbeiter*innen gehandhabt werden, empfiehlt es sich nach (Ertl-Wagner et al., 2013, S. 96) eigene Definitionen für das Verständnis des Prozessdenkens und das gemeinsame Kommunizieren darüber festzulegen. Besonders geeignet für eine Beschreibung von Prozessen in der Organisation sind das Flussdiagramm oder auch eine tabellarische Darstellung. Das Flussdiagramm ermöglicht die bildhafte Darstellung von Prozessen oder Abläufen. So bietet sich die Möglichkeit eines detaillierten Verständnisgewinns, wie ein Prozess tatsächlich arbeitet und in welcher Weise die unterschiedlichen Schritte miteinander in Beziehung stehen. Eine Ursachenidentifizierung ist somit möglich und durch eine entsprechende Umgestaltung lassen sich Prozessabläufe für die Zukunft optimaler gestalten. Bei der Anwendung dieser Methode gilt es zu beachten, dass die für ein Flussdiagramm verwendeten Symbole, für zum Beispiel Ereignisse oder Entscheidungen, auf Grundlage der DIN 66001 genormt sind. (Brüggemann & Bremer, 2020, S. 19–27)

Abbildung 4.1 zeigt die wesentlichen Symbole eines Flussdiagramms laut Ribbeck (2022):

Abb. 4.1 Standardsymbole bei Flussdiagrammen (Ribbeck, 2022, S. 116)

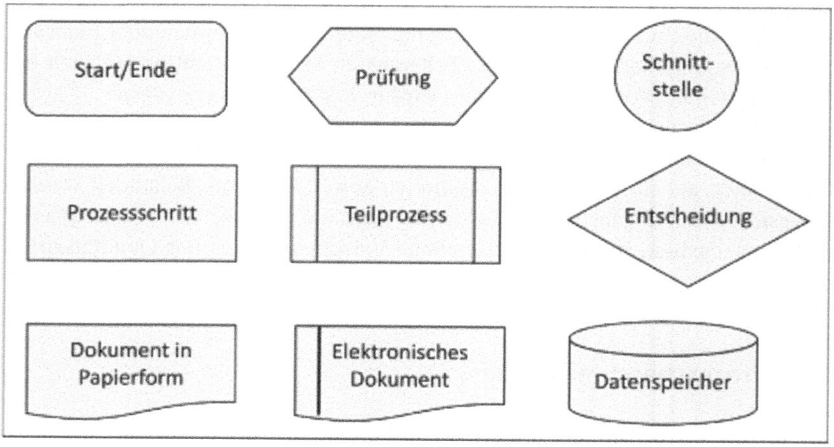

Nach Ribbeck (2022) gehört die Beschreibung von Prozessen zum methodischen Kernbestand des Qualitätsmanagements und bildet somit den wesentlichen Teil der Qualitätsdokumentation. Tabelle 4.1 zeigt, welche Aspekte berücksichtigt werden sollten.

Tab. 4.1 Wesentliche Aspekte im Rahmen einer Prozessbeschreibung (Ribbeck, 2022, S. 115)

Beschreibungskategorie	Inhalte der Beschreibung
Bezeichnung des Prozesses	Prozessname
Zweck	Intendierter Regelungsbedarf
Ziel	Angestrebtes inhaltliches Ergebnis
Geltungsbereich	Vom Prozess betroffene Unternehmensbereiche
Prozessbeginn/Eingabe und Prozessende/Ausgabe	Integration in die Prozessbeschreibung
Schnittstelle(n)	Vorgelagert, nachfolgend und mögliche Verknüpfung mit anderen Prozessen
Qualitätsindikatoren	Prozessbezogene Messwerte
Prozessverantwortung	Person/Team mit Verantwortung für die Erstellung oder Weiterentwicklung des Prozesses
Dokumentation	Verschriftlichtes Prozessergebnis (Formular, Checkliste, Protokoll)
Mitgeltende Unterlagen	Relevante interne/externe Dokumente
Angabe zur Prüfung und Freigabe des Prozesses	Wer prüft/gibt frei (Person/Abteilung)?

Damit die Beschreibungen laut Meinhold und Matul (2011) in der Anwendung den erwarteten Nutzen erbringen, müssen sie folgende Prozesskriterien erfüllen:

- Eindeutige und klare Beschreibung wirklich erforderlicher Kriterien
- Kriterien und Beschreibungen unterstützen die Arbeit, steuern diese im Sinne des gewünschten Ergebnisses und ermöglichen das Ableiten von Verhaltensregeln
- Fachliches Verständnis von Qualität wird im beschriebenen Prozess widergespiegelt
- Effizientes und effektives Arbeiten wird gefördert
- Adressat*innenorientierung bzw. „Kundenfreundlichkeit" ist erkennbar (Meinhold & Matul, 2011, S. 24)

Für welche Form oder Kombination der Prozessbeschreibung (textlich, grafisch oder tabellarisch) man sich letztendlich auch entscheidet, wichtig ist im Vorfeld die Identifikation der wesentlichen Management, Kern- und Unterstützungsprozesse, aller Schnittstellen sowie eine Gliederung der Prozesshierarchie. (Ertl-Wagner et al., 2013, S. 101) Prozesslandkarten sind sehr hilfreich, um diese Prozessübersicht zu erhalten und werden im nächsten Kapitel behandelt.

4.1.2 Prozesslandkarten

Prozesslandkarten dienen der Übersicht und der Planung von Geschäftsprozessen und können auch als Prozessmodelle bezeichnet werden. Sie sind eine Voraussetzung dafür, Prozesse in ihrem Zusammenhang zu sehen sowie vor- und nachgelagerte Prozesse betrachten, analysieren und optimieren zu können.

Laut Haller und Wissing (2022) gelten folgende Grundsätze der Geschäftsprozessplanung:

- „Zu jedem Prozess sind ein Anfang und ein Ende zu definieren.
- Kernprozesse müssen relevant für die Geschäftstätigkeit des Dienstleisters sein.
- Prozesse sind in Teilprozesse und Arbeitsschritte zu gliedern.
- Jeder Prozess konzentriert sich auf einen Sachverhalt.
- Die Prozessaufgaben sind zielgerichtet, sachlogisch und ökonomisch effizient zu verbinden. (Haller & Wissing, 2022, S. 184)

Haller und Wissing (2022) führen weiter aus, dass die Erstellung von Prozessmodellen stufenweise funktioniert. Von der Ebene des Geschäftsprozesses wird im nächsten Schritt ein Teil des Geschäftsprozesses (z. B. Vertrieb) zu einem Prozessblock weiter ausdetailliert und die Schritte im Prozessblock (z. B. Angebot abgeben) können wiederum in weiterführende Prozessschritte (z. B. Angebot per E-Mail abgeben) und diese wiederum in noch kleinere Prozessbausteine (z. B. Textbausteine aufrufen) gegliedert werden. Die Auflösungstiefe bzw. der Detailgrad hängt dabei von Art und Umfang des Prozesses/der Aufgabe ab und von den Ressourcen, die in eine derartige Analyse fließen können. (Haller & Wissing, 2022, S. 185)

Abbildung 4.2 zeigt eine Prozesslandkarte der Homonome, in der die wesentlichsten Geschäftsprozesse im Überblick visualisiert sind.

Abbildung 4.2 konzentriert sich auf die wesentlichsten Geschäftsprozesse der Humanomed im Überblick. Zu jeden dieser Prozesse gibt es noch weitere Prozessblöcke, Prozessschritte und Prozessbausteine. Die Überblicksgrafik gibt einen Einblick in die Zusammenhänge und die Prozesslogik der Humanomed. Um Detailanalysen vorzunehmen, oder einzelne Prozesse zu optimieren, wäre ein weiterer Detailgrad erforderlich. Das Beispiel zeigt aber auch, dass diese Details wiederum für den jeweiligen Aufgaben- und Arbeitsbereich Relevanz haben müssen.

Abb. 4.2 Beispiel einer Prozesslandkarte (zum Abdruck übermittelt von Humanomed, 2023)

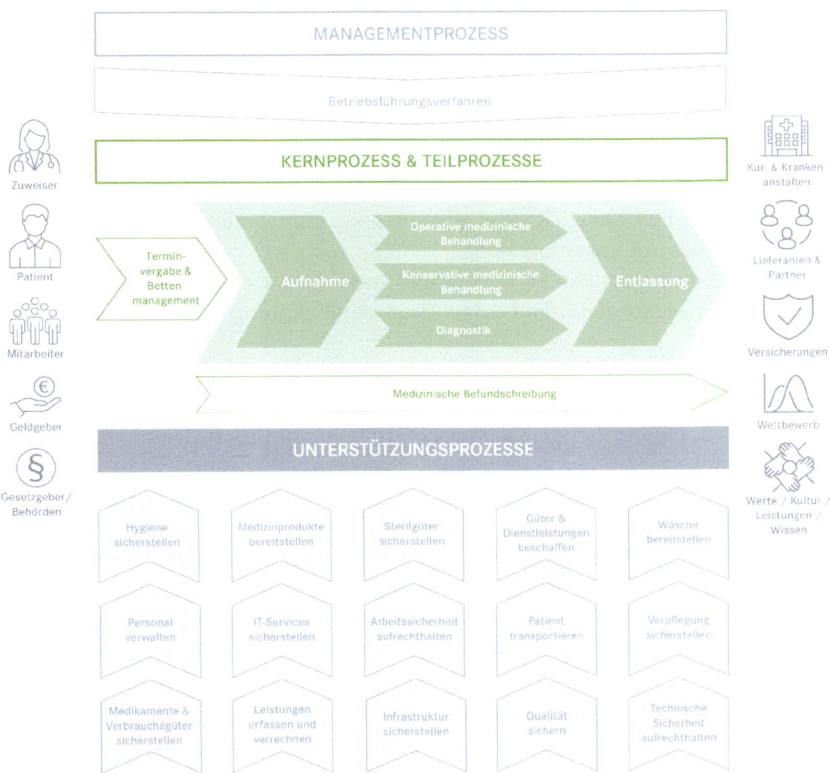

Alle Prozesse mit allen Details einer großen Organisation wären nicht in einer Prozesslandkarte abbildbar, sondern zur Überblickskarte kann es wiederum weiterführende und vertiefende Detailprozesslandkarten geben und diese Detailprozesse können durch weitere Prozesslandkarten oder Prozessbeschreibungen konkretisiert werden.

Prozesslandkarten bieten einen Überblick und dienen zur Orientierung hinsichtlich vor- und nachgelagerter Prozesse. Die Prozessbeschreibungen (siehe voriges Kapitel) dienen der Detailanalyse eines einzelnen Prozesses, Prozessblocks oder einzelner Prozessschritte. Ergänzend zu den im vorigen Kapitel beschriebenen Ansätzen können auch Checklisten für einzelne Prozesse zum Einsatz kommen, um Mitarbeiter*innen bei der Durchführung der nötigen Prozessschritte zu unterstützen.

4.1.3 Analyse der Service- bzw. Dienstleistungsqualität

Services oder Servicequalität richtet sich an Kund*innen und/oder Adressat*innen, die Analyse betrifft daher die Kernprozesse der Organisation. Diese werden auch als Leistungs- oder Schlüsselprozesse bezeichnet und in Kapitel 2.3.2 grundlegend beschrieben. Dieses Kapitel gibt einen kurzen Überblick über Möglichkeiten der Analyse von Kernprozessen.

Dienstleistungsqualität ist schwieriger messbar als die Qualität klassischer materieller Produkte, dafür gibt es laut Gnahs und Quilling (2019) folgende Gründe:

- Bereitstellung und Inanspruchnahme einer Dienstleistung finden als ein Vorgang statt, eine vorherige Qualitätskontrolle ist vom Dienstleister vorab nicht möglich.
- Dienstleistungen sind schwer standardisierbar, da jeder Vorgang situativ einzigartig und nicht wiederholbar ist.
- Menschliche Einflüsse stehen bei der Dienstleistungserstellung im Vordergrund, diese werden bei materiellen Waren nicht direkt sichtbar.
- Kund*innen sind in die Dienstleistungserstellung maßgeblich einbezogen, die Erstellung erfolgt in einer Koproduktion. (Gnahs & Quilling, 2019, S. 16–17)

Herrmann und Fritz (2021) führen aus, dass unter Dienstleistung umgangssprachlich eine Tätigkeit verstanden wird, im Sinne von Qualitätsprozessen sei sie allerdings als Ergebnis eines Betriebs zu verstehen. Kund*innen sind im Dienstleistungsprozess involviert und bei der Leistungserstellung häufig anwesend, sie sind daher nicht nur am abschließenden Ergebnis der erbrachten Dienstleistung interessiert, sondern auch am Dienstleistungserstellungsprozess. Erwartungen und Anforderungen beziehen sich somit auf die Dienstleistung selbst sowie auf den Umgang mit den Kund*innen im Rahmen der Erbringung der jeweiligen Dienstleistung. Die Organisation braucht einen planvollen Umgang mit Kundenanforderungen. Diese liegen erst in der Sprache der Kund*innen vor und müssen in Prozesskriterien übersetzt werden. Besonderes Augenmerk ist dabei zu legen auf Kriterien, die von Kund*innen als essentiell erachtet werden, im Qualitätsmanagement werden diese Merkmale als „Critical to Quality (CTQ)" bezeichnet. Von Kund*innen geäußerte Verhaltensmerkmale wie etwa „Freundlichkeit" müssen sen in handlungsrelevante Aktivitäten des Personals umformuliert werden, wie in bestimmte Grußformeln, das Herstellen von Augenkontakt oder das Begleiten von Kund*innen vom Empfang zum Ort der Dienstleistungserstellung. (Herrmann & Fritz, 2021, S. 57–59)

Die Beschreibung von Qualität Sozialer Arbeit lässt sich gemäß Meinhold und Matul (2011) in bewährter Form durch die Analyse von Kernprozessen vornehmen, die wiederum in Teilprozesse untergliedert werden. Den Prozessen und Teilprozessen sind Prozessziele und Zuständigkeiten zuzuordnen sowie eine Beschreibung, wie Fachkräfte diese Ziele im Rahmen ihrer Tätigkeit erreichen können und was dabei zu tun ist. Die Voraussetzungen und nötigen Qualifikationen der Mitarbeitenden, die für bestimmte Prozesse Verantwortung trage, sind zu klären. (Meinhold & Matul, 2011, S. 18–20)

Möglichkeiten der Prozessbeschreibungen in Form von Flussdiagrammen oder als tabellarische Beschreibung werden in Kapitel 4.1.1 erläutert. Je nach Organisation können auch andere Darstellungsformen der Servicequalität Anwendung finden, wie z. B. Ablaufpläne, die Offenlegung von (pädagogischen/didaktischen) Konzepten, Checklisten und/oder Dienstleistungsbeschreibungen.

Bei der Anwendung dieser Instrumente ist laut Meinhold und Matul (2011) die Beschreibung von Ergebniskriterien wichtig, die durch die Arbeit des sozialen Dienstes beeinflussbar sind und zu denen überprüfbare Indikatoren benannt werden. Hier können laut Meinhold (1998) vier unterschiedliche Gruppen von Ergebnissen identifizieren:

- Ergebnisse, die sich aus der Existenz eines sozialen Dienstes ergeben: Indikatoren für den Bedarf des Angebots (Anzahl der Adressat*innen, Auslastungsgrad)
- Ergebnisse, die sich aus der Koproduktion zwischen Sozialarbeiter*in und Adressat*in bzw. aus der Zielerreichung erschließen: Erreichung von kurz- oder mittelfristigen Zielen mit den Adressat*innen
- Ergebnisse, die für Kostenträger und andere Institutionen erbracht werden: Dienstleistungen für Partnereinrichtungen, Kostenträger und Kommune
- Ergebnisse, an deren Erreichen die Einrichtung längerfristig mitgewirkt: Längerfristige Richtziele für soziale Dienste (sozialpolitische Ziele), die durch Öffentlichkeitsarbeit und Information gesetzgebender Instanzen erreicht werden, (z. B. gemessen durch Aktivitäten oder erreichte Teilziele (Meinhold; Meinhold & Matul, 2011, S. 26–28)

Halfar (2009) unterscheidet im wirkungsorientierten Controlling vier andere Kategorien, um die Leistung sozialer Einrichtungen zu messen:

- Output: Quantitative Leistungsmenge einer sozialen Organisation

- Outcome: Gesellschaftlicher Nutzen (gesellschaftliche Effizienz) einer Organisation, dazu zählen Auswirkungen auf Adressat*innengruppen, Dritte und die Gesellschaft allgemein
- Effect: Bezeichnet die „unmittelbare, objektiv ersichtliche und nachweisbare Wirkung (objektive Effektivität) für einzelne Stakeholder".
- Impact: Darunter fällt die „subjektiv erlebte Wirkung des Leistungsempfängers oder der Stakeholder (subjektive Effektivität) und somit eine Reaktion der Zielgruppen auf Leistungen (Output) und/oder auf die (objektiven) Wirkungen (Effect) der Leistungen. Impacts als subjektive Reaktionen sind Einstellungen, Urteile, Zufriedenheitsäußerungen, aber auch die Änderung oder Stabilisierung von Verhaltensweisen." (Halfar, 2009, S. 8)

Die Analyse der Service- bzw. Dienstleistungsqualität ist für soziale Organisationen essentiell, da diese die Kernprozesse der Organisation betreffen. Für welche Formen der Analyse und für welche Ergebniskriterien und Indikatoren sich die Organisation entscheidet, hängt vom Erkenntnisinteresse der Organisation sowie deren Berichtspflichten gegenüber Kostenträgern und weiteren Stakeholdern ab. Das Vorhandensein von Zielen und Erfolgskriterien für definierte Prozesse ist eine wichtige Voraussetzung für die Selbstbewertung der Organisation, die im nächsten Kapitel behandelt wird.

4.1.4 Betriebliches Vorschlagswesen

Das betriebliche Vorschlagswesen zählt zu den zentralen Instrumenten der Qualitätsbestimmung und liefert detaillierte Informationen über organisationsbedingte Problemstellungen und mögliche Lösungsansätze aus der Sicht der Mitarbeiter*innen. Im Vergleich zu aufwändigen Mitarbeiterbefragungen ist dieses mit relativ wenig personellem und finanziellem Aufwand realisierbar. Zur Steigerung der Motivation der Mitarbeitenden, Vorschläge einzubringen, sind Anreizsysteme (wie z. B. Prämien) vorzusehen. (Bruhn, 2020, S. 229)

Um Mitarbeiter*innen zu animieren, größere und kleinere Verbesserungsideen einzubringen, lohnt es sich insbesondere für soziale Organisationen, die nicht die Mittel für Prämien oder Anreizsysteme haben, auch neue Wege zu beschreiten. Laut Simsa und Patak (2021) erweisen sich Tools als besonders vielversprechend, die spielerisch nutzbar sind, „Gamification" ist ein Trend, der auch in den professionellen Kontext Einzug hält. Beispielhaft genannt seien Ideen-Apps, die eine direkte und einfache Teilnahme aller Mitarbeiter*innen ermöglichen. Transparenz ist hier genauso wie bei klassischeren Einreichverfahren von Ideen in der Organisation wichtig, Mitarbeiter*innen sollen erfahren, was mit den Vorschlägen geschieht. (Simsa & Patak, 2021, S. 79)

Alternativ bieten sich interne Foren oder Bereiche im Intranet an, die Vorschläge ermöglichen. Übermittelte Ideen sollten nach Möglichkeit für Mitarbeiter*innen einsehbar sein, wenn diese weiteren Dialog und ein Weiterdenken durch andere Personen ermöglichen sollen. Dies ist in einem Prämienmodell schwieriger, als bei Ideen um der Verbesserung und Weiterentwicklung der Organisation willen, da die geteilte und teamorientierte Weiterentwicklung eine Zuordnung von Prämien erschweren oder konfliktbehaftet gestalten kann.

Der Begutachtungsprozess kann zentral oder dezentral erfolgen. Beim zentralen Begutachtungsprozess entscheidet eine zentrale Bewertungskommission über die Vorschläge. Die Vergabe der Prämie und die Anweisung zur Umsetzung des Vorschlages erfolgt über die Organisationsleitung. Beim dezentralen Begutachtungsprozess entscheidet der/die direkte Vorgesetzte/r des Mitarbeitenden, ob der Vorschlag angenommen oder abgelehnt werden soll. Beauftragte des betrieblichen Vorschlagswesens werden lediglich über die Annahme des Verbesserungsvorschlages informiert. Wesentlich bei beiden Vorgehensweisen ist, dass (insbesondere bei einer Nicht-Umsetzung des Vorschlages) ein ausführliches Feedback zum Verbesserungsvorschlag erfolgt und dass angenommene Vorschläge möglichst zeitnah umgesetzt werden. (Bruhn, 2020, S. 229–230)

Ob die Verbesserungen in Gremien diskutiert oder von Leitungspersonen beschlossen werden, ist abhängig von der jeweiligen Organisation und dem Verfahren des betrieblichen Vorschlagswesens. In weiterer Folge braucht es Zuständigkeiten und ein Verfahren zur Umsetzung der Vorschläge, sei es über Projektarbeit, der direkten Zuordnung von Verantwortlichkeiten/Ressourcen und Kompetenzen zu einzelnen Stellen, Teams oder Abteilungen, damit die Verbesserungen auch angewandt werden und ihre Potentiale entfalten können.

4.1.5 Qualitätszirkel

Eine andere Möglichkeit des Einholens von Vorschlägen besteht in der Installation eines regelmäßig zusammentreffenden Gremiums oder Teams. Der Qualitätszirkel ist eine anerkannte Methode zur Entwicklung von Prozessqualität in einer sozialwirtschaftlichen Organisation. Als Qualitätszirkel können alle innerorganisatorischen Arbeitsgruppen verstanden werden, die sich punktuell oder dauerhaft um die Entwicklung der Prozessqualität bemühen. (Hövemann, 2009, S. 101)

Wesentliche Kriterien eines Qualitätszirkels sind (Hövemann, 2009, S. 102):

- Freiwilligkeit der Teilnahme
- Regelmäßigkeit der Durchführung
- Moderation des Qualitätszirkels
- Möglichst kleine Gruppengröße
- Beachtung der bestehenden Aufbauorganisation
- Unterstützung durch Vorgesetzte als Voraussetzung
- Bereitstellung von Arbeitszeit
- Teamorientierte Arbeitsweise (Kompetenz kommt vor Position)

In Qualitätszirkeln soll das spezifische Wissen von Mitarbeiter*innen in der ausführenden Tätigkeit und die Motivation zur Verbesserung gefördert werden. Mitarbeiter*innen sollen eigenverantwortlich in den Prozess der (Dienst-)Leistungserstellung integriert und die Teamfähigkeit gesteigert werden. Da die Teilnahme an Qualitätszirkeln freiwillig erfolgt, ist es in der Praxis nicht so einfach, Mitarbeiter*innen zu finden, die sich über einen langen Zeitraum für die Qualitätsentwicklung engagieren. Qualitätszirkel haben jedoch großen Erfolg in Organisationen und werden daher vielfach eingesetzt. (Binner, 2002, S. 217)

Vier Schritte eines Qualitätszirkels sind laut (Hövemann, 2009) zu absolvieren:

1) Definition von Kriterien und Standards für die Prozessqualität,
2) Objektive Arbeitsanalyse und Feststellung von Verbesserungspotential,
3) Klärung, ob andere Wege der Aufgabenausführung zur Verfügung stehen,
4) Klärung der Realisierbarkeit der anderen Wege und ob Verbesserungen im Sinne der Qualitätsstandards zu erwarten sind. (Hövemann, 2009, S. 103)

Qualitätszirkel spielen vor allem bei der Durchsetzung von kontinuierlichen Verbesserungen (jap.: Kai = Veränderung bzw. Wandel; Zen = zum Besseren) eine Rolle. Es wird bei Kaizen davon ausgegangen, dass kleine Gruppen von Mitarbeiter*innen freiwillig Kontrollaktivitäten im eigenen Arbeitsbereich und -umfeld durchführen. (Schmitt & Pfeifer, 2015, S. 65) In mittleren und größeren Organisationen können mehrere Qualitätszirkel im Einsatz sein, wobei es sich empfiehlt, die Aktivitäten der unterschiedlichen Zirkel von einer übergeordneten Stelle oder einem Servicebereich (wie Qualitätsmanagement) zu begleiten und zu dokumentieren.

Qualitätszirkel könnten auch bei der Lösung von Beschwerden behilflich sein, sofern ein gezieltes Beschwerdemanagement mit der Arbeit der Qualitätszirkel sowie dem Qualitätsmanagement der Organisation verknüpft wird.

4.1.6 Beschwerdemanagement

Beschwerden sind Artikulationen von Unzufriedenheit, die gegenüber Organisationen mit dem Ziel geäußert werden, auf ein subjektiv schädigendes oder unzufriedenstellendes Verhalten der Organisation oder deren Mitarbeiter*innen aufmerksam zu machen. Ziele dabei sind, Wiedergutmachungen für erlittene Beeinträchtigungen zu erhalten und/oder eine Änderung des kritisieren Verhaltens oder der kritisierten Situation zu erwirken. (Stauss & Seidel, 2014, S. 28)

Das Beschwerdemanagement ist ein kostengünstiges und effektives Qualitätsprüfungsinstrument. Dabei werden die Beschwerden der Nachfragergruppe systematisch gesammelt, ausgewertet und analysiert. Die daraus resultierenden Erkenntnisse werden genutzt, um Hinweise auf den Grad der SOLL-IST-Abweichungen sowie Erkenntnisse hinsichtlich der Erwartungen der Nachfragergruppen bezogen auf die Leistungsqualität zu gewinnen. (Arnold, 2014b, S. 613)

Bei der Analyse der Beschwerden sollte das Beschwerdevolumen (Anzahl der Beschwerden, Häufung bestimmter Beschwerden) und die Beschwerdeinhalte berücksichtigt werden, um qualitätsrelevante Problemfelder im Dienstleistungsprozess bzw. beim Dienstleistungsanbieter zu identifizieren. Wesentlich ist, auf den Abbau von Beschwerdebarrieren zu achten, indem anonyme Beschwerdemöglichkeiten (z. B. Kummerkasten) geboten werden. Mitarbeiter*innen sollten Kund*innen aktiv dazu auffordern, Anregungen, Wünsche oder Probleme zu artikulieren. (Bruhn, 2020, S. 208–209)

Relevant für das Beschwerdemanagement und die Beschwerdemessung ist, verschiedene Beschwerdekanäle zur Verfügung zu stellen, die sich laut Stauss und Seidel (2014) in vier Kategorien unterteilen lassen:

- Mündliche Beschwerdekanäle, wie z. B. Help-Desks oder andere direkte Ansprechstellen
- Schriftliche Beschwerdekanäle, wie z. B. Meinungskarten
- Telefonische Beschwerdekanäle, wie z. B. Hotlines oder Call-Centers
- Elektronische Beschwerdekanäle, wie z. B. Beschwerdeseiten, Internet-Meinungsforen oder die Möglichkeit der Meinungsäußerung über Social Media (Stauss & Seidel, 2014, S. 97–100)

Bruhn (2020) stellt eine Kategorisierung von Beschwerdeinformationen laut Tabelle 4.2 vor.

Tab. 4.2 Kategorisierung von Beschwerdeinformationen (Bruhn, 2020, S. 382)

Informationen zu Beschwerdeführenden	Beschwerdeproblem-Informationen	Beschwerdeobjekt-Informationen
Identität des/der Beschwerdeführenden • Angaben zur Person/Organisation • Erreichbarkeit • Interne/r oder externe/r Kund*in	Genaue Umstände des Beschwerdevorfalls • Betroffene Organisationseinheit • Zeitpunkt des Problemauftritts • Spezifische Situation des Vorfalls	Produkte und/oder Dienstleistungen
Rolle des/der Beschwerdeführenden im Beschwerdeprozess	Art des Problems	Marketingaspekte
Verärgerungsgrad und Verhaltenskonsequenzen • Ausmaß der Verärgerung • Handlungsabsicht bzw. Handlungskonsequenzen	Problemursache Erst- oder Folgebeschwerde	Gesellschaftspolitisches Verhalten

Aus Tabelle 4.2 ist ersichtlich, welche Beschwerdeinformationen im Rahmen eines qualitätsorientierten Beschwerdemanagements gesammelt und dokumentiert werden sollten, um damit im Rahmen des Beschwerdemanagements weiter zu arbeiten.

Bruhn (2020) empfiehlt strukturelle, informatorische und personelle Maßnahmen zur Beschwerdeverarbeitung. Strukturell ist die Implementierung einer Beschwerdekultur in der Organisation erforderlich sowie die Definition von beschwerdeverantwortlichen Organisationseinheiten mit einem*einer Prozessowner*in für den gesamten Beschwerdemanagementprozess. Informatorisch ist die Implementierung von Beschwerdemanagement-Systemen oder Instrumenten nötig sowie Feedback-Schleifen zum*zur Kund*in während des Bearbeitungsprozesses. Zu personellen Maßnahmen gehört die Schulung der Mitarbeitenden (höfliches, freundliches und verständnisvolles Auftreten) sowie die Vorbildfunktion der Vorgesetzten bzw. die ausreichende Würdigung des Beschwerdemanagements. (Bruhn, 2020, S. 383)

Nutzer*innen sozialer Dienste beschweren sich laut Meinhold und Matul (2011) eher nicht, auch wenn sie sich über einzelne Aspekte der Dienste ärgern. Um überhaupt Beschwerden zu erhalten, sollten anonyme Beschwerden möglich sein (z. B. „Kummerkasten" oder „Feedbackbox") und werden angeregt, Beschwerden oder Verbesserungsvorschläge einzubringen. Folgende Prozesskriterien unterstützen das Beschwerdemanagement: Die Regelungen zum Umgang mit Beschwerden sind bekannt, auf schriftlich oder namentlich gekennzeichnete Beschwerden sollte zeitnah (z. B. innerhalb von 14 Tagen) geantwortet werden. Beschwerden, die andere Abteilungen/Stellen betreffen, werden weitergeleitet. Beschwerden werden inhaltlich von einer definierten Stelle (z. B. Qualitätsmanagement, Betriebsrat, zuständige Leitungsperson …) inhaltlich und mit entsprechender professioneller Distanz ausgewertet und es wird für eine adäquate fachliche und organisatorische Bearbeitung gesorgt. Verbesserungen aufgrund von Beschwerden werden einmal pro Jahr bekannt gegeben. Möglichkeiten des Feedbacks werden auch bei Versammlungen oder Veranstaltungen genutzt, indem Feedbackbögen oder Kurzumfragen zu bestimmten Themen oder Fragestellungen ermöglicht werden. (Meinhold & Matul, 2011, S. 51–52)

Auch wenn in der Sozialen Arbeit keine Kund*innen im klassischen Verständnis der zahlenden Klientel gegeben sind, müssen Erkenntnisse durch das Beschwerdemanagement in das Qualitätsmanagement der Organisation sowie in deren kontinuierliche Weiterentwicklung einfließen. Der Erfolgt der Sozialen Arbeit ist vielfältig abhängig von der Bereitschaft der Koproduktion durch Adressat*innen. Diese wird gestärkt durch Beziehungsaufbau und die Schaffung von förderlichen Rahmenbedingungen der Zusammenarbeit. Beschwerden können dazu dienen, die Prozesse zu verbessern. Durch die Abhängigkeit der Adressat*innen von den Einrichtungen werden Beschwerden seltener geäußert als in von Kund*innen im klassischen Sinne. Von besonderer Relevanz für Soziale Arbeit und sozialwirtschaftliche Organisationen ist daher, Adressat*innen und Angehörige sowie andere Stakeholder in von der Organisation zu definierenden Zeitabständen aktiv zu Feedback einzuladen, um laufende Verbesserungspotentiale im Sinne eines kontinuierlichen Verbesserungsprozesses zu erschließen.

Das GAB-Verfahren im nächsten Kapitel ist eine weitere Möglichkeit der systematischen Qualitätssicherung und -entwicklung für soziale Organisationen und eignet sich insbesondere für Dienstleistungsbetriebe.

4.1.7 GAB-Verfahren

Das GAB-Verfahren zur Qualitätssicherung und Qualitätsentwicklung wurde vor über 25 Jahren von der Gesellschaft für Ausbildungsforschung und Berufsentwicklung München (GAB München – Gesellschaft für Ausbildungsforschung und Berufsentwicklung GmbH), zusammen mit Führungskräften und Mitarbeiter*innen aus sozialen und pädagogischen Einrichtungen, entwickelt und seither immer wieder aktualisiert. Zur Anwendung kommt es in Einrichtungen der Alten- und Behindertenhilfe, der Kinder- und Jugendhilfe, in Kindergärten, Schulen, betrieblichen und schulischen Aus- und Weiterbildungseinrichtungen, heilpädagogischen Einrichtungen, Werkstätten für Menschen mit Behinderung, Rehabilitationseinrichtungen und Hospizen. Im Mittelpunkt des Verfahrens steht die Einbeziehung der Akteur*innen (Mitarbeitende, Eltern, Verantwortliche und so weit wie möglich auch Klient*innen) mit dem Grundgedanken der gemeinsamen inhaltlichen Bestimmung zum Thema Qualität der Arbeit. Es sieht keine nähere Beschreibung eines Verantwortungskataloges für Führungskräfte vor, sondern stellt für identifizierte und relevant erachtete Abläufe die notwendigen Instrumente zur Verfügung. Mit der Grundannahme, dass die Qualität personenbezogener Dienstleistung durch Verordnung und Anweisung Spannungsfelder erzeugen kann, ermöglicht der Einsatz des GAB-Verfahren ein Gegensteuern durch hohe Transparenz und vor allem Beteiligungsmöglichkeiten für Betroffenen bei der Erbringung, Aufrechterhaltung und Weiterentwicklung von Qualität in der Organisation. (Maurus et al., 2016, S. 11; Tergeist, 2015, S. 216)

Neben den Qualitätsdimensionen in Bezug auf Struktur, Prozess und Ergebnis (sieh dazu auch Kapitel 3.3), steht beim GAB-Verfahren eine vierte Dimension, die Beziehungsqualität, im Mittelpunkt. Hierbei spielt der Umgang von Mitarbeiter*innen und Klient*innen, den Mitarbeitenden untereinander sowie Führungskräften und Mitarbeiter*innen eine entscheidende Rolle. Das Verfahren ist so ausgelegt, dass seine Struktur und die eingesetzten Instrumente diese Qualitätsdimension fördern kann. (Maurus et al., 2016, S. 22–23) In diesem Zusammenhang soll ebenfalls auf die Haltungen und theoretischen Ansätze hinter dem GAB-Verfahren verwiesen werden, im Mittelpunkt stehen ein humanistisches Menschenbild, eine konstruktivistische, anthroposophische Betrachtung sowie die systemische Perspektive. (Maurus et al., 2016, S. 41–46)

Ausgehend vom Grundgedanken der kontinuierlichen Verbesserung (siehe dazu auch Kap. 5.1) und den Fragestellungen was erreicht werden soll beziehungsweise was bereits erreicht wurde, kommen im Rahmen des GAB-Verfahrens die in der Abbildung 4.3 (nächste Seite) ersichtlichen Instrumente und Methoden zur Anwendung. (Maurus et al., 2016, S. 38)

Im Rahmen der aus Abbildung 4.3 erwähnten Fragestellung „Was wollen wir erreichen?" werden die Leitbild- und die Konzeptgestaltung sowie die Formulierung von Handlungsleitlinien vorgenommen. Die Leitbildgestaltung beinhaltet allgemein formulierte und richtungsweisende unternehmenspolitische Grundsätze zum Selbstverständnis, der Zwecksetzung und Zielrichtung eines Unternehmens wie zum Verhalten nach innen und außen. (Beck & Schwarz, 2011, S. 34; Maurus et al., 2016, S. 50) Konzepte sind detaillierte Handlungspläne in Bezug auf organisationsspezifische Struktur-, Prozess- und Leistungsmerkmale (z.B. Einrichtungskonzept, Führungskonzept, Kommunikationskonzept, Marketingkonzept), mit den hinterfragenden Betrachtungszugängen: was/von wem/für wen/ warum und wie in einem bestimmten Handlungs- oder Themenfeld zu tun sei.

Abb. 4.3 Überblick über Methoden und Instrumente im GAB-Verfahren (Maurus et al., 2016, S. 38)

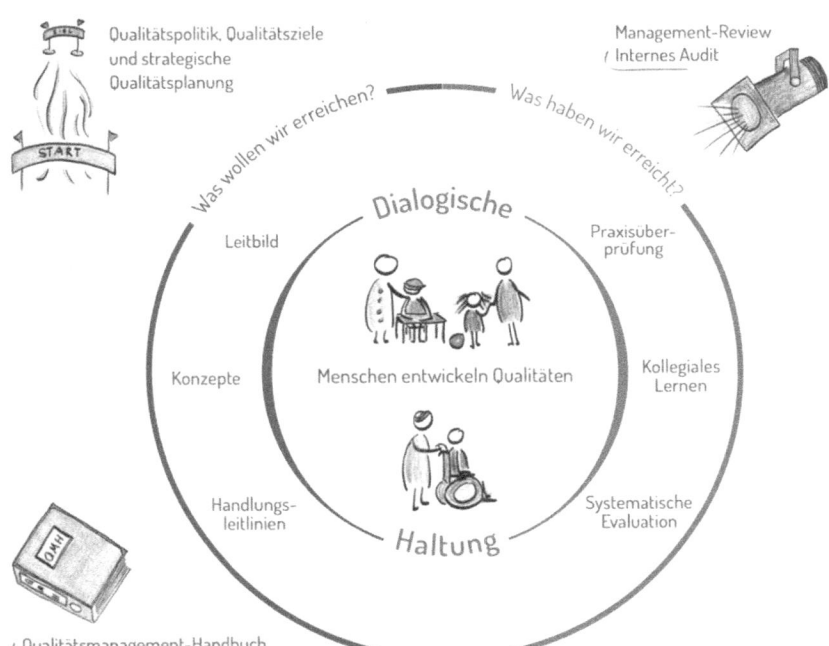

(Beck & Schwarz, 2011, S. 39; Maurus et al., 2016, S. 78) Handlungsleitlinien sind abgeleitete Richtlinien für einzelne Unternehmens- und Aufgabenbereiche, welche sich am Leitbild der Organisation orientieren, wie zum Beispiel Führungsgrundsätze, Entscheidungsverfahren und Standards in Bezug auf Kundenorientierung, Beschwerdemanagement und Marketing. Handlungsleitlinien sollen helfen, das Erreichen von angestrebten Wert- und Zielsetzungen in der operativen Alltagstätigkeit umsetzen und erreichen zu können. (Beck & Schwarz, 2011, S. 27–28; Maurus et al., 2016, S. 100)

Die Bearbeitung der aus Abbildung 4.3 weiterführenden Fragestellung „Was haben wir erreicht?" erfolgt im GAB-Verfahren mit einer Praxisüberprüfung, dem kollegialen Lernen sowie der systemischen Evaluation. Die Praxisüberprüfung (Qualitätszirkel) ist als reflexive Betrachtung des bisherigen Handelns im Rahmen der kontinuierlichen Verbesserung, durch Mitarbeiter*innen aller Ebenen zu verstehen (Maurus et al., 2016, S. 128).

Die Methode des kollegialen Lernens bezeichnet eine Form des Austauschs, bei der sich Gruppenmitglieder ohne Leitung oder Moderation gegenseitig beraten, um so kollegiales Wissen und kollegiale Ressourcen nutzen. Durch den freiwilligen und strukturierten Austausch unter gleichgestellten Fachpersonen wird das Ziel verfolgt, eigene Fähigkeiten im Umgang mit anspruchsvollen und herausfordernden Situationen zu überdenken, zu besprechen, zu hinterfragen und zu erweitern. (Böckelmann & Mäder, 2018, S. 203; Maurus et al., 2016, S. 143) Die systematische Evaluation laut GAB-Verfahren sieht einen detailliert geplanten und konsequent umgesetzten Einsatz von Methoden, wie Befragungen, Beobachtungen, Gruppendiskussionen oder Dokumentenanalysen, zur Erhebung, Auswertung, Interpretation und Bewertung nach klaren Kriterien vor. Die einzelnen Methoden können intern oder extern durchgeführt werden. (Maurus et al., 2016, S. 174)

Die Verantwortung für Qualität im GAB-Verfahren liegt bei allen einzelnen Mitarbeitenden. Dies soll nicht implizieren, dass der Einsatz des Verfahrens keine leitende Tätigkeit erfordert. Tergeist (2015) verweist dazu auf relevante Zusammenhänge und Aufgaben von Leitungspersonen:

- „Entscheidung für das Qualitätsmanagementverfahren
- Beauftragung der (zuvor geschulten) Qualitätskoordinatorinnen und -koordinatoren, sofern die Führung diese Funktion nicht selbst wahrnimmt
- Konsequente Mitarbeitenden Einbindung und Förderung eines positiven Lernklimas, z. B. bei der Erarbeitung von Qualitätsdefinitionen, „sinnvollen" Konzepten, Leitbildern und organisationseigenen Qualitätsmaßstäben
- Nennung und Bewertung von qualitätsrelevanten Handlungen und Zuständen und Mitteilung einer Beobachtung
- Erarbeitung von qualitätssichernden „sinnvollen" Handlungsleitlinien und deren Umsetzung und Überprüfung
- Etablierung und Sicherstellung der Arbeitsfähigkeit der Qualitätskoordinatorinnen und -moderatoren, kollegialen Beratungsgruppen und Qualitätszirkel" (Tergeist, 2015, S. 217)

Getreu dem Leitgedanken des GAB-Verfahrens – „Menschen entwickeln Qualitäten" (Maurus et al., 2016) – eignet sich das Verfahren insbesondere für soziale Organisationen, da diese in ihrem Selbstverständnis den Leitgedanken „von Menschen für Menschen", im Rahmen ihrer meist personenbezogenen Dienstleistungen, ohnehin verankert haben. Mit dem GAB-Verfahren können diese Organisationen ein funktionierendes, anerkanntes Qualitätsmanagement aufbauen, das ihre jeweilige Philosophie, ihre Unternehmenskultur und ihre Organisationsstruktur unterstützt. Das Qualitätsmanagement mit dem GAB-Verfahren setzt auf die Kompetenzen und die Verantwortung aller Mitarbeitenden in einer Organisation. Mit dem GAB-Verfahren lässt sich ein individuelles, zur Kultur der Einrichtung passendes Qualitätsmanagement aufbauen.

4.2 Tendenziell extern orientierte Ansätze

Kapitel 4.2 geht auf ausgewählte Ansätze des Qualitätsmanagements ein, die tendenziell dazu dienen, Qualität nach außen zu kommunizieren. Gleichzeitig bewirken diese, dass auch interne organisatorische Abläufe optimiert werden. Die nach außen kommunizierte Qualität weckt eine Erwartungshaltung der Stakeholder, die von der Organisation auch eingelöst werden muss. Zudem sind Normen wie beispielsweise die DIN EN ISO und das EFQM-Modell oder Qualitätsgütesiegel auch Gegenstand externer Betrachtung und Auditierung, damit die jeweilige Qualität nach außen hin mit der Normbezeichnung oder dem Gütesiegel ausgewiesen werden darf. Mit diesen Themen befassen sich die Unterkapitel 4.2.1– 4.2.4. Die Qualitätsstatistiken des Kapitels 4.2.5 sind als interne und externe Nachweise nutzbar, das Kapitel konzentriert sich stärker auf die Veröffentlichung von Qualitätsdaten und deren Zweck und ist aus diesem Grund Kapitel 4.2 zugeordnet.

4.2.1 DIN EN ISO-Normen

Die International Organisation for Standardisation (ISO) ist privatwirtschaftlich und privatrechtlich organisiert und weltweit tätig (Schmitt & Pfeifer, 2015, S. 315). Im Rahmen von ISO gibt es unterschiedliche Normenreihen, die zur genauen Orientierung mit einer alphanummerischen Codierung versehen sind (z. B. sehr bekannt sind „DIN EN ISO" 9000 oder DIN A4). EN bedeutet Europäische Norm, DIN steht für Deutsches Institut für Normung und die Zahl ist die Nummer der Norm.

Das DIN Deutsches Institut für Normung beschreibt den Sinn von Normen mit einem alltagsnahen Beispiel: „Eines der bekanntesten Beispiele für Normen sind sicherlich die DIN-Formate. Jeder kennt DIN A4. Die Norm sorgt unter anderem dafür, dass Papier in jeden Drucker, Kopierer oder Hefter passt. Die Formate wurden bereits im Jahr 1922 als DIN 476 veröffentlicht und sind heute ein internationaler Klassiker: DIN EN ISO 216. Aktuell bilden rund 33 500 Normen das Deutsche Normen Werk. Diese werden über den Beuth Verlag veröffentlicht. Ob Kegelstift oder Babyschnuller, Treppe oder Schraube, Leiter oder Zahnbürste – fast nichts in unserem Alltag ist nicht von Normen erfasst." (DIN Deutsches Institut für Normung, 2023b)

In dieser Publikation zum Qualitätsmanagement ist die DIN EN ISO 9000 Normenfamilie relevant, da vielfältige Aspekte des Qualitätsmanagements in ihr erfasst sind und das Qualitätsmanagementsystem von Organisationen branchenunabhängig in unterschiedlichen Aspekten normiert wird. Die grundsätzliche Ausrichtung der Qualitätsnormen der ISO 9000 bilden „eine Vorgabe zur Schaffung von Kompetenz und Vertrauen in die Qualitätsfähigkeit" einer Organisation und bieten Hilfestellung zur Erfüllung der „gestellten Qualitätsanforderungen an die Produkte und Dienstleistungen, an die Führung und Organisation, an die Mitarbeiter*innen und Zulieferer*innen sowie an die Prozesse und Verfahren" (Binner, 2002, S. 54–55).

Zur Entwicklung von Normen informiert das DIN Deutsches Institut für Normung: „DIN-Normen sind das Ergebnis nationaler, europäischer oder internationaler Normungsarbeit. Jeder kann die Erstellung einer Norm beantragen. Normen werden von Ausschüssen bei DIN, bei den europäischen Normungsorganisationen CEN/CENELEC oder bei den internationalen Normungsorganisationen ISO/IEC nach festgelegten Grundsätzen, Verfahrens- und Gestaltungsregeln erarbeitet. Die Verfahrens- und Gestaltungsregeln für die nationale Normung sind in der Normenreihe DIN 820 vom DIN-Normenausschuss Grundlagen der Normungsarbeit (NAGLN) definiert." (DIN Deutsches Institut für Normung, 2023a)

Tabelle 4.3 (nächste Seite) bildet die qualitätsrelevanten Elemente der branchenunabhängigen Normenfamilie ISO 9000 ab und bietet einen Überblick über die einzelnen Komponenten. Außerdem ist die ISO 19011 mit den Leitfäden für den Auditprozess wesentlich, damit Organisationen wissen, wie der Audit- und Zertifizierungsprozess abläuft und es erfolgt ein Verweis darauf, dass es weitere relevante Normen für einzelne Brachen und Themenstellungen gibt.

Aus Tabelle 4.3 ist ersichtlich, dass jede Norm unterschiedliche Schwerpunkte hat. Die ISO 9000 Normenreihe definiert die Grundlagen und Begriffe für Qualitätsmanagementsysteme und die weiteren Normen beziehen sich auf unterschiedliche Organisationsprozesse und/oder Teilaspekte der Qualität.

Eine der bekanntesten Qualitätsnormen ist ISO 9001, diese legt Mindestanforderungen an die Produkt- bzw. Dienstleistungsqualität sowie die Erfüllung der Bedürfnisse von Kund*innen fest. Die Norm ist branchenübergreifend ausgelegt und prozessorientiert, alle wesentlichen betrieblichen Abläufe sind in die Qualitätssteuerung und -prüfung einzubeziehen. Die Norm zielt auf eine Erhöhung der Transparenz, eine Minimierung der Fehlerquote sowie von Nachbesserungskosten und eine gleichzeitige Erhöhung der Kundenzufriedenheit ab. (Vogelbusch, 2018, S. 401)

ISO-Normen entwickeln sich laufend weiter, sie werden regelmäßigen Revisionen (im Regelfall in Zyklen von fünf bis zehn Jahren) unterzogen. Die nächste Revision der Normen ISo 9000, ISO 9001 und ISO 19011 wurde im August 2023

Tabelle 4.3 Überblick über wichtige ISO Normen zu Qualität und Qualitätsmanagement (eigene Darstellung basierend auf den Beschreibungen der ISO Internationalen Organisation für Normung, 2023)

Norm: Jahr	Titel	Inhalte
ISO 9000: 2015	Qualitätsmanagementsysteme – Grundlagen und Begriffe	Grundlegende Begriffe/Konzepte des Qualitätsmanagements, Grundsätze und prozessorientierte Struktur eines Qualitätsmanagementsystems
ISO 9001: 2015	Qualitätsmanagementsysteme – Anforderungen	Anforderungen an ein Qualitätsmanagementsystem zur Erstellung von Produkten und Dienstleistungen unter Berücksichtigung von Anforderungen der Kund*innen sowie unter Einhaltung gesetzlicher und regulatorischer Anforderungen im Sinne der Zufriedenheit von Kund*innen und der Förderung kontinuierlicher Verbesserung
ISO 9004: 2018	Qualitätsmanagementsysteme – Leiten und Lenken für den nachhaltigen Erfolg	Leitlinien für die Verbesserung der Leistung und der Effektivität eines Qualitätsmanagementsystems, unterstützt Organisationen bei der Erreichung ihrer Ziele und der Erfüllung der Bedürfnisse und Erwartungen der relevanten Stakeholder
ISO 19011: 2018	Leitfaden zur Auditierung von Managementsystemen	Leitlinien für die Planung, Durchführung, Berichterstattung und Nachverfolgung von Audits von Managementsystemen (z. B. Qualitätsmanagementsystemen, Umweltmanagementsystemen), Beschreibung der Kompetenzen und des Verhaltens von Auditor*innen und Auditteams
ISO/TS 9002: 2016	Leitfaden zur Anwendung der ISO 9001:2015	Beispiele und Erklärungen zu den Anforderungen der ISO 9001:2015, unterstützt Organisationen bei der Umsetzung und Aufrechterhaltung eines Qualitätsmanagementsystems basierend auf den Anforderungen der ISO 9001:2015
Weitere Normen	Ergänzend zu den angeführten Normen gibt es branchenspezifische Ergänzungen zu Qualität und Qualitätsmanagement mit unterschiedlichen Titeln für einzelne Branchen, wie z. B. die Automobilindustrie, Medizinprodukte, Lebensmittelindustrie sowie branchenübergreifende Normen für Spezialthemen wie Umweltmanagementsystemen, oder Arbeits- und Gesundheitsschutzmanagement.	

beschlossen, die Kommission tritt im Dezember 2023 zusammen. Der Prozess dauert durchschnittlich 2 Jahre und die Ergebnisse werden voraussichtlich 2025 vorliegen. (DGQ Deutsche Gesellschaft für Qualität, 2023) Für Organisationen ist vor der Anwendung einer Norm immer zu klären, ob die Unterlagen zur neuesten Variante der Norm vorliegen.

Neben ISO 9000 gibt es ein zweites großes wesentliches Qualitätsmanagementsystem mit der Bezeichnung EFQM, auf das im nächsten Kapitel eingegangen wird.

4.2.2 Das EFQM-Modell

Die European Foundation for Quality Management (EFQM) ist eine gemeinnützige Organisation, die 1998 unterstützt von der Europäischen Kommission von 14 europäischen Unternehmen in den Niederlanden gegründet wurde. EFQM zählt mittlerweile zum meist verbreiteten Total Quality (TQM) Konzept in Deutschland und hat einen ergebnisorientierten, ganzheitlichen Ansatz. (Brandl, 2021, S. 94)

Das EFQM-Modell bestand vor der Überarbeitung im Jahr 2019 aus fünf Befähiger- und vier Ergebnis-Kriterien die gewichtet in das Gesamtsystem einflossen. Die Ergebnis-Kriterien befassten sich mit dem „was" die Unternehmen erreichten, „wie" die Ergebnisse erreicht wurden, war Gegenstand der Befähiger-Kriterien Die Voraussetzungen/Befähiger waren Führung (10 %), Strategie (10 %), Mitarbeiter*innen (10 %), Partnerschaften und Ressourcen (10 %), Prozesse (10 %), Produkte und Dienstleistungen (10 %), die Ergebniskriterien/Resultate bestanden aus Mitarbeiter*innen-bezogenen Ergebnissen (10 %), Kund*innen-bezogenen Ergebnissen (15 %), gesellschaftsbezogenen Ergebnissen (10 %) und Schlüsselergebnissen (15 %). Jede Kategorie war wiederum in mehrere Teilkriterien aufgeschlüsselt, um die jeweiligen Kriterien besser einschätzen zu können. (Schmitt & Pfeifer, 2015, S. 54–55)

Die Adaption des bisherigen Modells hat laut Chief Executive Officer von EFQM Russel Longmuir folgenden Hintergrund: „Im Jahr 2019 haben wir das EFQM Modell überarbeitet und transformiert, um es „Fit für die Zukunft" zu gestalten, bereit für ein neues Jahrzehnt der Transformation, des technologischen Fortschritts, des kulturellen Wandels und der Disruption." (EFQM European Foundation for Quality Management, 2021, S. 2) Abbildung 4.4 zeigt das aktuelle EFQM Modell.

Abb. 4.4 Das EFQM-Modell nach der Überarbeitung 2019 (EFQM European Foundation for Quality Management, 2021, S. 6)

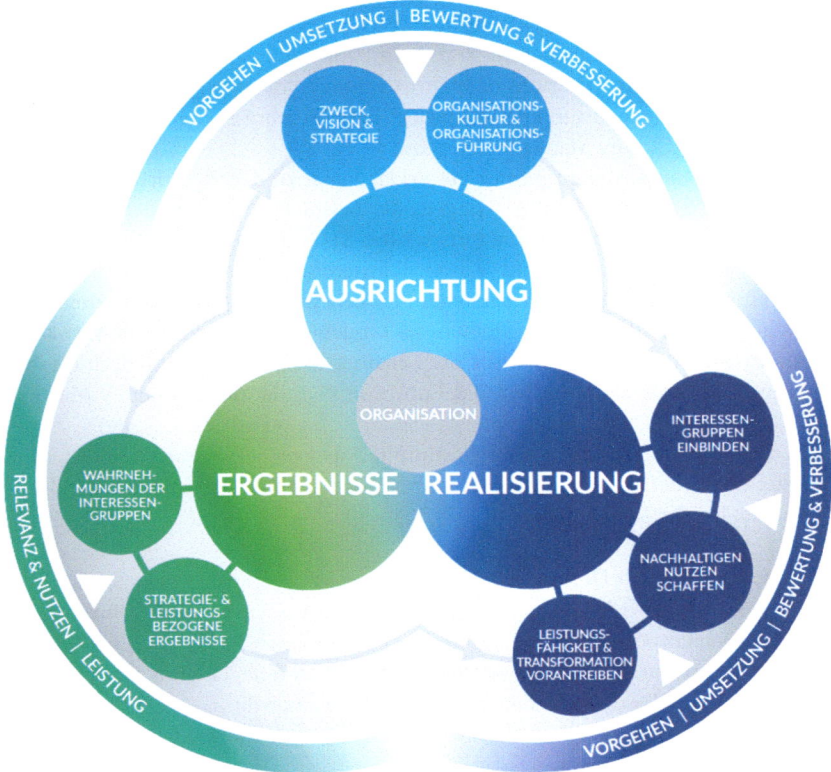

Aus Abbildung 4.4 ist ersichtlich, dass das EFQM Modell nach folgenden drei Themenbereichen gegliedert ist:

- Ausrichtung: Warum existiert die Organisation? Welchen Zweck erfüllt sie? Warum verfolgt sie genau die aktuell bestehende Strategie?
- Realisierung: Wie beabsichtigt die Organisation, ihren Zweck zu erreichen und ihre Strategie umzusetzen?
- Ergebnisse: Was hat die Organisation bisher erreicht? Was will sie künftig erreichen? (EFQM European Foundation for Quality Management, 2021, S. 11)

Die drei Themenbereiche haben wiederum Kriterien. Die Ausrichtung besteht aus dem Kriterium 1: Zweck, Vision und Strategie und dem Kriterium 2: Organisationskultur und Organisationsführung. Die Realisierung behaltet Kriterium 3: Interessengruppen einbinden, Kriterium 4: Nachhaltigen Nutzen schaffen und Kriterium 5: Leistungsfähigkeit und Transformation vorantreiben. Die Ergebnisse untergliedern sich in Kriterium 6: Wahrnehmungen der Interessengruppen und Kriterium 7: Strategie- und leistungsbezogene Ergebnisse. (EFQM European Foundation for Quality Management, 2021)

Innerhalb der Kriterien gibt es die Erklärungen zu den Begrifflichkeiten der Theorie und weitere Untergliederungen, die beispielhaft mit dem Kriterium 1: Zweck, Vision und Strategie erläutert werden. Das Kriterium 1 teilt sich in fünf Unterkategorien: 1.1 Zweck und Vision definieren, 1.2 Interessengruppen identifizieren und ihre Bedürfnisse verstehen, 1.3 Ecosystem, eigene Fähigkeiten und wichtige Herausforderungen verstehen, 1.4 Strategie entwickeln, 1.5 Governance-Struktur und Steuerungssystem für die Leistungsfähigkeit der Organisation entwickeln und implementieren. (EFQM European Foundation for Quality Management, 2021, S. 16)

Jede Unterkategorie wird durch bestimmte Aussagen konkretisiert, dies sei am Beispiel der Unterkategorie 1.1: Zweck und Vision definieren gezeigt, die folgendermaßen beschrieben wird:

„Eine herausragende Organisation:
- erkennt, wie wichtig es ist, dass ihr Zweck als positive Kraft innerhalb ihres Ecosystems anerkannt wird
- definiert einen Zweck, der Bedeutung und Nutzen ihrer Tätigkeit erstrebenswert erscheinen lässt und alle ihre Interessengruppen anspricht
- leitet aus ihrem Zweck eine erstrebenswerte Vision ab, die ihre Interessengruppen anspricht
- bezieht ihre Interessengruppen bei Definition, Gestaltung und Kommunikation ihres Zwecks und ihrer Vision ein
- identifiziert jene Bereiche, in denen herausragende und nachhaltige Leistungen erzielt werden müssen, um die Vision zu verwirklichen" (EFQM European Foundation for Quality Management, 2021, S. 17)

Das EFQM-Modell ist wie eine große Checkliste anwendbar und zeigt Wirkungszusammenhänge in der Organisation auf. Die bei der EFQM eingereichten Bewerbungsunterlagen um den European Quality Award (AQA) werden mit einer „RADAR-Logik" zur Bewertung der einzelnen Teilkriterien überprüft. Zu den Teilkriterien werden Aussagen getroffen und die Bewertungsskala reicht von 0 % bis 100 %. (Benes & Groh, 2017, S. 316–318)

RADAR ist ein Akronym für **R**esults (Ergebnisse), **A**pproaches (Vorgehensweisen), **D**eployment (Umsetzung), **A**ssess and **R**efine (Bewerten und Verbessern). Zu jedem der drei Themenbereiche Ausrichtung, Realisierung und Ergebnisse gibt es eine Tabelle zur Analyse und die Einschätzungsskala zur Bewertung, wie Abbildung 4.5 zeigt.

Abb. 4.5 Tabelle zum Themenbereich Ausrichtung mit Einschätzungsskala (EFQM European Foundation for Quality Management, 2021, S. 40)

Tabelle 1: Analyse der Ausrichtung

Element	Attribute	Beschreibung
Vorgehen	Fundiert	Das Vorgehen ist klar begründet und zielt darauf ab, die Bedürfnisse der für Zweck, Vision und Strategie wichtigen Interessengruppen zu erfüllen. Es ist angemessen beschrieben und zukunftsfähig gestaltet.
	Abgestimmt	*Achtung: Kommt bei Ausrichtung nicht zur Anwendung.*
Umsetzung	Eingeführt	Das Vorgehen wird in den relevanten Bereichen in angemessenem Zeitraum und effektiver Weise umgesetzt.
	Flexibel	*Achtung: Kommt bei Ausrichtung nicht zur Anwendung.*
Bewertung & Verbesserung	Analyse	Rückmeldungen zu Effizienz und Effektivität des Vorgehens und der Umsetzung werden eingeholt, verstanden und geteilt.
	Lernen & Verbessern	Erkenntnisse aus Trendanalysen, Messungen, Lernen und Benchmarking werden genutzt, um Kreativität anzuregen und in angemessenen Zeitabschnitten innovative Lösungen für die Verbesserung der Leistungsfähigkeit zu entwickeln.

Bewertung: RADAR für Ausrichtung

		Nicht erreicht	Teilweise erreicht			Erreicht			Umfassend erreicht		Herausragend erreicht	
Vorhegen	Fundiert	0%	10%	20%	30%	40%	50%	60%	70%	80%	90%	100%
Umsetzung	Eingeführt	0%	10%	20%	30%	40%	50%	60%	70%	80%	90%	100%
Bewertung & Verbesserung	Analyse	0%	10%	20%	30%	40%	50%	60%	70%	80%	90%	100%
	Lernen & Verbessern	0%	10%	20%	30%	40%	50%	60%	70%	80%	90%	100%
Gesamtpunktzahl (nicht höher als die Bewertung für „Fundiert")		0%	10%	20%	30%	40%	50%	60%	70%	80%	90%	100%

Aus Abbildung 4.5 ist ersichtlich, dass Nutzer*innen der RADAR Logik die beschriebenen Attribute aus den Tabellen auf die Information anwenden, die ihnen zu zum Modellteil Ausrichtung. Die Beschreibung der Attribute gibt Hinweise, was jeweils betrachtet werden sollte und die jeweiligen Ausprägungen sind in 10 % Schritten einzuschätzen. (EFQM European Foundation for Quality Management, 2021, S. 41) Ergänzend gibt es RADAR-Leitlinien und zu jeder Leitlinie eine genaue Beschreibung, was Organisationen erreichen müssen. (EFQM European Foundation for Quality Management, 2021, S. 46–47)

Die Bewertung mit der RADAR-Logik erfolgt nach folgenden Prinzipien: Der Modellteil Ausrichtung hat 200 erreichbare Punkte, jedes Detailkriterium trägt je nach Systematik in den Modellteilen unterschiedlich mit Punkten bei. Beispielhaft ist im Teilkriterium 1.1. Zweck und Vision definieren 20 Punkte zu erreichen und damit trägt dieses Kriterium mit 20 % der insgesamt in Kriterium 1. Zweck, Vision und Strategie bei. Das Kriterium 1 verfügt insgesamt über 100 Punkte und jedes der fünf Teilkriterien kann 20 Punkte erreichen. Die weiteren 100 Punkte zum Modellteil Ausrichtung kommen vom Kriterium 2: Organisationskultur und Organisationsführung. (EFQM European Foundation for Quality Management, 2021, S. 44) Insgesamt sind 1 000 Punkte zu erreichen. Wie im vorigen Absatz beschrieben, kommen 200 Punkte aus dem Modellteil Ausrichtung. Der Modellteil Realisierung (500 Punkte) vergibt 100 Punkte für Kriterium 3: Interessengruppen einbinden, und 200 Punkte für das Kriterium 4: Nachhaltigen Nutzen schaffen sowie 100 Punkte für das Kriterium 5 Leistungsfähigkeit und Transformation vorantreiben. Der Modellteil Ergebnisse vergibt jeweils 200 Punkte für Kriterium 6: Wahrnehmungen der Interessensgruppen und Kriterium 7: Strategie- und leistungsbezogene Ergebnisse. (EFQM European Foundation for Quality Management, 2021, S. 43)

Damit die Wirksamkeit von Qualitätsnormen überprüft werden kann, gibt es Qualitätsaudits.

4.2.3 Qualitätsaudits und Qualitätszertifikate

Nach der DIN ISO Norm 19011 versteht man unter einem Qualitätsaudit eine systematische und unabhängige Untersuchung, die Zielgrößen und Anordnungen des Qualitätsmanagements mit den tatsächlichen qualitätsbezogenen Tätigkeiten vergleicht. Außerdem zielt ein Qualitätsaudit darauf ab festzustellen, inwieweit sich Qualitätsanordnungen dazu eignen, die festgelegten Qualitätsziele zu erreichen. Qualitätsaudits können sich auf einzelne Verfahren im Sinne von Produktentstehungs- und Dienstleistungsprozessen (Prozessaudits/Verfahrensaudits/Dienstleistungsaudits) oder Leistungen (Produktaudit – der Produktbegriff bezieht sich hierbei auf materielle Produkte und Dienstleistungen) oder auf die ganze Organisation, z. B. auf das gesamte Qualitätsmanagementsystem (Systemaudits) beziehen. Audits werden von Personen durchgeführt, die keine direkte Verantwortung in den zu auditierenden Bereichen haben. (Arnold, 2014b, S. 615)

ISO fordert beispielsweise interne Audits (auch Erstparteien-Audits genannt), um die Wirksamkeit des Qualitätsmanagements zu sichern, Risiken und nötige Verbesserungen zu identifizieren. Interne Audits werden von der Organisation selbst durchgeführt oder in ihrem Auftrag durchgeführt. Externe Audits (Zweitparteien- oder Drittparteien-Audits) schließen üblicherweise an ein internes Audit an. Zweitparteien-Audits werden von Interessensgruppen einer Organisation (z. B. Kund*innen) oder von Personen in deren Auftrag durchgeführt. Drittparteien-Audits werden von externen unabhängigen Organisationen durchgeführt,

z. B. durch Organisationen, die eine Registrierung oder Zertifizierung bieten oder auch durch staatliche Behörden. (DIN EN ISO 9000:2015; Herrmann & Fritz, 2021, S. 272, 288)

Ein Qualitätsmanagementsystem kann durch ein Qualitätsmanagementaudit geprüft werden (Systemaudit). Darunter ist eine systematische und unabhängige Untersuchung zu verstehen, bei der festzustellen ist, ob die Prozesse, Tätigkeiten und geplanten Anordnungen wirkungsvoll zur Zielerreichung beitragen. Auditor*innen überprüfen dabei den Aufbau und die Übereinstimmung des Qualitätsmanagementsystems mit der Norm und betrachten die Organisation, die Abläufe und die Führungsinstrumente. Ein abschließender Bericht zeigt erkannte Schwachstellen auf und kann Maßnahmen zur Verbesserung vorschlagen. Ein Leitfaden zur Auditierung von Managementsystemen findet sich in der DIN EN ISO 19011. Systemaudits sind die Grundlage für eine Zertifizierung. Wird nach der Auditierung die Konformität mit den Vorgaben festgestellt und ein Zertifikat vergeben, spricht man von einer Zertifizierung. (Brüggemann & Bremer, 2020, S. 137–138) Audits können planmäßig in regelmäßigen Abständen im Sinne einer Auditplanung vorgenommen werden. Außerplanmäßige Audits können dazu dienen, ein gravierendes Problem in der Organisation oder bei einem Produkt zu lösen, oder können bei wesentlichen Änderungen in der Aufbau- und Ablauforganisation eines Unternehmens nötig sein. Wiederholungsaudits dienen dazu in Audits definierte Maßnahmen zur Behebung von Abweichungen auf ihre Wirksamkeit zu überprüfen. (Schmitt & Pfeifer, 2015, S. 310)

Eine Zertifizierung kann als offizielle Anerkennung der Konformität des Qualitätsmanagementsystems durch unabhängige Dritte erfolgen, kann aber auch eine explizite Forderung von Kunden sein. Während eines Zertifizierungsaudits stellen Auditor*innen fest, ob und welche Abweichungen es zu einer Norm und den betrieblichen Verfahrensweisen/Regelungen gibt. Die Audits werden vor Ort durchgeführt, dabei durchlaufen Auditor*innen im Sinne der Prozessabläufe die Organisation und interviewen Führungskräfte und Mitarbeiter*innen einzeln oder in Gruppensettings (Benes & Groh, 2017, S. 310)

Ein Zertifizierungsaudit ist ein externes (Third-party) Qualitätsaudit, das von einer zu auditierenden Organisation (z. B. soziale Trägerorganisationen) beantragt und von einer akkreditierten Zertifizierungsstelle nach einem bestimmten Zertifizierungssystem (je nach angestrebter Zertifikationsnorm) durchgeführt wird. Zertifizierungsaudits sind im Regelfall Systemaudits. Dabei sind Zertifikate über Qualitätsmanagementsysteme zu unterscheiden von Produktaudits (beweist die Produktqualität des zertifizierten Lieferunternehmens). Häufig erfordert die Erlangung von Produktaudits auch einen vorhergehenden Erwerb eines Qualitätsaudits (Systemaudit). Neben des äußeren Zwangs zur Zertifizierung des Qualitätsmanagementsystems gibt es auch eine Vielzahl von Organisationen, Zertifizierungen mit dem Ziel der Qualitätsverbesserung und Optimierung der eigenen Organisation implementieren. (Zollondz, 2011, S. 452–455)

Um eine Zertifizierung durchführen zu können, müssen Zertifizierungsgesellschaften (z. B. TÜV Technischer Überwachungsverein für Produktqualität, DQS Deutsche Gesellschaft zur Zertifizierung von Managementsystemen) dafür zugelassen/akkreditiert werden. Damit wird die formale Feststellung der Kompetenz durch eine dafür autorisierte Stelle vorgenommen. (Brüggemann & Bremer, 2020, S. 142)

Benes und Groh (2017) stellen die Durchführung eines Qualitätsmanagementaudits aus der Perspektive einer Organisation wie folgt dar:

1) Vorbereitung: Auditplan erstellen, Auditplan freigeben, Informationen an zu auditierende Bereiche weitergeben, Auditfrageliste erstellen
2) Durchführung: Einführungsgespräch, Nachweise sammeln, Konsensfindung bei einem Abschlussgespräch
3) Nachbereitung: Auditbericht erstellen, Maßnahmen der kontinuierlichen Verbesserung für die entsprechenden Optimierungsobjekte verabschieden und diese überwachen, bei Bedarf ein Nachaudit durchführen (Benes & Groh, 2017, S. 209)

Optimierungsobjekte bei einem Systemaudit sind beispielsweise Qualitätsmanagement-Handbücher oder Qualitätsanweisungen, Richtlinien der Unternehmensleitung und dergleichen. Bei Verfahrensaudits kann sich die Verbesserung der Unterlagen für die Durchführung, Überwachung und Prüfung des Verfahrens ergeben oder auch Anforderungen an die Qualifikation des Personals. Produktaudits im können Qualitätsrichtlinien, Prüf- und Fertigungsunterlagen oder auch Prüf- und Fertigungsmittel etc. als Optimierungsgegenstände aufzeigen. (Schmitt & Pfeifer, 2015, S. 309)

Aus Perspektive der Zertifizierungsstelle ergibt sich laut Zollondz (2011) folgender Ablauf im Zuge der Zertifizierung des Qualitätsmanagementsystems einer Organisation:

- Generelle Information über das/die möglichen Zertifikate bereitstellen
- Projektgespräch direkt mit Organisationen im konkreten Anlassfall der Zertifizierung
- Auf Wunsch erfolgt ein Voraudit (oder die Organisation führt ein internes Audit durch)
- Beurteilung der eingereichten Unterlagen (Qualitätsdokumentation, z. B. Handbücher, Verfahrens- und Arbeitsanweisungen) und Information/Feedback an die Organisation

- Zertifizierungsaudit eines Audit-Teams vor Ort mit Audit-Fragenkatalog entsprechend der vereinbarten Darlegungsnorm
- Zertifikatserteilung (vorläufig mit Aufl.n, oder finalisiert ohne Aufl.n)
- 1. und 2. Überwachungsaudit (üblicherweise nach einem Jahr) zur Bestätigung des Zertifikats
- Wiederholungsaudits nach einem bestimmten Zeitablauf (meist innerhalb von 3 Jahren) je nach Vorschrift der spezifischen Norm zur Re-Zertifizierung vor Ablauf der Gültigkeit des Zertifikats (Zollondz, 2011, S. 460)

Zertifizierungsaudits haben einen Auditbericht und im Idealfall ein Zertifikat zur Folge. Prinzipiell sind in Anlehnung an Benes und Groh (2017) sowie Brüggemann und Bremer (2020) folgende Möglichkeiten gegeben:

- Zertifizierung ohne Abweichungen: Alle Anforderungen der Norm oder des Standards sind erfüllt, Auditor*innen geben die Empfehlung für an die Zertifizierungsgesellschaft über die Erteilung des Zertifikats, diese prüft den Auditbericht und erteilt das Zertifikat
- Zertifizierung mit Abweichungen: Einige oder alle Anforderungen der Norm oder des Standards sind erfüllt, aber Verbesserungsbereiche mit konkreten Maßnahmen und Terminen werden festgelegt (das Zertifikat kann mit Aufl.n erteilt werden), Korrekturmaßnahmen (Fehlerursachenanalysen, Fehlervermeidungsstrategien) sind durch die Organisation einzuleiten
- Zertifizierung abgelehnt: Anforderungen der Norm oder des Standards werden nicht erfüllt, gravierende Mängel oder Fehler verhindern eine Zertifizierung, die das Unternehmen beseitigen muss, bevor ein neuer Antrag auf Zertifizierung gestellt wird (Benes & Groh, 2017, S. 310–312; Brüggemann & Bremer, 2020, S. 140–141)

Mit dem Erhalt des Zertifikats sind Qualitätsmanagementaktivitäten nicht abgeschlossen, sondern ein wesentliches Kriterium für ein funktionierendes Qualitätsmanagementsystem ist der Nachweis einer ständigen Qualitätsverbesserung im Sinne eines fortlaufenden Qualitätsmanagement Kreislaufes. (Brüggemann & Bremer, 2020, S. 140)

4.2.4 Gütesiegel am Beispiel des Spendengütesiegels

Im deutschsprachigen Raum gibt es eine Vielzahl von Gütesiegeln, welche eine Aussage über Qualität in Bezug auf ein Produkt, die Herkunft, die Dienstleistung, den Service oder die Vertrauenswürdigkeit eines Unternehmens treffen. Im Kern geht es immer darum, bei einer Entscheidungsfindung zu überzeugen und die Transparenz in Bezug auf das jeweilige Gütekriterium herzustellen. In diesem Kapitel wird exemplarisch des Österreichischen Spendengütesiegels (OSGS) für Non Profit Organisationen beschrieben. Es steht dafür, dass mit den Geldern sorgfältig und vertrauensvoll umgegangen wird und diese zweckbestimmt und wirtschaftlich eingesetzt werden. Vergleichbare Spendensiegel findet man zum Beispiel auch in Deutschland (Spendensiegel des Deutschen Zentralinstituts für soziale Fragen – DZI) oder der Schweiz (Spendensiegel der Zentralen Auskunftsstelle für Wohlfahrtsunternehmungen – ZEWO).

Das Spendengütesiegel OSGS wurde im Jahr 2001 auf Initiative führender Dachverbände von Non-Profit-Organisationen, in Kooperation mit der Kammer der Steuerberater und Wirtschaftsprüfer (KSW) eingeführt. Mitglieder des Dachverbandes sind die Arbeitsgemeinschaft der missionierenden Orden (ARGE), die Diakonie Österreich, der Fundraising Verband Austria (FVA), die Interessensvertretung Gemeinnütziger Organisationen (IGO), die Koordinierungsstelle der österreichischen Bischofskonferenz für internationale Entwicklung und Mission (KOO) und die Allianz der Umweltbewegung (Ökobüro). Die KSW ist Kooperationspartner der Dachverbände und vergibt das Spendengütesiegel an die beantragende Organisation nach einer unabhängigen Prüfung durch eines ihrer Mitglieder (Wirtschaftstreuhänder*innen). Aktuell sind in Österreich 277 Organisationen berechtigt, das Spendengütesiegel zu tragen. Sie verpflichten sich im Rahmen dieser Zertifizierung, sehr umfassenden Kriterien zu erfüllen und hohen Qualitätsansprüchen gerecht zu werden. Am Anfang des Zertifizierungsprozesses steht ein Prüfverfahren, sowie im Rahmen der regelmäßigen Rezertifizierungen eine jährliche Kontrolle durch eine/n unabhängigen Steuerberater*in oder Wirtschaftsprüfer*in. Zu den Kriterien, welche durch externe Prüfer*innen beurteilt werden, zählen die Ordnungsmäßigkeit der Rechnungslegung, vorhandene Kontrollsysteme, die Trennung von Geschäftsführungsaufgaben und Kontrollaufgaben, satzungs- und widmungsgemäße Verwendung der Spenden, die Einhaltung von Sparsamkeit und Wirtschaftlichkeit beim Aktionszweck im Spendenbereich, eine entsprechende Finanzpolitik der Organisation bei der Verwendung der Spenden, Personalwesen in der Organisation sowie Lauterkeit der Werbung und Verantwortlichkeiten dafür. (Bruhn, 2021, S. 172–173; OSGS Österreichisches Spendengütesiegel, 2021)

Stötzer (2009) verweist in Anlehnung an (Ensslen, 2004, S. 217–218) jedoch auf Grenzen im Zusammenhang mit dem Spendengütesiegel. „Folglich kann konstatiert werden, dass Spendengütesiegel zwar als Gütezeichen bzw. vertrauensbildende Maßnahme in der NPO-Praxis hohe Bedeutung zukommt, damit aber nur die ordnungsgemäße Rechnungslegung und Mittelverwendung bestätigt werden können; unberücksichtigt bzw. vernachlässigt bleibt der bei sachzielorientierten

Organisationen zentrale Aspekte der Effektivität bzw. zielgerichteten Zweckverwirklichung." (Stötzer, 2009, S. 242)

4.2.5 Selbstbewertung als Verbindungselement zwischen interner und extern orientierter Qualitätsarbeit

Selbstbewertung und Selbstevaluation ist eine wichtige Maßnahme der Qualitätssicherung und sollte auf allen Hierarchieebenen einer Organisation Anwendung finden. Dies beginnt mit Fachkräften in ausführenden Stellen, indem sie die eigenen Verhaltens- und Handlungsansätze auf Basis von berufsspezifischen und organisatorisch definierten Qualitätskriterien sowie in Abstimmung mit Bedarfen und Erwartungen von Adressat*innen reflektieren. Auf Team-, Abteilungs- und Bereichsleitungsebene wird (vereinfacht dargestellt) Qualität als Gesamtperformance der jeweiligen Organisationseinheit in Abstimmung mit den Qualitätszielen der Organisation abgeglichen, das Top Management hat die Aufgabe, Qualitätsziele und -vorgaben der relevanten Stakeholder der Organisation (Organisationsumfeld) bei der Formulierung der Qualitätsziele für die Organisation mit zu berücksichtigen und die Gesamtqualität der Organisation im Blick zu haben. Damit der Anspruch auf Selbstbewertung erfüllt werden kann, brauchen die Verantwortlichen in den einzelnen Stellen die Möglichkeit von Soll-Ist-Vergleichen, was wiederum voraussetzt, das qualitative und quantitative Qualitätsziele für die Organisationsmitglieder quer über alle Hierarchestufen und Zuständigkeitsbereiche klar und nachvollziehbar formuliert sind. Auf notwendige Kriterien der Zielformulierung wird in Kapitel 5.2.2 näher eingegangen.

Nach der Aufstellung des Zielsystems und der Analyse der organisationalen Strukturen und Prozesse sind nach Schmitt und Pfeifer (2015) interne Anforderungen an das Qualitätsmanagementsystem (QM-System) festzulegen. Das QM-System ist im Aufbau und den Inhalten her unternehmensspezifisch auszurichten. Gleichzeitig sind externe Anforderungen an ein systematisches Qualitätsmanagement im Sinne einer anzuwendenden Qualitätsnorm oder eines Qualitätsprogramms zu berücksichtigen. Interne und externe Anforderungen in der Zusammenschau fließen in ein umfassendes, unternehmensspezifisches QM-System ein. (Schmitt & Pfeifer, 2015, S. 292)

Laufende Soll-Ist-Vergleiche dienen in diesem Zusammenhang einerseits dazu, die Ziele und Ergebnisse auf operativer (ausführende Stellen), taktischer (Lower und Middle Management und strategischer Ebene (Top Management) regelmäßig abgleichen, um Abweichungen frühzeitig zu erkennen und rechtzeitig Korrekturmaßnahmen einleiten zu können.

Diese organisationalen Ansätze in Richtung einer sich selbst steuernden Organisation können sehr unterschiedlich und organisationsspezifisch ausgestaltet sein, sie erfordern jedoch laut Sommerhoff (2021), dass zwei Herausforderungen gut gelöst werden:

- Relevante Rollen und Zuständigkeiten sind geklärt und den zuständigen Personen sowie Mitarbeitenden bekannt, situative Veränderungen werden laufend ausgehandelt und kommuniziert.
- Verfahren der Entscheidungsfindung sind so etabliert, dass Personen systematisch eingebunden werden, deren Wissen und Erfahrungen für eine qualitätvolle Entscheidung relevant sind. (Sommerhoff, 2021, S. 143)

Selbstbewertung ist unter dem Begriff der „internen Audits" oder des „Self Assessments" ein zentraler Aspekt der Qualitätssicherung in Organisationen und oft wesentliche Voraussetzung, um überhaupt zu einer externen Zertifizierung zu gelangen. Daher sind unterschiedliche Formen der Selbstbewertung in diversen Qualitätskonzepten vorgesehen.

Die EFQM European Foundation for Quality Management (2021) bietet beispielsweise zur Selbstbewertung (Self-Assessment) drei Alternativen entsprechend organisationaler Reifegrade im Sinne des EFQM-Modells an:

- Fragebogen: Einfacher Fragebogen um „neugierigen/weniger reifen" Organisationen „zu helfen, ihre aktuelle Position zu bestimmen und mögliche Verbesserungspotenziale zu ermitteln"
- Business Matrix: „Eine gründlichere Bewertung, die sich auf alle Kriterien des EFQM Modells bezieht und eine Bepunktung für die RADAR-Elemente zur Verfügung stellt. Mit diesem Instrument können Organisationen ein detaillierteres Verständnis für ihre Leistung entwickeln."
- Business Matrix Advanced: „Eine vollständige Bewertung auf Ebene der Teilkriterien des EFQM Modells, der zugehörigen Orientierungspunkte und der Punktzahl für die vollständigen RADAR-Attribute. Mit diesem Instrument können Organisationen eine detaillierte Ausgangsbasis für ihre Leistung ermitteln und feststellen, wo sie derzeit herausragend sind und wo es noch Verbesserungspotenziale gibt." (EFQM European Foundation for Quality Management, 2021, S. 51)

Im Rahmen einer ISO-Zertifizierung werden interne Audits (Erstparteien-Audits) gefordert, wie in Kapitel 4.2.3 erläutert.

Abschließend wird im nächsten Kapitel die Eignung der in diesem Kapitel vorgestellten Ansätze für Organisationen der Sozialwirtschaft hinterfragt, bevor auf das Fallbeispiel der Lebenshilfe Syke eingegangen wird.

4.3 Eignung der Ansätze für Organisationen der Sozialwirtschaft

Vor- und Nachteile lassen sich jedem der in den vorherigen Kapiteln beschriebenen Verfahren zur Entwicklung und Abbildung von Qualität zuweisen. Oft stehen Organisation gerade am Beginn der Auseinandersetzung mit dem Thema Qualitätsmanagement vor großen Herausforderungen. Es gilt eine Vielzahl komplexer Zusammenhänge und Prozesse zu analysieren und zu planen, hinzu kommen oft, gerade für kleinere Organisationen, limitierende Faktoren wie Ressourcen, Erfahrung und gegebenenfalls auch ein finanzieller Aufwand, in Form von externen Berater*innen oder Auditor*innen, für das gewünschte Gütesiegel oder die Zertifizierung durch eine dafür vorgesehene Organisation. (Ertl-Wagner et al., 2013, S. 69; Hensen, 2019a, S. 62)

Müller (2014) verweist in diesem Zusammenhang jedoch auch darauf, dass gerade kleine und Mittelständische Unternehmen (KMUs) verstärkt auf Qualität und damit verbundene Ansätze sowie Instrumente als Differenzierungsmerkmal setzen sollten. (Müller, 2014, S. 17)

„Das QM-System braucht nicht kompliziert zu sein, vielmehr muss es die Erfordernisse der Organisation genau widerspiegeln." (Scheibeler & Scheibeler Florian, 2019, S. 5) Unter Zugrundelegung dieser Herangehensweise lassen sich selbst für kleinere Organisationen Instrumente und Methoden anwenden, um sich inhaltlich und auch gelingend mit dem Thema Qualitätsmanagement und dessen Entwicklung auseinanderzusetzen. Haller (2012, S. 269) verweist hierbei auf den Einsatz von Basismodellen, wie zum Beispiel dem EFQM-Modell, als Grundlage für Qualitätsentwicklung in der Organisation.

Zech (2019) beschreibt in diesem Zusammenhang acht Grundkonzepte der Exellence (in Anlehnung an das EFQM-Modell), als entscheidende Leitlinien für das Management, welche eine exzellente Organisation im Zusammenhang mit Qualitätsmanagement auszeichnen:

- Ausgewogene Ergebnisse erzielen: Die Ausrichtung der Organisation erfolgt an Ergebnissen im Sinne ihrer Mission und Weiterentwicklung ihrer Vision. Bedürfnisse der Interessensgruppen werden hierbei berücksichtigt.
- Nutzen für Anspruchsgruppen schaffen: Bedürfnisse der Anspruchsgruppen kennen und darauf reagieren.

- Mit Vision, Inspiration und Integrität führen: Führungskräfte und deren Kompetenz die Zukunft zu gestalten und als Vorbilder zu agieren, werden in die Pflicht genommen.
- Mit Prozessen Managen: Auf Basis strukturierter Prozesse wird gemanagt, welche sich an der Strategie der Organisation ausrichten und kontinuierlich analysiert und verbessert werden.
- Durch Mitarbeiter*innen erfolgreich sein: Wertschätzung und Partizipationsmöglichkeiten stehen im Fokus. Rahmenbedingungen zur Potentialentfaltung der Mitarbeiter*innen sollten das Ziel sein.
- Innovation und Kreativität fördern: Auch hierbei geht es um die Gestaltung von Rahmenbedingungen, welche die Bedingungen für Innovation und den Erfolg von Innovation fördern.
- Partnerschaften gestalten: Exzellente Organisation verfolgen das Ziel, Partnerschaften mit Anspruchsgruppen systematisch zu gestalten, um gemeinsame Ziele zu erreichen.
- Verantwortung für eine nachhaltige Zukunft übernehmen: Hierbei geht es um eine Werthaltung in der Organisationskultur in Bezug auf ökonomische, soziale und ökologische Dimensionen. (Zech, 2019, S. 15–16)

Die vorgestellten Verfahren und Ansätze zur Entwicklung von Qualität sind in der Regel durch eine hohe Stringenz und Komplexität gekennzeichnet. Je nach Größe, zur Verfügung stehenden Ressourcen und Zugangsweisen zum Thema können Spannungsfelder entstehen und sich möglicherweise permanent verfestigen. Das nachfolgende Fallbeispiel der Lebenshilfe Syke zeigt, wie das Finden von Lösungen zu möglichen Herausforderungen im Zuge der Implementierung bzw. der gezielten Ergänzung eines bestehenden Qualitätsverfahrens gelingend gestaltet werden kann.

4.4 Fallbeispiel Lebenshilfe Syke gemeinnützige GmbH

Implementierung des GAB-Verfahrens bei der Lebenshilfe Syke

Laura Kuhlmann, Öffentlichkeitsarbeit und Fundraising; Dorothee Schwahn, Bereichsleitung für Schulische Bildung und Frühförderung und Sandra Sonnemann, stellvertretende Geschäftsführerin und Bereichsleitung für Kindertagesstätten

Die Lebenshilfe Syke ist einer von rund 500 Kreisverbänden der Bundesvereinigung Lebenshilfe in Deutschland. Sie wurde 1966 auf Initiative von 66 engagierten Eltern von Kindern mit geistiger Behinderung gegründet. Seither setzt sich die soziale Organisation für die Verwirklichung von Chancengleichheit und Selbstbestimmung von Menschen mit Behinderungen ein sowie für Menschen, die von einer Behinderung bedroht sind.

Der einzelne Mensch steht mit seiner Persönlichkeit, seinen Fähigkeiten und seinen individuellen Bedürfnissen stets im Mittelpunkt des pädagogischen Handelns. Unter dem Motto „So viel Unterstützung wie nötig und so wenig Hilfe wie möglich" begleitet die Lebenshilfe Syke die Menschen, die ihre Angebote nutzen, im pädagogischen und therapeutischen Alltag. Außerdem setzt sich die Organisation durch die gezielte Einflussnahme auf Öffentlichkeit und Politik für die rechtliche, finanzielle und sozialpolitische Situation von Menschen mit Behinderungen ein.

Zu den vielfältigen Leistungen der Lebenshilfe Syke zählen verschiedene Angebote in den Bereichen Bildung, Erziehung, Therapie sowie Wohn- und Lebensraum. So betreibt die Lebenshilfe Syke im norddeutschen Bundesland Niedersachsen, genauer in den nördlichen Landkreisen Diepholz und Nienburg, 20 Einrichtungen an acht verschiedenen Standorten. Zum Leistungsspektrum zählen eine ambulante Frühförderung, Kindergärten mit unterschiedlichen Schwerpunkten, Horte, Tagesbildungsstätten (Schuleinrichtungen), ein Schulassistenzdienst, Wohneinrichtungen, eine ambulante Wohnbetreuung sowie ein Familienentlastender Dienst.

Inzwischen fördern und begleiten rund 800 Mitarbeitende täglich circa 1 400 Kinder, Jugendliche und Erwachsene in den verschiedenen Einrichtungen. Die Teilhabe von Menschen mit Behinderung am gesellschaftlichen Leben ist ein wesentlicher Teil des Auftrags der Lebenshilfe Syke. Der Fokus der täglichen Arbeit liegt auf Menschen mit Förderbedarf, aber auch Menschen ohne Beeinträchtigungen können einige Angebote der Organisation nutzen.

Das Organigramm laut Abbildung 4.6 (nächste Seite) sorgt für einen Überblick über die einzelnen Bereiche und Abteilungen der Lebenshilfe Syke.

Aus dem Organigramm in Abbildung 4.6 ist die Aufbauorganisation der Lebenshilfe Syke ersichtlich. Neben der Mitgliederversammlung, dem Vorstand und dem Beirat, gibt es in unterstützender Funktion der Geschäftsführer verschiedene Stabsstellen. Den Bereichsleitungen für Kindertagesstätten, Schulische Bildung und Frühförderung sowie Wohnen sind weiterhin zahlreiche Leitungsfunktionen in den jeweiligen Einrichtungen untergeordnet. Auch hier unterstützen Stabsstellen sowie Leitungsbereiche zu unterschiedlichen Themen.

Ein Anspruch der Lebenshilfe Syke ist dabei die stetige Weiterentwicklung und Sicherung der Qualität sowie Wirtschaftlichkeit ihrer Dienstleistungen. Die Qualität und Funktionalität der Organisationsarbeit orientiert sich an den Anforderungen und Erwartungen der Menschen in den Einrichtungen, der Kostenträger und den gesetzlichen Rahmenbedingungen. Dazu hält die Lebenshilfe Syke ein durchlässiges, differenziertes und gemeindenahes Hilfsangebot vor und gestaltet ihre Einrichtungen für ihre Nutzer offen und transparent.

Die fortschreitende Entwicklung in Pädagogik, Recht und Betriebswirtschaft erfordert die Bereitschaft zum kontinuierlichen Lernen. So finden neue tech-

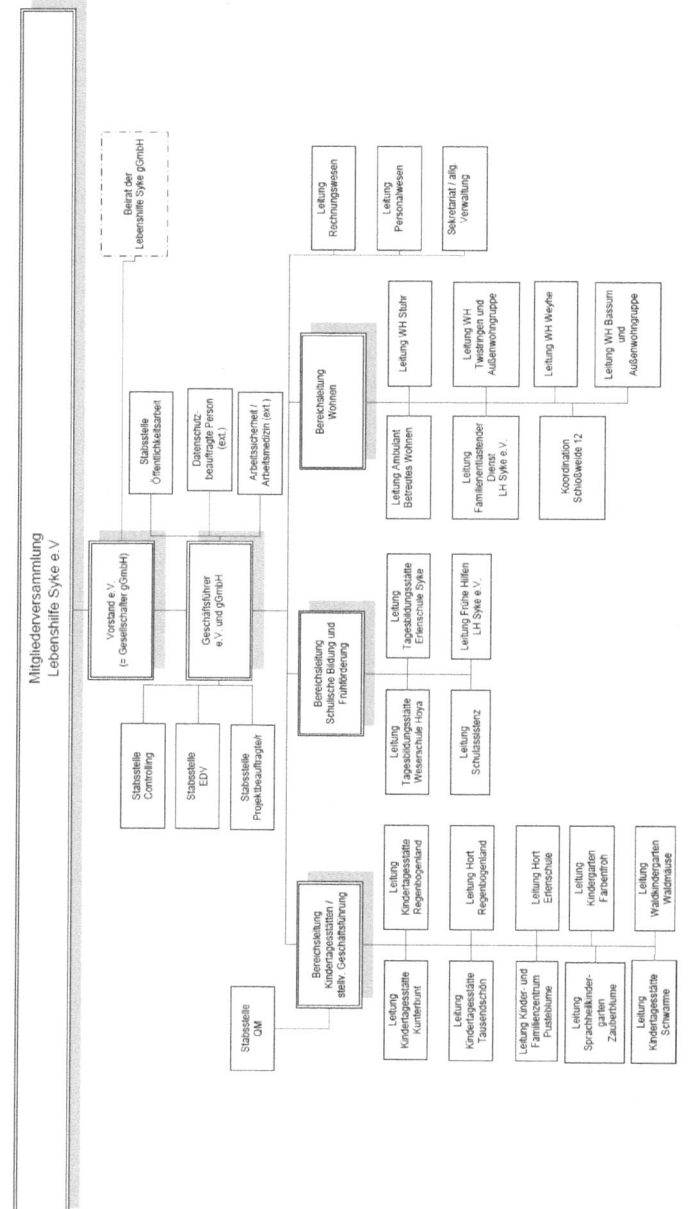

Abb. 4.6 Organigramm der Lebenshilfe Syke (von der Organisation zum Abdruck zur Verfügung gestellt, Version vom 06.07.2021)

nische Entwicklungen, Organisationsinstrumente und -abläufe regelmäßig ihren Weg in die laufenden Prozesse. Innovationen sowie ständige Fort- und Weiterbildungen der Mitarbeitenden stehen dabei ebenso im Fokus, wie finanzielle, organisatorische und ideelle Maßnahmen. Auch eine effiziente Öffentlichkeitsarbeit wird als wichtiger Bestandteil des eigenen Auftrags gesehen. Um die Qualität der Dienstleistungen sicherstellen und bewerten zu können, wird u. a. regelmäßig überprüft, ob die gesteckten Organisationsziele in der gewünschten Qualität und Zeit erreicht wurden.

Die Lebenshilfe Syke ist aufgrund dieser Qualitätsorientierung bereits seit 2007 nach dem Standard DIN EN ISO 9001 zertifiziert, derzeit im Multisite-Verfahren. Die Anpassung auf die Revision DIN EN ISO 9001:2015 wurde im Rahmen des zweiten Überwachungsaudits 2018 durchgeführt. Jährlich kommen die Auditoren des TÜV Nord in die soziale Organisation, um die Qualitätsarbeit und ihre zugrundeliegenden Prozesse im Rahmen einer Rezertifizierung zu prüfen.

Im Laufe der Jahre stellten die Leitungskräfte in der Lebenshilfe Syke jedoch immer wieder fest, dass die pädagogischen Aspekte ihrer Arbeit in der DIN ISO nicht ausreichend abgebildet werden können. Dies führte an vielen Stellen zu Unverständnis der pädagogischen Mitarbeitenden und zu einer gewissen „Unlust", sich mit dem Thema Qualitätsmanagement zu beschäftigen. Die Kernaufgaben, die in einer sozialen Organisation anfallen, bilden sich in der Regel in sogenannten „offenen Prozessen" ab. Die Methoden der DIN ISO, die sich eher aus dem industriellen Bereich entwickelt haben, wo es sehr strukturierte „geschlossene Prozesse" gibt, treffen für die Arbeit mit Menschen in vielen Fällen nicht zu. Eine Zertifizierung wollte die Organisation dennoch nicht aufgeben und beschäftigte sich mit Alternativen für ihr bestehendes Qualitätsmanagementsystem. Eine Leitungskraft der Lebenshilfe Syke hatte am vorherigen Arbeitsplatz in einer anderen sozialen Organisation bereits Erfahrungen mit dem GAB-Verfahren (siehe dazu Kapitel 4.1.7 dieses Werkes) gesammelt und berichtete im Jahr 2019 von den vielfältigen Möglichkeiten der Methode. Das Verfahren ist mit der DIN ISO kompatibel, was bedeutet, dass das in über 15 Jahren aufgebaute Qualitätsmanagementsystem der Lebenshilfe Syke für das neue Verfahren nicht komplett „über den Haufen" geworfen werden müsste.

Nach einer genaueren Prüfung des GAB-Verfahrens schien es gute Instrumente zu beinhalten, um die tägliche pädagogische Arbeit der verschiedenen Einrichtungen besser beschreiben und abbilden zu können. So entschieden sich die Verantwortlichen für die Implementierung des neuen Verfahrens in das bereits bestehende Qualitätsmanagementsystem. Mit der Umstellung sollte zudem eine personelle Veränderung erfolgen: Seit dem Aufbau des Qualitätsmanagements in der Lebenshilfe Syke beschäftigte sich eine beauftragte Person (kurz QMB – Qualitätsmanagementbeauftragte) hauptsächlich mit allen anfallenden Themen und

Aufgaben des breiten Arbeitsfeldes. Mit der Einführung des neuen Verfahrens wurde in der Lebenshilfe Syke ein QM-Team gegründet – bestehend aus der QMB und den drei Bereichsleitungen der Bereiche Kindertagesstätten, Schulische Bildung und Frühförderung sowie Wohnen. Unterstützt wird das Team in kommunikativen Aufgaben außerdem von der Beauftragten für Öffentlichkeitsarbeit. Die Gruppe entschied sich gemeinsam für die Weiterbildung aller Beteiligten zu Qualitätskoordinatoren nach dem GAB-Verfahren mit Start 2021.

Auf der Jahreskonferenz der Lebenshilfe Syke Anfang 2022, an der sowohl das neunköpfige Leitungsteam (Geschäftsführung, Bereichs- und Abteilungsleitungen) der Organisation sowie alle 20 Einrichtungsleitungen teilnahmen, wurde das GAB-Verfahren zum ersten Mal im größeren Rahmen vorgestellt. Vorab erhielten alle Teilnehmenden den „GAB-Spickzettel" – ein kleines Handbuch, in dem alle Instrumente des GAB-Verfahrens übersichtlich und verständlich abgebildet sind. Auf diese Weise wurden alle Verantwortlichen der Lebenshilfe Syke „ins Boot geholt" und für die Umstellung des Qualitätsmanagementsystems begeistert. Das Vorhaben fand positiven Anklang, da die Leitungskräfte, die zuvor oftmals frustriert über die engen Strukturen der DIN ISO waren, mit der Veränderung viel Hoffnung auf mehr Praxisnähe verbanden. Hier wurde zudem auch noch einmal offensiv für die allgemeine Haltung der Lebenshilfe Syke zum Qualitätsmanagement geworben: Jede*r einzelne Mitarbeitende betreibt in seiner alltäglichen Arbeit Qualitätsmanagement. Es handelt sich nicht, wie so oft wahrgenommen, um ein kompliziertes Konstrukt, das ausschließlich viel zusätzliche Arbeit verursacht, sondern um etwas, das wir täglich tun und was die Qualität unserer Arbeit sicherstellt.

Während der knapp einjährigen Weiterbildung zu Qualitätskoordinatoren nach dem GAB-Verfahren musste jede*r Seminarteilnehmer*in jeweils ein Praxis-Projekt in seiner Organisation durchführen. So fand das GAB-Verfahren während der Fortbildung bereits an verschiedenen Stellen Einzug in die Lebenshilfe Syke. Das QM-Team nutzte die Praxisphasen zwischen den vier Seminarblöcken und während der Workshops außerdem, um zum Beispiel die Durchführung der jährlichen internen Audits neu anzugehen. Es wurden verschiedene Methoden der kollegialen Beratung geübt, die ebenfalls schnell in die Praxis der Lebenshilfe Syke überführt werden konnten.

Nach erfolgreichem Abschluss der Weiterbildung entschied sich das QM-Team für eine offizielle Einführung des GAB-Verfahrens über die klassische Basis der Qualitätsarbeit: das Leitbild. Ein Leitbild gab es in der Lebenshilfe Syke bereits seit Jahren. Das sehr umfangreiche Dokument wurde jedoch seit einigen Jahren nicht mehr überprüft. Im Sinne des neu erlernten Verfahrens wurde ein anonymer Fragebogen erstellt und an alle Mitarbeitenden, den Vorstand sowie den Beirat der Lebenshilfe Syke versandt. Es bestand die Möglichkeit, den Fragebogen einzeln oder im Team zu beantworten und an das QM-Team zurückzugeben. Im

Bogen wurde auch abgefragt, wer Lust hat, in einer Leitbildgruppe mitzuwirken, die die Ergebnisse auswertet und anschließend einen Entwurf für ein neues bzw. aktualisiertes Leitbild erstellt. So hat sich eine Gruppe aus insgesamt sieben Mitarbeitenden gefunden, die sich eingehend mit der Auswertung beschäftigt und die Ergebnisse gefiltert hat.

Sobald der Leitbildprozess abgeschlossen ist, soll im nächsten Schritt ein Grundgerüst für Konzeptionen erarbeitet werden. Bisher haben alle Einrichtungen ihre Konzeptionen im Rahmen der gesetzlichen Vorgaben in Eigenregie erstellt. Zukünftig soll es einen gemeinsamen Lebenshilfe-Rahmen geben, dem eine bereichsspezifische Gliederung und einrichtungsspezifische Punkte schließlich ergänzt werden.

Auf die Konzepte folgt schließlich die Einführung von Handlungsleitlinien. Bisher arbeitet die Lebenshilfe Syke mit klassischen Verfahrens- bzw. Prozessbeschreibungen, die sich aus den DIN ISO-Vorgaben ergeben haben. Die Handlungsleitlinien sollen zukünftig in Teams erarbeitet werden und die Prozesse praxisnah abbilden.

Ein weiterer Schritt zur Etablierung des GAB-Verfahrens ist die Qualifizierung von allen Einrichtungsleitungen sowie Qualitätsmanagementassistenzen zu Moderatoren nach dem GAB-Verfahren. Die Einrichtungsleitungen tragen die Verantwortung für das Qualitätsmanagement bzw. die Abläufe in ihren jeweiligen Einrichtungen. Die Qualitätsmanagementassistenten unterstützen bei den anfallenden Aufgaben. In Zukunft sollen alle Mitarbeitenden noch mehr involviert werden. Um dieses Ziel zu erreichen, werden die Leitungen und Assistenten ausgebildet und so zu weiteren Multiplikatoren für das GAB-Verfahren.

Statement der Geschäftsführung
„Die Lebenshilfe Syke als soziales Dienstleistungsunternehmen berücksichtigt täglich die dynamischen Prozesse, die zwischen Menschen in unterschiedlichen Beziehungskonstellationen entstehen. Die dialogische Haltung des GAB-Verfahrens setzt darauf, dass alle Mitarbeitenden Kompetenzen und Verantwortung für ihren Bereich ausüben. Die Beziehungsebene und die Gestaltung dieser, ist ein sehr wichtiger Umstand in unserem täglichen Tun. Hier bildet das GAB-Verfahren einen wichtigen Schwerpunkt, denn die Qualität in der Arbeit mit Menschen hängt nicht nur von der Festlegung von strukturellen Abläufen ab, sondern vom Engagement der Mitarbeitenden in unseren Einrichtungen. Sie sind es, die ihren Arbeitsbereich und ihre Beziehungen zu den Klienten gestalten (Maurus et al., 2016).

Meiner Meinung nach, ist ohne eine gute Beziehungsqualität eine professionelle und zielführende pädagogische Arbeit nicht möglich.

Durch unser Qualitätsmanagement nach der DIN ISO sind wir im Bereich der strukturellen Abläufe gut aufgestellt, die pädagogische Ebene bzw. die Ebene der Be-

ziehungsqualität wurde bisher vernachlässigt und fehlte in unserem Verständnis von Qualitätssicherung. Selbstverständlich haben die Mitarbeitenden auch bisher gute Beziehung zu unseren Klienten aufgebaut, dennoch wurde dies Beziehungsqualität nicht als Qualitätsaspekt sichtbar. Durch die Instrumente des GAB, die nicht unbedingt GAB-spezifisch sind, wurde zum einen die Akzeptanz des Qualitätsmanagements erhöht und zum anderen wurde es in eine Sinnhaftigkeit überführt.

Ich erhoffe mir durch die weitere Implementierung des GAB-Verfahrens in der Lebenshilfe Syke, dass es sowohl Mitarbeitenden als auch Klienten hilft, eine unterstützende Umgebung zu schaffen, damit eine entwicklungsfördernde Beziehung gestaltet werden kann."

Sandra Sonnemann, Dipl. Pädagogin, stellvertretende Geschäftsführerin und Bereichsleitung Kindertagesstätten

4.5 Arbeit mit dem Fallbeispiel der Lebenshilfe Syke gemeinnützige GmbH

4.5.1 Aufgaben zum Fallbeispiel

1) Auf welche Grenzen ist die Lebenshilfe Syke gemeinnützige GmbH bei Anwendung der DIN-En-ISO-Norm gestoßen und wie werden diese Grenzen im Fallbeispiel begründet?
2) Warum hat sich die Lebenshilfe Syke gemeinnützige GmbH dazu entschieden, ergänzend zur DIN-En-ISO-Norm das GAB-Verfahren anzuwenden?
3) Wieso wurde eine qualitätsbeauftragte Person nominiert und welche Aufgaben hat diese?
4) Was ist die Aufgabe des QM-Teams? Gibt es Unterschiede zu einem Qualitätszirkel oder wären diese Begriffe auf Basis des Fallbeispiels synonym verwendbar? Begründen Sie Ihre Aussagen.
5) Wie kann das GAB-Verfahren zur Analyse der Servicequalität im Fall der Lebenshilfe Syke gemeinnützige GmbH beitragen?
6) Was unterscheidet Prozessbeschreibungen von Handlungsleitlinien, wie sie in der Lebenshilfe Syke gemeinnützige GmbH im Rahmen des GAB-Verfahrens Anwendung finden? Für wen/welchen Zweck ist welches Instrument sinnvoll? Wie können sich Prozessbeschreibungen und Handlungsleitlinien aus Ihrer Sicht ergänzen?
7) Ist aus Ihrer Sicht ein Beschwerdemanagement in der Lebenshilfe Syke gemeinnützige GmbH hilfreich zur Zielerreichung? Wenn ja, aus welchen Zielen der Organisation würden Sie dies ableiten? Wenn nein, warum nicht?

8) In welchem Prozessschritt wurden Grundideen des betrieblichen Vorschlagswesens im Fallbeispiel angewendet, ohne das genaue System bzw. die Anreizmaßnahmen dieses Instruments im Detail zu nutzen?
9) Warum sind Qualitätsaudits für die Lebenshilfe Syke gemeinnützige GmbH relevant?
10) Könnten für die Lebenshilfe Syke gemeinnützige GmbH auch Gütesiegel von Bedeutung sein, oder ist die Kombination von ISO und GAB-Verfahren aus Ihrer Sicht ausreichend? Begründen Sie Ihre Aussagen und nennen Sie gegebenenfalls ein Beispiel, welches Gütesiegel sinnvoll sein könnte?
11) Finden Sie Elemente der Selbstbewertung im Fallbeispiel der Lebenshilfe Syke gemeinnützige GmbH?
12) Welche weiteren Instrumente außer des GAB-Verfahrens und der ISO-Zertifizierung nutzt die Lebenshilfe Syke aus dem breiten Methodenportfolio, um Qualität in der Organisation zu sichern und weiter zu entwickeln? Warum hat sich die Lebenshilfe Syke gemeinnützige GmbH für einen Leitbildprozess entschieden?

4.5.2 Musterlösungen zum Fallbeispiel

1. Grenzen in der Anwendung der DIN EN ISO in der Lebenshilfe Syke gemeinnützige GmbH

Über die Jahre stellten die Leitungskräfte in der Lebenshilfe Syke gemeinnützige GmbH immer wieder fest, dass die pädagogischen Aspekte ihrer Arbeit in der DIN ISO nicht ausreichend abgebildet werden können. Die Folge waren zunehmendes Unverständnis der pädagogischen Mitarbeitenden und sinkende Motivation, sich mit dem Thema Qualitätsmanagement zu beschäftigen. Die Kernaufgaben einer sozialen Organisation, also die Arbeit mit Menschen, bilden sich in der Regel in offener Prozessgestaltung ab. Die DIN ISO, mit ihrem Ursprung im industriellen Bereich, gibt jedoch sehr strukturierte und standardisierte Prozesse vor. Eine Zertifizierung wollte die Organisation dennoch nicht aufgeben und beschäftigte sich mit Alternativen für ihr bestehendes Qualitätsmanagementsystem.

2. Gründe für die Anwendung des GAB-Verfahrens ergänzend zur DIN EN ISO

Das GAB-Verfahren ist mit der DIN ISO kompatibel, was bedeutet, dass das in über 15 Jahren aufgebaute Qualitätsmanagementsystem der Lebenshilfe Syke gemeinnützige GmbH für das neue Verfahren nicht komplett verworfen werden musste. Darüber hinaus wird mit dem Zitat der stellvertretenden Geschäftsführerin und Bereichsleitung Kindertagesstätten, Sandra Sonnemann, Dipl. Pädagogin, noch einmal sehr deutlich, aus welcher Haltung heraus die Lebenshilfe Syke gemeinnützige GmbH die Anwendung des GAB-Verfahrens unterstreicht:

> *„...Die dialogische Haltung des GAB-Verfahrens setzt darauf, dass alle Mitarbeitenden Kompetenzen und Verantwortung für ihren Bereich ausüben. Die Beziehungsebene und die Gestaltung dieser ist ein sehr wichtiger Umstand in unserem täglichen Tun. Hier bildet das GAB-Verfahren einen wichtigen Schwerpunkt, denn die Qualität in der Arbeit mit Menschen hängt nicht nur von der Festlegung von strukturellen Abläufen ab, sondern vom Engagement der Mitarbeitenden in unseren Einrichtungen ..."*

3. Gründe für die Nominierung einer qualitätsbeauftragten Person und deren Aufgaben

Nach genauer Prüfung des GAB-Verfahrens wurde es als geeignet bewertet, um die tägliche pädagogische Arbeit der verschiedenen Einrichtungen besser beschreiben und abbilden zu können. So entschieden sich die Verantwortlichen für die Implementierung des neuen Verfahrens in das bereits bestehende Qualitätsmanagementsystem. Mit der Umstellung sollte zudem eine personelle Veränderung erfolgen: Seit dem Aufbau des Qualitätsmanagements in der Lebenshilfe Syke gemeinnützige GmbH beschäftigte sich eine beauftragte Person, kurz QMB – Qualitätsmanagementbeauftragte, hauptsächlich mit allen anfallenden Themen und Aufgaben des breiten Arbeitsfeldes Qualitätsmanagement (siehe Kapitel 2.4.4 – Aufgaben des Qualitätsmanagements).

4. Aufgaben des QM-Teams sowie Unterschiede/Vergleichbarkeit mit einem Qualitätszirkel

Mit der Einführung des neuen Verfahrens wurde in der Lebenshilfe Syke gemeinnützige GmbH ein QM-Team gegründet, bestehend aus der Qualitätsmanagementbeauftragten und den drei Bereichsleitungen (Kindertagesstätten, Schulische Bildung und Frühförderung, Wohnen). Unterstützt wird das Team in kommunikativen Aufgaben von der Beauftragten für Öffentlichkeitsarbeit. Die Gruppe entschied sich gemeinsam für die Weiterbildung aller Beteiligten zu Qualitätskoordinator*innen nach dem GAB-Verfahren mit Start 2021. Der Begriff Qualitätszirkel kann in diesem Fall synonym verwendet werden, da die in Kapitel 4.1.5 dieses Buches beschriebenen Kriterien und Merkmale zutreffen.

5. Beitrag des GAB-Verfahrens zur Analyse der Servicequalität der Lebenshilfe Syke gemeinnützige GmbH

Mit der Implementierung des GAB-Verfahrens in die Organisation hat sich die Lebenshilfe Syke gemeinnützige GmbH dazu entschieden, die tägliche pädagogische Arbeit der verschiedenen Einrichtungen noch besser beschreiben und abbilden zu können. Die zur Anwendung kommenden Instrumente und Methoden tragen nicht nur dazu bei die bestehende Servicequalität zu analysieren, sondern fördern die Weiterentwicklung qualitativer Aspekte im Rahmen der Dienstleistungserbringung. Somit wird dem Anspruch an eine stetige Weiterentwicklung und Sicherung der Qualität sowie Wirtschaftlichkeit der Dienstleistungen in einem hohen Maße Rechnung getragen.

6. Unterschiede zwischen Prozessbeschreibungen und Handlungsleitlinien sowie deren jeweiliger Zweck und die wechselseitigen Ergänzungspotentiale

Durch Prozessbeschreibungen bietet sich die Möglichkeit eines detaillierten Verständnisgewinns, wie ein Prozess tatsächlich arbeitet und in welcher Weise die unterschiedlichen Schritte miteinander in Beziehung stehen. Die Lebenshilfe Syke gemeinnützige GmbH arbeitet mit klassischen Verfahrens- beziehungsweise Prozessbeschreibungen, welche sich aus den DIN ISO-Vorgaben ergeben.

Handlungsleitlinien sind abgeleitete Richtlinien für einzelne Unternehmens- und Aufgabenbereiche, welche sich am Leitbild der Organisation orientieren. Sie sollen helfen, das Erreichen von angestrebten Wert- und Zielsetzungen in der operativen Alltagstätigkeit umzusetzen. Im Fallbeispiel wird darauf hingewiesen, dass die Handlungsleitlinien zukünftig in Teams erarbeitet werden und somit in Ergänzung die Prozesse praxisnah abbilden.

7. Sinnhaftigkeit von Beschwerdemanagement aufgrund der Organisationsziele

Da aufgrund der DIN ISO Zertifizierung der Umgang mit Beschwerden und Reklamationen vorgegeben ist, kann davon ausgegangen werden, dass die Lebenshilfe Syke gemeinnützige GmbH als zertifizierter Träger auch diesem Thema im Rahmen der Ablauforganisation Rechnung trägt. Anhand des Organigramms und der Beschreibung im Fallbeispiel liegt es nahe, dass die Stabstelle QM inhaltlich für diesen Aspekt zuständig ist. Folgende Zielsetzungen der Lebenshilfe Syke gemeinnützige GmbH, als Dienstleistungserbringerin, können in diesem Zusammenhang festgehalten werden:

„Seither setzt sich die soziale Organisation für die Verwirklichung von Chancengleichheit und Selbstbestimmung von Menschen mit Behinderungen ein sowie für Menschen, die von einer Behinderung bedroht sind."
„Die Teilhabe von Menschen mit Behinderung am gesellschaftlichen Leben ist ein wesentlicher Teil des Auftrags der Lebenshilfe Syke. Der Fokus der täglichen Arbeit liegt auf Menschen mit Förderbedarf, aber auch Menschen ohne Beeinträchtigungen können einige Angebote der Organisation nutzen."

8. Anwendung von Grundideen des betrieblichen Vorschlagswesens bei der Lebenshilfe Syke gemeinnützige GmbH

Wie in Kapitel 4.1.4 dieses Buches beschrieben, zählt das betriebliche Vorschlagswesen zu den zentralen Instrumenten der Qualitätsbestimmung und liefert detaillierte Informationen über organisationsbedingte Problemstellungen und mögliche Lösungsansätze aus der Sicht der Mitarbeiter*innen. Durch den partizipativen Zugang des implementierten GAB-Verfahrens kann am Beispiel der Lebenshilfe Syke gemeinnützige GmbH festgehalten werden, dass die Grundidee des betrieblichen Vorschlagwesens zu Anwendung kommt. So konnten die Mitarbeitenden aktiv an der Neugestaltung des Leitbildes mitwirken, was in weiterer Folge auch für die Konzept- und Handlungsleitlinienerarbeitung vorgesehen ist.

9. Begründung der Relevanz von Qualitätsaudits

Qualitätsaudits sind in erster Linie deswegen relevant, weil Organisationen, wie hier die Lebenshilfe Syke gemeinnützige GmbH, die Qualität ihrer Arbeit abbilden und nach innen und außen darstellen möchten.

Qualitätsaudits sind außerdem aufgrund der Rezertifizierungsintervalle im Rahmen der DIN ISO laufend notwendig sowie innerhalb der umfänglichen Anwendungsbeschreibung des GAB-Verfahrens fester Bestandteil und somit von hoher Relevanz für die Lebenshilfe Syke gemeinnützige GmbH.

10. Gütesiegel ergänzend sinnvoll zu ISO und GAB und wenn ja, welches Gütesiegel

Wie in Kapitel 4.2.4 dieses Buches beschrieben, gibt es im deutschsprachigen Raum eine Vielzahl von Gütesiegeln, welche eine Aussage über Qualität in Bezug auf ein Produkt, die Herkunft, die Dienstleistung, den Service oder die Vertrauenswürdigkeit eines Unternehmens treffen. Es erscheint generell sinnvoll weitere Gütesiegel in Betracht zu ziehen, um zusätzlich relevante Aussagen über die oben angeführten Aspekte zu treffen. Möglich wären zum Beispiel gütesiegelgestützte Aussagen über die Lebenshilfe Syke gemeinnützige GmbH als Arbeitgeber, als Ausbildungsbetrieb oder in Bezug auf Nachhaltigkeit.

11. Elemente der Selbstbewertung bei der Lebenshilfe Syke gemeinnützige GmbH vorhanden

Konkrete Elemente der Selbstbewertung werden anhand des Fallbeispiels nicht deutlich. Jedoch wird beschrieben, dass, um die Qualität der Dienstleistungen sicherstellen und bewerten zu können, regelmäßig überprüft wird, ob die gesteckten Organisationsziele in der gewünschten Qualität und Zeit erreicht wurden. Die aufrechte DIN ISO Zertifizierung der Lebenshilfe Syke gemeinnützige GmbH ist ein weiteres Indiz dafür, das dem in diesem Zusammenhang vorgesehenen Thema der Selbstbewertung (vergleichend Kapitel 4.2.5 dieses Buches) Rechnung getragen wird.

12. Nutzung von relevanten Instrumenten aus dem breiten Methodenspektrum und Gründe für einen Leitbildprozess

Es wird deutlich, dass die Lebenshilfe Syke gemeinnützige GmbH bestehende Strukturen und Vorgaben der DIN ISO nutzt und im Sinne des GAB-Verfahrens zielführend durch relevante Instrumente und Methoden ergänzt. Folgendes kommt unter anderem zur Anwendung:

- Praxisüberprüfung, systemische Evaluation – Eignungsprüfung vor der Einführung des GAB-Verfahrens
- Audits – Jährlich kommen Auditoren des TÜV Nord in die Lebenshilfe Syke gemeinnützige GmbH, um die Qualitätsarbeit und ihre zugrundeliegenden Prozesse im Rahmen einer Rezertifizierung zu prüfen.
- Befragungen/Fragebögen – Im Rahmen der Überarbeitung des alten Leitbildes wurde ein anonymer Fragebogen erstellt und an alle Mitarbeitenden, den Vorstand sowie den Beirat der Lebenshilfe Syke gemeinnützige GmbH versandt. Es bestand die Möglichkeit, den Fragebogen einzeln oder im Team zu beantworten und an das QM zurückzugeben.
- Leitbilderstellung, Konzepterstellung, Erstellung von Handlungsleitlinien – Sobald der Leitbildprozess abgeschlossen ist, soll ein im nächsten Schritt ein Grundgerüst für Konzeptionen erarbeitet werden. Bisher haben alle Einrichtungen ihre Konzeptionen im Rahmen der gesetzlichen Vorgaben in Eigenregie erstellt. Zukünftig soll es einen gemeinsamen Lebenshilfe-Rahmen geben, dem eine bereichsspezifische Gliederung und einrichtungsspezifische Punkte schließlich ergänzt werden. Auf die Konzepte folgt schließlich die Einführung von Handlungsleitlinien. Bisher arbeitet die Lebenshilfe Syke gemeinnützige GmbH mit klassischen Verfahrens- bzw. Prozessbeschreibungen, die sich aus den DIN ISO-Vorgaben ergeben haben. Die Handlungsleitlinien sollen zukünftig in Teams erarbeitet werden und die Prozesse praxisnah abbilden.
- Qualitätszirkel – Mit dem Beschluss der Einführung des GAB Verfahrens in die Organisation wurde ein QM-Team etabliert. Dieses QM-Team erfüllt die in Kapitel 4.1.5 dieses Buches beschriebenen Kriterien und Merkmale eines Qualitätszirkels.
- Kollegiales Lernen – Während der knapp einjährigen Weiterbildung zu Qualitätskoordinatoren nach dem GAB-Verfahren musste jede*r Seminarteilnehmer*in jeweils ein Praxis-Projekt in seiner Organisation durchführen. So fand das GAB-Verfahren während der Fortbildung bereits an verschiedenen Stellen Einzug in die Lebenshilfe Syke gemeinnützige GmbH. Das QM-Team nutzte

die Praxisphasen zwischen den vier Seminarblöcken und während der Workshops außerdem, um zum Beispiel die Durchführung der jährlichen internen Audits neu anzugehen. Es wurden verschiedene Methoden der kollegialen Beratung geübt, die ebenfalls schnell in die Praxis der Lebenshilfe Syke gemeinnützige GmbH überführt werden konnten.

- Verfahrens- und Prozessbeschreibungen – Die Lebenshilfe Syke gemeinnützige GmbH arbeitet mit klassischen Verfahrens- beziehungsweise Prozessbeschreibungen, die sich aus den DIN ISO-Vorgaben ergeben.

Gründe für den Leitbildprozess: Wie im Fallbeispiel beschrieben, gab es in der Lebenshilfe Syke gemeinnützige GmbH bereits seit Jahren ein Leitbild. Das sehr umfangreiche Dokument wurde jedoch seit einigen Jahren nicht mehr überprüft. Die Aspekte Aktualität und des Einbeziehens von Neuerungen in der Entwicklung der Lebenshilfe Syke gemeinnützige GmbH seit der letzten Leitbilderstellung können als Gründe für den genannten Leitbildprozess angeführt werden.

Ein Leitbild kann im Sinne des PDCA-Zyklus (Plan-Do-Check-Act) dem Bereich der grundsätzlichen Planung (Haltung im Unternehmen) zugeordnet werden. Der Leitbildprozess wird auch innerhalb des GAB-Verfahrens im Rahmen des Abschnitts „Planung" aufgeführt (siehe Abbildung 4.3).

4.6 Fragen zur Übung und Kontrolle des Lernerfolgs

a) Welche Ziele haben Prozessbeschreibungen und wie werden diese gestaltet?
b) Was bilden Prozesslandkarten ab und welche Ziele werden dabei verfolgt?
c) Was ist der Unterschied zwischen Prozessbeschreibungen und Prozesslandkarten? Warum sind beide Instrumente hilfreich?
d) Warum sind Dienstleistungen schwerer qualitativ zu messen als materielle Produkte? Welcher Prozesstyp ist betroffen, wenn Dienstleistungen optimiert werden sollen?
e) Was ist das betriebliche Vorschlagswesen und wie könnte dieses implementiert werden (nötige Prozesse)?
f) Erklären Sie das Instrument des Qualitätszirkels (Zielsetzungen und wesentliche Kriterien). Welche vier wichtigen Schritte der Arbeit eines Qualitätszirkels können genannt werden?
g) Welche Zielsetzungen verfolgt das Beschwerdemanagement und wie können Beschwerden kategorisiert werden? Nennen Sie exemplarische Möglichkeiten des Umgangs mit Beschwerden.

h) Was ist das GAB-Verfahren und wieso kann es für soziale Organisationen relevant sein? Welche Instrumente und Methoden werden im Rahmen des GAB-Verfahrens angewandt?
i) Was bedeuten die Abkürzungen DIN EN ISO? Wie entstehen ISO Normen und wie werden diese aktualisiert? Nennen Sie die wichtigsten branchenübergreifenden ISO Qualitätsnormen und erklären Sie diese kurz.
j) Beschreiben Sie die Themenbereiche und Kriterien des überarbeiteten EFQM-Modells (ab 2019) im Überblick. Wofür steht „RADAR" und wie funktioniert die Bewertung nach der RADAR-Logik?
k) Erläutern Sie die Zielsetzungen von internen und externen Qualitätsaudits. Wie laufen Audits idealtypisch ab, welche unterschiedlichen Ergebnisse können Audits liefern und wie ist in der Organisation auf die Ergebnisse zu reagieren?
l) Was ist eine Zertifizierung und für welche Dauer ist diese gültig?
m) Nach welchen Kriterien entscheiden externe Prüfer*innen, ob ein Spendengütesiegel vergeben wird?
n) Was spricht aus Ihrer Sicht für oder möglicherweise gegen eine Zertifizierung nach ISO Norm 9001 (Fallbeispiel Lebenshilfe Syke gemeinnützige GmbH)?
o) Wieso ist das Instrument der Selbstbewertung im Kontext des Qualitätsmanagements relevant für Organisationen? Wie kann Selbstbewertung beispielhaft vorgenommen werden?
p) Welche Erkenntnisse haben Sie zur Eignung der in Kapitel 4 behandelten Ansätze für soziale Organisationen gewonnen?

4.7 Literaturverzeichnis

Arnold, U. (2014). Qualitätsmanagement in Sozialwirtschaftlichen Organisationen. In U. Arnold, K. Grunwald, B. Maelicke, H. Backhaus-Maul, B. Benz & K.-H. Boeßenecker (Hrsg.), *Lehrbuch der Sozialwirtschaft* (4. erweiterte Aufl., S. 585–628). Nomos.

Beck, R. & Schwarz, G. (2011). *Konzeptions- und Leitbildentwicklung: Bestandsaufnahme und Prozessgestaltung. Optimierung von Leitungshandeln.* Studienbrief 2-020-1301 (2., grundlegend überarbeitete Aufl.). Service-Agentur des Hochschulverbundes Distance Learning.

Benes, G. & Groh, P. E. (2017). *Grundlagen des Qualitätsmanagements* (4., aktualisierte Aufl.). Fachbuchverlag Leipzig im Carl Hanser Verlag. http://www.hanser-fachbuch.de/9783446451834

Binner, H. F. (2002). *Prozessorientierte TQM-Umsetzung* (2., verb. und aktualisierte Aufl.). *Hanser Lehrbuch.* Hanser.

Böckelmann, C. & Mäder, K. (2018). *Fokus Personalentwicklung: Konzept und ihre Anwendung im Bildungsbereich.* (2., vollständig überarb, und erw. Aufl.). Springer.

Brandl, P. (2021). Die QM-Systeme sind in die Jahre gekommen – Wie geht's weiter? In A. Wöhrle, M. Boecker, P. Brandl, K. Grunwald, L. Kolhoff, S. Noll, J. Ribbeck & M. Sagmeister (Hrsg.), *Studienkurs Sozialwirtschaft. Qualitätsmanagement, Qualitätsentwicklung* (1. Aufl., S. 85–120). Nomos.

Brüggemann, H. & Bremer, P. (2020). *Grundlagen Qualitätsmanagement: Von den Werkzeugen über Methoden zum TQM* (3. Aufl.). Springer Vieweg.

Bruhn, M. (2020). *Qualitätsmanagement für Dienstleistungen: Handbuch für ein erfolgreiches Qualitätsmanagement: Grundlagen – Konzepte – Methoden* (12., aktualisierte und erweiterte Aufl.). Springer Gabler. https://doi.org/10.1007/978-3-662-62120-2

Bruhn, M. (2021). *Qualitätsmanagement für Non-Profit-Organisationen: Grundlagen – Planung – Umsetzung – Kontrolle* (2., überarbeitete und erweiterte Aufl.). Springer Gabler.

DGQ Deutsche Gesellschaft für Qualität. (2023). Überarbeitete ISO 9001 kommt 2025 – weitere Revisionen angekündigt. https://www.dgq.de/aktuelles/ueberarbeitete-iso-9001-kommt-2025-weitere-revisionen-angekuendigt/

DIN Deutsches Institut für Normung. (2023a). *DIN-Norm: Entstehung einer Norm.* https://www.din.de/de/ueber-normen-und-standards/din-norm

DIN Deutsches Institut für Normung. (2023b). Über Normen und Standards: DIN kurz erklärt. https://www.din.de/de/ueber-normen-und-standards/basiswissen

EFQM European Foundation for Quality Management. (2021). *Das EFQM Modell: 2. überarbeitete Ausgabe. Enthält ergänzende Informationen zu Anwendungsbeispielen, RADAR und Bewertungsprofilen.* https://efqm.org/de/the-efqm-model/

Ensslen, C. (2004). Rechnungslegung und Transparenz im Dritten Sektor. In W. R. Walz (Hrsg.), *Schriftenreihe des Instituts für Stiftungsrecht und das Recht der Non-Profit-Organisationen [Band 1]: Bd. 3. Rechnungslegung und Transparenz im Dritten Sektor* (S. 215–218). Heymanns.

Ertl-Wagner, B., Steinbrucker, S. & Wagner, B. (2013). *Qualitätsmanagement und Zertifizierung: Praktische Umsetzung in Krankenhäusern, Reha-Kliniken, stationären Pflegeeinrichtungen* (2. Aufl.). Springer.

Gnahs, D. & Quilling, E. (2019). *Qualitätsmanagement: Konzepte und Praxiswissen für die Weiterbildung.* Springer VS. https://doi.org/10.1007/978-3-658-19534-2

Halfar, B. (2009). Wirkungsorientiertes Controlling [Sozialwirtschaft: Zeitschrift für Führungskräfte in sozialen Unternehmungen, 5, S. 6–8]. https://nbn-resolving.org/urn:nbn:de:0168-ssoar-315806

Haller, S. (2012). *Dienstleistungsmanagement: Grundlagen – Konzepte – Instrumente* (5., aktualisierte Aufl.). Springer Gabler.

Haller, S. & Wissing, C. (2022). *Dienstleistungsmanagement: Grundlagen – Konzepte – Instrumente* (9., überarbeitete und erweiterte Aufl.). *Springer eBook Collection.* Springer Gabler. https://doi.org/10.1007/978-3-658-36810-4

Hensen, P. (2019). *Qualitätsmanagement im Gesundheitswesen: Grundlagen für Studium und Praxis* (2., überarbeitete und erweiterte Aufl.). Springer Gabler.
Herrmann, J. & Fritz, H. (2021). *Qualitätsmanagement: Lehrbuch für Studium und Praxis* (3., aktualisierte und erweiterte Aufl.). Hanser.
Hövemann, G. (2009). *Wirtschaftslehre für soziale Berufe: Fachbuch für Sozialwirtschaft*. Lambertus-Verlag.
ISO Internationalen Organisation für Normung. (2023). *Popular standards: ISO 9000 family – Quality management*. https://www.iso.org/iso/quality_management
Maurus, A., Lang, R., Juraschek, S., Hepting, S., Hartmann, E., Elsäßer, P., Ackermann, S. & Brater, M. (2016). *Menschen entwickeln Qualitäten: Qualitätsmanagement nach dem GAB-Verfahren. Ein Leitfaden für pädagogische und soziale Arbeitsfelder* (Bd. 6). wbv Publikation. https://doi.org/10.3278/6004509w
Meinhold, M. (1998). *Qualitätssicherung und Qualitätsmanagement in der sozialen Arbeit: Einführung und Arbeitshilfen* (3., erg. Aufl.). Lambertus.
Meinhold, M. & Matul, C. (2011). *Qualitätsmanagement aus der Sicht von Sozialarbeit und Ökonomie* (2., überarb. und aktualisierte Aufl.). utb-studi-e-book: Bd. 3568. Nomos-Verl.-Ges; UTB. http://www.utb-studi-e-book.de/9783838535685
Müller, E. (2014). *Qualitätsmanagement für Unternehmer und Führungskräfte: Was Entscheider wissen müssen*. Springer Gabler.
OSGS Österreichisches Spendengütesiegel. (2021). Über das Spendengütesiegel. https://www.osgs.at/spendenguetesiegel/
Ribbeck, J. (2022). *Qualitätsmanagement in der Sozialwirtschaft: Grundlagen – Qualitätsmanagementsysteme – Implementierung und Steuerung* (2., neu bearbeitete Aufl.). *Blaue Reihe*. Walhalla und Praetoria. http://www.walhalla.de
Scheibeler, A. A. & Scheibeler Florian. (2019). *Easy ISO 9001:2015 für kleine Unternehmen*. (2., vollständig überarbeitete Aufl.). Hanser.
Schmitt, R. & Pfeifer, T. (2015). *Qualitätsmanagement: Strategien – Methoden – Techniken* (5., überarb. Aufl.). Hanser.
Simsa, R. & Patak, M. (2021). *Leadership & Homeoffice: So gelingt Führung auf Distanz*. Linde international.
Sommerhoff, B. (2021). *QM im Wandel: Personenzentriertes Innovations- und Qualitätsmanagement*. Hanser.
Stauss, B. & Seidel, W. (2014). *Beschwerdemanagement: Unzufriedene Kunden als profitable Zielgruppe* (5., vollst. überarb. Aufl.). Hanser Verl. http://www.hanser-elibrary.com/doi/book/10.3139/9783446436633 https://doi.org/10.3139/9783446436633
Stötzer, S. (2009). *Stakeholder Performance Reporting von Nonprofit-Organisationen.: Grundlagen und Empfehlungen für die Leistungsberichterstattung als stakeholderorientiertes Steuerungs- und Rechenschaftslegungsinstrument*. Gabler.
Tergeist, G. (2015). *Führen und leiten in sozialen Einrichtungen*. (1. Aufl.). BALANCE buch + medien verlag.
Vogelbusch, F. (2018). *Management von Sozialunternehmen: Eine Einführung in die allgemeine Betriebswirtschaftslehre mit Abbildungen und Praxisbeispielen*. Verlag Franz Vahlen.

Zech, R. (2019). *Qualitätsmanagement und gute Arbeit: Grundlagen einer gelingenden Qualitätsentwicklung für Einsteiger und Skeptiker* (2. Aufl.). *Essentials.* Springer. http://www.springer.com/

Zollondz, H.-D. (2011). *Grundlagen Qualitätsmanagement: Einführung in Geschichte, Begriffe, Systeme und Konzepte* (3., überarb., aktualisierte und erw. Aufl.). *Management 10-2012.* Oldenbourg. https://www.degruyter.com/isbn/9783486712025 https://doi.org/10.1524/9783486712025

Schritte der Implementierung und exemplarische Instrumente der Qualitätsplanung und Qualitätsdarlegung

Zusammenfassung

Die Qualitätsanalyse ist die wesentliche Grundlage für eine weiterführende Qualitätsplanung, ohne Analyse können keine gezielten Maßnahmen gesetzt werden. Folgende Instrumente der Qualitätsanalyse werden im Unterkapitel 5.1 skizziert: Stakeholder-Analyse, SWOT-Analyse, GAP-Analyse, Problem- und Ursachenanalyse sowie die Zufriedenheitsanalyse.

Die Formulierung von Qualitätszielen, auf der Grundlage eines Qualitätsleitbildes, steht im Mittelpunkt des Unterkapitels 5.2. Explizit wird hier der Prozess der Zielformulierung betrachtet und das Thema des Benchmarking aufgegriffen.

In die Zukunft gerichtete Techniken und Methoden der Qualitätsplanung, wie zum Beispiel die Szenariotechnik, die Zukunftskonferenzen oder die Strategieklausur, werden in Kapitel 5.3. vorgestellt.

In Kapitel 5.4. werden ebenfalls Methoden und Instrumente im Rahmen der Qualitätsmessung beschrieben. Die Themen Qualitätskennzahlen, Qualitätsstatistiken, Balanced Scorecard sowie weitere Ansätze der kundenorientierten und unternehmensorientierten Qualitätsmessung werden behandelt.

Kapitel 5.5 stellt weitere gängige Verfahren der Qualitätsdarstellung und Qualitätsdokumentation im sozialen Bereich vor und konzentriert sich in den Unterkapiteln auf Sach- und Qualitätsberichte sowie das Qualitätshandbuch.

Kapitel 5.6 beschäftigt sich mit dem Fallbeispiel des Vereins NEUSTART und in Kapitel 5.7 folgen Aufgaben und Musterlösungen zum Fallbeispiel. Abschließend werden die Fragen zur Übung und Kontrolle des Lernerfolges in Kapitel 5.8 angeführt.

© Der/die Autor(en), exklusiv lizenziert an
Springer Fachmedien Wiesbaden GmbH, ein Teil von Springer Nature 2024
W. Grillitsch und S. Felscher, *Qualitätsmanagement in Organisationen der Sozialwirtschaft*, Basiswissen Sozialwirtschaft und Sozialmanagement,
https://doi.org/10.1007/978-3-658-40202-0_5

Schlüsselwörter

Qualitätsanalyse, Instrumente der Qualitätsanalyse, Problem- und Ursachenanalyse, Qualitätsplanung, Qualitätsleitbild, Qualitätsziele, Qualitätsmessung, Qualitätsdokumentation, Qualitätsberichtslegung, Fallbeispiel

Lernziele

- Sie verstehen den Sinn und Zweck einer Qualitätsanalyse als Ausgangspunkt für eine sorgfältige Qualitätsplanung. Sie sind in der Lage die Zielsetzungen und den Ablauf der Stakeholder Analyse, der SWOT-Analyse und der GAP-Analyse zu erklären.
- Sie können Instrumente der Problem- und Ursachenanalyse nennen und kurz erklären. Sie können die Zielsetzungen der Zufriedenheitsanalyse sowie dafür relevante Kriterien und mögliche Instrumente nennen.
- Sie können den Begriff Leitbild nach Klaußner (2016) sowie die nach innen und außen gerichteten Funktionen des Leitbildes beschreiben.
- Die Bedeutung sowie die Herangehensweise bei der Zielformulierung sind Ihnen bekannt.
- Sie sind in der Lage die Zielsetzungen des Benchmarking und eine mögliche Vorgehensweise in vier Schritten (Kerth et al., 2015) zu erläutern.
- Sie kennen die Aufgabe zukunftsgerichteter Qualitätsplanung und wissen, wie die Szenariotechnik, Zukunftskonferenzen und/oder Strategieklausuren dazu beitragen können. Sie können die drei Instrumente vom Ablauf her kurz erklären.
- Sie verstehen die Bedeutung von Bewertungen anhand klar definierter Kriterien für den Qualitätsprozess und können begründen, warum Qualitätskennzahlen dafür nötig sind.
- Sie können verschiedene Arten der Kennzahlen nennen und mit einem Beispiel erläutern.
- Sie können beschreiben, welche Elemente Qualitätsstatistiken enthalten und mit welchen Zielsetzungen interne und externe Statistiken für eine Organisation genutzt werden können.
- Sie verstehen die Bedeutung von Kennzahlensystemen für eine Organisation und können die vier unterschiedlichen Ebenen einer Balanced Scorecard mit einer beispielhaften Kennzahl nennen.
- Gängige Ansätze der kundenorientierten und unternehmensorientierten Qualitätsmessung (nach Bruhn, 2020) sind Ihnen bekannt und sie können diese kurz beschreiben.
- Sie können die klassische Hierarchie der Qualitätsdokumentation von Hensen (2019) erklären.

- Sie sind in der Lage den Unterschied zwischen einem Sachbericht und einem Qualitätsbericht zu benennen und Ihnen sind die wesentlichen Eckpunkte für die inhaltliche Gestaltung von Sach- und Qualitätsberichten bekannt. Sie können die Funktion eines Qualitätshandbuches erläutern und wesentliche Eckpunkte für dessen Erstellung beschreiben.
- Die Verfahrensanweisung als unterstützendes Gestaltungsmittel bei der Erstellung eines Qualitätshandbuches ist Ihnen bekannt.

5.1 Qualitätsanalyse

Eine fundierte Analyse dient als Ausgangspunkt der Qualitätsplanung und Qualitätsentwicklung. Wenn die IST-Größen und die SOLL-Ziele bekannt sind, kann in weiterer Folge nach geeigneten Möglichkeiten der Qualitätsentwicklung und Qualitätssicherung gesucht werden. Insbesondere am Beginn von Qualitätsmanagementmaßnahmen ist eine Analyse der Ausgangslage erforderlich. Die Analyse von Qualität wird auch laufend im Qualitätsentwicklungsprozess benötigt.

Es liegt im Verantwortungsbereich der Leitungspersonen einer Organisation aus der Vielzahl an Analysemöglichkeiten die für die Organisation relevanten Analyseinstrumente auszuwählen. Dabei lässt sich feststellen, dass alle Analyseinstrumente spezifische Schwerpunkte sowie auch Stärken und Schwächen aufweisen. Es hängt von der Zielsetzung der Analyse und den Präferenzen der Organisation sowie ggf. der Branche ab, welche Analyseinstrumente bevorzugt werden.

Neben der internen Messung und Überwachung von Arbeitsprozessen sowie einem Controlling der organisationsinternen Abläufe und Kennzahlen ist der Blick über den „Tellerrand" der Organisation in das organisationale Umfeld besonders wesentlich, um die Organisation nachhaltig in einer bestimmten Branche und bei bestimmten Zielgruppen zu positionieren. In diesem Kapitel wird in den ersten vier Unterkapiteln daher besonderes Augenmerk auf Instrumente gelegt, die das Organisationsumfeld berücksichtigen und gezielt mit internen Aspekten verknüpfen. Die Stakeholder Analyse widmet sich den relevanten externen und internen Interessensgruppen von Organisationen, die SWOT-Analyse kombiniert eine interne Analyse von Stärken und Schwächen mit einer externen Analyse von Chancen und Risiken. Die GAP-Analyse ist der gezielten Suche von strategischen und operativen Lücken gewidmet und die Zufriedenheitsanalyse befasst sich mit der Zufriedenheit aus Kund*innen- und Mitarbeiter*innenperspektive. Im Anschluss daran geht Kapitel 5.1.5, mit einem stärkeren Fokus auf die interne Organisation, auf ausgewählte Instrumente der Problem- und Ursachenanalyse ein.

5.1.1 Stakeholder Analyse

Eine umfassende Analyse aller wesentlichen Stakeholder-Beziehungen und Stakeholder-Erwartungen ist eine wesentliche Voraussetzung für die Entwicklung und Implementierung von Strategien sowie für das laufende Management von Stakeholder-Beziehungen. (Horak & Speckbacher, 2013, S. 174) Die Stakeholder-Analyse hat die Zielsetzung Interessensgruppen zu identifizieren und in Entscheidungen einzubinden, damit Unternehmensziele leichter erreicht werden können. Anregungen für den Umgang mit Bedürfnissen und Forderungen der Stakeholder sollen gewonnen werden. (Kerth et al., 2015, S. 153)

Zu den Stakeholdern (Anspruchsgruppen) zählen die Zielgruppen der Leistungen einer Organisation, die Beschäftigten, Geldgeberschaft, Spender*innen, öffentlichen Stellen, Medien und Kooperationspartner*innen. (Horak & Speckbacher, 2013, S. 173) Stakeholder können Einzelpersonen oder Personengruppen sein, die aktiv auf Entscheidungen der Organisation Einfluss nehmen und Ressourcen zur Zielerreichung zur Verfügung stellen. (Kerth et al., 2015, S. 154)

Stakeholder haben laut Horak und Speckbacher (2013) folgende Merkmale, sie sind:

- beeinflussend: Stakeholder üben unterschiedlich starken Einfluss auf die Organisation und ihr Umfeld aus.
- dynamisch: Ziele und Ansprüche der Stakeholder können sich im Zeitablauf ändern oder je nach Problemlage/Fragestellung unterschiedlich sein.
- vernetzt: Zu berücksichtigen ist auch, dass Stakeholder in einem dichten, dynamischen Beziehungsgeflecht zu anderen Anspruchsgruppen stehen. (Horak & Speckbacher, 2013, S. 174)

Bei der Ermittlung der Stakeholder sind alle möglichen Interessensgruppen an die Organisation zu betrachten, dabei sind Adressat*innen und deren Angehörige, Anrainer*innen, gesellschaftliche oder politische Vereine/Verbände ebenso einzubeziehen, wie Finanzgeberschaft, Aufsichtsgremien und Partnerorganisationen.

Nach der Ermittlung der Stakeholder sind deren Merkmale und deren Bedeutung für die Organisation zu analysieren, um eine Stakeholder-Strategie entwickeln zu können. Tabelle 5.1 illustriert, welche Prozesse die Entwicklung einer Stakeholder-Strategie laut Horak und Speckbacher (2013) umfasst.

Tab. 5.1   Entwicklung einer Stakeholder-Strategie (Horak & Speckbacher, 2013, S. 175)

Tätigkeit	Fragestellung/Beschreibung
1. Ermittlung der Stakeholder	Wer sind die relevanten Stakeholder der Organisation?
2. Zusammenfassung und Ordnung der Stakeholder	Erarbeitung einer vernünftig bearbeitbaren Anzahl von Stakeholder-Gruppen.
3. Charakterisierung der Stakeholder	Welche Erwartungen haben die Stakeholder an uns, was erwarten wir uns von ihnen?
4. Bewertung und Ermittlung der Wichtigkeit der Stakeholder nach festgelegten Kriterien	Daraus resultiert als Ergebnis, dass die wichtigsten Stakeholder definiert sind, für die konkrete Strategien erarbeitet werden.
5. Festlegung von Normstrategien in Abhängigkeit von den gewählten Kriterien	Wie ist der Umgang mit spezifischen Stakeholdertypen ganz allgemein formuliert?
6. Beobachtung der einzelnen Stakeholder und Festlegung spezifischer Strategien Wie soll, abgeleitet von den Normstrategien, mit den einzelnen Stakeholdern konkret umgegangen werden?	
7. Abstimmung, Umsetzung und Kontrolle	Festlegung eines Maßnahmen- und Zeitplans sowie regelmäßiges Überprüfen der Ergebnisse.

Keine Organisation besitzt die Möglichkeit, die tendenziell unbegrenzten Erwartungen der Stakeholder gleichermaßen zu erfüllen, diese können auch widersprüchlich sein. Organisationen müssen daher Stakeholder und deren Ansprüche priorisieren, wie Tabelle 5.1 im Schritt 4 zeigt. Je nach Bewertung der Stakeholder sind einzelne Stakeholder mehr oder weniger relevant für die Organisation und deren langfristige Entwicklung und benötigen daher mehr oder weniger Aufmerksamkeit durch die Organisation. Die Bewertung ist keine einmalige Aufgabe, da sich die Relevanz der Anspruchsgruppen auch ändern kann, weil sich beispielsweise ihre Einflussmöglichkeiten verändern. Den Erwartungen der Stakeholder ist der potentielle Nutzen aus dem Handeln der Organisation für den jeweiligen Stakeholder gegenüber zu stellen, um Impulse für die Strategieformulierung zu erhalten. (Hungenberg, 2011, 424, 426)

Müller-Stewens und Lechner (2005) erläutern exemplarische Erwartungen von Stakeholdern in Tabelle 5.2.

Tab. 5.2 Erwartungen ausgewählter Anspruchsgruppen an Profit-Organisationen (Müller-Stewens & Lechner, 2005, S. 181)

Anspruchsgruppe	Erwartungen
Mitarbeiter*innen	Einkommen, Arbeitsplatzsicherheit, Status, soziale Beziehungen, Sinn, Identität, Selbstverwirklichung
Management	Kontrolle/Macht, Einkommen/Beteiligung, Umsatzwachstum/Gewinn, Sicherheit der Stellung, Job Design, Status
Verwaltungsrat	Kontrolle/Macht, Delegation von Aufgaben, Kompetenzen, Verantwortung, Information, Leistung, Loyalität, Beziehungen
Aktionäre	Kontrolle/Macht, Information, Wertsteigerung, Investition, Steuerrate, Dividende, Kursgewinn, Loyalität
Kund*innen	Abnehmermacht, Produkt- und Dienstleistungsqualität, Preiswürdigkeit, Konditionen, Image, Liefersicherheit/Zuverlässigkeit, Flexibilität
Lieferant*innen Vermittler*innen	Macht, Abnahmesicherheit, Image
Banken	Bonität, Macht, kalkulierbares Risiko
Öffentlichkeit	Arbeitsplätze, Spenden/Stiftungen, Umweltschutz, soziale Sicherheit, Einhaltung von normativen Werten
Staat	Steuern/Gebühren, Aufgabenentlastung, Einhaltung von Rechtsvorschriften, Prosperität der Einrichtungen

Aus Tabelle 5.2 ist ersichtlich, dass Erwartungen der Stakeholder sehr unterschiedlich sind und einander auch widersprechen können. Wesentlich ist, sich einen Überblick über die Erwartungen der Stakeholder zu verschaffen, um darauf aufbauend Entscheidungsprobleme feststellen zu können und entsprechende Strategien im Umgang mit den Stakeholdern zu entwickeln.

Um Erwartungen und mögliche Entscheidungsprobleme in Bezug auf Stakeholder übersichtlich darzustellen, bietet sich die Erstellung einer Stakeholder-Matrix an, wie die Darstellung eines Ausschnittes aus einer Stakeholder-Matrix in Tabelle 5.3 am Beispiel eines Studiengangs Sozialer Arbeit an einer Beispielhochschule zeigt.

Aus Tabelle 5.3 ist trotz der ausschnitthaften Aufzählung erkennbar, dass Studiengänge der Sozialen Arbeit eine Vielfalt Stakeholdern haben. Die weitere Ausgestaltung der Stakeholder Matrix hängt von den wesentlichen Parametern der Analyse ab. Diese sind im vorliegenden Beispiel durch den Studiengang (gegebenenfalls in Abstimmung mit übergeordneten Stellen) zu definieren. Je nach Analysezweck können daher unterschiedliche Parameter und relevante Entscheidungsprobleme berücksichtigt werden.

Tab. 5.3 Kategorien einer noch im weiteren Dialogprozess zu befüllenden Stakeholder-Matrix eines Studiengangs Sozialer Arbeit (eigene Darstellung)

Stakeholder	Stakeholdererwartungen und relevante Themen/Entscheidungsprobleme					
	Zieldefinition	Erwartungen an den Studiengang	Leistungen des Studiengangs	Möglichkeiten der Zusammenarbeit	usw.
Studierende						
Hauptberuflich Lehrende						
Nebenberuflich Lehrende						
Wissenschaftliche Mitarbeiter*innen						
Projektmitarbeiter*innen						
Mitarbeiter*innen der Studienadministration						
Mitarbeiter*innen der Hochschulverwaltung						
Kolleg*innen aus anderen Studiengängen						
Vorgesetzte Stellen der verschiedenen Hierarchieebenen						
Praktikumsanleiter*innen						
Soziale Organisationen als Arbeitgeber*innen						
Projektpartner*innen						
Finanzgeberschaft						
Aufsichtsgremien						
Bewerber*innen für Studienplätze						
Absolvent*innen						
usw.						

Für Qualitätsmanagement in sozialen Organisation ist es bedeutsam, die Stakeholdererwartungen hinsichtlich qualitativer Sozialer Arbeit und professionellen Handelns zu kennen und weitere spezifische Ansprüche von Stakeholdern sichtbar zu machen. Die Stakeholder-Matrix hilft dabei, Entscheidungsprobleme und relevante Thematiken übersichtlich darzustellen. Darauf aufbauend können Qualitätsziele und -strategien abgeleitet werden, die einerseits als Orientierungsrahmen für qualitätsvolles Stakeholdermanagement der Organisation dienen und andererseits den Erwartungen relevanter Stakeholdergruppen gerecht werden. Entscheidungsprobleme ergeben sich bei widersprüchlichen Erwartungen der Stakeholder sowie hinsichtlich der tendenziell unbegrenzten Erwartungen in Relation zu in Organisationen immer begrenzten personellen und finanziellen Ressourcen. Damit kann eine Organisation nie allen Erwartungen von Stakeholdern gerecht werden, sondern muss bestimmte Prioritäten hinsichtlich der Leistungen für und des Umganges mit den Stakeholdern setzen.

5.1.2 SWOT-Analyse

Das Akronym „SWOT" steht für „strengths" (Stärken) und „weaknesses" (Schwächen) in der Betrachtung unternehmensinterner Faktoren sowie für unternehmensexterne „opportunities" (Chancen) und „threats" (Risiken), die sich aus den Umfeldbedingungen einer Organisation ergeben. Sie berücksichtigt damit organisationsinterne und -externe Rahmenbedingungen und ist ein Analyseinstrument zur Entwicklung strategischer Optionen. (Kerth et al., 2015, S. 174) Die SWOT-Analyse zielt darauf ab, die Stärken und Schwächen einer Organisation übersichtlich darzustellen und Aussagen über Chancen und Risiken zu treffen. Die einzelnen Felder der SWOT-Analyse zu befüllen, ist Aufgabe der strategischen Analyse. Die externe Analyse dient der Ermittlung von Chancen und Risiken, die das Geschäftsfeld in seiner Umwelt erwarten kann. Wie gut eine Organisation Chancen nutzen und Risiken bewältigen kann, hängt entscheidend von seinen Stärken und Schwächen ab, daher ist die interne Situation eines Geschäftsfeldes sorgfältig zu analysieren und dient als Basis der Strategieformulierung. (Hungenberg, 2011, S. 88–89)

Die SWOT-Analyse kann für alle Fragestellungen verwendet werden, in denen ein Individuum oder eine Organisation in einem Umfeld agiert. Erkenntnisse aus anderen Analysemethoden wie einer Kundenzufriedenheitsanalyse, Zielgruppen- oder Umweltanalyse können einfließen. Der unternehmensinterne Teil vergleicht Stärken und Schwächen der Organisation mit Wettbewerbsorganisationen, um Wettbewerbsvor- und -nachteile zu identifizieren. Der externe Analyseteil filtert Chancen und Risiken für die Organisation heraus, die bei der Entwicklung strategischer Optionen berücksichtigt werden müssen. (Kerth et al., 2015, S. 174–175)

Die SWOT-Analyse hilft, die Leistungsfähigkeit einer Organisation zu beurteilen und den Sinn und Zweck der Organisation kritisch zu reflektieren. Dabei ist es wesentlich knappe, präzise Aussagen zu treffen und konkrete, situativ sinnvolle Analyseergebnisse zu generieren. Gute Analysen identifizieren die wichtigsten Einflussfaktoren, deren Auswirkungen und beinhalten relevante, klare Schlussfolgerungen. Die relevanten Personen mit Entscheidungs- und Umsetzungskompetenz sollen beteiligt sein, damit das Ergebnis akzeptiert und genutzt wird. (Stöger & Salcher, 2006, S. 56)

Die empfohlene Vorgehensweise nach Kerth et al. (2015) bei der SWOT-Analyse gliedert sich in vier Schritte:

1) Identifikation von Stärken und Schwächen: Eigene Leistungspotentiale werden mit Mitbewerberorganisationen verglichen, diese können finanzielle, organisatorische, technologische personelle oder zeitliche Hintergründe haben. (Stöger & Salcher, 2006, S. 56)
2) Identifikation von Chancen und Risiken: Diese können durch ökonomische, soziokulturelle globale, technologische, politisch-rechtliche und demographische Faktoren bestimmt werden.
3) Abbildung eines kombinierten Portfolios: Durch die vier Felder entsteht eine einfache und übersichtliche Matrix als Grundlage für weitere Entscheidungen.
4) Ableitung von SWOT-Normstrategien: Normstrategien können für alle vier Felder der SWOT-Analyse abgeleitet werden. (Kerth et al., 2015, S. 176–177, 212–213)

Abbildung 5.1 (nächste Seite) präsentiert die vier verschiedenen Strategiekombinationen.

Ergänzend zur Abbildung 5.1 ist anzumerken: Das Kürzel SO-Strategien steht für Strength-Opportunities-Strategien und dienen dazu eigene Stärken und Chancen zu nutzen. ST-Strategien ist die Abkürzung für Strengths-Threats-Strategien, hier werden eigene Stärken genutzt, um Umweltrisiken zu mildern. WO-Strategien sind die Weaknesses-Opportunities-Strategien, die sich aus eigenen Schwächen in Kombination mit externen Chancen ergeben – diese sollen genutzt werden, um eigene Schwächen abzubauen. WT-Strategien bedeutet Weaknesses-Threats-Strategien, diese versuchen durch den Abbau von Schwächen Risiken aus dem Umfeld zu mindern. Beispiele sind aus Abbildung 5.1 zu entnehmen. (Kerth et al., 2015, S. 212–213)

Die SWOT-Analyse kann insbesondere für Qualität und Qualitätsmanagement angewendet werden, um die internen diesbezüglichen Stärken und Schwächen zu hinterfragen und Chancen und Risiken für qualitätsvolle Soziale Arbeit aus dem Umfeld der Organisation zu hinterfragen. Diese qualitätsorientierte SWOT-Ana-

Abb. 5.1 SWOT-Normstrategien (Kerth et al., 2015, S. 212)

	Chancen (Opportunities)	**Risiken** (Threats)
Stärken (Strength)	**SO-Strategien** • Wahrnehmung der Chancen unter Einsatz der Stärken • Expansionen/Investitionen • Nutzung von Trends durch vorhandene Ressourcen	**ST-Strategien** • Stärken ausnutzen, um Umweltrisiken auszugleichen bzw. zu lindern • Nutzung von Beziehungen, um Umweltbedingungen zu beeinflussen
Schwächen (Weaknesses)	**WO-Strategien** • Abbau von Unternehmensschwächen, um Chancen zu nutzen • Beispielsweise Abbau eigener Bürokratie (Schwäche), um reaktionsschneller zu sein und Chancen des Marktes nutzen zu können	**WT-Strategien** • Schwächen abbauen, um Risiko zu reduzieren • Desinvestitionsstrategien

lyse kann wertvolle Impulse für die Ausgestaltung des Qualitätsmanagements in der Organisation liefern.

5.1.3 GAP-Analyse

Die GAP-Analyse stellt Ist- und Planwert einer Zielgröße (z. B. Umsatz, Auslastung, Anzahl der Beratungsgespräche, ein bestimmtes Qualitätsniveau) zu unterschiedlichen Zeitpunkten dar. Die operative Lücke zeigt die Abweichung zwischen der prognostizierten Entwicklung bei unverändertem Vorgehen versus bei einem optimalen Vorgehen. Die strategische Lücke visualisiert die Abweichung zwischen einer potentiellen Entwicklung bei optimalem Vorgehen und dem geplanten Ergebnisziel. Die identifizierten Lücken werden hinsichtlich vermuteter Abweichungsursachen analysiert und geeignete Maßnahmen abgeleitet. (Kerth et al., 2015, S. 237–238)

Die GAP-Analyse ist ein klassisches Instrument der strategischen Planung und zeigt durch die Gegenüberstellung erwarteter Prognosewerte (z. B. Umsatz, Auslastung) bei Fortführung bisheriger Strategien einerseits vs. der Entwicklung der geplanten Zielwerte andererseits, eine sich mit den Jahren vergrößernde Abweichung auf. Es entsteht eine Ziellücke, deren Ursachen analysiert werden sollen. Die Einflussfaktoren und Wirkungen von Maßnahmen sollen reflektiert sowie die Suche alternativer Strategien und Maßnahmen soll forciert werden. (Thommen & Achleitner, 2005, S. 917–918)

Für die GAP-Analyse benötigt man interne Ist- und Planwerte aus dem Controlling und Experteninterviews in der Organisation zur Erklärung von Abweichungen und zur Erarbeitung von Maßnahmenplänen. Als erstes wird die Zielgröße bestimmt (für ein, drei und fünf Jahre). Im zweiten Schritt wird der IST-Wert ermittelt und für die betrachteten Jahre unter der Berücksichtigung von Inflationsraten fortgeschrieben. Die Lücke zwischen Ist- und Planwert wird im Schritt drei identifiziert und analysiert. Als vierter Schritt werden Ideen entwickelt, um die Lücken zu schließen und mehr Effektivität und Effizienz zu erzielen. Im Schritt fünf werden detaillierte Maßnahmenpläne erarbeitet, die nach Schlüsselthemen gegliedert sind. Der Maßnahmenkatalog mit Aufgabenpaketen, Meilensteinen, Messgrößen, personellen Verantwortlichen und Endterminen wird im sechsten Schritt umgesetzt. (Thommen & Achleitner, 2005, S. 238–239)

Im Bereich der Servicequalität könnten beispielsweise operative Lücken auftreten, wie Mängel in der Umsetzung angestrebten Servicequalität und ein Überversprechen im Kundenkontakt. Maßnahmen um diese Lücken zu schließen wären unter anderem eine Klärung der Aufgaben und Zuständigkeiten und eine begleitende Kontrolle sowie eine Verbesserung der an die Kunden gerichteten Kommunikation. Als strategische Lücken könnten fehlende Normen und Ziele für die Servicequalität und die Unklarheit von Kundenerwartungen auftreten. Maßnahmen um die Lücke zu schließen wäre eine Abklärung der Zielgruppenerwartungen (Zielgruppenanalyse, Stakeholder-Analyse) und die Entwicklung von Qualitätsstandards. (Meinhold & Matul, 2011, S. 48–49)

Ergänzend kann das GAP-Modell von Parasuraman et al. (1985) unterstützen, denn es analysiert die Abweichungen von erwarteter und tatsächlicher Dienstleistungsqualität und identifiziert fünf Lücken:

- GAP 1 – Wahrnehmungslücke: Die Dienstleistungsorganisation kennt die Erwartungen der Kund*innen aufgrund von Mund-zu-Mund Kommunikation, individuellen Bedürfnissen und/oder Erfahrungen der Vergangenheit nicht.
- GAP 2 – Entwicklungslücke: Kundenerwartungen sind nicht ausreichend in die Konzeption der Dienstleistung eingeflossen, da die Unternehmensleitung die erwartete Leistung aus Kund*innenperspektive nicht oder zu wenig kennt oder die Erwartungen sich nicht in Normen und Zielen für die Servicequalität widerspiegeln.

- GAP 3 – Leistungslücke: Die erbrachte Dienstleistung stimmt nicht mit der versprochenen Dienstleistung bzw. mit den kommunizierten Qualitätskriterien für die Dienstleistung überein.
- GAP 4 – Kommunikationslücke: Die Kommunikation mit Kund*innen über die Dienstleistung entspricht nicht der tatsächlich erbrachten Dienstleistung, dadurch können Missverständnisse oder Fehlinterpretationen der Dienstleistungsqualität entstehen.
- GAP 5 – Kundenlücke: Dieser GAP ergibt sich aus der Summe der GAPs 1–4 und ist der Unterschied zwischen der von Kund*innen erwarteten und der tatsächlich erlebten Dienstleistung. Parasuraman et al., 1985, zitiert nach Brüggemann & Bremer, 2020, S. 255)

Brüggemann und Bremer (2020) ergänzen diese fünf Lücken um zwei weitere:

- GAP 6 – Wahrnehmungslücke auf der Mitarbeitendenebene: Dies ist der Unterschied zwischen den von Mitarbeiter*innen wahrgenommenen und den tatsächlichen Erwartungen der Kund*innen.
- GAP 7 – Organisationsinterne Kommunikationslücke: Unterschiedlich wahrgenommene Kundenerwartungen zwischen dem Management und den Mitarbeitenden ergeben diese Lücke. (Brüggemann & Bremer, 2020, S. 255)

Die im GAP-Modell identifizierten Gaps können wertvolle Hinweise für eine GAP-Analyse der Servicequalität bieten, auf Basis derer wiederum Maßnahmen zur Schließung der Lücken entwickelt werden. Vorschläge zur Schließung der einzelnen, in diesem Modell identifizierten, einzelnen Lücken finden sich in (Bruhn, 2020, S. 113–123).

In der GAP-Analyse für die Soziale Arbeit ist vom erweiterten Kundenbegriff in der Sozialen Arbeit auszugehen (siehe auch Kapitel 3.2.1), damit sind Klient*innen/Adressat*innen, Kosten- und Leistungsträger einzubeziehen sowie Angehörige bei Bedarf (z. B. in den Handlungsfeldern Kindheit/Jugend, im Falle von Behinderung/Beeinträchtigung oder in der Lebensphase des Alterns), wodurch sich noch weitere Lücken in den Wahrnehmungen und Erwartungen der verschiedensten Anspruchsgruppen ergeben bzw. die Kommunikation an und Interaktion mit verschiedenen Zielgruppen Berücksichtigung finden muss.

Bei der Analyse der Qualität können auch verschiedene Instrumente genutzt werden, die Instrumente in den vorigen Kapiteln wurden so ausgewählt, dass sie sich gut ergänzen. Erkenntnisse aus der Stakeholder Analyse, der SWOT-Analyse und der GAP-Analyse können herangezogen werden, um darauf aufbauend Qualitätsziele für die soziale Einrichtung zu erarbeiten, die als Orientierungsrahmen für die Qualitätsplanung und Qualitätsumsetzung sowie die Qualitätssicherung und Qualitätsmessung dienen können.

5.1.4 Zufriedenheitsanalyse

Der Erfolg einer Organisation steht nach Kerth et al. (2015) am Ende einer Ursache-Wirkungs-Kette, welche entscheidend durch die Zufriedenstellung von Mitarbeiter*innen- und Kund*innenwünschen bestimmt wird. Mit Hilfe der Zufriedenheitsanalyse lässt sich die Erreichung dieser Wünsche messen und kontrollieren. Sie kann dabei unterstützen Schwachstellen aufzudecken und Verbesserungsmaßnahmen einzuleiten. Da die praktische Messung der Zufriedenheit äußerst komplex ist, bedarf es der Entwicklung von Indikatorenmodellen, welche mit Kennzahlen die Ausprägung der Zufriedenheit abbilden. Ein Beispiel hierfür wäre die Wiederkaufrate, also die erneute Bestellung einer Dienstleistung durch einen Kunden, nach deren Erbringung. Auf Mitarbeiter*innenebene wäre es zum Beispiel die Fluktuationsrate in der Organisation. Die Daten für die Zufriedenheitsanalyse lassen sich auf verschiedene Arten gewinnen, die gebräuchlichsten Formen sind die schriftliche Befragung, das Interview und die Auswertung bestehender Kennzahlen. (Kerth et al., 2015, S. 35–37)

Bevor mit der Zufriedenheitsanalyse begonnen wird muss festgelegt werden, welche Faktoren zu berücksichtigen sind und welches Ausmaß die Analyse haben soll. Um eine detaillierte und aussagekräftige Zufriedenheitsanalyse nutzen zu können, empfiehlt es sich laut (Hirt, 2015, S. 38) interne und externe Kennzahlen gleichermaßen zu verwenden.

Die Zufriedenheitsanalyse lässt sich nach Raab et al. (2018) in ihrem strukturellen Aufbau in acht aufeinander aufbauende Phasen unterteilen, die in Tabelle 5.4 (nächste Seite) ersichtlich sind.

Tabelle 5.4 zeigt die acht Phasen der Zufriedenheitsanalyse, wobei zu beachten ist, dass diese logisch aufeinander aufbauen und deren Reihenfolge einzuhalten ist.

Abschließend bleibt festzuhalten, dass die Zufriedenheitsanalyse allein keine Verbesserungen in der Organisation auslöst. Wichtig ist es im Nachgang, mit den gewonnenen Informationen konsequent in die Umsetzung von Maßnahmen zu gehen, den Erfolg dieser Maßnahmen regelmäßig zu überprüfen und im Bedarfsfall auch zu adaptieren. (Kerth et al., 2015, S. 37)

Tab. 5.4 Phasen der Zufriedenheitsanalyse (eigene Darstellung nach dem Text von (Raab et al., 2018, S. 294–297)

Phasenschritte	Beschreibung
1. Phase: Festlegung des Untersuchungsgegenstands und der Untersuchungsziele	Es erfolgt zunächst eine Identifizierung, wer überhaupt analysiert werden soll. Davon abhängig kann es unterschiedliche Untersuchungsziele geben.
2. Phase: Explorative Phase	Im Wesentlichen geht es in dieser Phase um eine Bestandsaufnahme, um Informationen über die Wünsche und Erwartungen in Bezug auf die Dienstleistung Diese werden ganz allgemein beispielsweise durch Gespräche erkundet. Die daraus gewonnenen Erkenntnisse ergeben Rückschlüsse für die zum Einsatz kommende Methode.
3. Phase: Auswahl und Gestaltung der Untersuchungsmethode	In dieser Phase wird hinsichtlich geeigneter objektiven und/oder subjektiven Verfahren zur Messung der Kundenzufriedenheit entschieden.
4. Phase: Pretest	Bei der Wahl eines subjektiven Messverfahrens empfiehlt es sich, einen sogenannten Pretest anhand einer kleinen Zahl von Personen durchzuführen. In erster Linie geht es um die Überprüfung von Verständlichkeit, Vollständigkeit und Zweckmäßigkeit der gewählten Untersuchungsmethode.
5. Phase: Untersuchungsdurchführung	In dieser Phase erfolgt die Erhebung der geplanten Daten mit der jeweiligen Erhebungsmethode.
6. Phase: Analyse der Daten	Auf die Phase der Untersuchungsdurchführung folgt die Auswertung der gesammelten Daten.
7. Phase: Erarbeitung von Handlungsplänen	Die ausgewerteten Daten bilden die Grundlage, um Handlungsansätze zur Verbesserung der Zufriedenheit zu erarbeiten. Da in der Regel nicht alle erfassten Aspekte die Kundenzufriedenheit gleichermaßen beeinflussen, empfiehlt es sich, mit der Verbesserung der Maßnahmen zu beginnen, welche einen großen Einfluss auf die Kundenzufriedenheit hat
8. Phase: Umsetzung der Handlungspläne	Nach der Erarbeitung von Handlungsplänen erfolgt die Umsetzung. Begleitet wird die Umsetzung idealerweise durch ein Controlling. So soll gewährleistet werden, dass die erarbeiteten Maßnahmen zur Verbesserung der Kundenzufriedenheit schon während ihrer Umsetzung auf Wirksamkeit überprüft werden und Schwachstellen im Prozess frühzeitig erkannt werden können.

5.1.5 Problem- und Ursachenanalyse

Um im Rahmen der Qualitätsanalyse Probleme und Ursachen identifizieren zu können, werden nachfolgend praxisrelevante Methoden und Instrumente kurz vorgestellt, die in der Qualitätsmanagementliteratur häufig in diesem Kontext genannt werden.

Fehlersammelkarte

Über einen im Vorfeld festgelegten Zeitraum wird in einer Fehlersammelkarte festgehalten, welche Fehler wie oft auftreten. Kennzeichnungsmöglichkeiten bieten sich hier im Zusammenhang mit Ort, Art, Häufigkeit und Ursache. Anhand einer detaillierten Kennzeichnung lässt sich im weiteren Verlauf eine Häufigkeitsverteilung von Problemen und Ereignissen vornehmen, was letztendlich eine tiefer gehende Analyse ermöglicht und so zur Vermeidung von Fehlern beitragen kann. (Binner, 2002, S. 210; Brüggemann & Bremer, 2020, S. 20; Herrmann & Fritz, 2021, S. 173)

Histogramm

Dient als Hilfsmittel, um die Häufigkeit von in Klassen eingeteilten Messwerten graphisch in Form eines Balkendiagramms zu visualisieren. So können die in der Fehlersammelkarte erhobenen Daten dafür genutzt werden, um Rückschlüsse zu gewinnen, ob die Messwerte im Verhältnis zu einem definierten Toleranzbereich verteilt sind. Neben dem Vorteil der Visualisierung kann aus dem Histogramm auch eine Aussage über die Verteilungsformen einer Stichprobe getroffen werden. Neben einer absoluten Wertbestimmung einer Klasse empfiehlt sich bei größeren Datenmengen eine relative Darstellungsform in Prozentwerten. (Binner, 2002, S. 210; Brüggemann & Bremer, 2020, S. 20–21; Herrmann & Fritz, 2021, S. 173)

Pareto-Analyse (ABC-Analyse)

Sie dient im Rahmen des Qualitätsmanagements zur Identifizierung und Priorisierung von Ursachen, welche am stärksten zu einem Problem beitragen. Auf Grundlage das Paretoprinzips, einer empirisch festgestellten Tatsache, dass häufig 80 % der Auswirkungen auf 20 % der Probleme zurückzuführen sind, empfiehlt sich die Darstellung von Daten nach einem festgelegten Ordnungskriterium in einem Säulendiagramm. So können zum Beispiel im Diagramm von links nach rechts abfallend die Fehlerarten nach ihrer Häufigkeit geordnet werden. Mit Hilfe einer Aufsummierung lassen sich Klassen bilden (A, B, C – häufigste Einteilung 70 %, 20 %, 10 %), wobei den Fehlerarten in der Klasse 70 % bei der Problembeseitigung die höchste Priorität zugesprochen wird. (Binner, 2002, S. 211; Brüggemann & Bremer, 2020, S. 21; Herrmann & Fritz, 2021, S. 178)

Korrelationsanalysen oder Streudiagramme
Mit diesen Instrumenten lassen sich die Einflussgrößen von Prozessparametern verdeutlichen. Bei einem Streudiagramm handelt es sich um ein x-y Diagramm, bei dem auf der Abszisse die zu untersuchenden Einflussgrößen festgehalten sind, auf der Ordinate erfolgt die Darstellung der Problemgröße. (Binner, 2002, S. 211; Brüggemann & Bremer, 2020, S. 22; Herrmann & Fritz, 2021, S. 180)

Ishikawa-Diagramm (Fischgräten-Diagramm)
Beim Ishikawa-Diagramm erfolgt eine Darstellung von Ursache und Wirkung. Es dient somit zum Aufdecken und Abarbeiten von Problemursachen. Bei dieser Diagrammform werden alle Neben- und Unterursachen einer festgelegten Hauptursache zugeordnet, Pfeile kennzeichnen die Richtung der Problemwirkung. Mensch, Material, Methode und Maschine sind in ihrer Häufigkeit die relevantesten Hauptursachen. Die systematische Erfassung von Problemursachen und ein daraus ableitbarer Detaillierungsgrad sind ein klarer Vorteil dieser Methode. (Brüggemann & Bremer, 2020, S. 23)
In der Praxis hat sich folgendes Herangehen bewährt:

- Das Problemlösungsteam bildet sich aus Beteiligten und Fachleuten.
- Das Problemlösungsteam kommt zu einem Brainstorming zusammen, entwickelt das Diagramm und sammelt potenzielle Ursachen.
- Mit ein wenig Abstand empfiehlt es sich, einen weiteren Blick auf das Diagramm zu werfen, häufig ergeben sich aufgrund der Visualisierung neue Perspektiven. (Binner, 2002, S. 213–214; Brüggemann & Bremer, 2020, S. 23)

Nachdem in diesem Unterkapitel praxisrelevante Methoden und Instrumente der Analyse vorgestellt wurden, beschäftigt sich das nachfolgende Kapitel mit einer Betrachtung von Qualitätszielen sowie deren Formulierung und Einbettung in den Organisationskontext.

5.2 Qualitätsziele

In den nachfolgenden Kapitelpunkten wird anhand der Themen Leitbild, Zielformulierung und Zufriedenheitsanalyse ein Kreislauf aufgegriffen, welcher unmittelbar mit Qualitätszielen in Organisationen im Zusammenhang steht.

5.2.1 Qualitätsleitbild

Nach Njo (2014) wird aus Mustern, welche aus dem Denken, dem Fühlen und dem Handeln resultieren, die Kultur einer Organisation gebildet. Erfahrungen, welche nicht plan- der produzierbar sind, werden von Generation zu Generation in der Organisation weitergegeben. Daraus entsteht eine Gesamtheit gemeinschaftlich getragener Werte, Normen und Einstellungen, welche letztendlich Einfluss haben, auf Entscheidungen, Handlungen und das Verhalten der Organisationsmitglieder. In diesem Zusammenhang kann das Unternehmensleitbild gestaltet werden, welches in schriftlicher Form die Erklärung der Organisation im Umgang mit Wert-, Norm- und Zielvorstellungen wiederspiegelt. (Njo, 2014, S. 113)

Klaußner (2016) beschreibt das Leitbild als *„…prägnante Formulierung der (selbstgesetzten oder zugewiesenen) Aufgaben und Ziele einer Organisation, sowie der Art und Weise, wie diese Ziele erreicht werden sollen. Es bringt die Grundvorstellungen einer Organisation zum Ausdruck und sollte in seinen Formulierungen so konkret wie möglich und gleichzeitig so allgemein wie nötig sein."* (Klaußner, 2016, S. 3) Versucht man diese Definition für die eigene Organisation im Detail herunterzubrechen, so wirft sich unmittelbar die auch im Fachdiskurs beschrieben und in der Praxis viel diskutierte Fragestellung auf: So konkret wie möglich und allgemein wie nötig – wie kann dies umgesetzt werden? Um bei der Erarbeitung eines Leitbildes zum Thema Qualität einen Orientierungsrahmen zu erhalten, sollen nachfolgende Hinweise zur Herangehensweise und Gestaltung einen Überblick geben.

Anlässe für die Erstellung oder Neugestaltung eines Leitbildes können nach Njo (2014) die Neuausrichtung einer Organisation, aus der Notwendigkeit des Lebenszyklus der Organisation heraus begründet sowie durch von außen herangetragene gesellschaftliche Einflüsse sein. Die wesentlichen inhaltlichen Beschreibungsbestandteile sind nach Kiessling und Babel (2016) sowie Njo et al. (2014) Vision, Mission, Ziele, Werte, Strategien, Verhalten und Umwelt. Die Vision beschreibt den Daseinszweck, den Auftrag und die Aufforderung zu einer bestimmten Handlung und die daraus resultierenden Vorstellungen in Form eines möglichen Beitrages der Organisation, das WAS. Mit der Vision wird das innere Bild eines auf die Zukunft langfristig gerichteten Entwicklungsziels beschrieben. Die Werte- und Zielbeschreibung beinhaltet Grundsätze des Vorgehens und des Verhaltens, das WIE. Diese Grundsätze sollten sich auf Eigenschaften, Qualitäten, Ideen, Ideale und Handlungsmuster beziehen. Strategien, das Verhalten und mögliche Einflüsse der Organisation auf die Umwelt, können sich aus der Vision, der Mission sowie den Zielen und Werten ableiten lassen. (Kiessling & Babel, 2016, S. 35–38; Njo, 2014, S. 114–115)

Müller-Stewens und Lechner (2005) beschreiben, dass die an Leitbilder geknüpften Erwartungen meist hoch sind. Das Leitbild soll eine Orientierungsfunktion übernehmen, um eine gemeinsam geteilte Vorstellung über Zweck und Richtung der Organisation zu gewinnen. Die Legitimationsfunktion steht für die Aufklärungsfunktion eines Leitbildes gegenüber den wichtigsten Stakeholdergruppen. Die Motivationsfunktion soll dabei unterstützen, damit sich Mitarbeiter*innen besser mit der Organisation identifizieren. (Müller-Stewens & Lechner, 2005, S. 239–240) Klaußner (2016) ergänzt diese Funktionen der Leitbildwirkung innerhalb und außerhalb einer Organisation um weitere Aspekte, wie Tabelle 5.5 im Überblick darstellt.

Tab. 5.5 Grundlegende Funktionen der Wirkung von Leitbildern innerhalb und außerhalb der Organisation (eigene Darstellung in Anlehnung an (Klaußner, 2016, S. 5–13; Müller-Stewens & Lechner, 2005, S. 239–240)

Funktionen innerhalb der Organisation	Funktionen von Leitbildern außerhalb der Organisation
Orientierungsfunktion: Das Leitbild legt Mittel und Zweck organisationalen Handelns fest sowie Handlungsmaxime, daraus lässt sich ein Orientierungsrahmen für Mitarbeitende ableiten.	Legitimation: Aus der Perspektive einer Organisation ist es zielführend, wenn nach außen ein vertrauenswürdiges Bild kommuniziert wird. Das Leitbild kann zu einer solchen Außenwahrnehmung beitragen, da abbildet, wofür eine Organisation steht.
Motivationsfunktion: Leitbilder können zu einer Emotionalisierung der Mitarbeitenden beitragen, durch die konkrete Wahl der Formulierungen oder die symbolhafte Aufbereitung des Leitbildtextes.	Abgrenzung: Das Leitbild ermöglicht eine Abgrenzung zu anderen, vergleichbaren Organisationen und eine Positionierung in einer Branche, indem Aussagen getroffen werden, wofür die Organisation steht.
Koordinations- und Integrationsfunktion: Die Kernaufgabe der Managementfunktion „Organisation" besteht darin, ausgehend von der konkreten Aufgabe der Organisation, eine angemessene Struktur (zielgerichtetes Handlungsgerüst) festzulegen. Integration steht hier im Sinne einer zielgerichteten Zusammenführung der Teilaufgaben.	Information: Leitbilder haben die Funktion, Informationen über die Organisation nach außen zur Verfügung zu stellen. Diese Informationen können sich an verschiedenste Stakeholder richten, wie zum Beispiel Kund*innen, Lieferant*innen, Behörden, Verbände, Gewerkschaften und Banken.
Führungsfunktion: Leitbilder werden oft als Führungsinstrument verstanden und genutzt. Durch die grundlegende Aufgaben- und Zielbeschreibung kann das Leitbild Ausgangspunkt für Strategieprozesse und unternehmenspolitischen Festlegungen sein und das unternehmerische Handeln lenken.	Öffentlichkeitsarbeit und Marketing: Werden durch das Leitbild die Erwartungen externer Stakeholder antizipiert und die eigene Organisation als Erfüllerin dieser Erwartungen inszeniert, so kann das Leitbild auch den Zweck eines Marketinginstrumentes erfüllen.

Wie Tabelle 5.5 zeigt, hat das Leitbild vielfältige Funktionen und unterstützt die Organisation im Inneren und in der Außendarstellung.

Klaußner (2016) verweist darauf, dass die Funktion eines Leitbildes sowie daran geknüpfte Umsetzungsmaßnahmen von Schwerpunktlegungen des Top-Managements abhängig sind. (Klaußner, 2021, S. 4) Die von ihm in diesem Zusammenhang beschriebene konzeptionelle Umgebung von Leitbildern wird in Abbildung 5.2 dargestellt.

Abb. 5.2 Konzeptionelle Umgebung von Leitbildern (Klaußner, 2016, S. 5)

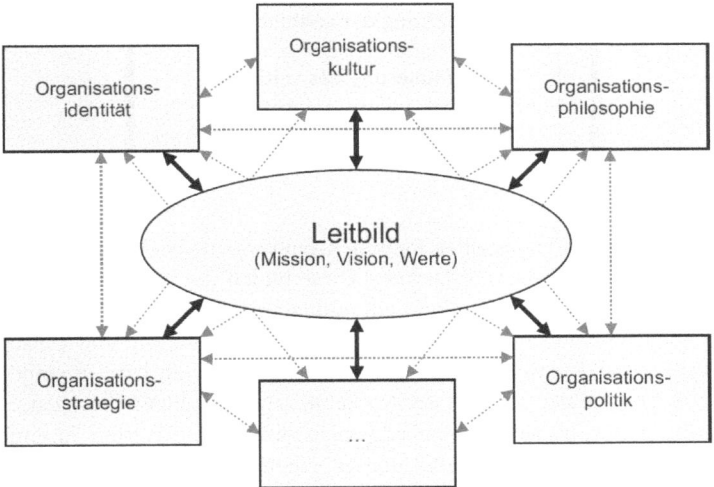

Abbildung 5.2 veranschaulicht die konzeptionellen Schwerpunkte im Zusammenhang mit der Leitbilderstellung. Idealerweise gibt es, spätestens im Nachgang, beschreibende Dokumente in Bezug auf beispielsweise Identität, Kultur, Philosophie des Unternehmens, die Politik oder die Strategie der Organisation.

Müller-Stewens und Lechner (2005) beschreiben die Wichtigkeit des Prozesses der Leitbilderstellung und in einem stufenweisen Gegenstromverfahren von top-down und bottom-up hin- und her gewechselt werden muss. Klaußner (2016) erläutert, dass es bei der Gestaltung von Leitbildprozessen, wie bei allen Veränderungsprozessen, zu Widerständen kommen, oder das Ergebnis langer und mühsamer Arbeit als Hochglanzbroschüre in den Schubladen verschwinden kann.

Abbildung 5.3 zeigt, welche Phasen und dazugehörige Arbeitsschritte bei der Leitbildentwicklung zu beachten sind. Auf die Frage der möglichen Prozessgestaltung, also Top-down, Bottom-Up oder die Kombination im Gegenstromverfahren, wird in Kapitel 3.4.3 dieses Werkes eingegangen.

Abb. 5.3 Phasen der Leitbildentwicklung (eigene Darstellung in Anlehnung an Klaußner, 2016, S. 41–162; Müller-Stewens & Lechner, 2005, S. 241–242)

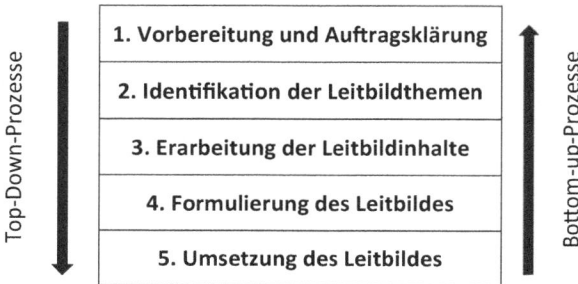

Die in Abbildung 5.3 dargestellten Phasen/Arbeitsschritte beginnen zunächst mit der Vorbereitung und Auftragsklärung. Diese bilden die Basis, bevor es in der 2. Phase um die Identifikation von Leitbildthemen geht. Sind in Phase 3 die Inhalte erarbeitet, geht es in Phase 4 und 5 um die Formulierung und Umsetzung. Dass dieser Prozess sowohl Top-down, als auch Bottom-up bzw. in einer Kombination beider Ansätze gestaltet werden kann, zeigen die Pfeilrichtungen.

Orientierung von Leitbildern an allgemein akzeptierten Werten. Er empfiehlt daher, sich unterschiedlicher Werkzeuge zu bedienen:

- Das *Woran-erinnern-sie-sich*-Werkzeug: Existiert bereits ein Leitbild und wird der Prozess neu initiiert, ist die Frage an Mitarbeiter*innen gerichtet – Woran erinnern sie sich? – eine Möglichkeit, Zugänge, Klarheit oder auch Kenntnis zum bestehenden Leitbild zu erlangen.
- Das *Überraschungsabfrage*-Werkzeug: In der Phase der Erarbeitung bietet sich dieses Werkzeug als Frage an die Mitarbeiter*innen an, von welchen Aspekten des Leitbildes diese überrascht sind.
- Das *Unterschiedlichkeitsüberprüfungs*-Werkzeug: In der fortgeschrittenen Phase des Leitbildprozesses lässt sich auf die Qualität des Erarbeiteten schließen, wenn zum Vergleich Leitbilder von Organisationen im selben Tätigkeitsfeld herangezogen werden. Alle Leitbilder werden anonymisiert und die jeweiligen Kernbotschaften des Leitbildes markiert. Wird das Leitbild der eigenen Organisation von den Mitarbeiter*innen nicht identifiziert, ist es ein klares Zeichen dafür, dass kein großer Unterschied vorliegt.

- Das *so wollen wir nicht sein*-Werkzeug: Viel schwerer fällt es Organisationen zu formulieren, wie sie von Anspruchsgruppen nicht wahrgenommen wollen. Mit der Fragestellung – Was die Organisation nicht sein will? – kann sich Klarheit darüber verschafft werden, wie die Organisation aus diesen Perspektiven positioniert sein sollte. (Kühl, 2017, S. 51–53)

Mit dem Einsatz der skizzierten Werkzeuge können kreative Zugänge für die Entwicklung oder auch Überarbeitung des Leitbildes genutzt werden, was für die Mitarbeiter*innen mit der Möglichkeit von Partizipation am Prozess verbunden ist und für Entscheidungsträger*innen beziehungsweise Prozessverantwortliche die Möglichkeit generiert, durch gewonnenen Erkenntnisse die Gestaltungsperspektiven zu erweitern.

5.2.2 Zielformulierung

Um die im Leitbild formulierten Inhalte zu realisieren, ist eine konkrete Zielformulierung notwendig. Erst so kann nach Ant (2018) der zukünftige und als erwünscht erachtete Zustand in der Organisation auch messbar gemacht beziehungsweise konkrete Handlungsanweisungen abgeleitet werden. In den Zielformulierungen sollte ein Zustand beschrieben werden, welcher eine Verbesserung beinhaltet. Zielformulierungen können ihren Schwerpunkt auf quantitative oder qualitative Aspekte legen, bezüglich ihres Inhalts sollten sie folgende Fragestellungen beantworten: Was soll wie von wem erreichen werden? Um bei der Formulierung in die Tiefe zu gehen, können spezifische Über- beziehungsweise Unterkategorien festgelegt werden, beispielsweise mit Bezug auf Stakeholder, zeitliche Dimensionen, Wirtschaftlichkeit, Unternehmenspolitik, Image oder auch Service der Unternehmensdienstleistung. (Ant, 2018, S. 174–176)

Für die Praxis empfiehlt sich das SMART-Goal-System von Doran (1981):

- Specific: Ziele müssen das angestrebte Ergebnis konkret beschreiben und so festlegen, welches Qualitätsniveau erreicht werden soll.
- Measurable: Ziele müssen messbar, beschreibbar und/oder beobachtbar sein.
- Attainable: Ziele müssen erreichbar, herausfordernd und widerspruchsfrei formuliert sein.
- Relevant: Ziele müssen für die Akteur*innen bedeutsam sein.
- Trakable: Die Erreichung der Ziele muss für die Akteur*innen steuerbar sein. (Doran; Eremit & Weber, 2015, S. 93–99)

Abschließend ist in diesem Zusammenhang noch darauf hinzuweisen, dass Organisationen als offene, soziotechnische Systeme in ihrem Bestand und ihrer Entwicklung großen Veränderungsfaktoren unterliegen können. Die Herausforderungen für Führungskräfte bestehen demzufolge darin, strategische Überlegungen und die Vielfalt möglicher Zielsetzungen in Einklang zu bringen. (Ant, 2018, S. 177; Hahn, 2006, S. 4)

5.2.3 Benchmarking

Benchmarking ist ein managementorientiertes Verfahren, mit dem „Best Practices" (beste/optimale Praktiken) identifiziert werden können. Bezogen auf die Dienstleistungsqualität der eigenen Einrichtung lassen sich aus dem gewählten Best Practice einer anderen Einrichtung Leistungslücken der eigenen Prozesse und Ergebnisse feststellen. (Bruhn, 2020, S. 217)

Benchmarking zielt darauf ab, die Unterschiede zwischen der eigenen Organisation und anderen Organisationen zu erfassen. (Hungenberg, 2011, S. 227) Organisationen und Institutionen können in vielerlei Hinsicht verglichen werden, wie durch Untersuchungen des Dienstleistungsangebots, der Qualität der Dienstleistungen, der Produktdifferenzierung, des Personaleinsatzes, der Arbeitsbedingungen, des Preises, der Klient*innen (Pennersdorfer & Badelt, 2013, S. 107) oder hinsichtlich der Ausgestaltung von organisationalen Prozessen.

Benchmarking Zielgrößen können Kosten, Qualität, Kundenzufriedenheit oder Zeit sein. Kooperatives Benchmarking erfolgt in Abstimmung mit einer Benchmarking-Partnereinheit (Nutzung von Primärquellen), nicht-kooperatives Benchmarking ohne die Zustimmung der Vergleichsorganisation (mit Sekundärdaten). Es kann zwischen internem (zwischen Abteilungen, Standorten, Bereichen) und externem Benchmarking unterschieden werden. Für das Benchmarking sollte als Vergleichspartner hinsichtlich des Benchmarking-Objekts (z. B. Produkte/Dienstleistungen, Methoden/Verfahren, Prozesse) die beste externe Organisation oder interne Organisationseinheit gewählt werden. (Kerth et al., 2015, S. 159)

Werden beispielsweise Kostenunterschiede ermittelt, wird dies als Cost Benchmarking bezeichnet. Cost Benchmarking dient dazu Ursachen für Kostenunterschiede zu erkennen und eigene Kosten bei Bedarf oder im Falle von Verbesserungspotential anzupassen. Organisationsexterne Benchmarkingpartner können Wettbewerber (Wettbewerbsbenchmarking) oder Organisationen aus anderen Branchen (funktionales Benchmarking) sein, organisationsintern können verschiedene Niederlassungen verglichen werden. (Hungenberg, 2011, S. 227)

Kerth et al. (2015) schlagen eine Vorgehensweise beim Benchmarking vor, wie Abbildung 5.4 zeigt.

Qualitätsziele

Abb. 5.4 Vorgehensweise beim Benchmarking (Kerth et al., 2015, S. 161)

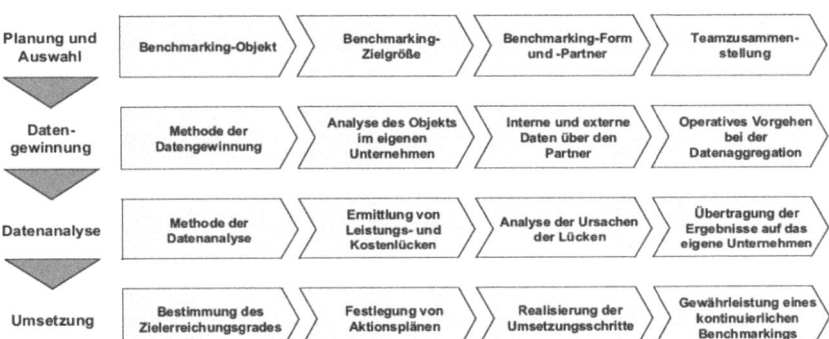

Aus Abbildung 5.4 ist erkennbar, dass bei der Planung und Auswahl das Benchmarking-Objekt und die Benchmarking-Zielgrößen definiert werden müssen, die Benchmarking-Form und -Partnereinheit muss ausgewählt sowie ein Team zur Analyse zusammengestellt werden. Bei der Datengewinnung wird über die Methode der Datengewinnung entschieden, das eigene Benchmarking-Objekt wird analysiert, interne und externe Daten über die Partnereinheit werden gesammelt und das Vorgehen bei der Datenaggregation ist zu definieren. In der Phase der Umsetzung werden Zielwerte abgeleitet, ein ideales Benchmarking-Objekt ist zu entwickeln, davon werden Maßnahmen/Aktionspläne abgeleitet, die im Anschluss umzusetzen sind. Zudem sollte ein laufendes Benchmarking gewährleistet werden, um Verbesserungspotentiale aufzudecken. (Kerth et al., 2015, S. 161–163)

Laut Bruhn (2020) kommen beim Dienstleistungsbenchmarking Unternehmen, Leistungen oder Personen als Benchmarking-Objekte in Frage. Somit können auf Unternehmensebene eigene Unternehmenseinheiten oder Hauptkonkurrenten als Benchmarking-Objekte herangezogen werden, es kann ein Benchmarking externer oder interner Leistungen sowie von Leistungen innerhalb und außerhalb der Branche erfolgen. Auf Personenebene kann ein Benchmarking von Mitarbeitenden sowie ein Benchmarking von Kundenkontaktmitarbeitenden angestrebt werden. (Bruhn, 2020, S. 324)

Bei Faktoren wie der Entlohnung gibt es häufig Branchenstandards (Benchmarks), die zur Orientierung dienen können. (Schreyögg & Koch, 2020, S. 709) Beim Benchmarking ist zu beachten, dass dieses auf Homogenität – im Sinne eines Lernens von Besten – drängt, das Strategische Management hingegen drängt auf Wettbewerbsvorteile durch Heterogenität. Bei der Verwendung von Benchmarking sind daher Hintergründe von Leistungsdifferenzen zu ergründen und verschiedene Ausgestaltungsformen von Wertschöpfungsprozessen und einzelner Aktivitäten zu kennen. Laut des Strategischen Managements beruhen nachhaltige Wettbewerbsvorteile auf Einmaligkeit und schwere Imitierbarkeit. (Schreyögg & Koch, 2020, S. 191)

Für soziale Organisationen bedeutet dies einerseits, dass für die jeweilige Organisation sinnvolle Benchmarkingobjekte zu definieren sind, dass andererseits aber auch die Benchmarkingergebnisse einer kritischen Reflexion zu unterziehen sind. Damit kann ausgelotet werden, ob sich die Annäherung an den*die Besten als Strategie anbietet, oder ob eine bewusste Abgrenzung und Differenzierung zur Sicherstellung nachhaltiger Wettbewerbsvorteile angezeigt ist. Ebenfalls ist der Einfluss von Anspruchsgruppen (Stakeholdern) und deren Erwartungen zu berücksichtigten. Diese Ausführungen sollen zeigen, dass in der Praxis ein guter Mix an Instrumenten und die multiperspektivischen Erkenntnisse daraus zu qualitativ hochwertigen Entscheidungen führen. Ein singuläres Instrument ist in seiner Aussagekraft immer begrenzt ist, da es nur einen bestimmten Ausschnitt der Realität zeigen kann.

5.3 Zukunftsgerichtete Qualitätsplanung

Die zukunftsgerichtete Qualitätsplanung steht vor der Herausforderung positive und sinnstiftende Zukunftsbilder zu entwickeln, die sich als tragfähig für die soziale Einrichtung erweisen und strategische Zielplanung ermöglichen. Zu Instrumenten, die Impulse für die Qualitätsplanung vor allem im Sinne der strategischen Ausrichtung liefern können, gehören die Szenariotechnik, Zukunftskonferenzen und Strategieklausuren, die in den folgenden Kapiteln beschrieben werden.

5.3.1 Szenariotechnik

Hungenberg (2011) erklärt Szenarien als alternative Zukunftsbilder, die auf logisch zusammenpassenden Annahmen beruhen und das Unternehmen sowie seine Umwelt beschreiben. Es geht darum, sich mit wichtigen Einflussgrößen und deren Veränderung auseinanderzusetzen. Dazu werden zwei bis drei unterschiedliche Bilder entworfen. (Hungenberg, 2011, S. 183) Üblicherweise werden drei Szenarien entwickelt:

- „Ein optimistisches Extremszenario (Best Case), das die günstigste Zukunftsmöglichkeit veranschaulicht.

- Ein pessimistisches Extremszenario (Worst Case), in dem die schlechtestmögliche Entwicklung verdeutlicht wird.
- Ein Trendszenario, das die Normalsituation als Hochrechnung der wahrscheinlichsten Entwicklung ermittelt." (Kerth et al., 2015, S. 231)

Basierend auf den ausgearbeiteten Szenarien können mögliche Chancen und Risiken der Organisation genauer skizziert werden, wobei diese Zukunftseinschätzungen in die strategische Planung einfließen. Dabei ist auch zu reflektieren, wie sich Strategien der Organisation wiederum auf die definierten Szenarien auswirken. (Kerth et al., 2015, 231 f.)
Der Analyseprozess gestaltet sich laut Kerth et al. (2015) wie folgt:

1) Problemanalyse als Ausgangspunkt der Szenariotechnik (Phase 1) widmet sich einem gesellschaftlichen oder organisationsrelevanten Problem, das sachlich, zeitlich und räumlich abgegrenzt wird.
2) In Phase 2 werden Einflüsse aus der Unternehmensumwelt definiert, die auf die Organisation einwirken und dazu passende quantitative oder qualitative Kenngrößen bestimmt.
3) Für alle Einflussfaktoren werden in Phase 3 die kurz-, mittel- und langfristigen Trends bestimmt und in Faktoren gegliedert, welche positive und welche davon negative Entwicklungen bestimmen.
4) In Phase 4 erfolgt die Erarbeitung des Trendszenarios (der Normalsituation), des Best Case und des Worst Case Szenarios, üblicherweise im Rahmen eines Workshops. In Phase 5 werden die drei Szenarien in Diskussionsrunden auf Chancen und Risiken analysiert. (Kerth et al., 2015, 233 f.)

Die eben beschriebene Vorgehensweise wird als „Forward Approach" bezeichnet und wird häufiger angewandt. Der „Backward Approach" ist sinnvoll, wenn eine größere Anzahl an Einflussfaktoren vorliegt, die zu komplex in ihren Zusammenhängen ist. Dabei werden mehrere alternative Zukunftsbilder entworfen, die im nächsten Schritt in ihre wichtigsten Faktoren aufgelöst werden. Anschließend wird überlegt, welche Veränderung der jeweiligen Einflussfaktoren (Schlüsselfaktoren) stattgefunden haben muss, um zu einem bestimmten Szenario zu gelangen. Dieser Ansatz wird vor allem bei der Entwicklung von Langfristszenarien herangezogen. (Hungenberg, 2011, S. 183–185)
Die Szenariotechnik kann zur Qualitätsplanung ganz gezielt auf die Fragestellung von Best- und Worst Case Szenarien der Qualitätsarbeit entsprechend der Qualitätsziele der Organisation angewandt werden. Aus den gewonnenen Erkenntnissen kann das realistische Trendszenario abgeleitet werden, auf Basis dessen weitere Maßnahmen der Qualitätsentwicklung definiert werden.

Wenn hingegen das Zukunftsbild sehr komplex und vielschichtig ausgestaltet werden muss oder sich die Organisation auf einen gänzlich neuen Weg hinsichtlich der anzuwendenden Verfahren und Methoden begeben will, sind Zukunftskonferenzen ein hilfreiches Instrument der Qualitätsplanung.

5.3.2 Zukunftskonferenzen

„Zukunftskonferenz" ist die Bezeichnung für eine von Marvin Weisbord und Sandra Janoff in den 1990ern entwickelte Methode, die es auch großen Gruppen mit unterschiedlichen Interessen ermöglicht einen Konsens zu Zielen und Maßnahmen der Zusammenarbeit zu entwickeln. Das Schwergewicht wird auf die Arbeit in unterschiedlichen homogenen und heterogenen Gruppenkonstellationen gelegt. (König & Volmer, 2008, S. 464)

Weisbord und Janoff (2001) beschreiben ein Drei-Tages-Programm für Organisationen, um eine Konferenz mit Mitarbeiter*innen und Teams aus allen Bereichen sowie mit relevanten externen Stakeholdern zu gestalten, um ein gemeinsam getragenes Zukunftsprogramm zu entwickeln. 50 bis 70 Personen (maximal 100 Personen) widmen sich der Vergangenheit, analysieren die gegenwärtige Situation und entwerfen Zukunftsszenarien sowie gemeinsamen Interessen und arbeiten Maßnahmenpläne aus. „Eine Zukunftskonferenz ist eine Methode, um in Großgruppen und unter Einbezug von relevanten Stakeholdern gemeinsam getragene Zukunftsstrategien zu entwickeln und Energie für deren Umsetzung zu erzeugen." (zur Bonsen, 2021) Eine Organisation kann mit Hilfe der Stakeholder Analyse feststellen, welche Personengruppen im Idealfall bei einer Zukunftskonferenz einbezogen werden sollten (siehe dazu Kapitel 5.1.1).

Die Zukunftskonferenz gehört nach (Burow, 2008, S. 181) zu Verfahren partizipativer Zukunftsgestaltung und folgt dem Motto „Das ganze System in einem Raum". Sie geht auf die Vergangenheit, die Gegenwart und die Zukunft ein. Sie hat einen sechsphasigen Verlauf, um in relativ kurzer Zeit, alle elementaren Dimensionen der Zukunft einer Organisation/Region/Gemeinde zu beachten, wie Burow (2008) ausführt:

1) Teilnehmer*innen tragen nach einem Kennenlernen unter der Leitfrage „Wo kommen wir her?" auf einem Zeitstrahl Höhe und Tiefpunkte der jeweiligen Geschichte der Organisation/Region/Gemeinde ein.
2) Gestaltung einer Mindmap (in einer Größe von ca. 4 × 6 Meter) zu erwartbaren Zukunftsherausforderungen mit der Frage „Was kommt auf uns zu?"
3) Mit den Fragen „Worauf sind wir stolz? Was bedauern wir?" werden in der 3. Phase Stärken und Schwächen analysiert.

4) Im nächsten Schritt zur Frage „Was ist unsere Vision? Was wollen wir gemeinsam erschaffen?" werden Bilder der erwünschten Zukunft geklärt.
5) Anschließend wird zur Frage „Was ist unser gemeinsamer Grund?" an Entwicklungsaufgaben und Zielen gearbeitet, die alle gemeinsam mit Engagement voranbringen wollen.
6) Abschließend werden in der 6. Phase zur Frage „Was wollen wir gemeinsam umsetzen?" konkrete Maßnahmenpläne mit der Zuordnung von verantwortlichen Personen und Umsetzungsterminen entwickelt. (Burow, 2008, S. 181)

Zu Möglichkeiten und Grenzen von Zukunftskonferenzen führt (zur Bonsen, 2021) aus, dass diese nicht zu Entwicklungsschritten mit großem Risiko dienen. Diese Neuorientierungen seien Aufgabe von Geschäftsleitungen. „Zukunftskonferenzen sind dort für Organisationen sehr gut geeignet, wo die große Richtung in die Zukunft feststeht und wo man viele dafür gewinnen möchte, diese Richtung mit attraktiven Zielen und zugehörigen Maßnahmen auszufüllen. ... Zukunftskonferenzen sind bewusst so gestaltet, dass schwere Konflikte kaum auftreten. ... Es ist die Stärke der Methode Zukunftskonferenz, dass sie in einer komplexen Welt voller unterschiedlicher Interessen Menschen unter dem Dach einer gemeinsamen Vision zu vereinen und ihre Kräfte für diese Gemeinsame zu mobilisieren vermag." (zur Bonsen, 2021)

Die Zukunftskonferenz setzt eine grundlegende strategische Ausrichtung voraus. Partizipative Möglichkeiten der Entwicklung von strategischen Optionen bieten Strategieklausuren oder Strategiesitzungen unter breiter Einbindung von Mitarbeiter*innen.

5.3.3 Strategieklausuren und Strategiesitzungen

Die Beurteilung und Auswahl von strategischen Optionen soll im Rahmen von strategischen Zielsetzungen und dem Leitbild der Organisationen erfolgen. Die Machbarkeit der strategischen Alternativen, die Frage der Akzeptanz bei allen relevanten Interessensgruppen und das Wertesystem der Organisation sind zu berücksichtigen. (Schreyögg & Koch, 2020, S. 230–231) Als Grundlage für das Qualitätsmanagement dient die Qualitätspolitik einer Organisation, die mit der übergeordneten Organisationspolitik im Einklang stehen muss. Diese beinhaltet Vision und Mission der Organisation, die Qualitätspolitik ist dahingehend anzupassen. (Herrmann & Fritz, 2021, S. 16)

Dabei ist die Steuerung der Organisation im Sinne eines politischen Geschehens sehr komplex und kann nicht nur durch die Organisation und deren Aufsichtsgremien definiert werden. Grunwald 2022 beschreibt: „Im Zentrum des

Diskurses zu *Politik in und von Organisationen* steht weder das Management mit seinen Steuerungsbemühungen noch die Organisation als zweckrational bestimmtes, statisch strukturiertes Gebilde, sondern vielmehr die politisch-soziale Arena. In dieser Arena wird nicht von vorgegebenen Normen, Strukturen und Prozessen in und von Organisationen ausgegangen, sondern diese werden in ihren Entstehungszusammenhängen analysiert. Dabei werden sie als Ergebnisse sozialer Handlungen von Subjekten aufgefasst, als Resultate von interessengeleiteten Aushandlungen mit jeweils nur begrenzt gültigen Kompromissen und Konfliktlösungen." (Grunwald, 2022, S. 183)

Strategische Ziele ergeben sich im sozialen Bereich durch Aushandlungsprozesse im Sinne von vertraglichen Vereinbarungen mit fördergebenden Institutionen, außerdem unterschiedlich anteilig aus einem gesetzlichen Auftrag im Zuge der Leistungserstellung in bestimmten Handlungsfeldern, außerdem durch Vorgaben von organisationseigenen Aufsichtsgremien und durch Entscheidungen des Top-Managements in Abstimmung mit den strategisch relevanten Stakeholdern. Zusätzlich ist dabei die Berücksichtigung vorhandener Ressourcen erforderlich. Die Wahl der strategischen Optionen und die Entwicklung der darauf aufbauenden Programme gestaltet sich als komplexer Vorgang, wobei für die Wahl der strategischen Ziele häufig das Top Management verantwortlich ist. Strategieklausuren der Leitungsebene, gegebenenfalls unter Einbezug von Vertreter*innen der relevanten Anspruchsgruppen und Aufsichtsgremien, dienen der grundsätzlichen Auswahl strategischer Optionen auf die weitere Planungsprozesse aufsetzen.

Qualitätsplanung ist normativ im Sinne der Werte und des Leitbildes (Leit- oder Richtziele) der Organisation zu gestalten, die strategische Ebene im Sinne der strategischen Planungsziele baut darauf auf und die operative Planung (Ergebnis, Handlungsziele) hat sich wiederum an den strategischen Vorgaben zu orientieren. Die Ermittlung der Qualitätsanforderungen an die Organisation ist damit eine elementare strategische Steuerungsanforderung. Aus normativen grundlegenden Qualitätsleitlinien sind übergeordnete Qualitätsziele zu entwickeln, die in passende Strategien zu transferieren sind, die im Kontext operativer Prozessplanung in konkrete Qualitätskriterien, Merkmalsausprägungen und Qualitätsindikatoren münden müssen, um Mitarbeiter*innen umsetzungsrelevante Orientierung zu geben. (Ribbeck, 2018, S. 164–165)

Bei der weiterführenden Programmentwicklung aus den strategischen Zielsetzungen heraus geht es um eine eigenständige planerische Leistung, die dazu dient, Maßnahmen zur Umsetzung der strategischen Ziele zu fixieren. Dabei sind jene Bereiche der Organisation herauszufinden, die für die Umsetzung der Unternehmensstrategie von kritischer Bedeutung sind. Außerdem erforderlich sind die Schaffung eines strategiegerechten Organisations- und Leitungssystems und eines strategischen Personalmanagements. (Schreyögg & Koch, 2020, S. 233–234)

Strategieklausuren bzw. Strategiesitzungen mit wichtigen Schlüsselpersonen aus der Organisation oder mit breiter Einbindung von Mitarbeiter*innen dienen der Programmentwicklung und damit der Festlegung von Maßnahmen als Beiträge zu den wesentlichen strategischen Zielsetzungen. Unter Beteiligung der Mitarbeiter*innen können Ideen einfließen und die strategischen Maßnahmen werden organisationsintern breitere Akzeptanz erfahren.

Die Einhaltung strategischer und operativer Ziele braucht ein Monitoring und Controlling, dazu wird Qualitätsmessung herangezogen, um die Soll-Werte mit IST-Größen vergleichen zu können, Kapitel 5.4 beschäftigt sich mit dem Thema der Qualitätsmessung.

5.4 Qualitätsmessung

Bewertungen stellen laut Benes und Groh (2017) ein wesentliches Element des Qualitätsprozesses dar, um Qualität zu verbessern. Dabei ist Bewertung bis zu einem gewissen Grad relativ. Umso wichtiger ist daher, dass diese nach bestimmten, klar zu definierenden Kriterien vorgenommen wird. Die Kriterien sind abhängig vom Bewertungsgegenstand (Produkt, Dienstleistung, Lizenzen/Rechte), situativem Zusammenhang (Prozesseinbettung, Prozessbeteiligte) und kann auch kulturelle Besonderheiten aufweisen. Dennoch muss eine Organisation die eigene Position bezüglich Qualitätsstandards treffsicher einschätzen können. „Dazu ist es unumgänglich, die qualitätsbezogene Gesamtleistung des Unternehmens und all ihrer Bestandteile nachvollziehbar zu bewerten." (Benes & Groh, 2017, S. 83) In den folgenden Unterkapiteln wird auf Qualitätskennzahlen (Kapitel 5.4.1), Qualitätsstatistiken (Kapitel 5.4.2), die Balanced Scorecard als Kennzahlensystem (Kapitel 5.4.3) und in Kapitel 5.4.4 auf weitere Ansätze der Qualitätsmessung in Kürze eingegangen.

5.4.1 Qualitätskennzahlen

Kennzahlen bilden laut Herrmann und Fritz (2021) quantitativ erfassbare Sachverhalte in konzentrierter Form als Zahlenwerte ab und mit der Einführung von Kennzahlen sind üblicherweise folgende Ziele verbunden:

- „Prozessmerkmale sollen quantifizierbar gemacht werden.
- Veränderungen – zum Guten oder Schlechten – sollen erkennbar und messbar werden.

- Das zielgerichtete Eingreifen in den Prozess soll ermöglicht werden, entweder zur Korrektur unbefriedigender Zustände oder zur weiteren Verbesserung." (Herrmann & Fritz, 2021, S. 116)

Qualitätscontrolling stellt gemäß Meinhold und Matul (2011)Informationen in Form von Kennzahlen zur Verfügung, um eine Organisation zielgerichtet steuern zu können. Controlling hat dabei Individualinteressen einzelner Personen, Abteilungen oder Berufsgruppen bezogen auf eine gesamtorganisatorische Qualitätsentwicklung zu koordinieren. Die vergangenheitsorientierte Kontrollfunktion wird um eine aktive Steuerung auf Ziele ergänzt. Dazu gibt es eine laufende Analyse von Kennzahlen (Zielwerte als SOLL-Größen mit IST-Werten), um Abweichungen und nötige Gegenmaßnahmen feststellen zu können. Quantitative und qualitative Ziele und Indikatoren werden verknüpft. Trotz einer erschwerten Messbarkeit in der Sozialen Arbeit ist situationsspezifisch zu entscheiden ob und in welchem Differenzierungsgrad Kennzahlen erhoben und überprüft werden. Das zielorientierte Vorgehen sieht eine Situationsanalyse (IST) in Abgleich mit einer Zielformulierung (SOLL) vor. Allfällige Maßnahmen werden geplant, durchgeführt und wiederum auf ihre Wirksamkeit hin überprüft. Bei Nichterreichung des Zieles soll daraus gelernt werden, die Pläne könnten entsprechend adaptiert werden oder Verbesserungsmaßnahmen sind einzuleiten. (Meinhold & Matul, 2011, S. 65–67)

In der Praxis des Qualitätscontrolling werden monetäre und nicht monetäre Kennzahlen zur Bewertung des Erfolges von Organisationen und ihrer Teilsysteme betrachtet. Dabei brauchen Kennzahlen Vergleichsdimensionen, wie Soll-/Ist-Zustände, Zeiträume oder Organisationsbereiche. Kennzahlen brauchen auch Bezugsgrößen, wie z. B. erlösorientierte Betrachtungen zu Umsätzen oder Marktpreisen bzw. kostenorientierte Betrachtungen wie Herstellkosten oder die Anzahl der in einer Periode erzeugten Produkte/Dienstleistungen. (Schmitt & Pfeifer, 2015, S. 340–342)

Herrmann und Fritz (2021) führen aus, dass Ziel- und Messwerte die Qualität des Produkts, der Dienstleistung oder des Prozesses, Zeit und Kosten sowie die Zufriedenheit interner und externer Kund*innen betrachten, wobei es verschiedene Arten der Kennzahlen gibt:

- Absolute Kennzahlen (Grundzahlen) sind ermittelte Messwerte, z. B. die Anzahl an Reklamationen,
- Relative Kennzahlen (Verhältniszahlen) ziehen Daten zueinander in ein Verhältnis, z. B. die Anzahl der Reklamationen im Vergleich zur Anzahl der erfolgten Beratungsgespräche,

- Gliederungskennzahlen setzen Teilgrößen ins Verhältnis zur Gesamtgröße, z. B. Fehlerkosten im Vergleich zu den Produktionsgesamtkosten,
- Indexkennzahlen vergleichen inhaltlich gleiche Werte in unterschiedlichen Perioden, z. B. Verhältnis der Fehlerkosten im Januar, Februar, …, Dezember. (Herrmann & Fritz, 2021, S. 116–118)

Kennzahlen können ganz spezifische Ergebnisse bestimmter Bereiche oder Prozesse abbilden, die für eine Berichtslegung oder für ein Audit benötig werden. Als organisatorische Steuerungsinstrumente sind Kennzahlen nur in Kombination geeignet, wie diese z. B. in Qualitätsstatistiken ersichtlich sind, die sich auch für eine Darstellung der Unternehmenssituation nach außen eignen können. Zu einem Set an Kennzahlen kombiniert können Kennzahlen gezielt zur Unternehmenssteuerung beitragen, wie dies beispielsweise die Balanced Scorecard vorsieht. Qualitätsstatistiken werden in Kapitel 5.4.2 und die Balanced Scorecard wird in Kapitel 5.4.3 behandelt.

5.4.2 Qualitätsstatistiken

Im Produktionsbereich gibt es die Statistische Prozesssteuerung (SPC – Statistical Process Control), die laufenden Prozesse hinsichtlich ihrer für die Produktqualität relevanten Parameter überwacht und Störungen sofort sichtbar macht, damit Anwender*innen in den Produktionsprozess steuernd eingreifen können. (Brüggemann & Bremer, 2020, S. 113) So umfassend messbar und steuerbar kann die Soziale Arbeit bzw. die Sozialwirtschaft nicht sein, weil Prozesse und Produktionsprozesse trotz bestimmter fachlicher Standards bis zu einem gewissen Grad individuell und situativ gestaltet werden müssen. Dennoch sollte eine Organisation Klarheit über wichtige Qualitätskriterien im Dienstleistungserstellungsprozess haben und wesentliche Daten laufend erheben und in Qualitätsstatistiken für die interne Steuerung oder bei Bedarf auch zur (teilweisen) Veröffentlichung für Stakeholder aufbereiten können.

Qualitätsstatistiken enthalten z. B. Zielerreichungsgrade, Daten zur Kundenzufriedenheit, zur Kosten- und Ertragslage der Organisation. Dabei entscheidet jede Organisation selbst, welche „kritischen Faktoren" des Leistungsprozesses dargestellt werden sollen. (Bruhn, 2020, S. 394–395) Organisationen veröffentlichen Statistiken üblicherweise in Jahresberichten, zu speziellen Anlässen wie betrieblichen Jubiläen oder laufend für bestimmte Zielgruppen (z. B. Statistiken zur Mittelverwendung von Spenden zur Information für Spender*innen). Statistiken sorgen bei Stakeholdern und der Öffentlichkeit für Vertrauen, da die Organisation transparent über die Mittelverwendung oder weitere organisatorische Aspekte von öffentlichem Interesse Auskunft gibt. Organisationen können auch statistische Erhebungen von außen nutzen, um einen qualifizierten Überblick über bestimmte Themen zu erlangen. Statistiken können durch Wirtschaftsverbände, öffentliche Stellen, andere Organisationen, oder auch durch neutrale Instanzen wie das Statistische Bundesamt oder Statistik Austria zur Verfügung gestellt werden. Der Zugang zu Statistiken kann üblicherweise leicht durch Onlineportale oder laufende Publikationen von statistischen Daten bestimmter Stellen erfolgen. (Schmitt & Pfeifer, 2015, S. 160) Statistiken können wichtige Hinweise zur Wirtschaftslage, zur Situation einer Branche, zur Motivation von Ehrenamtlichen, etc. anbieten, die eine Organisation bei strategischen Entscheidungen und der Entwicklung von strategischen, taktischen und operativen Maßnahmen unterstützen kann. Außerdem kann Statistik wichtige Argumentationsgrundlagen in der Kommunikation mit Stakeholdern einer Organisation liefern, wenn Entscheidungen begründet oder die Verwendung von Mitteln bzw. die Forderung nach weiteren Mitteln (z. B. für Projektanträge) argumentiert werden muss.

5.4.3 Balanced Scorecard

Das von Kaplan und Norton (1996) entwickelte Konzept der Balanced Scorecard (BSC) hat sich laut Horak und Speckbacher (2013) „als sehr wesentliches Instrumentarium zur möglichst direkten Überleitung von Strategien in den täglichen Arbeitsprozess" bewährt.

Laut Kaplan und Norton (1996, S. 180–181) strebt die Balanced Scorecard eine „ausgewogene Gesamtschau" an, die zusätzlich zu finanziellen Kennzahlen auch „operative Kennzahlen zur Kundenzufriedenheit zu betriebsinternen Abläufen und Maßnahmen enthält", die bei der Steuerung des Unternehmens von Bedeutung sind. Die Balanced Scorecard inkludiert vier wichtige Perspektiven:

- Kundenperspektive: Wie sehen uns unsere Kund*innen?
- Interne Perspektive: Worin muss die Organisation hervorragend sein?
- Innovations- und Wissensperspektive: Wie können wir uns verbessern und Mehrwert schaffen?
- Finanzielle Perspektive: Wie sehen die Kostenträger die Organisation? (Kaplan & Norton, 1996, 180 f.)

Die Balanced Scorecard zwingt Leitungspersonen jedoch, sich auf das Wesentliche zu konzentrieren, da die Anzahl der Ziele (drei bis fünf Ziele pro Perspektive) und wichtigen Messgrößen begrenzt sind. Die genauen Ziele und Kennwerte definiert jede Organisation selbst, damit diese den tatsächlichen Bedürfnissen der Organisation gerecht werden. (Kaplan & Norton, 1996, S. 181)

Tabelle 5.6 gibt einen Überblick über die vier Perspektiven der Balanced Scorecard.

Tab. 5.6 Die vier Perspektiven der Balanced Scorecard im Überblick (eigene Darstellung nach dem Text von (Kaplan & Norton, 1996, S. 183–195)

Perspektiven der BSC	Beschreibung	Beispielkennzahlen
Kundenperspektive	Vision zum Dienst an Kund*innen in spezifische Leistungsmaßstäbe umsetzen und wesentliche Leistungsmerkmale für Kund*innen in vier Kategorien reflektieren: Zeit, Qualität, Produktleistung/Service und Preis	Zeit bis zur Markteinführung bei Neuprodukten, Zeit von Auftragseingang oder Anfrage bis zur tatsächlichen Durchführung der Dienstleistung, Anzahl und Art der Kundenbeschwerden
Interne Perspektive	Abläufe, Entscheidungen und Maßnahmen der Organisation mit besonderem Fokus auf kundenrelevante Prozesse und die eigenen Kernkompetenzen optimieren	Kennzahlen zur Zufriedenheit von Mitarbeiter*innen, Zeitdauer bestimmter Prozesse in der Organisation, Reaktionszeiten auf Anfragen von Stakeholdern
Innovations- und Wissensperspektive	Messung der Fähigkeit einer Organisation, sich zu verbessern und innovativ zu sein, diese Kompetenz wirkt sich auf den langfristigen Erfolg und die Zukunftsfähigkeit der Organisation aus	Anzahl neuer Produkte oder Dienstleistungen oder der kundenorientierten Neuerungen bei bestehenden Dienstleistungen
Finanzwirtschaftliche Perspektive	Legt offen, ob die Strategie der Organisation das Betriebsergebnis verbessert	Rentabilität, Marktwachstum, Marktanteil, betriebliche Erträge und Aufwände

Wie aus Tabelle 5.6 ersichtlich ist, werden die vier Perspektiven der Balanced Scorecard mit Kennzahlen hinterlegt, die für eine Organisation aussagekräftig sind, aus der Tabelle sind Beispielkennzahlen ersichtlich, es gibt noch eine Reihe weiterer Kennwerte. Jede Organisation muss die für sie relevanten Kennzahlen aus der Fülle der möglichen Messwerte herauskristallisieren, die sich für die Organisation als entscheidungs- und beobachtungsrelevant erweisen.

Die Balanced Scorecard beschränkt sich nicht nur auf die Formulierung von drei bis fünf Zielgrößen pro Perspektive, sondern versucht, für diese Ziele auch Maßnahmen abzuleiten. Strategieformulierung und -implementierung werden somit integriert betrachtet. Die Balanced Scorecard verbindet außerdem Kurzzeit- und Langzeitperspektive. Finanzielle Ziele können nur erreicht werden, wenn die Kund*innen der Organisation zufrieden sind, die (kurzfristigen) internen Prozesse optimiert werden und (langfristiges) Lernen und Innovation stattfinden. (Hungenberg, 2011, S. 314–315)

Abbildung 5.5 gibt einen Überblick über den grundlegenden Aufbau der Balanced Scorecard.

Abb. 5.5 Das Grundmodell der Balanced Scorecard (Kerth et al., 2015, S. 243)

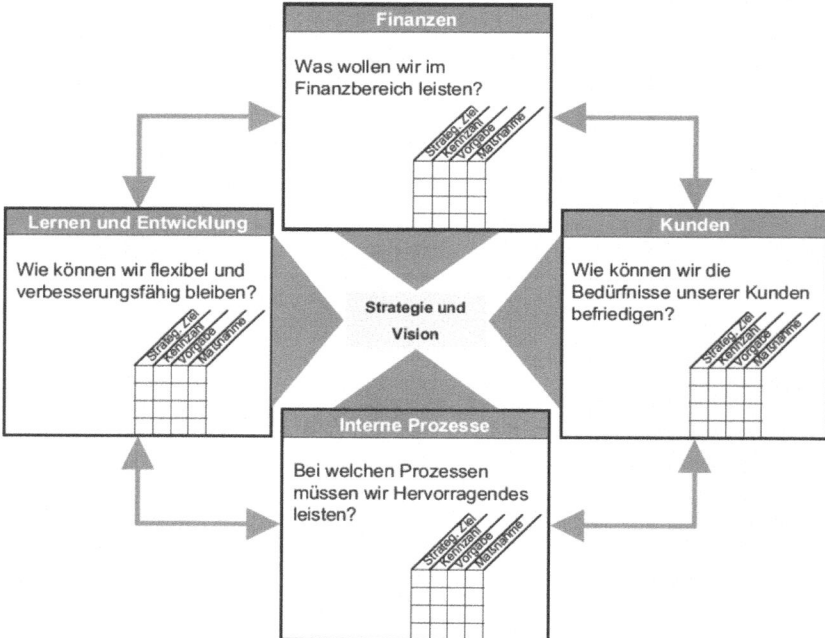

Aus Abbildung 5.5 ist ersichtlich, dass aufbauend auf der Zielfestlegung für jedes Ziel eine geeignete Messgröße (Kennzahl) zu definieren ist, mit der der Zielerreichungsgrad festgestellt werden kann. Die Indikatoren sollen leicht verständlich und ohne großen Aufwand verfügbar sein sowie unternehmensintern und -extern vergleichbar. Für alle Ziele sind die konkreten Ausprägungen der Messgrößen festzulegen (Vorgabe), um das angestrebte Zielniveau anzuzeigen. Der letzte Schritt in der Entwicklung einer BSC besteht in der Ableitung von Maßnahmen für diese Zielgrößen. Der Prozess der BSC-Entwicklung beginnt an der Unternehmensspitze und kann über alle Hierarchiestufen der Organisation fortgesetzt werden, indem beispielsweise Balanced Scorecards für Teams oder Abteilungen entwickelt werden, die aus der übergeordneten Scorecard abgeleitet werden. (Hungenberg, 2011, S. 317–319)

Durch die Bündelung der Aufmerksamkeit auf die vier Perspektiven und die vier Umsetzungskategorien der allgemeinen Ziele, Messgrößen, Zielvorgaben und Maßnahmen solle die Energien und Potentiale einer Organisation auf die Erreichung der relevanten Ziele ausgerichtet werden. Die Balanced Scorecard kann gleichzeitig als Instrument der breiten Kommunikation der Unternehmensstrategie genutzt werden und liefert die Grundlagen für das entsprechende Strategiecontrolling im Sinne eines Kennzahlensystems, das auch nicht-monetäre Zielsetzungen berücksichtigt. (Schreyögg & Koch, 2020, S. 234)

5.4.4 Weitere Ansätze zur Messung der Dienstleistungsqualität

Bruhn (2020) stellt eine Systematisierung von Ansätzen zur Messung der Dienstleistungsqualität laut Abbildung 5.6 vor.

Abb. 5.6 Systematik zur Messung von Dienstleistungsqualität (Bruhn, 2020, S. 135)

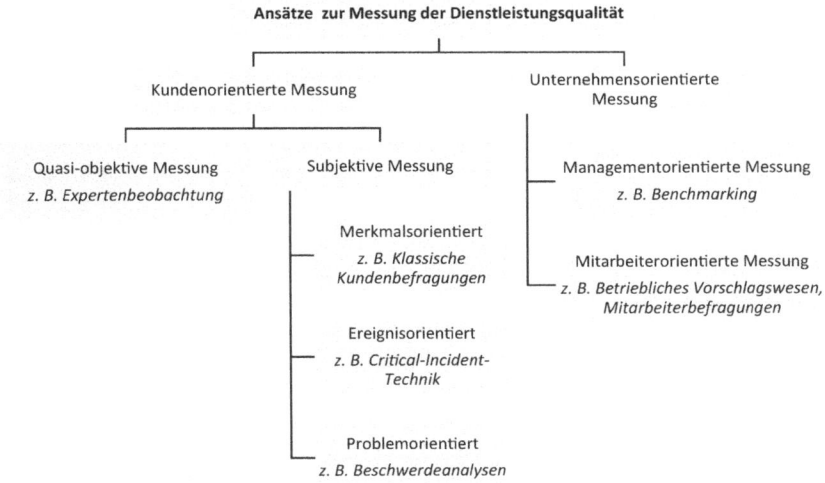

In Abbildung 5.6 ist ein Beispiel zu jeder Kategorie ersichtlich, das grundsätzlich für Soziale Arbeit anwendbar ist und im vorliegenden Buch beschrieben wird, weitere Ansätze zur Messung von Dienstleistungsqualität sind in Bruhn (2020) nachzulesen. Beschwerdeanalysen aus der Kategorie der subjektiven, problemorientierten Messung werden in Kapitel 4.1.6 zum Thema Beschwerdemanagement vorgestellt. Bezogen auf die managementbezogene Analyse wird das Benchmarking in Kapitel 5.2.3 beschrieben, im Rahmen der mitarbeiterorientierten Messverfahren wird auf Mitarbeiterbefragungen in Kapitel 3.2.2 zum Thema Mitarbeiterorientierung eingegangen, das Betriebliche Vorschlagswesen wird in Kapitel 4.1.4 behandelt.

In den folgenden Absätzen dieses Kapitels werden in der Kategorie der quasiobjektiven Messung Expertenbeobachtungen erläutert, klassische Kundenbefragungen werden aus der Kategorie der subjektiven, merkmalsorientierten Messung beschrieben und die Critical-Incident-Technik (besonders empfohlen in Branchen mit hohem Interaktionsgrad) wird aus der Kategorie der subjektiv, ereignisorientierten Messung herangezogen.

Nicht-teilnehmende Expertenbeobachtungen haben das Ziel, einen Leistungsprozess zu erfassen und zu analysieren, um Erkenntnisse zu dessen Qualität, eventueller Mängel und das daraus resultierende Kundenverhalten zu gewinnen. Grenzen des Ansatzes sind Beobachtungseffekte bei den Mitarbeitenden und den Kund*innen, die das Ergebnis im positiven wie negativen Sinne verkehren können. Die Beobachtung des Verhaltens ist auch nicht geeignet, um auf die inneren Gedanken und Abläufe bei den Beteiligten zu schließen. Die ethische Dimension bei dieser Methode ist ebenfalls wichtig, Expertenbeobachtungen sollten nicht unangekündigt bzw. ohne das Wissen der Mitarbeitenden (z. B. über Video) stattfinden. (Bruhn, 2020, S. 154) Expertenbeobachtungen sind insbesondere in Schulungsprozessen und im kollegialen Einverständnis in der Sozialen Arbeit zu empfehlen. Dabei gehen diese über reine Messverfahren hinaus und können als wertvolle Feedbackinstrumente sowie für kollegialen Austausch und Reflexion genutzt werden.

Klassische Kundenbefragungen sind die meistverbreitete Form der Marktforschung, mit dem Ziel die subjektive Zufriedenheit der Kund*innen mit der Dienstleistung zu erfahren. Bei einer globalen Erhebung wird zur gesamten Qualität der Dienstleitung befragt, bei einer detaillierten Erhebung werden zusätzlich die Erwartungen an die Dienstleistungsqualität bzw. an deren Teilleistungen erhoben. (Bruhn, 2020, S. 163) Im sozialen Bereich ist der Zugang über die Zufriedenheitsforschung vor allem in Zwangskontexten wenig sinnvoll. Die Zufriedenheit kann im Sinne der partizipativen Gestaltung von Betreuungskontexten (z. B. in einer Jugendwohngruppe) jedoch durchaus in bestimmten Bereichen abgefragt werden. Mit Erwartungshaltungen zu arbeiten, erscheint für die Soziale Arbeit im Sinne des mehrdeutigen Kundenbegriffes (Adressat*innen, Kostenträger, Leistungsträger und ggf. Angehörige) vielversprechend, um das SOLL der erwarteten Dienstleistungsqualität mit dem IST der tatsächlichen Dienstleistungsqualität abzugleichen. Abweichungen können im Sinne von Verbesserungspotentialen oder möglicher Lücken analysiert werden, um Konzepte oder Prozesse der Dienstleistungserstellung weiter zu entwickeln.

Die Critical-Incident-Technik setzt sich auf einer weiter differenzierten Ebene mit den Stärken und Schwächen des Dienstleistungsprozesses auseinander, indem kritische Ereignisse (Critical Incidents) erfasst und analysiert werden. Kritische Ereignisse sind jene, die Kund*innen im speziellen Moment als besonders zufriedenstellend bzw. unzufriedenstellend erleben. Gerade diese besonderen Vorfälle bleiben in der Erinnerung und fallen auch im persönlichen Umfeld ein, wenn vom jeweiligen Dienstleistungsanbieter die Rede ist. Die Critical Incidents Methode ist besonders für Branchen mit hohem Interaktionsgrad mit den Kund*innen empfohlen. Die besonderen Ereignisse können durch Befragung von Kund*innen herausgefunden werden und geben ein umfassendes Bild der Wahrnehmung der Dienstleistung aus Kundensicht. Vorteil der Methode ist, dass Kund*innen keine oftmals abstrakt erlebten Qualitätsmerkmale benennen sollen, sondern für sie wesentliche Ereignisse, was zu authentischeren Ergebnissen führt. Der Nachteil der Methode ist im Erhebungsaufwand und in der Ergebnisdarstellung (nach Möglichkeit mit Originalaussagen) zu sehen. (Bruhn, 2020, S. 195–199) Gerade für die Soziale Arbeit bzw. für sozialwirtschaftliche Organisationen, die vielfach mit emotional behafteten Situationen von Adressat*innen zu tun haben und als Bereiche, in denen eine hohe Interaktionsdichte vorliegt, erscheint die Critical Incident Methode als vielversprechend. Damit können besonders wichtige Ereignisse, Situationen und Prozesse des Dienstleistungserstellungsprozesses (z. B. Ankunft eines Kindes in der Krisenwohngruppe) erfasst, analysiert und zielgerichtet optimiert werden. Mit dieser Methode erreichen die Fachpersonen bzw. die Organisation rasch eine höhere subjektiv wahrgenommene Qualität, ohne den kompletten Dienstleistungsprozess neu denken zu müssen.

Die Erläuterung der Messinstrumente in diesem Kapitel zeigt, dass Messung von Qualität nie um der Messung Willen stattfinden sollte, sondern dass diese immer in einen Gesamtprozess der Qualitätsplanung, der Analyse und Weiterentwicklung einzubinden ist, um die Qualität von Dienstleistungsprozessen in Organisationen zu beflügeln. Instrumente können in diesem Kontext sowohl als Messinstrumente als auch Qualitäts(entwicklungs)instrumente genutzt werden.

5.5 Qualitätsdarlegung

Neben den in Kapitel 4 dargestellten standardisierten Verfahren zur Entwicklung und Abbildung von Qualität, können weitere Formen der Qualitätsdokumentation zum Einsatz kommen. (Hensen, 2019a) verweist hierbei auf eine hierarchische Logik, welche in Abbildung 5.7 verdeutlicht wird.

Abb. 5.7 Klassische Hierarchie der Qualitätsdokumentation (Hensen, 2019a, S. 243)

Die in Abbildung 5.7 dargestellte Pyramide der Qualitätsdokumentation zeigt die Zusammenhänge im Aufbau einer logischen Dokumentationsstruktur. Die Grundlage bilden Informationsträger für Qualitätsaufzeichnungen. Arbeits- und Verfahrensanweisungen (diese können z. B. auch als Handlungsanleitungen, Verfahrensordnungen bezeichnet werden – die Begriffslogik der Organisation ist heranzuziehen) und das Qualitätsmanagementhandbuch kennzeichnen die formelle Architektur der Dokumentenstruktur. Die Darlegung der eigenen Qualität sowie des Qualitätsmanagements durch Qualitätsberichte (Qualitätsnachweise) ermöglicht die größtmögliche Transparenz im Rahmen der Verdeutlichung des Leistungsgeschehens einer Organisation nach außen. (Hensen, 2019a, S. 243)

Folgende Unterkapitel beschreiben die Relevanz und mögliche Gestaltungsformen von Sach- und Qualitätsberichten sowie des Qualitätshandbuches.

5.5.1 Sach- und Qualitätsberichte

Sachberichte kommen in der Regel zum Einsatz, wenn Fördergeber, wie zum Beispiel der Europäische Sozialfond (ESF), Projektträger im Rahmen einer Berichtslegung dazu verpflichten. Ein Sachbericht dient grundsätzlich den zur Prüfung berechtigten Instanzen zur Beurteilung der zweckgerichteten Mittelverwendung und Bewertung festgelegter Ziele. In welcher Frequenz ein Sachbericht zu erstellen ist, wird vom Fördergeber definiert, meist jedoch in jährlicher, fortzuschreibender Form. Je nach Fördergeber kann es verschiedene Anforderungen an einen Sachbericht geben. Exemplarisch sind in Abbildung 5.8 die vom Förderbereich Arbeit und Soziales der ESF-Verwaltungsbehörde inhaltlich vorgegebenen Eckpunkte zum Sachbericht angeführt.

Abb. 5.8 Inhaltlich vorgegebene Eckpunkte zum Sachbericht, Förderbereich Arbeit und Soziales der ESF-Verwaltungsbehörde (Werkstatt PARITÄT, 2014)

I. Angaben zum Projekt
Regionale/zentrale Förderung, Vorgangsnummer, Datum, Bewilligungsbescheid, Berichtszeitraum, Kurzname, Durchführungsorte, spezifisches Ziel, Angaben zur*zum Zuwendungsempfänger*in.

II. Angaben zum Projektinhalt
1. Ausgangslage und Handlungsbedarf:
   - Einschätzung der Ausgangslage beziehungsweise des Handlungsbedarfs zum Zeitpunkt des Projektendes/Ende des Berichtszeitraums im Vergleich zur Antragstellung.

2. Zielerreichung
   - Angaben zur Erreichung der Projektziele sowie der Querschnittsziele „Gleichstellung", „Chancengleichheit und Nichtdiskriminierung" und „ökologische Nachhaltigkeit", sowie Angaben zur tatsächlichen Teilnehmenden Situation (inkl. Bagatellfälle) und Begründungen bei Abweichungen.
   - Beschreibung des Stellenwerts transnationaler Aktivitäten im Projektverlauf, sofern diese im Antrag vorgesehen waren.

3. Umsetzung des Projekts
   - Angaben zur tatsächlichen Umsetzung der geplanten Inhalte und Aktivitäten und Begründung von Abweichungen.
   - Darstellung von Erkenntnissen, Schlussfolgerungen, Vorschlägen, Hinweisen etc. zur Projektumsetzung in Form eines kurzen Resümees.
   - Angaben zur Verstetigung der Projektergebnisse nach Projektende.

4. Finanzierung
   - Angaben zur Einhaltung des bewilligten Kosten- und Finanzierungsplanes und Begründung von Abweichungen.

5. Publizität
   - Darstellung der erfolgten Maßnahmen mit Angabe der Förderung (Belegexemplare beilegen).

Eine transparente Darlegung der Dienstleistung und die daran geknüpften Erwartungen der verschiedensten Anspruchsgruppen erfordern ein hohes Maß an Qualität im Dialog aller Beteiligten. Qualität durch Dialog setzt voraus, dass zur Unterstützung ein gemeinsames Berichtswesen existiert, um letztendlich Qualitätssicherung auch durch Qualitätsvergleiche zu erreichen. (Deinet et al., 2008, S. 11; Hensen, 2019a, S. 505; Meinhold & Matul, 2011, S. 39)

Ein Qualitätsbericht bietet hierfür eine gute Möglichkeit, er gibt in der Regel einen systematischen Überblick über die Struktur- und Leistungsdaten eines Unternehmens. In einigen Bereichen, wie zum Beispiel in Kliniken oder Pflegeeinrichtungen, existieren seit Jahren gesetzliche Vorgaben zur Qualitätsberichtslegung. Für eine reflexive Betrachtung bei der Erstellung eines Qualitätsberichts, in Anlehnung an die Schweizerische Akademie für Qualität in der Medizin (SAQM), können die in Tabelle 5.7 zusammengefassten Betrachtungszusammenhänge herangezogen werden:

Tab. 5.7 Hinweise zur Verfassung eines Qualitätsberichts nach Vorlage (SAQM Schweizerische Akademie für Qualität in der Medizin, 2022)

Gliederung	Inhalte der Kapitel des Qualitätsberichts
Einleitung	• Kurzbeschreibung der Organisation • Entstehungshintergrund des Qualitätsberichts • kurzer inhaltlicher Überblick
Qualitätsstruktur	• Wie ist das Thema Qualität organisatorisch eingebettet? • Gibt es eine Qualitätskommission? • Gibt es Qualitätsbeauftragte oder Steuerungsgruppen? • Mit wem arbeitet die Organisation bezüglich Qualitätsthemen zusammen?
Qualitätsdefinition	• Was heißt gute Qualität in der Organisation, wie wird sie definiert?
Qualitätsschwerpunkte	• Welche Qualitätsschwerpunkte wurden im Berichtszeitraum gesetzt? • Welches sind die Handlungsfelder, warum? • Was verspricht sich die Organisation davon? • Was ist der Nutzen für die Anspruchsgruppen?
Ziele	• Welche Ziele hat sich die Organisation gesetzt? • Was ist der Nutzen für die Anspruchsgruppen?
Qualitätsaktivitäten	• Welche Maßnahmen zum Thema Qualität hat die Organisation implementiert? • Wie ist der aktuelle Stand der Umsetzung? • Hinweis – Aufzeigen des fachspezifischen Qualitätsengagements, besonderer Projekte hervorheben.
Zielerreichung	• Welche Ziele wurden erreicht? • Gibt es Resultate/Ergebnisse, die aufgeführt werden können?
Ausblick	• Welche Maßnahmen sind geplant? • Weiterführung bereits laufender Aktivitäten? • Hinweis darauf, wann der nächste Qualitätsbericht erscheint.
Kontakt	• Wer steht bei Fragen zum vorliegenden Bericht zur Verfügung: Name, Funktion, Kontaktdaten?

Mit der Veröffentlichung eines Qualitätsberichts besteht nicht nur die Möglichkeit Leistungen einer Organisation nach außen hin transparent zu kommunizieren, sondern auch das Image der Organisation, im Sinne von gelingender Öffentlichkeitsarbeit, zu stärken. Ein Qualitätsbericht als Form der Unternehmenskommunikation kann in diesem Zusammenhang einen wesentlichen Beitrag zur Wertschöpfung und somit zum Unternehmenserfolg leisten, indem er wichtige Informations-, Orientierungs- und Entscheidungshilfen für Anspruchsgruppen bietet. (Nürnberg & Schneider, 2014, S. 25; Zerfaß & Volk, 2019, S. 4–6)

5.5.2 Qualitätshandbuch

In einem Qualitätshandbuch werden alle relevanten Aspekte des Qualitätsmanagementsystems einer Organisation abgebildet. Hinsichtlich der Detaillierung unterscheiden sie sich je nach Größe der Organisation und Komplexität der jeweiligen Dienstleistungsfelder. Demzufolge kann sich ein Qualitätshandbuch auf die Gesamtheit von qualitätsbezogenen Tätigkeiten und Prozesse oder nur auf Teile davon beziehen. Es dient in seiner Funktion als Nachschlagewerk für alle Mitarbeiter*innen einer Organisation und kann darüber hinaus auch in veröffentlichter Form für Dritte außerhalb der Organisation zugänglich gemacht werden. In einer veröffentlichten Version sind die Prozessbeschreibungen in der Regel jedoch nicht enthalten. (Ertl-Wagner et al., 2013, S. 117; Geiger & Kotte, 2008, S. 217)

Die Möglichkeiten ein Qualitätshandbuch zu gliedern sind sehr vielfältig. Nach Ertl-Wagner et al. (2013) sollten jedoch folgende Informationen enthalten sein:

1) Qualitätspolitik
2) Qualitätsziele
3) Unternehmensprofil und Leistungsspektrum
4) QM-System
5) Organigramm der Organisation und des Qualitätsmanagements
6) Stellen- und Funktionsbeschreibungen
7) Prozesslandschaft
8) Angaben zur Kundenorientierung und interner Kommunikation
9) Dokumentation des QM-Systems einschließlich Lenkung von Dokumenten und Aufzeichnungen
10) Lieferanten und Partnerschaften
11) Angaben zu Schulung und Fortbildung
12) Benutzerhinweis und Glossar (Ertl-Wagner et al., 2013, S. 217)

Bei der Erstellung eines Qualitätsmanagementhandbuches kann es gerade zu Beginn vorkommen, dass sich die verantwortlichen Personen zunächst aufgrund der hohen Komplexität überfordert fühlen. Man weiß unter Umständen nicht genau, was überhaupt inhaltlich und in welcher Form dargestellt werden soll. Diese anfänglichen Herausforderungen werden jedoch vermindert, wenn man den Fokus darauf legt, dass ein Qualitätsmanagementsystem lebt und sich ständig weiterentwickelt. Das heißt auch für ein Qualitätshandbuch, dass es sich fortlaufend verändert, überarbeitet und aktualisiert werden muss. Eine Empfehlung, gerade zu Beginn eines Entwicklungsprozesses zum Thema Qualitätshandbuch, kann das Heranziehen externer Unterstützung in Form eines Qualitätsmanagers oder Beraters sein. Sobald die Mitarbeiter*innen eine Vorstellung über Form und Inhalte eines Qualitätshandbuches erlangen, ist dies für die eigenständige Arbeit am Prozess förderlich. Ebenfalls hilfreich bei der inhaltlichen Gestaltung, ist eine detaillierte Beschreibung von Prozessen der Ablauforganisation. Mit Hilfe von sogenannten Verfahrensanweisung entsteht für alle beteiligten Personen Klarheit und eine allgemein gültige Vorgehensweise wird festgelegt. Es werden Informationen zu Abläufen bereichsübergreifend geregelt, ebenso erfolgt eine detaillierte Festlegung zur Aufgabenteilung, Zuständigkeiten und Verantwortungszuschreibungen. (Ertl-Wagner et al., S. 79)

Bei der Erarbeitung einer Verfahrensanweisung gilt es nach Schmidt (2016) folgende inhaltliche Punkte auszuformulieren:

- Zweck: Beschreibt die Zielsetzung der Verfahrensanweisung.
- Geltungsbereich: Bereiche im Unternehmen werden benannt, in denen die Verfahrensanweisung Gültigkeit besitzt.
- Begriffe: Spezielle Begriffe zur besseren Verständlichkeit der Verfahrensanweisung werden hier erläutert.
- Zuständigkeiten: Detaillierte Beschreibung (Verantwortung, Befugnisse), welche Stelle für bestimmte Tätigkeiten zuständig ist.
- Beschreibung: Genaue Ablauferläuterung des jeweiligen Verfahrens, ebenso werden in diesem Punkt der Verfahrensanweisung Tätigkeiten, Besonderheiten und Zusammenhängen aufgeführt.
- Hinweise: Erwähnung von Merkmalen, komplexen Sachverhalten und wichtigen Details, welche von besonderer Wichtigkeit für das Verfahren sind.
- Dokumentation: Alle Dokumente, welche bei der Dokumentation eines Verfahrens eine Rolle spielen, werden in diesem Punkt aufgeführt.
- Änderungen: Wird ein Verfahren aktualisiert oder verändert, erfolgt in diesem Punkt die konkrete Beschreibung, von wem/was im Rahmen des Verfahrens geändert wurde.

- Verteiler: In diesem Abschnitt erfolgt eine genaue Beschreibung, in welchen Bereichen des Unternehmens eine Verteilung der Verfahrensanweisung erfolgt und für wen sie Gültigkeit besitzt. (Schmidt, 2016, S. 76–79)

Nachdem in der vorherigen Kapitelunterpunkten Verfahren zur Entwicklung und Abbildung von Qualität, mit dem Fokus auf interne und externe Ansätze, sowie weitere Möglichkeiten der Qualitätsdarlegung vorgestellt wurden, geht es im Folgenden um die Eignung der jeweiligen Ansätze für Organisationen der Sozialwirtschaft.

5.6 Fallbeispiel Verein NEUSTART

Bernhard Glaeser, Leiter Sozialarbeit und Doris Pumberger; Leiterin Projektmanagement, Strategie und Organisation
In diesem Beitrag möchten wir anhand der praktischen Entwicklungsgeschichte des Qualitätshandbuchs bei NEUSTART unsere Erfahrungen in der Erstellung eines solchen Instruments, zur Sicherstellung eines zweckmäßigen Qualitätsmanagements in einer Organisation der Sozialwirtschaft, darstellen. Ziel war es, Lücken zwischen definierten Qualitätsstandards und deren praktischer Umsetzung so gering wie möglich zu halten. „Man kann die Latte auch so hoch legen, dass man bequem darunter durchgehen kann". Das galt es zu verhindern. Im Folgenden werden die Rahmenbedingungen und der Weg zur Erreichung dieses Ziels beschrieben.

Was ist NEUSTART und was macht NEUSTART?
Der Verein NEUSTART wurde in seiner Vorgängerorganisation 1957 gegründet, diese nannte sich „Arbeitsgemeinschaft Bewährungshilfe", später „Verein für soziale Jugendarbeit", dann bis 2002 „Verein für Bewährungshilfe und Soziale Arbeit". Seit 2002 ist der „Verein NEUSTART" aktiv. Neben den sozial- und kriminalpolitischen Agenden entwickelte die damalige Arbeitsgemeinschaft auch operativ die Bewährungshilfe für jugendliche Straffällige als Alternative zur stationären Zwangsunterbringung. Mit diesem Schritt wurde bereits die Programmatik bis heute vorgegeben: Eine sozial- und kriminalpolitisch denkende Organisation, die wirksame konstruktive Alternativen zu repressiven Sanktionsmaßnahmen entwickelt und praktisch zur Anwendung bringt.

Die innovative (Weiter-)Entwicklung sozialkonstruktiver Angebote wurde von Beginn als wesentliche Aufgabe verstanden – heute sind es rund 20 verschiedene sozialarbeiterische Leistungen im strafrechtlichen Kontext, die NEUSTART in ganz Österreich anbietet. Die Leistungen Bewährungshilfe für Erwachsene, Haftentlassenenhilfe, Wohnbetreuung, Arbeitstrainingseinrichtungen, Tagesstruktur, Suchtprävention, Vermittlung gemeinnütziger Leistungen, elektronisch überwachter Hausarrest, Sozialnetz-Konferenz, Suchtprävention und Jugendbegleitung im Strafverfahren zielen auf eine positive Einflussnahme auf straffällige Personen ab. Im justiziellen Umfeld wurde darüber hinaus in den 1980er Jahren der Tatausgleich – Mediation im Strafrecht – entwickelt, wo erstmals in der Sozialarbeit von NEUSTART auch mit Opfern gearbeitet wurde. Anfang der 2000er Jahre übernahm dann NEUSTART die Betreuung von Opfern situativer Gewalt im Rahmen der Prozessbegleitung.

Seit 2021 führt NEUSTART in fünf Bundesländern die verpflichtende Gewaltpräventionsberatung für Personen durch, über die ein Betretungsverbot oder eine einstweilige Verfügung ausgesprochen wurde. Die letztgenannte Leistung wird durch das Bundesministerium für Inneres finanziert, neben einigen Länderfinanzierungen ist ansonsten das Bundesministerium für Justiz Hauptauftraggeber der von NEUSTART durchgeführten Leistungen. Mit dem Justizministerium wurde 1994 ein Generalvertrag abgeschlossen, durch den NEUSTART mit der Durchführung von Straffälligenhilfe beauftragt wurde.

Qualitätsstandards bei NEUSTART

Der Generalvertrag mit dem Justizministerium spielt auch in der Entwicklung der Qualitätsstandards von NEUSTART eine wichtige Rolle: „Die Qualitätssicherung und Entwicklung fachlicher Standards soll den jeweils letzten Stand des allgemein anerkannten methodischen Arbeitens im sozialen Bereich (…) sowie kriminal- und sozialpolitische Zielsetzungen einbeziehen" (S. 10 der allgemeinen Vertragsbedingungen). Damit ergeht der Auftrag, das in der Organisation vorhandene fachliche Wissen in einheitlichen Qualitätsstandards zu erfassen.

Geschichte des NEUSTART-Qualitätshandbuchs

Bis zum Abschluss des Generalvertrags waren fachliche Prinzipien, Abläufe und geregelte Vorgangsweisen vorhanden, aber noch nicht systematisch gesammelt und nicht für alle Adressat*innen gleichermaßen zugänglich. Im Folgenden wird der Weg zum heutigen Qualitätshandbuch von NEUSTART beschrieben.

Loseblattsammlung „ZBSA Handbuch" (1995)

Entsprechend dem Generalvertrag war einer der Arbeitsschwerpunkte der damaligen Geschäftsführung die Erarbeitung bzw. Weiterentwicklung fachlicher und methodischer Standards. Das gesammelte Wissen wurde zusammengetragen und in eine damals noch physische Ordnerstruktur gebracht. Erste Adressat*innen dieser Texte waren die Führungskräfte. An jedem Standort von NEUSTART war solch ein Ordner zu finden. Da sich die Standards in ständiger Entwicklung befanden, bediente man sich des Systems der Loseblattsammlung: Die Führungskräfte erhielten in regelmäßigen zeitlichen Abständen Pakete von Ergänzungsblättern zugesendet, die sie in diese Ordner einzusortieren hatten. Auf diese Weise war in ganz Österreich ein Überblick über die Standards und sonstige normative Dokumente vor Ort verfügbar. Somit war die Urform des NEUSTART-Qualitätshandbuchs entwickelt.

Ein Abschnitt dieses bereits damals umfangreichen Werks befasst sich mit Fachaufsicht und Qualitätsstandards:

„Fachliche Standards müssen differenzieren zwischen den inhaltlich unterschiedlichen Arbeitsbereichen der Sozialarbeit und zwischen unterschiedlichen Funktionen innerhalb der Arbeitsbereiche. Die Begründung fachlicher Standards im Bereich der Straffälligenhilfe beruht auf:

- Der Professionalität der Sozialarbeit, das heißt der Anwendung eines Methodenkanons auf der Basis erlernbarer Fertigkeiten und Fähigkeiten
- Der Existenz nachvollziehbarer Kriterien für die praktische Anwendung der jeweils richtigen sozialarbeiterischen Methode
- Der Entwicklung spezifischer Methoden und Kriterien für die Sozialarbeit in der Straffälligenhilfe
- Definition und bewusstem Umgang mit der dem Arbeitsgebiet Straffälligenhilfe eigenen engen Beziehung zum System und den Methoden der Strafjustiz sowie der relativ stringenten gesetzlichen Determinierung des Arbeitsgebietes." (aus dem Qualitätshandbuch der Organisation NEUSTART)

Handbuch für Führungskräfte digital
Mit zunehmender Digitalisierung war der nächste Schritt, dieses Qualitätshandbuch für Führungskräfte digital zugänglich zu machen. Dies war in der Wartung und Aktualisierung der Inhalte ein wichtiger Fortschritt.

Organisationsreform: Qualitätshandbuch Online (2003)
Mit der Organisationsreform 2002 und der damit einhergehenden Volldigitalisierung auf allen Ebenen kamen die Qualitätsstandards dann erstmals direkt zu den Anwender*innen: Jede*r Mitarbeiter*in hat seit damals einen Zugang zur Datenbank Qualitätshandbuch (QHB), die online jederzeit aktuell abrufbar ist.

Vorbereitend war eine Struktur des QHBs – angelehnt an das Prozessmodell, an dem sich die Organisation NEUSTART orientiert – und der Dokumente entwickelt worden. Die Prozesse waren entsprechend der NEUSTART-Prozesslandschaft in Kernprozesse und unterstützende Prozesse aufgegliedert. Jeder Hauptprozess wurde mit einer Prozessbeschreibung definiert und durch entsprechende

Regelungen, Richtlinien und sonstige Dokumentenarten ergänzt. Es war von zentraler Bedeutung, dass bei den vielen Hauptprozessen und Dokumenten darauf geachtet wurde, dass eine möglichst einheitliche Struktur eingehalten wurde. Im Genehmigungsprozess war vorgesehen, dass jedes Dokument, das von einem/einer Prozessverantwortlichen erstellt oder geändert wurde, vor der Einstellung ins QHB von der Geschäftsführung abgenommen werden muss.

Entwicklungen des Qualitätshandbuchs ab 2003
Jeder Prozess und jedes Dokument war einer/einem Prozessverantwortlichen zugeordnet. Diese/r hatte und hat noch heute die Erstellung, Weiterentwicklung und Wartung der Standards bzw. Dokumente zu verantworten. Bei Änderung von Rahmenbedingungen (Gesetze, Verträge, Umweltbedingungen, neue Aufträge, …) hat er oder sie dafür zu sorgen, dass die Dokumente entsprechend aktualisiert werden. Das QHB wird von den Mitarbeiter:innen genutzt, in der Folge kam es immer wieder zu ungeklärten Vorgangsweisen oder Interpretationsfragen zu einzelnen Standards, die an die Prozessverantwortlichen herangetragen wurden. Diese ergänzten dann die Dokumente bei Bedarf. Durch diesen an sich begrüßenswerten Austausch zu den Standards zwischen operativer und normativer Ebene, stieg die Anzahl der Dokumentenarten und die Streuung in der Detailgenauigkeit der Standards rasch an.

2013 wurde das Qualitätshandbuch in einer Strategiesitzung der ersten Delegationsebene von NEUSTART zum Thema. Es gab Kritik, dass es für Anwender*innen zu umfassend, zu unübersichtlich und zu wenig einheitlich sei. Das war der Beginn von Überlegungen zu einer Überarbeitung des Qualitätshandbuchs. Im Rahmen der weiter unten erwähnten Arbeitsgruppe wurde 2017 erhoben, dass im NEUSTART-Qualitätshandbuch 536 verschiedene Dokumente in 19 verschiedenen Dokumententypen abrufbar waren. Nachvollziehbarerweise war diese Fülle für Mitarbeiter*innen nicht mehr so dienlich, in der Praxis schnell Orientierung zu Standards und Handlungsanweisungen abrufen zu können. Als Beispiel möchten wir die Dokumententypen „Regelungen" und „Richtlinien" anführen: Es war nicht klar, wo nun verbindlich einzuhaltende Standards festgeschrieben sind. Selbst unter den Prozessverantwortlichen gab es unterschiedliche Auffassungen, wie verbindlich Vorgaben sind, die z. B. in Richtlinien definiert sind. Diskutiert wurden diese Unterschiede meist in Fällen, in denen es zu krisenhaften Entwicklungen kam und sich die Frage stellte, ob der Fall entsprechend den vorgegebenen Standards bearbeitet wurde. Es wurde klar, dass eine Überarbeitung des QHB notwendig wurde – die Frage war: Wie?

„QHB Neu" – Umsetzung und Stolpersteine (2017)

Eine kleine Arbeitsgruppe erstellte in relativ kurzer Zeit eine fundierte Analyse des damaligen Qualitätshandbuches. Neben der Vielzahl an Dokumententypen (19) mit zum Teil sich überschneidenden und unterschiedlich strukturierten Inhalten wurde deutlich, dass die Prozessdarstellungen aber auch Textdokumente zum Teil nicht mehr den aktuellen Stand der Umsetzung abbildeten. Auf Basis dieser Analyse entwickelte die Arbeitsgruppe einen Vorschlag, der im Wesentlichen die Reduktion und Definition von Dokumentenarten, die Festlegung der jeweiligen inhaltlichen Elemente und insbesondere die Perspektive der Adressat*innen miteinbezog. Eine prozessgesteuerte Herangehensweise wurde empfohlen, d. h. Darstellung und Granularität der Prozesse sollten verbindlich definiert sein. Insbesondere die praktische Umsetzung der Prozessorientierung führte zu Diskussionen bei den prozessverantwortlichen Führungskräften und mögliche Stolpersteine wurden aufgeworfen:

- Nutzer*innenorientierung: Wie orientieren sich Mitarbeiter*innen in den Vorgaben und wie kann qualitätsvolles Arbeiten bestmöglich unterstützt werden?
- Nutzer*innenfreundliche effiziente technische Umsetzung: Welche Tools sind dafür notwendig?
- Machbarkeit: Wie hoch ist der Aufwand für die prozessverantwortlichen Führungskräfte? Wird zusätzlich externe Expertise bzw. konkrete Umsetzungsunterstützung benötigt?

Die Geschäftsführung beauftragte auf Basis dieser Analyse die Entwicklung von möglichen Lösungswegen als Entscheidungsgrundlage. Die Perspektive wurde erweitert und es wurden zielgerichtet die Erfahrungen und Sichtweise von Praktiker*innen – Führungskräfte, welche die Mitarbeiter*innen bei der Erbringung der jeweiligen Leistungen unterstützen bzw. diese anleiten – miteinbezogen. Die Geschäftsführung entschied auf Basis der entwickelten Szenarien, die Adaption des Qualitätshandbuches zu beauftragen. Verantwortlich für das Projekt zeichnete die Stabsstelle Projektmanagement Strategie Organisation.

Projekt „QH_Better" (2020)

Das Projekt „QH_Better" startete Mitte 2020 – der Anspruch ist im Namen verortet. Das adaptierte Qualitätshandbuch soll die Einarbeitung und Orientierung von neuen Mitarbeiter*innen erleichtern und langfristig das Wissen und die Standards der Organisation sichern. Es soll die qualitätsvolle und regelkonforme Abwicklung der Dienstleistungen und der Supportprozesse gewährleisten und ein taugliches Instrument zur Unterstützung bei der Erfüllung der Führungsaufgaben sein. Das Projektteam entwickelte einen neuen Strukturvorschlag für den Aufbau des Qualitätshandbuches. Es wurde in Form einer Dokumentenbibliothek auf Share Point umgesetzt, die Strukturierung lehnt sich weitgehend an das Organigramm an und ist eine deutliche Abkehr vom vormaligen prozessorientierten Aufbau. Test-Nutzer*innen unterschiedlicher Tätigkeitsgruppen konnten auf einer „Spielwiese" die neue Applikation bereits im Entwicklungsstadium prüfen. So konnten direktes Feedback und Praxisfragestellungen eingeholt werden, was auch für die Erstellung des FAQ-Bereichs im adaptierten QHB wesentlich war. Die 19 Dokumentenarten konnten auf lediglich fünf reduziert werden, der jeweilige Aufbau und die Formalvorgaben für die Dokumente wurden definiert und entsprechende Vorlagen erstellt.

Zwei Themen sollen an dieser Stelle exemplarisch für die Herausforderungen in diesem Prozess herausgegriffen werden:

So stellte sich zum einen die Frage, wie wir im QHB mit nicht verbindlichen Inhalten umgehen. Zwar hat man sich von den „Richtlinien" als Dokumententyp verabschiedet, es brauchte jedoch eine Möglichkeit, auch unverbindliche Inhalte, die Empfehlungscharakter haben oder die Methodenvielfalt unterstützen, darzustellen. Diese Dokumente sind jetzt als „Arbeitsbehelfe" abrufbar, was nicht mehr zu Missverständnissen führt. Ein wesentliches Qualitätskriterium ist jedoch, dass für die Nutzer*innen klar ersichtlich sein muss, ob der jeweilige Prozessschritt verbindlich ist, oder ob „nur" Empfehlungen oder Varianten aufgezeigt werden. Weiters war das Thema Neukonzeption der bestehenden Prozessdarstellungen (Gestaltung, Granularität, usw.) Gegenstand langer Abwägungen. Ergebnis des Projekts „QH_Better" im Bereich Prozesse war schließlich die Festlegung von Formalvorgaben inkl. Entwicklung einer Vorlage und die Aktualisierung der bestehenden Prozesse durch die prozessverantwortlichen Führungskräfte. Neben dem Definieren der Dokumentenarten und der Erstellung einer Dokumentenbibliothek war die Festlegung der Publikation der Dokumente im QHB inklusive zielgruppenspezifischer kommunikativer Begleitmaßnahmen erforderlich. Es wurde ein Prozess zur Freigabe und Veröffentlichung definiert, der technisch mittels eines Genehmigungsworkflows umgesetzt wurde. Die prozessverantwortliche Führungskraft lädt ein Dokument zur Freigabe hoch, das automatisch bei der zuständigen Geschäftsführung zur Genehmigung aufscheint und nach Freigabe im Qualitätshandbuch für alle Nutzer*innen abrufbar ist. Schließlich wurde der Qualitätsmanagementprozess in Bezug auf das Qualitätshandbuch (Struktur, Inhalte, Wartung usw.) geregelt und technisch umgesetzt. Das adaptierte Qualitätshandbuch ist seit Mitte 2021 in Betrieb. Die Resonanz der Nutzer*innen war bei der Implementierung und auch bei der Evaluation der Neuerungen sechs Monate nach dem Start eindeutig positiv – es wird nun als klar strukturiert, übersichtlich und einfacher in der technischen Handhabung beurteilt.

Zentrale Kriterien für Qualitätsstandards

Der eingangs dargestellte Entwicklungsprozess des Qualitätshandbuchs bei NEUSTART führt zu dem Punkt, dass heute ein einheitliches Bild in der Organisation über die zentralen Kriterien, die alle Qualitätsstandards bei NEUSTART aufweisen sollen, etabliert ist. Diese sind:

- Sicherstellung von Einheitlichkeit und Strukturiertheit durch genaue Formalvorgaben für Dokumente
- Fokus auf Übersichtlichkeit und Usability
- Fokus auf eine einheitliche, passende „Flughöhe" bei Qualitätsstandards, die die Praxisebene wesentlich mitbedenkt
- Festlegen und konsequente Umsetzung eines zentral gesteuerten Prozesses der Definition und Weiterentwicklung von Qualitätsstandards

Lernerfahrungen aus der Geschichte des NEUSTART-Qualitätshandbuchs

Das Verständnis darüber, was qualitätsvolles Arbeiten optimal unterstützt, muss in einer Organisation immer wieder neu verhandelt und bewertet werden. Qualitätsmanagement ist eine Führungsaufgabe und jede*r trägt in der jeweiligen Rolle einen Teil dazu bei. Die langfristige Sicherstellung von hochwertigen standardisierten Qualitätsdokumenten erfordert eine gründliche Konzeption, breite Überlegungen in der Erstellung und eine hohe Konsequenz in der Wartung und bedarfsorientierten Überarbeitung. Ein wesentlicher Erfolgsfaktor bei größeren Veränderungen ist die punktuelle Einbindung von Nutzer*innen und begleitend die zielgruppenspezifische Kommunikation von Projektbeginn bis nach der Implementierung.

Bei größeren Veränderungen – wie beispielsweise im Rahmen des Projekts „QH_Better" –braucht es aus unserer Sicht außerdem:

- Einen klaren Projektauftrag mit Auftraggeber*innen, die hinter dem Projekt stehen und einer Projektleitung, die das Vorhaben konsequent verfolgt.
- Ein Führungsteam, das das Projekt umsetzt und mitträgt. Das bedeutete im Rahmen des Projekts „QH_Better" die Über- bzw. Erarbeitung von 60 Prozessen, 155 Regelungen, 20 Fachlichen Standards, 250 Arbeitsbehelfen und 35 Vereinsdokumenten.
- Multiplikator*innen vor Ort, die dem „Neuen" positiv gegenüberstehen und die Nutzer*innen bei Bedarf unterstützen und auch die Umsetzung von Aufgaben einfordern.
- Eine Person, die im Regelbetrieb Ansprechpartner*in für das Thema „Qualitätshandbuch" ist und bei Unklarheiten, technischen Fragen und für Anregungen zur Verfügung steht.

Fazit und Ausblick
Für eine Dienstleistungsorganisation mit Qualitätsanspruch sind verbindliche Standards ein entscheidender Erfolgsfaktor. Die Spannung zwischen normativer und operativer Ebene ist gegeben – Standards müssen in der Praxis umgesetzt werden. Deshalb ist die Verfügbarkeit der Standards, der laufende Dialog zwischen normativer und operativer Ebene und die laufende Weiterentwicklung entscheidend. Die praktische technische Umsetzung, d. h. wie werden die Dokumente den Nutzer*innen optimal zur Verfügung gestellt, wurde bei NEUSTART orientiert am Stand der digitalen Kommunikationstechnik weiterentwickelt. Das Qualitätshandbuch in der derzeitigen Form ist akzeptiert, wird gut genutzt und hat sich als ein adäquates Instrument zur Sicherstellung der qualitätsvollen Arbeit sowohl in den sozialarbeiterischen Dienstleistungen als auch in den Supportprozessen etabliert. Zukunftspotential hat die direkte Kommunikation der Nutzer*innen mit den prozessverantwortlichen Führungskräften. Die Entwicklung von Dialogmöglichkeiten mittels eines Tools ist ein nächster möglicher Schritt. Dieser direkte Dialog der Verantwortlichen mit den Nutzer*innen könnte das gemeinsame Qualitätsverständnis zusätzlich stärken. Wie bei allen wesentlichen Vorhaben sind auch hier eine Kosten/Nutzenabwägung und eine sorgfältige, konsistente Umsetzung(splanung) erforderlich.

Dieser Beitrag soll zeigen, welche Erfahrungen NEUSTART in den vergangenen Jahren bei der Entwicklung und Kommunikation von Qualitätsstandards gemacht hat. Stolpersteine, Herausforderungen und mögliche Wege einer erfolgreichen Umsetzung sollten sichtbar gemacht werden und anderen Organisationen zur Verfügung stehen.

„NEUSTART ist als Organisation sowohl vom Leistungsspektrum als auch vom flächendeckenden Angebot her breit aufgestellt. Wir positionieren uns strategisch als Qualitätsanbieter und richten unsere Dienstleistungen auf Wirkungen aus. Auch im Qualitätsmanagement wollen wir bestmögliche Standards leben, um unser Qualitätsversprechen einzulösen. Das hat sich im Laufe unserer Geschichte schon vielfach bewährt. Das beschriebene Beispiel unseres Qualitätshandbuchs zeigt, dass wir uns in diesem Bereich laufend weiterentwickeln müssen, um dem Anspruch als Qualitätsanbieter gerecht zu werden."

Alfred Kohlberger, MAS, Geschäftsführer für wirtschaftliche Angelegenheiten; Dr. Christoph Koss, Geschäftsführer Sozialarbeit

5.7 Aufgaben und Musterlösungen zum Fallbeispiel Verein NEUSTART

5.7.1 Aufgaben zum Fallbeispiel

1) Erstellen Sie eine einfache Stakeholder Matrix für Neustart mit im Fallbeispiel angesprochenen Stakeholdern und deren Erwartungen.
2) Welche im Fallbeispiel genannten Qualitätsleitlinien (Qualitätsleitbild) sind NEUSTART wichtig?
3) Welche Varianten des Qualitätshandbuches von der Loseblattsammlung bis zum Qualitätshandbuch neu hat es bei Neustart gegeben und warum hat NEUSTART das Qualitätshandbuch laufend überarbeitet?
4) Warum hat es vor der Gestaltung des neuen Qualitätshandbuches eine Strategiesitzung zum Qualitätshandbuch gegeben, wer war involviert und welche zentralen Erkenntnisse/Ergebnisse gab es aus der Strategiesitzung?
5) Warum hat sich NEUSTART für das Instrument eines Qualitätshandbuches entschieden und welche konkreten Qualitätsziele können Sie aus dem Fallbeispiel für das Qualitätshandbuch neu in der aktuellsten Ausführung erkennen?
6) Welche Aufgaben hatte die Projektgruppe „QH-Better (2020)" und welche Ergebnisse gab es aus dem Projekt?
7) Welche Qualitätsstandards sind für das Qualitätshandbuch neu relevant?
8) Wie hilft das Qualitätshandbuch den Nutzer*innen bei der Sicherstellung von Qualität in der täglichen Arbeit?
9) Welche Stolpersteine und welche Erfolgsfaktoren sind aus dem Prozess der Erstellung des Qualitätshandbuches bei NEUSTART erkennbar?
10) Im Fallbeispiel wird die Anwendung einzelner Instrumente der Qualitätsplanung und Qualitätsdarlegung beschrieben. Es liegt jedoch nahe, dass der Verein NEUSTART zusätzlich auf eine Vielzahl anderer Instrumente im Rahmen der Qualitätsplanung und Qualitätsdarlegung zurückgreift. Welche Instrumente, die Sie in diesem Kapitel kennengelernt haben, werden eingesetzt beziehungsweise könnten zum Einsatz kommen und warum (Ziele/Zweck)?

5.7.2 Musterlösungen zum Fallbeispiel

Die Musterlösungen zeigen beispielhafte Möglichkeiten der Antwort auf die Fragen, damit Sie sich betreffend der Arbeitsaufgaben orientieren können und erheben keinen Anspruch auf Vollständigkeit.

Tabelle 5.8 Auszüge einer Stakeholder Matrix für NEUSTART (eigene Darstellung auf Basis der Informationen des Fallbeispiels)

Stakeholder	Stakeholdererwartungen und relevante Themen/Entscheidungsprobleme			
	Zieldefinition	Erwartungen an NEUSTART	Leistungen von NEUSTART	Möglichkeiten der Zusammenarbeit
Mitarbeitende	Arbeitgeber	• Sicherer Arbeitsplatz, Einkommen • Sinnstiftende Tätigkeit • Möglichkeiten der persönlichen/beruflichen Entwicklung • …	• Bezahlung der Arbeit • Identitätsstiftende Rahmenbedingungen • Möglichkeiten für persönliche/berufliche Entwicklung • …	• Mitarbeiter*innenbeteiligung bei der Prozessgestaltung • Regelmäßige Angebote der Kommunikation und des Feedbacks • …
Auftraggeber Justizministerium (BMJ)	Umsetzung der Straffälligenhilfe im Auftrag des Justizministeriums	• Zuverlässige und transparente sozialarbeiterische Dienstleistungserbringung • Vorhandenes fachliches Wissen in einheitlichen Qualitätsstandards erfassen • …	• Eine sozial- und kriminalpolitisch denkende Organisation • Angebot wirksamer konstruktiver Alternativen zu repressiven Sanktionsmaßnahmen • …	• Berichtslegung • Regelmäßiger Austausch und Feedback • …
Auftraggeber Bundesministerium für Inneres (BMI)	Umsetzung der verpflichtenden Gewaltpräventionsberatung	• Zuverlässige und transparente sozialarbeiterische Dienstleistungserbringung • …	• Qualitativ hochwertige Dienstleistung • Professionelle Organisation • …	• Berichtslegung • Regelmäßiger Austausch und Feedback • …
Zuweiser*innen, Gerichte	Umsetzung von Maßnahmen im Rahmen der österreichischen Rechtsprechung	• Zuverlässige und transparente sozialarbeiterische Dienstleistungserbringung • …	• Qualitativ hochwertige Dienstleistung • Zuverlässigkeit und Transparenz betreffend des Arbeitsauftrages • …	• Berichtslegung • Regelmäßiger Austausch und Feedback • …

Stakeholder	Stakeholdererwartungen und relevante Themen/Entscheidungsprobleme			
	Zieldefinition	Erwartungen an NEUSTART	Leistungen von NEUSTART	Möglichkeiten der Zusammenarbeit
Klient*innen	Betreuung, Unterstützung	• Qualitativ hochwertige Dienstleistungserbringung… • Professionelle Ansprechpersonen mit viel Fachwissen zu konkreten Themen der Deliktbearbeitung und der Möglichkeiten ein straffreies Leben zu führen • Ansprechpersonen mit Verständnis für individuelle Situationen und Problemlagen trotz Zwangskontext • …	• Professionelle Unterstützung im Rahmen von Verurteilungen und Weisungserfüllungen (z. B. Antigewalttraining, Therapien, ….) • Unterstützung bezüglich relevanter Aufgaben und Themen, um zukünftig ein straffreies Leben führen zu können • Kooperation und Verlässlichkeit der Adressat*innen einfordern • …	• Kontinuierliches Angebot der persönlichen Betreuung • Arbeitskonzepte mit Zielvereinbarungen und regelmäßigem persönlichem Austausch • Termineinhaltung • Feedback annehmen und umsetzen • …
Kooperationseinrichtungen	Zusammenarbeit im Rahmen leistungsübergreifender Schnittstellen	• Fachlichkeit und Expertise • Verlässliche Partnerorganisation • Offenheit für Kooperation • …	• Qualitativ hochwertige Dienstleistungserbringung • Hohe professionelle Expertise • Kooperative Haltung trotz Zwangskontext • …	• Wechselseitige Statusberichte zu den Kooperationsaufgaben • Regelmäßiger Austausch und Feedback • …
Zivilgesellschaft	Sicherheitsgefühl, Ehrenamt	• Arbeit mit Straftäter*innen, um Rückfallrisiko zu minimieren • Selbst ehrenamtlich beitragen, interessante Tätigkeit • …	• Qualitativ hochwertige Dienstleistungserbringung • Ehrenamtskoordination und Ausbildung der Ehrenamtlichen • Öffentlichkeitsarbeit • …	• Befragungen • Transparente Kommunikation • Ehrenamtliche adäquat integrieren • Klare Ansprechpersonen und Zusammenarbeit

1. Stakeholder Matrix für NEUSTART

Unter anderem lassen sich exemplarisch die in Tabelle 5.8 aufgeführten Stakeholder aus dem Fallbeispiel identifizieren beziehungsweise aus dem damit im Zusammenhang stehenden Kontext ableiten.

2. Qualitätsleitlinien aus dem Fallbeispiel NEUSTART

Die Entwicklung von Leitlinien/Qualitätsstandards spielt beim Verein NEUSTART eine wichtige Rolle. Folgende Qualitätsleitlinien können anhand von Textbausteinen des Fallbeispiels identifiziert werden:

- *„Die Qualitätssicherung und Entwicklung fachlicher Standards soll den jeweils letzten Stand des allgemein anerkannten methodischen Arbeitens im sozialen Bereich (...) sowie kriminal- und sozialpolitische Zielsetzungen einbeziehen."*
- *„Eine sozial- und kriminalpolitisch denkende Organisation, die wirksame konstruktive Alternativen zu repressiven Sanktionsmaßnahmen entwickelt und praktisch zur Anwendung bringt."*
- *„Die innovative (Weiter-)Entwicklung sozialkonstruktiver Angebote..."*

3. Varianten des Qualitätshandbuches von der Loseblattsammlung hin zum Qualitätshandbuch neu und Gründe für laufende Weiterentwicklung

Folgende Varianten des Qualitätshandbuches können beim Verein NEUSTART über die Zeit festgehalten werden:

- Loseblattsammlung „ZBSA Handbuch" (1995)
- Handbuch für Führungskräfte digital
- Qualitätshandbuch Online (2003)
- Qualitätshandbuch neu (QHB_NEU, ab 2017)
- Weiterentwicklung des Qualitätshandbuchs (QH_Better – ab 2020)

Der Abschluss eines Generalvertrages und ein damit einhergehender Auftrag war ein wesentlicher Grund dafür, das in der Organisation vorhandene fachliche Wissen in einheitlichen Qualitätsstandards zu erfassen und eine dementsprechende Weiterentwicklung des Qualitätshandbuches anzustreben.

Darüber hinaus begründet das Wachstum der Organisation über die Jahre, in puncto Dienstleistungsangeboten und Personal und ein daraus resultierender Anstieg der Bedeutung des Themas Qualität somit die laufende Weiterentwicklung. Ebenso begründet das Thema Zugang für alle Anwender*innen eine dementsprechende Weiterentwicklung des Qualitätshandbuches, dies ist beim Verein NEUSTART im Zuge der Volldigitalisierung erfolgt.

4. Strategiesitzung zum Qualitätshandbuch mit Zielen, involvierten Personen und Ergebnissen

2013 wurde das Qualitätshandbuch in einer Strategiesitzung der ersten Delegationsebene von NEUSTART zum Thema. Anlass war Kritik in Bezug auf Umfang, Übersicht und Einheitlichkeit. Es wurde klar, dass eine Überarbeitung des QHB notwendig wurde – die Frage war: Wie?

Das Ergebnis war Ergebnis war die Nominierung einer kleinen Arbeitsgruppe mit dem Auftrag der fundierten Analyse des damaligen Qualitätshandbuches. Auf Basis dieser Analyse entwickelte die Arbeitsgruppe einen Vorschlag, der im Wesentlichen die Reduktion und Definition von Dokumentenarten, die Festlegung der jeweiligen inhaltlichen Elemente und insbesondere die Perspektive der Adressat*innen miteinbezog. Eine prozessgesteuerte Herangehensweise wurde empfohlen, d. h., Darstellung und Granularität der Prozesse sollten verbindlich definiert werden. Insbesondere die praktische Umsetzung der Prozessorientierung führte zu Diskussionen bei den prozessverantwortlichen Führungskräften, mögliche Stolpersteine wurden identifiziert:

- Nutzer*innenorientierung: Wie orientieren sich Mitarbeiter*innen in den Vorgaben und wie kann qualitätsvolles Arbeiten bestmöglich unterstützt werden?
- Nutzer*innenfreundliche effiziente technische Umsetzung: Welche Tools sind dafür notwendig?
- Machbarkeit: Wie hoch ist der Aufwand für die prozessverantwortlichen Führungskräfte? Wird zusätzlich externe Expertise bzw. konkrete Umsetzungsunterstützung benötigt?

Die Geschäftsführung beauftragte auf Basis dieser Analyse die Entwicklung von möglichen Lösungswegen als Entscheidungsgrundlage. Auf Basis der entwickelten Szenarien entschied sich die Geschäftsführung des Vereins NEUSTART, die Adaption des Qualitätshandbuches zu beauftragen. Verantwortlich für das Projekt zeichnete die Stabsstelle Projektmanagement Strategie Organisation.

5. Gründe für die Wahl des Instruments Qualitätshandbuch und Qualitätsziele für das Qualitätshandbuch neu

Bis zum Abschluss des Generalvertrags waren fachliche Prinzipien, Abläufe und geregelte Vorgangsweisen beim Verein NEUSTART vorhanden, aber noch nicht systematisch gesammelt und nicht für alle Adressat*innen gleichermaßen zugänglich. Aus diesem Sachverhalt lässt sich der Grund ableiten, warum sich der Verein NEUSTART für das Instrument Qualitätshandbuch entschieden hat.

Durch eine Erhebung im Jahr 2017 wurde deutlich, dass im NEUSTART-Qualitätshandbuch 536 verschiedene Dokumente in 19 verschiedenen Dokumententypen abrufbar waren. Diese Menge war für Mitarbeiter*innen nicht mehr so dienlich, um in der Praxis schnell Orientierung zu Standards und Handlungsanweisungen abrufen zu können. Selbst unter den Prozessverantwortlichen gab es unterschiedliche Auffassungen, wie verbindlich Vorgaben sind, die zum Beispiel in Richtlinien definiert werden.

Im Rahmen einer prozessgesteuerten Herangehensweise war es das primäre Ziel mit dem Qualitätshandbuch Neu, eine Reduktion der Menge an Dokumentenvorgaben herbeizuführen. Darüber hinaus sollte durch die Adaptierung des Qualitätshandbuch die Einarbeitung und Orientierung von neuen Mitarbeiter*innen erleichtert und langfristig das Wissen und die Standards der Organisation gesichert werden. Weitere Ziele, welche mit dem Qualitätshandbuch Neu verfolgt wurden, waren die Gewährleistung qualitätsvoller und regelkonformer Abwicklung der Dienstleistungen und der Supportprozesse und die Entwicklung eines zweckdienlichen Instruments zur Unterstützung bei der Erfüllung der Führungsaufgaben.

6. Aufgaben der Projektgruppe „QH-Better (2020)" und Projektergebnis

Das Projekt „QH_Better" startete beim Verein NEUSTART Mitte 2020. Ergebnisse des Projekts „QH_Better" im Bereich Prozesse waren schließlich die Festlegung von Formalvorgaben inklusive Entwicklung einer Vorlage und die Aktualisierung der bestehenden Prozesse durch die prozessverantwortlichen Führungskräfte.

Neben dem Definieren der Dokumentenarten und der Erstellung einer Dokumentenbibliothek war die Festlegung der Publikation der Dokumente im Qualitätshandbuch, inklusive zielgruppenspezifischer kommunikativer Begleitmaßnahmen erforderlich. Ein Prozess zur Freigabe und Veröffentlichung wurde definiert, der technisch mittels eines Genehmigungsworkflows umgesetzt wurde.

7. Relevante Qualitätsstandards für das Qualitätshandbuch Neu

Der im Fallbeispiel dargestellte Entwicklungsprozess des Qualitätshandbuchs bei NEUSTART führte dazu, dass heute ein einheitliches Bild in der Organisation über die zentralen Kriterien, die alle Qualitätsstandards bei NEUSTART aufweisen sollen, etabliert ist. Diese sind:

- Sicherstellung von Einheitlichkeit und Strukturiertheit durch genaue Formalvorgaben für Dokumente
- Fokus auf Übersichtlichkeit und Usability durch eine übersichtliche Gliederung und Benutzeroberfläche sowie Einführung einer digitalen Version
- Fokus auf eine einheitliche, passende „Flughöhe" bei Qualitätsstandards, die die Praxisebene wesentlich mitbedenkt

- Aktualität des Qualitätshandbuches – Verweis auf laufende Überarbeitung durch die Prozessverantwortlichen
- Festlegen und konsequente Umsetzung eines zentral gesteuerten Prozesses der Definition und Weiterentwicklung von Qualitätsstandards

Für die laufende Weiterentwicklung ist es entscheidend, den Dialog zwischen normativer (Vorgaben des Top-Managements) und operativer Ebene (ausführende Mitarbeiter*innen) gut zu gestalten.

8. Nutzen des Qualitätshandbuches für Sicherstellung von Qualität im Arbeitsalltag

Im Fallbeispiel wird darauf hingewiesen, dass fachliche Standards differenzieren müssen, zwischen den inhaltlich unterschiedlichen Arbeitsbereichen der Sozialarbeit und unterschiedlichen Funktionen innerhalb der Arbeitsbereiche. Die Begründung fachlicher Standards im Bereich der Straffälligenhilfe beruht auf:

- Der Professionalität der Sozialarbeit, das heißt der Anwendung eines Methodenkanons auf der Basis erlernbarer Fertigkeiten und Fähigkeiten
- Der Existenz nachvollziehbarer Kriterien für die praktische Anwendung der jeweils richtigen sozialarbeiterischen Methode
- Der Entwicklung spezifischer Methoden und Kriterien für die Sozialarbeit in der Straffälligenhilfe
- Der Definition und des bewussten Umgangs mit der dem Arbeitsgebiet Straffälligenhilfe eigenen engen Beziehung zum System und den Methoden der Strafjustiz sowie der relativ stringenten gesetzlichen Determinierung des Arbeitsgebietes." (aus dem Qualitätshandbuch der Organisation NEUSTART)

Der Nutzen eines Qualitätshandbuches für die Mitarbeiter*innen des Vereins NEUSTART ist die Handlungssicherheit im Rahmen der Arbeit im Bereich der Straffälligenhilfe. Für die Organisation ist die Sicherstellung eines einheitlichen Vorgehens im Rahmen definierter Standards, im Sinne des Auftraggebers, ein wesentlicher Nutzen.

9. Stolpersteine und Erfolgsfaktoren bei der Erstellung des Qualitätshandbuches

Insbesondere die praktische Umsetzung der Prozessorientierung führte zu Diskussionen bei den prozessverantwortlichen Führungskräften, folgende Stolpersteine wurden aufgeworfen:

- Nutzer*innenorientierung: Wie orientieren sich Mitarbeiter*innen in den Vorgaben und wie kann qualitätsvolles Arbeiten bestmöglich unterstützt werden?
- Nutzer*innenfreundliche effiziente technische Umsetzung: Welche Tools sind dafür notwendig?
- Machbarkeit: Wie hoch ist der Aufwand für die prozessverantwortlichen Führungskräfte? Wird zusätzlich externe Expertise bzw. konkrete Umsetzungsunterstützung benötigt?

Die Geschäftsführung von NEUSTART beauftragte auf Basis der analysierten Stolpersteine die Entwicklung von möglichen Lösungswegen als Entscheidungsgrundlage. Die Perspektive wurde erweitert und es wurden zielgerichtet die Erfahrungen und Sichtweisen von Führungskräften miteinbezogen, welche die Mitarbeiter*innen bei der Erbringung der jeweiligen Leistungen unterstützen bzw. diese anleiten.

10. Weitere relevante Instrumente für NEUSTART mit möglichem Ziel/Zweck

Im Kapitel 5 werden eine Vielzahl von Instrumenten der Qualitätsplanung und Qualitätsdarlegung beschrieben. Folgende Instrumente kommen zur Anwendung beziehungsweise könnten außerdem relevant für den Verein NEUSTART sein:

- Problem- und Ursachenanalyse: Im Fallbeispiel wird beschrieben, dass es mit Überarbeitungsbeginn des Qualitätshandbuches Kritik der Anwender*innen gab – zu umfassend, zu unübersichtlich und zu wenig einheitlich. Im Rahmen der beschriebenen Arbeitsgruppe kam die Problem- und Ursachenanalyse zur Anwendung.
- SWOT-Analyse: Es liegt nahe, dass dieses Instrument ebenfalls durch die im Fallbeispiel beschriebene Arbeitsgruppe zum Einsatz kam. Die SWOT-Analyse zielt darauf ab, die Stärken und Schwächen übersichtlich darzustellen und Aussagen über Chancen und Risiken zu treffen. Auf diese Punkte wird im Zusammenhang mit dem Qualitätshandbuch im Fallbeispiel immer wieder verwiesen.
- Zufriedenheitsanalyse: Könnte im Rahmen der laufenden Weiterentwicklung des Qualitätshandbuches zur Anwendung kommen. Wie stimmen die definierten Kriterien, die alle Qualitätsstandards bei NEUSTART aufweisen sollen, mit den von den Anwender*innen in der Organisation formulierten Wünschen überein?
- Benchmarking: Könnte zum Einsatz kommen, um beispielsweise die Unterschiede zwischen NEUSTART und anderen Organisationen/Anbieter*innen im Rahmen der Dienstleistung Gewaltpräventionsberatung zu erfassen. Im

Fallbeispiel wird erwähnt, dass NEUSTART seit 2021 in fünf der neun Österreichischen Bundesländer die verpflichtende Gewaltpräventionsberatung für Personen durchführt, über die ein Betretungsverbot oder eine einstweilige Verfügung ausgesprochen wurde.
- Szenariotechnik: Kommt im Fallbeispiel zum Einsatz. Es wird beschrieben, dass eine Arbeitsgruppe im Rahmen einer fundierten Analyse des damaligen Qualitätshandbuches Szenarien entwickelt hat, welche die Geschäftsführung bei ihrer Entscheidung unterstützt haben, die Adaption des Qualitätshandbuches zu beauftragen.
- Qualitätskennzahlen: Könnte zur Anwendung kommen, um quantitativ erfassbare Sachverhalte in konzentrierter Form als Zahlenwerte abzubilden, um so die Organisation zielgerichtet steuern zu.
- Qualitätsstatistiken: Können für die interne Steuerung oder bei Bedarf auch zur Veröffentlichung für Stakeholder zur Anwendung kommen.
- Verfahrensanweisungen: Kommen zur Anwendung. Im Fallbeispiel wird darauf verwiesen, dass jeder Hauptprozess im Qualitätshandbuch mit einer Prozessbeschreibung definiert ist und durch entsprechende Regelungen, Richtlinien und sonstige Dokumentenarten ergänzt wird.
- Sachberichte: Es ist sehr wahrscheinlich, dass Sachberichte für Auftraggeber*innen, im Rahmen der Prüfung beziehungsweise Beurteilung der zweckgerichteten Mittelverwendung und Bewertung festgelegter Ziele, zur Anwendung kommen. Im Fallbeispiel erwähnt werden das Bundesministerium für Justiz, das Bundesministerium für Inneres sowie Bundesländerfinanzierung.

Organisationen wie NEUSTART nutzen eine Vielfalt von Instrumenten zur Qualitätssicherung. Es bleibt Aufgabe der Organisation, sich für geeignete Instrumente zu entscheiden, die für die jeweiligen Zielsetzungen hilfreich und in der Anwendung praktikabel sind.

5.8 Fragen zur Übung und Kontrolle des Lernerfolgs

a) Was versteht man unter einer Stakeholderanalyse, wieso ist diese wichtig und wie kann eine Stakeholder Matrix gestaltet werden?
b) Was bedeutet das Akronym „SWOT" und wie wird eine SWOT-Analyse vorgenommen? Welche Einsatzgebiete gibt es für eine SWOT-Analyse?
c) Was versteht man unter einer GAP-Analyse und welche idealtypischen GAPs sind in Dienstleistungserstellungsprozessen häufig feststellbar?
d) Wozu dienen die Problem- und Ursachenanalyse und welche beispielhaften Instrumente sowie deren Zielsetzungen kennen Sie?

e) Wozu brauchen soziale Organisationen eine Zufriedenheitsanalyse und wie kann diese grundsätzlich ablaufen?
f) Was versteht man unter einem Qualitätsleitbild, an welche Personengruppen richtet sich dieses und welche Ziele werden damit verfolgt?
g) Nach welchen Prinzipien sollte die Formulierung von Qualitätszielen erfolgen?
h) Wie kann Benchmarking bei der Formulierung von Qualitätszielen bzw. bei der Gestaltung der Dienstleistungsqualität unterstützen? Welche Grenzen hat Benchmarking?
i) Erklären Sie die Szenariotechnik und mögliche Einsatzfelder.
j) Wozu dienen Zukunftskonferenzen und welche Personengruppen sollten involviert werden? Wie laufen Zukunftskonferenzen idealtypisch ab?
k) Warum und mit welchen Zielsetzungen sind Strategieklausuren und Strategiesitzungen für soziale Organisationen wesentlich?
l) Warum brauchen soziale Dienstleister Qualitätskennzahlen und welche grundsätzliche Unterscheidung an Kennzahlen ist Ihnen bekannt?
m) Welche Zielsetzungen verfolgen Qualitätsstatistiken? Warum könnte eine Organisation eigene Statistiken zur Qualität der Organisation erstellen und veröffentlichen? Warum könnte eine Organisation sich externe statistische Erhebungen ansehen
n) Was versteht man unter Balanced Scorecard und welche Dimensionen umfasst eine klassische Balanced Scorecard? Warum kann diese für soziale Organisationen relevant sein?
o) Welche weiteren Ansätze zur Messung der Dienstleistungsqualität kennen Sie? Beschreiben Sie diese kurz.
p) Beschreiben Sie die klassische Hierarchie der Qualitätsdokumentation nach Hensen (2019).
q) Was kennzeichnet einen Sachbericht? Was sind die wesentlichen Eckpunkte bei der Erstellung eines Sachberichts nach dem Förderbereich Arbeit und Soziales der ESF-Verwaltungsbehörde?
r) Was kennzeichnet einen Qualitätsbericht? Was sind die wesentlichen Gestaltungsmerkmale bei der Erstellung eines Qualitätsberichts?
s) Was ist ein Qualitätshandbuch und welche Aufgaben erfüllt es? Beschreiben Sie die inhaltlichen Anforderungen an ein Qualitätshandbuch nach Ertl-Wagner et al. (2013).
t) Welche Rolle spielen Verfahrensanweisungen im Zusammenhang mit einem Qualitätshandbuch? Welche inhaltlichen Eckpunkte können Sie bei der Erstellung von Verfahrensanweisungen benennen?

5.9 Literaturverzeichnis

Ant, M. (2018). *Effizientes Strategisches Management: Die 10 Phasen Einer Erfolgreichen Unternehmensentwicklung*. Gabler. https://ebookcentral.proquest.com/lib/kxp/detail.action?docID=5441134

Benes, G. & Groh, P. E. (2017). *Grundlagen des Qualitätsmanagements* (4., aktualisierte Aufl.). Fachbuchverlag Leipzig im Carl Hanser Verlag. http://www.hanser-fachbuch.de/9783446451834

Binner, H. F. (2002). *Prozessorientierte TQM-Umsetzung* (2., verb. und aktualisierte Aufl.). *Hanser Lehrbuch*. Hanser.

Brüggemann, H. & Bremer, P. (2020). *Grundlagen Qualitätsmanagement: Von den Werkzeugen über Methoden zum TQM* (3. Aufl.). Springer Vieweg.

Bruhn, M. (2020). *Qualitätsmanagement für Dienstleistungen: Handbuch für ein erfolgreiches Qualitätsmanagement: Grundlagen – Konzepte – Methoden* (12., aktualisierte und erweiterte Aufl.). Springer Gabler. https://doi.org/10.1007/978-3-662-62120-2

Burow, O.-A. (2008). Zukunftskonferenz. Anspruch, Wirklichkeit und Perspektiven. In N. Kersting (Hrsg.), *Politische Beteiligung* (S. 181–191). VS Verlag für Sozialwissenschaften. https://doi.org/10.1007/978-3-531-91071-0_11

Deinet, U., Szlapka, M. & Witte, W. (Hrsg.). (2008). *Qualität durch Dialog: Baustein kommunaler Qualitäts- und Wirksamkeitsdialoge* (1. Aufl.). VS Verlag für Sozialwissenschaften.

Doran, G. T. (1981). There's a SMART way to write management's goals and objectives. *Management Review, 70*(11), 35–36. https://www.ctwomen.org/blog?offset=1539610989606

Eremit, B. & Weber, K. F. (2015). *Individuelle Persönlichkeitsentwicklung: Quick Finder – Die wichtigsten Tools im Business Coaching*. Springer Fachmedien Wiesbaden. http://gbv.eblib.com/patron/FullRecord.aspx?p=4179396

Ertl-Wagner, B., Steinbrucker, S. & Wagner, B. (2013). *Qualitätsmanagement und Zertifizierung: Praktische Umsetzung in Krankenhäusern, Reha-Kliniken, stationären Pflegeeinrichtungen* (2. Aufl.). Springer.

Geiger, W. & Kotte, W. (2008). *Handbuch Qualität: Grundlagen und Elemente des Qualitätsmanagements: Systeme – Perspektiven* (5., vollständig überarbeitete und erweiterte Aufl.). *Springer eBook Collection Computer Science & Engineering*. Vieweg. https://doi.org/10.1007/978-3-8348-9429-8

Grunwald, K. (2022). Qualitätsmanagement in der Sozialwirtschaft zwischen hilfreichem Instrumentarium und Steuerungseuphorie. In L. Kolhoff (Hrsg.), *Perspektiven Sozialwirtschaft und Sozialmanagement. Aktuelle Diskurse in der Sozialwirtschaft IV* (S. 171–192). Springer Fachmedien Wiesbaden. https://doi.org/10.1007/978-3-658-38677-1_10

Hahn, D. (2006). Stand und Entwicklungstendenzen der strategischen Planung. In D. Hahn & B. Taylor (Hrsg.), *Strategische Unternehmungsplanung – strategische Unternehmungsführung: Stand und Entwicklungstendenzen* (9., überarb. Aufl., S. 3–28). Springer. https://doi.org/10.1007/3-540-30763-X_1

Hensen, P. (2019). *Qualitätsmanagement im Gesundheitswesen: Grundlagen für Studium und Praxis* (2., überarbeitete und erweiterte Aufl.). Springer Gabler.
Herrmann, J. & Fritz, H. (2021). *Qualitätsmanagement: Lehrbuch für Studium und Praxis* (3., aktualisierte und erweiterte Aufl.). Hanser.
Hirt, M. (Hrsg.). (2015). *Management Competence. Die wichtigsten Strategietools für Manager: Mehr Orientierung für den Unternehmenserfolg.* Verlag Franz Vahlen.
Horak, C. & Speckbacher, G. (2013). Ziele und Strategien. In R. Simsa (Hrsg.), *Handbuch der Nonprofit-Organisation: Strukturen und Management* (5., überarb. Aufl., S. 159–182). Schäffer-Poeschel.
Hungenberg, H. (2011). *Strategisches Management in Unternehmen: Ziele – Prozesse – Verfahren* (6. Aufl.). Gabler Verlag.
Kaplan, R. S. & Norton, D. P. (1996). *The Balanced Scorecard: Translating Strategy into Action.* Harvard Business School Press.
Kerth, K., Asum, H. & Stich, V. (2015). *Die besten Strategietools in der Praxis: Welche Werkzeuge brauche ich wann? Wie wende ich sie an? Wo liegen die Grenzen?* (6. überarb. und erw. Aufl.). Hanser.
Kiessling, W. & Babel, F. (2016). *Corporate Identity: Strategie nachhaltiger Unternehmensführung* (4. Aufl.). Walhalla u. Praetoria Verlag GmbH & Co. KG. https://www.wiso-net.de/document/WLHE,AWLH__9783802944147196
Klaußner, S. (2016). *Partizipative Leitbildentwicklung: Grundlagen, Prozesse und Methoden.* https://ebookcentral.proquest.com/lib/kxp/detail.action?docID=4533438
König, E. & Volmer, G. (2008). *Handbuch Systemische Organisationsberatung: Grundlagen und Methoden* (1. Aufl.). *Weiterbildung und Qualifikation.* Beltz Juventa.
Kühl, S. (2017). *Leitbilder erarbeiten: Eine kurze organisationstheoretisch informierte Handreichung* (1. Aufl. 2017). Springer Fachmedien Wiesbaden. https://doi.org/10.1007/978-3-658-13423-5
Meinhold, M. & Matul, C. (2011). *Qualitätsmanagement aus der Sicht von Sozialarbeit und Ökonomie* (2., überarb. und aktualisierte Aufl.). *utb-studi-e-book: Bd. 3568.* Nomos-Verl.-Ges; UTB. http://www.utb-studi-e-book.de/9783838535685
Müller-Stewens, G. & Lechner, C. (2005). *Strategisches Management: Wie strategische Initiativen zum Wandel führen; der St. Galler General Management Navigator* (3., aktualisierte Aufl.). Schäffer-Poeschel.
Njo, M. (2014). Unternehmenskultur und Unternehmensleitbild. In W. Koberski, V. Engelbert & G. Dachrodt (Hrsg.), *SpringerLink Bücher. Praxishandbuch Human Resources: Management – Arbeitsrecht – Betriebsverfassung* (S. 113–129). Springer Gabler.
Nürnberg, V. & Schneider, B. (2014). *Kundenmanagement im Krankenhaus: Service – Qualität – Erreichbarkeit* (1. Aufl.). Springer Gabler.
Parasuraman, A., Zeithaml, V. A. & Berry, L. L. (1985). A conceptual model of service quality and its implications for future research. *Journal of Marketing, 49/4,* 41–50.
Pennersdorfer, A. & Badelt, C. (2013). Zwischen Marktversagen und Staatsversagen? Nonprofit-Organisationen aus ökonomischer Sicht. In R. Simsa (Hrsg.), *Handbuch der Nonprofit-Organisation: Strukturen und Management* (5., überarb. Aufl., S. 107–123). Schäffer-Poeschel.

Raab, G., Unger, A. & Unger, F. (2018). *Methoden der Marketing-Forschung: Grundlagen und Praxisbeispiele* (3., überarb. u. erw. Aufl. 2018). Springer Fachmedien Wiesbaden. https://doi.org/10.1007/978-3-658-14881-2

Ribbeck, J. (2018). *Qualitätsmanagement in Sozialunternehmen: Grundlagen – Systeme und Konzepte – Implementierung und Steuerung. Management Soziales et Gesundheit.* Walhalla.

SAQM Schweizerische Akademie für Qualität in der Medizin. (2022). *Hinweise zur Verfassung eines Qualitätsberichts.* https://www.fmh.ch/themen/qualitaet-saqm/saqm.cfm

Schmidt, S. (2016). *Das QM-Handbuch: Qualitätsmanagement für die ambulante Pflege.* Springer.

Schmitt, R. & Pfeifer, T. (2015). *Qualitätsmanagement: Strategien – Methoden – Techniken* (5., überarb. Aufl.). Hanser.

Schreyögg, G. & Koch, J. (2020). *Management: Grundlagen der Unternehmensführung* (8., vollständig überarbeitete Aufl.). *Lehrbuch.* Springer Gabler. https://doi.org/10.1007/978-3-658-26514-4

Stöger, R. & Salcher, M. (2006). *NPOs erfolgreich führen: Handbuch für Nonprofit-Organisationen in Deutschland, Österreich und der Schweiz.* Schäffer-Poeschel Verlag für Wirtschaft Steuern Recht GmbH. http://site.ebrary.com/lib/alltitles/docDetail.action?docID=10555989

Thommen, J.-P. & Achleitner, A.-K. (2005). *Umfassende Einführung aus managementorientierter Sicht* (4., überarb. und erw. Aufl., Nachdruck). *Allgemeine Betriebswirtschaftslehre/Jean-Paul Thommen Ann-Kristin Achleitner: Hauptbd.* Gabler.

Weisbord, M. R. & Janoff, S. (2001). *Future search – die Zukunftskonferenz: Wie Organisationen zu Zielsetzungen und gemeinsamem Handeln finden.* Klett-Cotta.

Werkstatt PARITÄT. (2014). *Arbeitshilfen – Stichwortkatalog: Sachbericht (Förderperiode 2014–2020).* https://archiv-www.esf-epm.werkstatt-paritaet-bw.de/fileadmin/template/main/arbeitshilfen/20200528_EPM-Arbeitshilfe_Sachbericht_5.0.pdf

Zerfaß, A. & Volk, S. C. (2019). *Toolbox Kommunikationsmanagement: Denkwerkzeuge und Methoden für die Steuerung der Unternehmenskommunikation* (1. Aufl.). Springer Gabler.

zur Bonsen, M. (2021). *Zukunftskonferenz: socialnet Lexikon.* https://www.socialnet.de/lexikon/4609

Verankerung von Qualität in der täglichen Praxis und Entwicklung einer Qualitätskultur

Zusammenfassung

Kapitel 6 beschäftigt sich mit der Verankerung von Qualität in der täglichen Arbeit und geht auf Prozesse und Begleitmaßnahmen zur Entwicklung einer Qualitätskultur in Organisationen ein. Ausgangspunkt ist dabei die Idealvorstellung der Kontinuierlichen Verbesserung, beschrieben in Kapitel 1.2, die eine laufende Weiterentwicklung von Organisationen in planbaren Schritten ermöglichen soll. Damit Qualität, Qualitätsmanagement und Qualitätsentwicklung integrativer Teil einer Organisation wird, braucht es eine Kultur der Qualität, die Mitarbeiter*innen und Führungskräfte täglich leben.

Kapitel 6.2 beschreibt die Ebenen und Akteur*innen im Rahmen einer Qualitätskultur in Organisationen. Hier wird auf die Rolle des Individuums, die Rolle der Leitung sowie die Rolle Organisation eingegangen, da die Gesamtqualität einer Organisation gemeinsam zu gestalten ist.

In Kapitel 6.3 werden Instrumente und Methoden zur Qualitätsumsetzung vorgestellt, wobei bei der Auswahl auf eine Anwendbarkeit und Praktikabilität sowie auf den Bedarf der Mitarbeiter*innen und Führungskräfte aufgrund von Branchengepflogenheiten geachtet wurde. Thematisiert werden das Vier-Augen-Prinzip, Checklisten, externes und internes Feedback und Dokumentation, mit eher formellem Charakter sowie Maßnahmen der Intervision/des Kollegialen Feedbacks, Supervision/Coaching und Mitarbeiter*innengespräche, mit eher personenbezogenem Zugang.

Kapitel 6.4 behandelt die Analyse und Entwicklung einer Qualitätskultur in der Organisation. Der Prozess des Kulturwandels sowie ausgewählte Instrumente zur Diagnose der Unternehmenskultur werden vorgestellt.

© Der/die Autor(en), exklusiv lizenziert an
Springer Fachmedien Wiesbaden GmbH, ein Teil von Springer Nature 2024
W. Grillitsch und S. Felscher, *Qualitätsmanagement in Organisationen der Sozialwirtschaft*, Basiswissen Sozialwirtschaft und Sozialmanagement,
https://doi.org/10.1007/978-3-658-40202-0_6

In Kapitel 6.5 erfolgt der Fokus auf Erfolgsfaktoren bei der Verankerung von Qualität und Qualitätsmanagement in der Organisation
Kapitel 6.6 beinhaltet das Fallbeispiel des Vereins Spektrum Salzburg, in Kapitel 6.7 folgen Aufgaben und Musterlösungen zum Fallbeispiel. Abschließend werden die Fragen zur Übung und Kontrolle des Lernerfolges in Kapitel 6.8 angeführt.

Schlüsselwörter

Kontinuierliche Verbesserung, Qualitätskultur, formelle Maßnahmen der Qualitätsumsetzung, personenzentrierte Maßnahmen der Qualitätsumsetzung, Instrumente und Methoden, Analyse der Qualitätskultur, Erfolgsfaktoren bei der Verankerung, Fallbeispiel

Lernziele

- Sie verstehen den Begriff der kontinuierlichen Verbesserung und können die grundlegenden, dafür relevanten Prozessschritte erklären
- Sie können die Ebenen der Organisationskultur differenzieren und die Rollen der darin agierenden Akteur*innen (Mitarbeiter*in, Team, Leitung, Organisation) beschreiben.
- Sie können die Prozesse des Kulturassessment und der Kulturveränderungen nach Sackmann (2017) beschreiben.
- Sie können die wesentliche Aufgabe des Vier-Augen-Prinzips nach Bruhn (2021) erläutern.
- Die Aufgaben von Checklisten sind ihnen bekannt.
- Sie können die Funktion und die Merkmale der Kollegialen Intervision nach Tietze (2010) erklären.
- Die Funktionen der Dokumentation im institutionellen Kontext sind ihnen bekannt.
- Sie kennen die Supervision und das Coaching als personenbezogene Maßnahmen der Qualitätssicherung und sie sind in der Lage, beide Methoden in ihren wesentlichen Merkmalen voneinander zu unterscheiden.
- Die Merkmale des Mitarbeiter*innengespräches nach Ryschka und Tietze (2011) sind ihnen geläufig und sie können die wesentlichen inhaltlichen Eckpunkte nach Laufer (2010) benennen.
- Sie können die Bedeutung von Feedback/einer Feedback- und Lernkultur für die Organisation erklären.
- Sie sind in der Lage, die Funktion der Dokumentation im institutionellen Kontext nach Reichmann (2022) und Vahs (2019) zu erläutern.
- Ihnen sind Instrumente zur Diagnose der Unternehmenskultur bekannt und Sie können zwei Instrumente in den Grundzügen beschreiben.

- Sie sind in der Lage, die Prinzipien des Kulturwandels von Levin und Gottlieb (2009) zu nennen und kurz zu erklären.
- Sie können den Prozess des Kulturwandels von Homma & Bauschke (2015) in seinen einzelnen Phasen beschreiben.
- Sie kennen die sechs Phasen des Culture Excellence Prozesses nach Herget (2021 und können diese kurz erläutern.
- Sie werden befähigt Erfolgsfaktoren bei der Verankerung von Qualität und Qualitätsmanagement in der Organisation zu benennen und zu erklären.

6.1 Kontinuierliche Verbesserung und der Deming Cycle

Kaizen als Philosophie der kontinuierlichen Verbesserung kam Anfang der 1990er aus Japan über die USA nach Deutschland. In Amerika wurde der Ansatz Continuous Improvement Process (CIP) und in Deutschland kontinuierlicher Verbesserungsprozess (KVP) genannt. Die Philosophie des KAIZEN besagt, dass kontinuierliche Verbesserungen unter Einbeziehung aller beteiligten Personen anzustreben sind. (Brüggemann & Bremer, 2020, S. 188) KVP ist ein Ansatz zur laufenden Optimierung des Dienstleistungserstellungsprozesses. Die in den Prozessen tätigen Mitarbeiter*innen analysieren den eigenen Arbeitsbereich im Team und entwickeln Verbesserungsvorschläge von der Basis (bottom up). Erforderlich dafür ist eine offene Kultur innerhalb der sozialen Organisation, „die das betriebliche Vorschlagswesen wertschätzt und zur Wirksamkeit kommen lässt." (Vogelbusch, 2018, S. 367) Das Instrument des betrieblichen Vorschlagswesens als eine Möglichkeit der Unterstützung von kontinuierlichen Verbesserungsprozessen wird in Kapitel 4.1.5 vorgestellt.

Der KVP ist laut (Benes & Groh, 2017, S. 187) eine prozessorientierte Denkweise und weniger eine Methode zur Problemlösung", er ist eine „Geisteshaltung" und benötigt „Werkzeuge, mit deren Hilfe die gesetzten Qualitätsziele erreicht werden können", diese werden wie folgt beschrieben:

- Sieben Qualitätswerkzeuge (Q7),
- Sieben Managementwerkzeuge (M7),
- 3 Mus: Muda, Muri, Mura (in der Produkterstellung),
- 5 S-Programm (im Arbeitsumfeld der Mitarbeiter*innen, Produktions- und Büroarbeitsplätze),
- 4 M- bzw. 7 M-Checkliste,
- 6 W- bzw. 7 W-Hinterfragetechnik,
- Qualitätszirkel. (QC) (Benes & Groh, 2017, S. 187)

Die sieben Qualitätswerkzeuge in diesem Kontext sind: Fehlersammelkarte bzw. Strichliste, Histogramm, Qualitätsregelkarten, Pareto-Diagramm, Korrelationsdiagramm, Brainstorming und Ursache-Wirkungsdiagramm. (Benes & Groh, 2017, S. 247–277) Zu den sieben Managementwerkzeugen zählen: Affinitätsdiagramm, Relationsdiagramm, Portfolio, Matrixdiagramm, Baumdiagramm, Netzplan sowie Problementscheidungsplan. (Benes & Groh, 2017, S. 278–288) Die drei Mu-Checkliste dient dazu Verschwendung (Muda), durch die sieben Verschwendungsarten Überproduktion, Wartezeiten/Stillstand, Transport, mangelnde Abstimmung der Entwicklungsphase mit der Herstellungsphase (Produktionsfreundlichkeit), Lagerhaltung durch mangelnde Produktabsetzbarkeit, unnötige Bewegungen im Arbeitsablauf sowie Fehler und Fehlerbehebungsprozesse, zu vermeiden. Außerdem zu vermeiden sind die Überlastung von Mitarbeiter*innen und Maschinen (Muri) sowie eine Unregelmäßigkeit der Prozesse (Mura). (Benes & Groh, 2017, S. 189–190) Zum 5-S-Programm bezogen auf einzelne Arbeitsplätze von Mitarbeiter*innen sei das Sortieren (seiri – Ordnung schaffen/nur Notwendiges bewahren), das Systematisieren (seiton – Gegenstände/Dokumente am richtigen Platz ablegen), das Säubern (seido) des Arbeitsplatzes, das Standardisieren (seiketsu – Standard-Arbeitsplatz-Anordnung) und die Selbstdisziplin (shitsuke) im Sinne der Einhaltung von Ordnung und Standards erforderlich. (Benes & Groh, 2017, S. 190–191)

Die 4-M-Checkliste betrachtet Aspekte der Qualitätsverbesserung hinsichtlich Mensch, Maschine, Material und Methode und kann um die 3-M Millieu/Mitwelt, Management und Messbarkeit ergänzt werden. Die 6-W-Hinterfragetechnik fragt nach dem WER (Verantwortung), dem WAS (Qualitätsgegenstand), dem WO (Ort der Erstellung), dem WANN (Soll-/Ist-Zeiten der Erstellung), dem WARUM (bezogen auf die vorigen vier Fragekategorien und der Art der Erstellung) und dem WIE (genauer Prozess/Methode im Soll- und Ist-Zustand). Das WIESO kann als 7-W-Hinterfragetechnik ergänzt werden, die Frage lautet: Wieso wird es nicht anders gemacht? (Benes & Groh, 2017, S. 192–193)

Darüber hinaus beschreibt Masaki Imai, dessen Veröffentlichungen 1992 KAIZEN bekannt gemacht haben, eine Reihe weiterer Methoden und Instrumente als sogenannten KAIZEN-Schirm, die in das Qualitätsmanagement des Westens eingeflossen sind. Darunter fallen die Kundenorientierung, die umfassende Qualitäts- und Produktivitätskontrollen, die Methoden des Qualitätszirkels und des betrieblichen Vorschlagswesens, Automatisierung und Mechanisierung, Arbeitsdisziplin, Kanban, Qualitätssteigerung, Just-in-time Konzepte, den Versuch der Fehlerlosigkeit, die Kleingruppenarbeit, die Kooperation der Managementebenen, die Produktivitätssteigerung und die Entwicklung neuer Produkte und Dienstleistungen. (Imai, 1992) (Brüggemann & Bremer, 2020, S. 188)

Zentral im KVP ist laut Weidner (2020) der sogenannte PDCA-Zyklus oder auch Deming-Cycle, der auch in der ISO 9001 ab 2015 wieder zentral im Qualitätsmanagement verankert wurde und vielen Qualitätskonzepten als Grundprozess zugrunde liegt:

1) Plan: Planen der Veränderung steht an erster Stelle
2) Do: Durchführen der Veränderung in einem Probelauf oder Umsetzung in der Organisation
3) Check: Überprüfen im Sinne eines Ergebnischecks und der Frage nach gegebenenfalls noch nötigen Anpassungen
4) Act: Anpassen der Ergebnisse durch Nachjustierungsmaßnahmen, Ergebnisse weiter optimieren, indem wieder Planung zu gehen ist und die Schritte neu zu durchlaufen sind (Weidner, 2020, S. 118)

Die kontinuierliche Verbesserungsprozess ist auf Produkte/Dienstleistungen, Prozesse, Arbeitspakete etc. in kleinen Schritten durch die Mitarbeiter*innen selbst anwendbar. KAIZEN kann übersetzt werden mit „Verbesserung zum Guten" und ist eine Philosophie, bei der alle Mitglieder einer Organisation in den Verbesserungsprozess eingebunden sind, diese kann in großen und kleinen Unternehmen gleichermaßen umgesetzt werden. (Zollondz, 2011, S. 290–291)

Die Haltung, dass alle Mitarbeiter*innen einer Organisation zur Gesamtqualität beitragen, findet sich im deutschsprachigen Raum häufig auch unter dem Begriff der „Qualitätskultur", die es in einer Organisation zu entwickeln gilt, um Qualität und Qualitätsmanagement als lebendige Konzepte zu verankern. In Kapitel 6.2 wird daher auf Ebenen und Akteur*innen im Rahmen einer Qualitätskultur in der Organisation eingegangen.

6.2 Ebenen und Akteur*innen im Rahmen einer Qualitätskultur in Organisationen

In diesem Kapitel werden die einzelnen Organisationsebenen sowie die dabei relevanten Rollen und Aufgaben der Akteur*innen im Zusammenhang mit der Entwicklung einer Qualitätskultur beschrieben. Qualitätskultur wird nachfolgend zur besseren Verständlichkeit unter dem Überbegriff Unternehmenskultur verwendet. Beginnend mit der Rolle des Individuums, eingebettet in den Teamkontext, erfolgt die Betrachtung der Rolle von Leitungspersonen (siehe dazu auch 3.4 dieses Buches) und abschließend die Rolle der Gesamtorganisation im Zusammenhang mit der Entwicklung kultureller Aspekte.

Herget (2020, S. 13–15), Sackmann (2017, S. 139–140) und (Bauschke, 2014, S. 15–29) verweisen auf zahlreiche Studien, welche die Bedeutung der Unternehmenskultur als wesentlichen Faktor für den Erfolg eines Unternehmens hervorheben. Unternehmenskultur soll an dieser Stelle als Überbegriff verstanden werden, an welchem sich auch die Entwicklung einer Kultur zum Thema Qualität in der Organisation ableiten lässt. Doch was versteht man unter dem Begriff Unternehmenskultur eigentlich?

Macharzina und Wolf (2023) weisen darauf hin, dass ein begrifflicher Konsens nicht festzustellen ist. Abbildung 6.1 zeigt, dass es über die letzten 40 Jahre unterschiedlichste Begriffsfassungen gab:

Abb. 6.1 Unternehmenskulturbegriffe (Macharzina & Wolf, 2023, S. 255)

Unternehmenskulturen zeichnen sich durch tradierte und dabei wandlungsfähige Normen aus, die von Unternehmensmitgliedern erlernt, von Generation zu Generation weitergetragen und bewusst oder unbewusst als typische Denk- und Verhaltensweisen übernommen werden. *Hoffmann (1987)*

Unternehmenskultur ist ein soziokulturelles, immaterielles unternehmungsspezifisches Phänomen, das die Werthaltungen, Normen und Orientierungsmuster, das Wissen und die Fähigkeit sowie die Sinnvermittlungspotenziale umfasst, die von der Mehrzahl der Unternehmensmitglieder geteilt und akzeptiert werden. *Schnyder (1989)*

Unternehmenskultur ist eine Gesamtheit von historisch gewachsenen, wandelbaren und gemeinsam gelebten Werten, Normen, Denkhaltungen und Meinungen, die sichtbar werden im Verhalten, in der Kommunikation, bei Entscheidungen, in Handlungen, in Symbolen, in Artefakten und anderen Manifestationen. *Sackmann (1991)*

Unternehmenskultur ist das implizite Bewusstsein eines Unternehmens, das sich aus dem Verhalten der Unternehmensmitglieder ergibt und das im Gegenzug das Verhalten der Individuen steuert. *Scholz (2000)*

Unternehmenskultur stellt … eine soziale Norm dar, die erwünschtes Verhalten belohnt und unerwünschtes Verhalten sanktioniert. *Herget (2020)*

Ettl (2018, S. 41) verweist in diesem Zusammenhang darauf, dass Organisationstheorien einem permanenten Entwicklungsprozess unterliegen und sich daher fortlaufend neue Unternehmenskulturmodelle ergeben.

6.2.1 Rolle des Individuums und die Verortung im Team

Am Anfang der Betrachtung in der Kette zur Entstehung einer Unternehmenskultur soll die einzelne Person im Fokus stehen. Nach Herget und Strobl (2018, S. 5) kann ein Unternehmen nicht keine Kultur haben. Institutionalisierte gesellschaftliche Subsysteme entwickeln aufgrund ihrer individuellen Rahmenbedingungen sowie der Interaktion ihrer agierenden Individuen auch immer individuelle Kulturen, welche sich von anderen unterscheiden.

Nach Sackmann (2017) ist im Grunde genommen jedes Organisationsmitglied ein Kulturträger. Neue Organisationsmitglieder bringen ihre individuellen Erfahrungen, Einstellungen und Werthaltungen mit ein und haben so möglicherweise auch einen Einfluss auf die spezifische inhaltliche Gestaltung der Unternehmenskultur. Mit wachsender Dauer der Zugehörigkeit wird die Übereinstimmung zwischen persönlichen Vorstellungen und denen der Gruppe oder Abteilung in einem Unternehmen abgestimmt. Die Identifikation mit der existierenden Kultur im Unternehmen wächst, eine spontane Abgrenzung zwischen dem Individuum und dem Unternehmen wird kleiner, man spricht mehr und mehr vom „wir" und die Person wird ebenfalls zum Kulturträger. (Sackmann, 2017, S. 98)

Abb. 6.2 Sozialisationsprozess: Vom „Neuen" zum Kulturträger (Sackmann, 2017, S. 98)

Abbildung 6.2 zeigt, dass personenbezogene Erfahrungen neuer Organisationsmitglieder mit der Zeit abnehmen und die Übereinstimmungen zwischen Mitarbeiter und Organisation aufgrund von Sozialisationsprozessen zunehmen. Mit zunehmender Betriebszugehörigkeit wächst auch die Identifikation mit der Arbeit, der Arbeitsgruppe und dem Unternehmen. Die von extern mitgebrachten Vorstellungen über Vorgehensweisen und Prozessabläufe nehmen ab beziehungsweise werden in das bestehende unternehmenskulturelle Wissen integriert. Je länger neue Mitarbeiter*innen im Unternehmen bleiben, desto mehr schwindet ihr von extern mitgebrachter kritischer Blick und der Einfluss der vorhandenen Unternehmenskultur auf die Person wird größer. (Sackmann, 2017, S. 98)

In der Praxis zeigt sich jedoch auch, dass die Konfrontation mit der Notwendigkeit eigene Einstellungen und Verhaltensweisen ändern zu müssen nicht immer leicht fällt, gerade wenn man neu in einer Organisation ist. Homma et al. (2014) verweisen hier auf Schein (1999), welcher sich mit den psychologischen Mechanismen auseinandergesetzt hat, die bei Veränderungsprozessen eine wesentliche Rolle spielen. Der erste Impuls bei Veränderungen ist zunächst eine abschreckende Reaktion, da Wandel nicht zwangsläufig positiv besetzt ist, außer es existiert ein hoher Leidensdruck für die jeweilige Person. Bei freier Wahl fällt die Entscheidung in den meisten Fällen auf Stabilität und Kontinuität. (Homma et al., 2014, S. 53)

Das Individuum ist im Kontext der Organisation auch immer Teil einer Gruppe oder eines Teams. Nach Elbe (2016, S. 20) konstituieren Menschen ihre Wahrnehmung und stimmen darauf ihr Verhalten ab. Dieser Abstimmungsprozess hat im sozialen Zusammenspiel eine sich verstärkende Bindungskraft. (Homma, 2014)Eine Gruppe legt sich somit auf bestimmte Regeln fest, auf denen eine gemeinsame Wirklichkeitskonstruktion erfolgt. In diesem Zusammenhang kommt es nach Buchinger und Herget (2018, S. 112) vor allem auf die Größe, Heterogenität und Ausdifferenzierung der Organisation an.

„Generell kann gesagt werden, je größer eine Organisation, je mehr Standorte, je umfassender die Wertschöpfungstiefe und -breite, je unterschiedlicher die versammelten Professionen, je komplexer die Struktur, desto mehr voneinander abweichende Unternehmenskulturen werden parallel vorhanden sein. In kleinen, inhabergeführten Unternehmen bis ca. 50 Mitarbeitern kann sehr wohl eine Unternehmenskultur vorherrschend sein. Bei einem Konzern mit 10 000 Mitarbeitern mit Standorten in verschiedenen Ländern und einem umfassenden Produktsortiment werden vermutlich mehrere Dutzend Subkulturen parallel anzutreffen sein. Dennoch ist es auch hier wichtig, eine von allen wahrnehmbare, alles überlagernde Unternehmenskultur als einende, Zusammengehörigkeit vermittelnde Klammer zu spüren." (Buchinger & Herget, 2018, S. 113)

Die Zielsetzung eines produktiven Miteinanders und die Verknüpfung möglicher parallel existierender Kulturen auf individueller und Team-/Gruppenebene ist eine große Herausforderung für Organisationen. Welche Aufgaben und Rollen Organisationen bei der Entwicklung einer Qualitätskultur einnehmen, wird in nachfolgendem Unterkapitel beschrieben.

6.2.2 Rolle der Leitung

Welche Aufgaben und Verantwortlichkeiten Führungskräfte bei der Planung und nachhaltigen Implementierung von Qualitätsmanagement sowie einer daran angelehnten Qualitätskultur in der Organisation haben, wurde in Kapitel 3.4.1 dieses Buches bereits beschrieben. Herget (2020, S. 15) verweist auf die Rolle der Leitung als Treiber mit Vorbildfunktion. Sackmann (2017, S. 308) Sackmann (2018, S. 308) schreibt Führungskräften neben der Rolle als Vorbild noch weitere Funktionen zu, unabhängig davon, wie bewusst sie mit der Unternehmenskultur umgehen. Tabelle 6.1 fasst diese Funktionen zusammen.

Tab. 6.1 Funktionen von Führungskräften im Zusammenhang mit Unternehmenskultur (eigene tabellarische Darstellung nach Sackmann, 2017, S. 208–315)

Funktionen	Beschreibung der Funktionen der Führungskräfte
Führungskräfte und Entscheidungsträger personifizieren die Unternehmenskultur	Unternehmenskultur ist zunächst für Mitarbeiter*innen ein abstrakter Begriff und schwer greifbar. Sie dient als Mindset und geistige Landkarte, wird erst durch beobachtetes Verhalten vor Führungskräften und Entscheidungsträgern sichtbar, greifbar und letztendlich auch verständlich. Mit konkreten Verhaltensweisen, verbal und nonverbal, symbolisieren Führungskräfte für Mitarbeiter*innen die Erwartungen des Unternehmens an sie und damit an das, was von der beispielsweise Qualitätskultur in der Organisation erwartet wird. Erst durch das konkrete Verhalten der Führungskräfte werden die Überzeugungen für Mitarbeiter*innen in ihrer konkreten Bedeutung ersichtlich und verständlich. (Sackmann, 2017, S. 309)
Führungskräfte und Entscheidungsträger sind Rollenmodelle	In den meisten Fällen erfolgt eine Orientierung der Mitarbeiter*innen am Verhalten ihrer unmittelbaren Vorgesetzten. Gründe dafür sind unter anderem deren Regelungsfunktion in Bezug auf attraktive Ressourcen und die Sanktionsmacht als Repräsentanten des Unternehmens. Führungskräfte demonstrieren mit ihrem Verhalten erwünschte beziehungsweise nicht erwünschte Verhaltensweisen und zeigen damit, was im Unternehmen getan werden muss um erfolgreich zu sein, welche Prioritäten gesetzt werden müssen und was unterlassen werden sollte, um beispielsweise nicht negativ sanktioniert zu werden. Durch diese vorgelebte Symbolfunktion personifizieren Vorgesetzte nicht nur die vorhandenen kulturellen Elemente in einem Unternehmen, sie erfüllen darüber hinaus eine Vorbildfunktion für die Mitarbeiter*innen. (Sackmann, 2017, S. 311–312)
Führungskräfte und Entscheidungsträger leben Prioritäten vor	Führungskräfte leben den Mitarbeiter*innen durch ihr Verhalten die zu setzenden Prioritäten vor. Durch und mit ihrem Verhalten in den täglichen Arbeitsabläufen signalisieren sie auf diese Weise was wichtig ist beziehungsweise weniger wichtig oder unwichtig. (Sackmann, 2017, S. 313)
Führungskräfte setzen Standards	Durch ihr Verhalten leben Führungskräfte den Mitarbeiter*innen vor, welche Standards im Rahmen von Arbeitsprozessen gelten und mit einem darauf ausgerichteten Arbeitsverhalten berücksichtigt werden sollten. Trotz möglicherweise geltenden Regeln, Standards und Normen, im Kontext von Qualitätsmanagement und daran angelehnten Modellen, wie beispielsweise dem EFQM, stellt sich für Mitarbeiter*innen in der täglichen Arbeit oft die Frage, was Qualität im konkreten Fall bedeutet. Ist die konkrete Interpretation oder Beantwortung dieser Frage nicht unmittelbar möglich, geht der Blick meist zu den Vorgesetzten, um eine Antwort zu erhalten. Vorgesetzte platzieren über ihr Verhalten Standards in allen möglichen Arbeitsbereichen, beispielsweise in der Art und Weise wie sie Sitzungen vorbereiten, durchführen und nachbereiten, wie sie Entscheidungen treffen oder in welcher Güte und Schnelligkeit sie in Bezug auf Kundenorientierung, Qualität und Innovation agieren. (Sackmann, 2017, S. 314–315)

Die Rollenbeschreibungen von Führungskräften in der Tabelle zeigen deutlich, welche besonderen Aufgaben ihnen als Kulturträger*innen in der Organisation zukommen, insbesondere in der Verantwortlichkeit für Abläufe und Prozesse. Daraus resultierend gilt es ein verstärktes Augenmerk darauf zu legen und regelmäßig zu überprüfen, ob sich diese Personen im Rahmen ihrer Multiplikatoren Wirkung auch im Sinne der gewünschten Unternehmenskultur dementsprechend verhalten und in ihrer täglichen Führungspraxis vorleben. (Sackmann, 2017, S. 308)

Herget (2020, S. 175) betont die besondere Vorbildrolle von Führungskräften im Zusammenhang mit der Entwicklung der Unternehmens- und daran abgeleitet der Qualitätskultur. Nicht nur das Planen und Kommunizieren gehört zu den wesentlichen Aufgaben von Führungskräften, sondern vor allem das Vorleben und die Übertragung auf die täglichen Prozesse der Arbeit. Zusammenfassend gilt für Führungskräfte

- die Werte der anzustrebenden Kultur zu kommunizieren,
- die Werte im Rahmen der Aufgabenerfüllung vorzuleben,
- das gemeinsame Übertragen der Werte mit den Mitarbeiter*innen anzustreben,
- dafür Sorge zu tragen, dass die Werte ständig im Bewusstsein bleiben und
- eine strake Sensibilität für Kollegialität in den Teams zu entwickeln, das heißt, Trittbrettfahrer*innen, unkooperatives Verhalten, Vertrauensbrüche und Egoismen auch unmittelbar zu sanktionieren, um letztendlich Verhaltensweisen im Sinne einer förderlichen Unternehmensentwicklung zu unterbinden. (Herget, 2020, S. 157-159)

Nachdem in den Kapiteln 6.1.1 und 6.1.2 der Fokus vorrangig auf personenbezogene Aspekte im Zusammenhang mit der Unternehmenskultur gelegt wurde, werden im nachfolgenden Kapitel die Rolle der Organisation und die damit verbundenen Prozessstrukturen näher betrachtet.

6.2.3 Rolle der Organisation

Geplante Veränderungen sind in einer Organisation nicht immer einfach umzusetzen. Oft verlaufen die Prozesse nicht rational oder nach dem im Vorfeld mit viel planerischem Engagement angedachtem Erfolg. Sackmann (2017, S. 246-247) verweist auf zahlreiche Studien und Beispiele welche belegen, dass sogenannte kulturelle Spielregeln Einfluss auf das Gelingen oder auch das Scheitern von Veränderungsprojekten haben. Die Rolle der Organisation ist zunächst erste einmal die Klärung einer zugrundeliegenden Dringlichkeit von Entwicklung kulturspezifischer Aspekt und die Beantwortung der Frage, was genau geändert werden soll. In Abbildung 6.3 beschreibt Sackmann (2017) einzelne Schritte im Rahmen der Beurteilung und der weiteren Entwicklung.

Abb. 6.3 Kulturassessment und Kulturveränderungsprozess (Sackmann, 2017, S. 248)

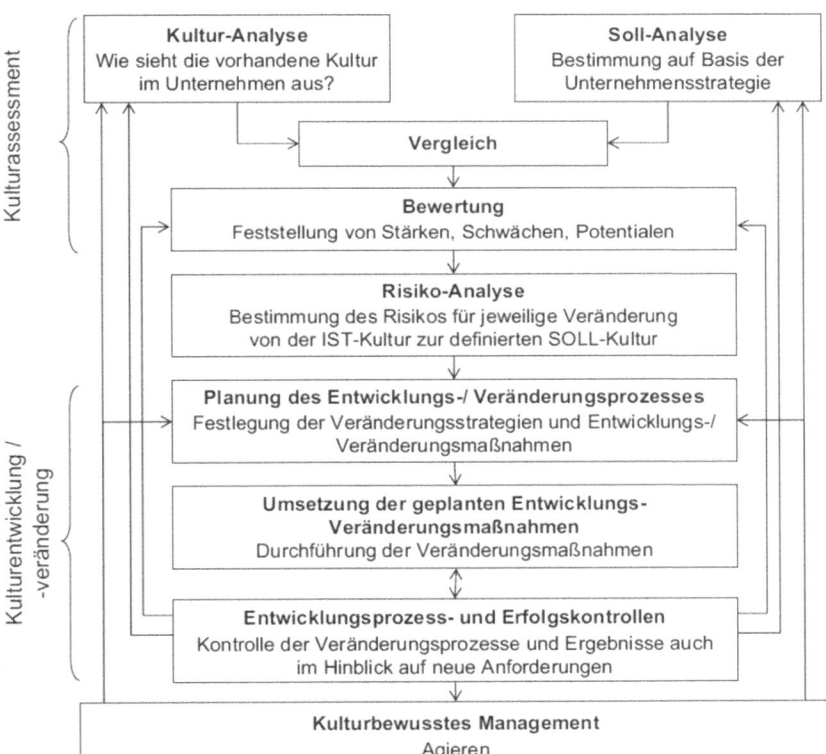

Abbildung 6.3 zeigt, dass beginnend mit der Analyse und dem Vergleich zum gewünschten Soll, eine Bewertung und Abwägung möglicher Risiken im Vorfeld der Planung, Umsetzung und Kontrolle der Prozessschritte im Rahmen der Kulturentwicklung/-veränderung erfolgt. Um eine Kultur im Unternehmen entwickeln zu können, bedarf es einer Reihe von förderlichen Rahmenbedingungen welche es ermöglichen, dass die Kultur auch gelebt werden kann. Diese Rahmenbedingungen können der Organisation in ihrer Rollenbetrachtung zugeschrieben werden, (Herget, 2020, S. 166–169) beschreibt diese, wie in Tabelle 6.2 ersichtlich.

Tab. 6.2 Förderliche Rahmenbedingungen für Unternehmenskultur (eigene Darstellung in Anlehnung an (Herget, 2020, S. 166–169)

Rahmenbedingungen	Beschreibung
Etablierung von Gewohnheiten	Zeit ist ein wesentlicher Faktor, um Gewohnheiten zu entfalten, sie nachhaltig zu verankern und um durch Routine den Professionalisierungsgrad zu erhöhen. Dieser Prozess benötigt Pflege und Unterstützung.
Reflexion der Unternehmenskultur im Alltag	Entwicklungsprozesse benötigen Reflexion. Dies geschieht in erster Linie durch Kommunikation, weshalb diesem Aspekt ein hoher Stellenwert im Rahmen von Veränderungsprozessen eingeräumt werden muss
Unternehmenskultur als dynamische Entwicklung	Kulturveränderungen sind geprägt durch Lernen, Offenheit und Konstruktivität sind hierbei unterstützende Zugänge.
Unternehmenskultur als fortlaufender Prozess	Durchhaltevermögen und Disziplin sind entscheidend. Trotz erforderlicher Flexibilität und Agilität gilt es, getroffenen Prämissen fortlaufen zu überprüfen. Kongruenz sollte angestrebt und Nachjustierung ermöglicht werden.
Wahrnehmung und Entwicklung der Unternehmenskultur	Die Gestaltung und Entwicklung der Unternehmenskultur ist für alle Beteiligten mit Herausforderungen verbunden. Fortschritte im Prozess, das Erreichen von Zwischenzielen und von gesetzten Ergebnissen gilt zu würdigen und zu feiern. Eine Kulturveränderung sollte nicht als Selbstverständlichkeit betrachtet werden.

Werden die in Tabelle 6.2 beschriebenen Rahmenbedingungen berücksichtigt so kann es gelingen, den gewünschten Zustand mit Bezug auf Kulturentwicklung zu erreichen. Dieser Prozess entsteht und lebt von der Interaktion und dem Engagement jedes einzelnen Akteurs in einer Organisation.

Von den einzelnen Rollen und förderlichen Rahmenbedingungen abgekoppelt, werden im folgenden Kapitel praxisrelevante Instrumente zur Umsetzung und Analyse sowie Erfolgsfaktoren bei der Entwicklung und Implementierung einer Qualitätskultur vorgestellt

6.3 Qualitätsumsetzung

In den nachfolgenden Unterkapiteln stehen Maßnahmen Implementierung von Qualitätsmanagement und der Qualitätssicherung im Mittelpunkt, welche in erster Linie personenorientiert sind und häufig auch im Zuge der Personalentwicklung zum Einsatz kommen. Die skizzenhafte Darstellung soll lediglich dazu dienen, einen Überblick zu erhalten. Auf eine tiefergreifende Auseinandersetzung zur Entstehungsgeschichte, Entwicklungsperspektive oder professionstheoretischen Überlegungen wird an dieser Stelle verzichtet.

6.3.1 Vier-Augen-Prinzip

Das Vier-Augen-Prinzip ermöglicht nach Bruhn (2021) eine interne Qualitätsprüfung gegen missbräuchliches Verhalten (zum Beispiel Bestechung, Vorteilsnahme, Amtsmissbrauch) und unterstützt bei der Einhaltung von vorgegebenen Qualitätsnormen in der Organisation. Hierbei ist zu beachten, dass diese Prüfmethode nur zum Einsatz kommen kann, wenn alle Mitarbeitenden über ein ausgeprägtes Qualitätsbewusstsein verfügen und mit den damit einhergehenden Anforderungen vertraut sind. Das Vier-Augen-Prinzip kann in einer Vielzahl von Prozessschritten oder an Schnittstellen in der Organisation zum Einsatz kommen, hauptsächlich jedoch dort, wo es zur Absicherung im Rahmen relevanter Prozesse bei einer fehlerhaften Durchführung starke oder auch negative Konsequenzen zur Folge hat. Als kritisch ist ein Prozess immer dann zu betrachten, wenn eine Gefahr von Personenschäden oder erheblichen finanziellen Einbußen für die Organisation droht. (Bruhn, 2021, S. 371–372)

Das Vier- Augen-Prinzip hat sich beispielsweise bereits vor Jahrzehnten in der Praxis der Kinder- und Jugendhilfe bei zentralen Entscheidungen zur Qualitätsüberprüfung und -sicherung etabliert. Im Rahmen der Reform des Bundes-Kinder- und Jugendhilfegesetzes (B-KJHG) 2013 wurde das Vier-Augen-Prinzip im 3. Abschnitt zur Gefährdungsabklärung und Hilfeplanung erstmals rechtlich in Österreich verankert und wird als „Zusammenwirken" beschrieben: „§ 22 (5) Die Gefährdungseinschätzung ist erforderlichenfalls im Zusammenwirken von zumindest zwei Fachkräften zu treffen." (B-KJHG, 2013)

6.3.2 Checklisten

Steinbrecher und Müll-Schnurr (2014) beschreiben Checklisten als Vorstufe von Prozessbeschreibungen. Sie sind Hilfsmittel, um bei einer Aufgabe alle relevanten Punkte zur Vorbereitung, Durchführung und Nachbereitung erfassen zu können. Dabei erfüllen sie drei wesentliche Aufgaben:

- Gedächtnisstütze
- Kontrollinstrument
- Delegationsinstrument

Einen erheblichen Nutzen als schnelles Hilfsmittel, insbesondere in puncto Zeitersparnis, können Checklisten dann haben, wenn eine Aufgabe aus verschiedenen Teilaufgaben oder Einzelschritten besteht. (Steinbrecher & Müll-Schnurr, 2014, S. 241–242)

McKeever (2019) verweist auf die Vor- und Nachteile von Checklisten, gerade in Bezug auf die Selbstorganisation der täglichen Arbeit. Für den Einsatz von Checklisten spricht, dass sie einfach anzuwenden sind, ein geringer Aufwand in der Nutzung besteht, Vorgänge gut strukturiert werden können, ein geringes Risiko besteht Dinge zu vergessen, das wiederholte Hineindenken entfällt, das Delegieren von Aufgaben erleichtert wird, durch das Abhaken einzelne Sachverhalte dokumentiert werden, die Effizienz gesteigert wird und letztendlich auch eine Entlastung im Rahmen von Denkprozessen erreicht werden kann. Als Nachteil beim Einsatz von Checklisten kann der Verlust von Flexibilität hervorgehoben werden, die Einengung von Arbeitsabläufen sowie eine Zunahme von Bürokratismus. Ob und in welcher Form eine Checkliste zum Einsatz kommt, hängt natürlich auch davon ab, wie sich die persönliche Arbeitsweise gestaltet und in welchem Zusammenhang sie zum Einsatz kommen soll. Bei der Erstellung haben sich folgende Vorgehensweisen bewährt, für die Erstellung einer Vorlage kann es hilfreich sein erst einmal Ideen zu sammeln (Vorlagen gibt es hierfür in vielfacher, oft auch kostenfreier Form im Internet), den Inhalt und die Struktur festzulegen, die Checkliste einem Praxistest zu unterziehen und schlussendlich auch am richtigen Ort abzulegen, in digitaler Form im eigenen Ordnersystem auf dem Rechner oder auch in Papierform am Arbeitsplatz. (McKeever, 2019, S. 178–180)

Die Checkliste in Tabelle 6.3 bietet einen beispielhaften Überblick einer möglichen Gestaltung.

Aus Tabelle 6.3 ist ersichtlich, dass Checklisten für bestimmte Personen bzw. Stellen in einer Organisation auszugestalten sind. Die Checkliste einer Leitungsperson zur Qualitätssicherung in der Organisation wird sich auf komplexere Themen beziehen, die delegiert werden können bzw. müssen. Checklisten in den Leitungsebenen darunter beziehen sich konkret auf den zu führenden Bereich, die Abteilung oder das Team. Checklisten für ausführende Stellen bieten eine Orientierung für wiederkehrende Aufgaben der betreffenden Person in der spezifischen Rolle und Funktion und dienen z. B. zur Qualitätssicherung in der täglichen Arbeit mit Adressat*innen oder der Zusammenarbeit mit Kolleg*innen.

Tab. 6.3 Checkliste einer Leitungsperson zu Maßnahmen der Qualitätssicherung in der Organisation (eigene Darstellung)

Maßnahmen zur Umsetzung der Qualität	In welcher Form/erfolgte Maßnahme(n)	erledigt von	erledigt am
Checkliste zu Maßnahmen der Qualitätsumsetzung erstellen			
Überprüfung auf inhaltliche Passgenauigkeit im Vier-Augen-Prinzip			
Intervision und Kollegiales Feedback als Instrument der Qualitätssicherung in der Organisation etablieren			
Supervision als Instrument der Qualitätssicherung in die Organisation einführen			
Coaching für Führungskräfte anbieten			
Jährliche Mitarbeitergespräche in der Organisation verankern			
Externes Feedback zur Dienstleistungserbringung einholen			
Internes Feedback zur Dienstleistungserbringung einholen			
Dokumentationsvorlagen auf Aktualität überprüfen			

Checklisten ermöglichen vielfältige Gestaltungsoptionen, die beispielhafte Checkliste wird von der Leitungsperson in Textform ausgefüllt. Genauso können Checkboxen zum Abhaken von Aufgaben, Links zu weiterführenden Informationen oder weiteren Checklisten angeboten werden. Checklisten können von einzelnen Personen oder in Teams verwendet werden. Den Gestaltungsoptionen sind wenig Grenzen gesetzt, wichtig bei der Checkliste ist, dass sie sich in der Anwendung alltagstauglich erweist und eine Hilfestellung für die Person oder die Personengruppe bietet. Checklisten sind somit einer laufenden Revision zu unterziehen, besonders bietet sich diese an, wenn die Checkliste das erste Mal erprobt wird oder wenn sich Rahmenbedingungen und Prozesse in der Organisation verändern.

6.3.3 Intervision und Kollegiales Feedback

Die Praxis zeigt, dass inhaltlich herausfordernde Fallsituationen und Rahmenbedingungen oft einhergehen mit dem Gefühl von kontinuierlich hoher Belastungsintensität und dem Agieren im eigenen Grenzbereich. Nach Zito und Martin (2021, S. 85) kann die Intervision im kollegialen Kontext nicht nur als Maßnahme der Qualitätssicherung betrachten werden, sondern ebenso als Schutzmaßnahme vor persönlicher Überlastung.

Nach Tietze (2010) beschreibt Kollegiale Beratung „ein Format personenorientierter Beratung, bei dem im Gruppenmodus wechselseitig berufsbezogene Fälle der Teilnehmenden systematisch und ergebnisorientiert reflektiert werden." (Tietze, 2010, S. 24)

Einen besonderen Charakter erhält die kollegiale Beratung nach Tietze (2010) durch folgende Merkmale, welche in unterschiedlichen Variationsmöglichkeiten wiederzufinden sind, wie Tabelle 6.4 (nächste Seite) zeigt.

Die in Tabelle 6.4 angeführten Merkmale können eine Hilfestellung bei der praktischen Umsetzung der Kollegialen Beratung in der Organisation bieten. Anhand der Beschreibungen zur Gestaltung, den Abläufen, den Rollen der einzelnen Personen sowie dem Ziel Lösungen für die Berufspraxis zu entwickeln, kann dieses Instrument in seiner Wirkung einen wesentlichen Mehrwert im Sinne der Entwicklung einer Qualitätskultur für Mitarbeiter*innen und letztendlich für die Organisation mit sich bringen.

Die Kollegiale Beratung gliedert sich nach Tietze (2010) in sechs Phasen, mit folgendem zeitlichen Ablauf:

1) Rollenbesetzung (5–10 Minuten)
   Zu Beginn werden die jeweilige Rollen besetzt. Neben Fallerzähler*in werden die Berater*innen festgelegt (3–5 Personen) sowie die Moderation und die Protokollführung.
2) Fallerzählung (10–15 Minuten)
   In dieser Phase wird der Fall geschildert.
3) Formulierung der Schlüsselfrage für die Beratung (5–10 Minuten)
   Anschließend wird von der fallgebenden Seite eine Schlüsselfrage für die Berater*innen formuliert.
4) Methodenauswahl (5 Minuten)
   Durch die Moderation wird eine passende Methode ausgewählt und deren Anwendung im weiteren Verlauf für die Teilnehmer*innen kurz erläutert (beispielsweise Resonanzrunde, Hypothesenbildung, Ideensammlung).

Qualitätsumsetzung

Tab. 6.4 Merkmale der Kollegialen Beratung (eigene Darstellung nach dem Text von Tietze, 2010, S. 11–14)

Merkmale	Beschreibung der Gestaltung und der Variationsmöglichkeiten
Arbeit in der Gruppe	Die Gruppengröße sollte aufgrund der Methodik mindestens 5, maximal 10 Personen betragen, um eine produktive Kompetenzentfaltung sicherzustellen.
Selbststeuerung ohne externen Einfluss	Bewusste Gestaltung ohne ausgewiesene externe Beratungsexpertise, das notwendige Know-how kommt von den Gruppenmitgliedern selbst. Die Verantwortung für den Beratungsprozess wird auf die Beteiligten gleichmäßig verteilt, die Anwesenden besitzen gleiche Kenntnisse über die Ablaufstruktur und gestalten den Prozessverlauf selbständig.
Die Beratung erfolgt nach einem festgelegten Ablauf	Die Struktur des Beratungsprozesses erfolgt in wiederkehrender Phasensystematik. Unabhängig von der festgelegten Struktur können unterschiedliche Methoden zum Einsatz kommen (zum Beispiel Resonanzrunde, Brainstorming, gute Ratschläge entwickeln). Der festgelegte Ablauf ermöglicht es der Gruppe ein Gefühl von Sicherheit zu erlangen, auch ohne die Prozessexpertise eines externen Beraters alle für den Problemlösungsprozess notwendigen Schritte berücksichtigt zu haben.
Ablauf und Methoden sind allen Teilnehmer*innen bekannt	Transparenz in Bezug auf Ablauf und Methoden ist ein wesentliches Element, sie ermöglicht den Beteiligten die gemeinsame Sicherstellung der notendigen Ablaufschritte, die Aufgaben sowie die Rollen anderer sind bekannt.
Berater*innenrollen und Aufgaben werden verteilt	Teilnehmer*innen erhalten zu Beginn der Beratung eine feste Rolle, als Fallerzähler*in, Moderator*in, Berater*in oder Sekretär*in. Diese Rollen beschreiben die Aktivität in der jeweiligen Phase der Beratung. • Fallerzähler*in – wird zur aktuellen beruflichen Praxissituation beraten, schildert die eigene Perspektive auf das Fallgeschehen, so dass die Berater*innen eine Vorstellung entwickeln können. Der/die Fallerzähler*in formuliert eine Schlüsselfrage für die Lösung des Anliegens. • Moderator*in – leitet die Gruppe durch die einzelnen Phasen der Beratung, unterstützt den*die Fallerzähler*in durch klärende Fragen, achtet auf einen wertschätzenden Umgang. • Berater*innen – lassen sich für den Prozess von dem/der Moderator*in anleiten, hören dem/der Fallerzähler*in aufmerksam zu, stellen Verständnisfragen und bieten in der Beratungsphase Ideen und Perspektiven an. • Sekretär*in – protokolliert, visualisiert und unterstützt die beteiligten Personen im Prozess.
Aktive Teilnahme aller Beteiligten	Die aktive Teilnahme aller Beteiligten ist essentiell im Rahmen der Kollegialen Beratung, um das breite Potenzial, die vielfältigen Erfahrungen und die Lebendigkeit der Gruppe zu nutzen. Alle Beteiligten sind aufgefordert ihr jeweiliges Fachwissen, ihre Erfahrungen und die erworbenen Kompetenzen aus ihrer Berufspraxis einzubringen.
Lösungen für Praxisprobleme werden entwickelt	Im Fokus der Kollegialen Beratung stehen konkrete berufliche und arbeitsbezogene Schlüsselthemen, welche von den Teilnehmer*innen als Praxisimpulse eingebracht werden. Dies können zum Beispiel Interaktions-, Rollen- oder Kommunikationsfragen, Entscheidungsdilemmata und Beziehungsverwicklungen sein. Keine Berücksichtigung finden allgemeine Themen aus dem Berufsalltag, ohne konkreten Bezug zur beruflichen Praxisfrage der Fallgeber*innen.

5) Beratung (10 Minuten)
Die vorher festgelegte Methode kommt zur Anwendung, der Fokus der Berater*innen liegt auf der Schlüsselfrage.
6) Stellungnahme/Resümee Fallerzähler*in (10 Minuten)
Abschließend bezieht die fallgebende Seite kurz Stellung zu den Impulsen der Berater*innen und zieht aus den Ergebnissen ein Resümee. (Tietze, 2010, S. 60–62)

Die angeführten Phasen und zeitlichen Rahmungen haben sich in eigener Erfahrung als praxistauglich erwiesen, weil sie eine offene Bearbeitung von Themen oder Fragestellungen ermöglichen und gleichzeitig involvierten Kolleg*innen Orientierung für den Ablauf geben und die fokussierte Lösungssuche ermöglichen.

6.3.4 Supervision

Supervision ist nach wie vor in Einrichtungen des psychosozialen Versorgungs- und Unterstützungsbereiches eines der gebräuchlichsten Formate im Rahmen personenbezogener Maßnahmen der Qualitätssicherung. Nach Pühl (2009) bewirkt Supervision eine Wachstum der beruflichen und emotionalen Kompetenz, was zu Selbstsicherheit führt und somit auch zu Sicherheit im Umgang mit Klient*innen sowie systemrelevanten Personen innerhalb und außerhalb des beruflichen Wirkungskreises. Darüber hinaus kann Supervision im Rahmen der beruflichen Identitätsfindung dabei unterstützen, ein klares Bild über die Ziele der Arbeit sowie persönliche und berufliche Möglichkeiten und Grenzen zu finden. (Pühl, 2009, S. 192)

Zito und Martin (2021) beschreiben Supervision als Ressource und Instrument zur Klärung, was mit einem zielgerichtetem Einsatz mittelbar zur Selbstfürsorge beitragen kann. Sie ist ein extern begleiteter Reflexionsraum, welcher die Betrachtung der eigenen Person, des Teams und systemischer Zusammenhänge und Strukturen innerhalb und außerhalb einer Organisation ermöglicht. Grundvoraussetzung ist ein offener Zugang und die Bereitschaft, auch in Bezug auf eigene Unsicherheiten, Fragen und Selbstoffenbarung mitzuwirken. Durch Vertrauen in sich, das Team und die Supervisor*innen kann ein sehr tiefgehender Prozess angestoßen werden. (Zito & Martin, 2021, S. 83–84)

Tabelle 6.5 gibt einen Überblick über unterschiedliche Formate der Supervision.

Tab. 6.5 Formen der Supervision (eigene Darstellung in Anlehnung an den Text von (Zito & Martin, 2021, S. 84–85)

Supervisionsformen	Beschreibung
Teamsupervision	Ein gesamtes Team trifft in regelmäßigen Abständen zusammen. Eine Teilnahme von Leitungskräften ist nicht vorgesehen, es sein denn, eine Einbindung in die alltägliche Arbeit ist gegeben beziehungsweise Fragen mit explizitem Bezug zur Leitung sollen besprochen werden. Behandelt werden können beispielsweise Konflikte, unterschwellige Spannungen, Fragen in Bezug auf das Positionieren und Reagieren, strukturelle/organisatorische Belange oder teamkulturrelevante Aspekte. Im Mittelpunkt steht die Reflexion auf einer Metaebene.
Fallsupervision	In der Fallsupervision erfolgt unter fachkundiger Begleitung eine fallspezifische Auseinandersetzung der Teilnehmer*innen. Im Mittelpunkt stehen das Verstehen des Falles, systemrelevanter Dynamiken und die Reflexion des eigenen Handelns. Ziel ist das Finden alternativer Zugangsweisen und Lösungsmöglichkeiten für fallrelevante Klient*innen.
Einzelsupervision	Die Einzelsupervision dient mit einem reflexiven Schwerpunkt dem Aufbau der fachlichen Kompetenz. Zum Einsatz kommt diese Form vorrangig dort, wo Mitarbeiter*innen nicht als Team fungieren, sondern eine selbständige Bewältigung des Arbeitsalltags gefordert ist.

Welche Form der in Tabelle 6.5 beschriebenen Supervisionsarten in Frage kommt, hängt vom zu bearbeitenden Thema und der Anzahl der beteiligten Personen ab. Gerade für kleinere Organisationen ist der in diesem Zusammenhang zu erwähnende Kostenfaktor nicht zu unterschätzen. Supervision kann, wenn nicht im gesetzlichen Rahmen verankert (beispielsweise § 12 (4) (B-KJHG, 2013) in Österreich und § 72 Abs. 3 (SGB Sozialgesetzbuch) ein hohes Ausmaß an zusätzlichen Kosten verursachen. Ist Supervision im gesetzlichen Rahmen verankert, so wird sie auch, meist finanziell gedeckelt, von den Fördergeber*innen finanziert.

6.3.5 Coaching

Die permanente Auseinandersetzung mit Themen rund um das Qualitätsmanagement fordert Organisationen und darin agierende Akteur*innen fortlaufend. Dabei nehmen Führungskräfte eine Schlüsselfunktion ein: Sie werden mit Anforderungen konfrontiert, welche in ihrer Komplexität nicht nur fachliche sondern auch persönliche Spannungsfelder zur Folge haben können. Coaching für Führungskräfte, als mittlerweile auch in Organisationen der Sozialwirtschaft gebräuchliche Form der Personalentwicklung, erfreut sich immer größerer Beliebtheit. Gekennzeichnet durch Freiwilligkeit und einen zeitlich begrenzten Rahmen beschreibt Scherm (2020) Coaching als eine professionelle Form der Beratung, durchgeführt von eigens dafür ausgebildeten und fachlich geeigneten Expert*innen (Coachs). Sie unterstützen im Idealfall dabei Lösungsstrategien zu identifizieren, welche beim Erreichen von Zielstellungen hilfreich sein können. Neben Fach- und Führungskompetenz sollten Coaches ebenfalls die ethische Vertretbarkeit von Lösungsstrategien im Blick haben, soziale Kompetenz aufweisen und selbstreflexive Prozesse antreiben. (Scherm, 2020, S. 21)

Rauen (2002) beschreibt mögliche Anlassfälle des Coachings wie in Tabelle 6.6 übersichtlich dargestellt.

Tab. 6.6 Anlassfälle des Coaching (eigene Darstellung nach dem Text von Rauen, 2002, S. 72–73)

Anlassfälle des Coachings	Beschreibung
Führungskräften fehlt Feedback	Führungskräfte sind in der Regel mit Anforderungen verschiedenster Anspruchsgruppen konfrontiert. Entscheidungen müssen getroffen werden, erfolgreiches Handeln wird erwartet. Sie stehen meist unter Druck und bekommen selten ein realistisches Feedback.
Misstrauen und Angst	Kritik wird oft als persönliche Beleidigung missverstanden. Hinzu kommt nicht selten die Angst im Rahmen klärender Gespräche Fehler oder Schwäche einzugestehen, um nicht das Gesicht zu verlieren.
Offenheit in Gruppen	Individuelle Bedürfnisse in Gruppen zu äußern, fällt unter Umständen nicht leicht. Meist stehen sachlich-fachliche Themen im Vordergrund, persönliche Themen können untergehen.
Unrealistische Selbstbilder	Fehlendes Feedback und mangelnde Gesprächsmöglichkeiten können zur Verzerrung der eigenen Selbstwahrnehmung führen. Unvoreingenommen und neutral gespiegelt können im Coaching selbstreflexive Prozesse angestoßen werden.
Prävention	Coaching dient nicht nur zur Lösung von Problemen oder Krisen, sondern auch der Prävention und der Stabilisierung von Erfolgsfaktoren und individueller Leistungsfähigkeit.
Hilfe zur Selbsthilfe	Der Coach als Prozessberater sollte im Wesentlichen dabei begleiten, Probleme selbst zu lösen. Durch eine systematische Klärung von Prozessen kann dabei unterstützt werden, Ursachen zu identifizieren und blinde Flecken zu erkennen.

Tabelle 6.6 beschreibt, dass Coaching Führungskräften Feedback zur Verfügung stellt, einen gesicherten Raum für Kritik und die Offenheit der Führungskraft ermöglicht. Darüber hinaus bietet sich die Möglichkeit unrealistische Selbstbilder zu korrigieren, Probleme und mögliche Krisen präventiv zu bearbeiten und der Leitungsperson Hilfe zur Selbsthilfe anzubieten. (Rauen, 2002, S. 72–73)

Je nach Zielstellung und Thema sind unterschiedliche Settings des Coachings in Betracht zu ziehen. Bär et al. (2006) beschreiben die Unterschiede zwischen internen und externen Coachs mit 10 Kriterien, wie in Abbildung 6.4.

Abb. 6.4 Unterschiede zwischen internen und externen Coaches (Bär et al., 2006, S. 46)

	Kriterium	Interner Coach	Externer Coach
Vertrautheit	1. Bezug zur Unternehmensstrategie/zu den Unternehmenszielen	Mit den Unternehmenszielen vertraut und auf sie verpflichtet	Mit den Unternehmenszielen weniger vertraut und nicht direkt auf sie verpflichtet
	2. Einordnung in die Hierarchie bzw. Organisationsstruktur	Ist auf Organigramm sichtbar und damit hierarchisch-strukturell eingegliedert.	Ist nicht Teil des internen Organigramms und damit auch nicht hierarchisch-strukturell eingegliedert.
	3. Partizipation an Entwicklungsprozessen im Unternehmen	Partizipiert als Mitarbeiter an Teamentwicklungsprozessen und an Unternehmensentwicklung	Hat keinen Anschluss an interne Entwicklungsprozesse
	4. Partizipation an der Unternehmenskultur	Partizipiert an der Situationswahrnehmung bzw. Wirklichkeitskonstruktion des Unternehmens als soziales System	Partizipiert nicht an der Situationswahrnehmung bzw. Wirklichkeitskonstruktion des Unternehmens als soziales System; kann die Situation des Unternehmens als „Fremder" von außen wahrnehmen.
Beziehungsgestaltung	5. Informelles Beziehungssystem	Baut sich ein persönliches internes Beziehungsnetzwerk auf.	Verfügt in der Regel nicht über ein persönliches internes Beziehungsnetzwerk.
	6. Art der Beziehungen	Hat in der Regel bzgl. Nähe-Distanz und Loyalitäten unterschiedlich geprägte Kontakte zu Mitarbeitenden verschiedener Sparten und Hierarchieebenen	Beziehungen im Unternehmen sind in der Regel funktions- bzw. auftragsbezogen.
	7. Vertrautheit für Unternehmensmitglieder	Für die Unternehmensmitglieder hohes Maß an Vertrautheit	Für die Unternehmensmitglieder geringes Maß an Vertrautheit
Zusammenarbeitsform	8. Auftragsverhältnis/ finanzielle Beziehung	Lohnempfänger	Rechnungssteller
	9. Arbeitsplatz- bzw. Auftragssicherheit	Kurzfristig hohe Sicherheit bzgl. Arbeitssituation (Kündigungsfristen!)	Kurzfristig geringe Sicherheit bzgl. Auftragsvolumen
	10. Finanzielle Abhängigkeit	Hohe Abhängigkeit als Lohnempfänger.	Trägt unternehmerisches Risiko

Abbildung 6.4 gibt eine Hilfestellung zur Entscheidung, ob ein internes oder externes Coaching zu bevorzugen ist, indem die Unterschiede zwischen diesen beiden Varianten klar angeführt werden. Die Entscheidung im Detail obliegt den Führungskräften in der jeweiligen Organisation im Einzelfall, da diese von der konkreten Situation und dem Kontext der Coachingsituation abhängt.

Um den Einsatz von Supervision oder Coaching und Supervision klar zu differenzieren, sollen an dieser Stelle abschließend noch die jeweiligen Unterschiede thematisiert werden. Nach Wrede (2002) ist Coaching eine unmittelbare Methode zur individuellen Befähigung, eine gewünschtes Resultat durch zieldienliches Verhalten zu realisieren. Im Coaching steht eine Zielfokussierung im Mittelpunkt. Die Supervision ist auf die Verbesserung der Beziehungsqualität in der Arbeit ausgerichtet. Unter der Annahme, dass über die Verbesserung der Beziehungsqualität das Arbeitsengagement gesteigert wird, Reibungsverluste reduziert und so mittelbar eine Verbesserung der Arbeitsergebnisse möglich ist, kann ist die Supervision als stark problemorientierter Beratungsansatz verstanden werden. (Wrede, 2002, S. 275)

6.3.6 Mitarbeiter*innengespräche

Mitarbeiter*innen „haben das Recht auf Rückmeldung von Leistung und Verhalten. Führungskräfte haben die Pflicht zur Rückmeldung von Leistung und Verhalten." (Becker, 2013, S. 596)

Nach Ryschka und Tietze (2011) ist das Mitarbeiter*innengespräch ein Arbeitsgespräch mit direkten Vorgesetzten, es weist als Mindestmerkmale die Besprechung von Stärken und Schwächen von einzelnen Mitarbeiter*innen, das gegenseitige Feedback zur Zusammenarbeit, die Erörterung von Entwicklungsperspektiven sowie die Vereinbarung von Zielen auf. Es findet in einem regelmäßigen Abstand, meistens jährlich, statt und bietet aufgrund einer Terminierung die Möglichkeit für beide Seiten, sich auf das Gespräch vorzubereiten. Anhand von Leitfäden können Inhalte wie Leistungsbeurteilung, Karriereentwicklung, Zielvereinbarungen, Bilanzierung der Zusammenarbeit und mögliche Problemfelder miteinander kombiniert werden. Die für eine erfolgreiche Umsetzung notwendigen Kompetenzen, wie beispielsweise Gesprächsführung, Feedback geben und Ziele formulieren, sind bei erstmaliger Durchführung gegebenenfalls zu schulen oder aufzufrischen. (Ryschka & Tietze, 2011, S. 96–97)

Becker (2013) untergliedert das strukturierte Mitarbeitendengespräch in drei Phasen:

- **Vorbereitung** – dazu gehören Tätigkeits- und Anforderungsprofilanalyse, Leistungsanalyse, Bedingungsanalyse, Zukunftsanalyse, Potentialanalyse und Analyse der Zusammenarbeit.
- **Durchführung** – dialogische Gestaltung mit einer Orientierung an Mitarbeiter*innen, die Führungskraft leitet das Gespräch durch Fragen, geht auf Argu-

mente ein und fasst wesentliche Punkte zusammen. Techniken der Gesprächsführung sind ebenso zu beachten, wie die Aspekte der Körpersprache.
- **Umsetzung** – die Vorbereitung muss in eine konstruktive Umsetzung münden. Der Nutzen eines Mitarbeiter*innengespräches zeigt sich erst in der termingerechten Planung, Realisierung und Bewertung der beschlossenen Maßnahmen. (Becker, 2013, S. 597–602)

Tergeist (2015) verweist darauf, dass die Einführung von Gesprächssystemen in sozialen Einrichtungen ist eine strategische Entscheidung ist. Es gilt deren Zielsetzung sorgfältig zu überlegen und eine Umsetzung langfristig zu planen. Zentrale Aspekte sind in diesem Zusammenhang eine gute Kommunikation vom Sinn und Zweck der Gespräche sowie die Sicherstellung eines einheitlichen Verfahrens zur Vorbereitung und Durchführung. Neben den strategischen Überlegungen sowie inhaltlichen Auseinandersetzungen entscheiden letztendlich Einstellung und Haltung der Führungskräfte über das Gelingen der Mitarbeiter*innengespräche. (Tergeist, 2015, S. 77)

Laufer (2010) benennt wesentliche Punkte im Rahmen der persönlichen Vorbereitung, aus der Perspektive von Führungskräften, Sie sollen in Tabelle 6.7 (nächste Seite) übersichtlich dargestellt als mögliche Orientierung dienen.

Die in Tabelle 6.7 aufgeführten Aspekte zeigen, in welche Tiefe eine gründliche Vorbereitung auf ein Mitarbeiter*innengespräch gehen kann. Neben den allgemeinen Rahmenbedingungen sind individueller Aspekte, wie die Situation der Personen und kontextbezogene Faktoren, wie die Situation der Organisation zu beachten. Die unterschiedlichen Herangehensweisen und Erwartungen an die Tätigkeit innerhalb der Organisation von Mitarbeiter*innen, die jeweiligen Blickwinkel und Anforderungen der Führungskräfte und die spezifischen Rahmenbedingungen und betrieblichen Bedarfe der Organisation, erfordern Dialog- und Kompromissbereitschaft von Mitarbeiter*innen und Führungskräften.

Tab. 6.7 Relevante Vorbereitungsaspekte für Führungskräfte im Rahmen des Mitarbeitergesprächs (eigene Darstellung nach dem Text von Laufer, 2010, S. 161–162)

Wesentliche Aspekte	Zu beachtende Details
Ausgangslage	Anlass, Zeitpunkt, mögliche Auswirkungen, Beteiligte, Informant*innen
Ziele	Maximal-/Minimalziel des Gesprächs, Grob-/Feinziele, Unternehmens- und Arbeitsziele, eigene Zielsetzung, vermutliche Vorsätze und Erwartungen der Mitarbeiter*innen
Kenntnisstand	Wahrnehmungen und Kenntnisse zum Gesprächsanlass, Informationen durch andere, Qualität der Informationen
Unternehmenssituation	Berührte Unternehmensbelange, Leistungsanforderungen des Unternehmens
Arbeitsplatzsituation	Aufgabengebiet der Person, frühere/aktuelle Arbeitsaufträge, Sonderaufträge, soziales Engagement
Mitarbeiterpersönlichkeit	Mentalität/Eigenheiten/Fähigkeiten, Arbeits- und Sozialverhalten, berufliche Laufbahn/betriebliche Vergangenheit, besondere Interessensgebiete, problemrelevante Einflüsse/vermutete aktuelle Gefühlslage
Eigene Situation	Interessenlage, Belange des Verantwortungsbereichs, bindende Aufträge/Regelungen/Zuständigkeitsgrenzen, Beziehung zur Person, eigene Stimmung/Betroffenheit/Verärgerung
Gesprächsstrategie	Eigene Argumente/Vorschläge, zu erwartende Argumente und Einwände der Person, Gliederung des Gesprächs
Logistik/Termin	Zeitlich sinnvoller Abstand zum möglichen Anlass, geschätzte Dauer ohne zeitlichen Druck, eventuelle Ausweitung des Gesprächs auf Nebenthemen
Einladung	Rechtzeitige Einladung (beide Seiten benötigen Vorbereitung), Termin/Ort/Thema/benötigte Vorarbeiten und Unterlagen
Raum	Ungestörte Gesprächsatmosphäre/Störungsfreiheit
Sitzposition	Zwanglose Sitzordnung, angemessener Abstand, gleiche Augenhöhe
Bewirtung	Im Rahmen der organisationsüblichen Regelungen
Zubehör	Gesprächsleitfaden, schriftliche Unterlagen, Schreibmittel, Terminkalender

6.3.7 Externes und internes Feedback

Für die Entwicklung einer Organisation ist Feedback von großer Bedeutung. Durch eine Rückkopplung und damit verbundenen Informationsgewinnen von internen und externen Anspruchsgruppen, wird die Sensitivität für relevante Themen gesteigert. Eine stringente Ausrichtung auf schnelles Feedback verlangt strukturelle Voraussetzung in Form von Organisationseinheiten, welche eigenverantwortlich relevante Tätigkeiten umsetzen und Informationen verfügbar machen, um letztendlich formulierte Ziele in Form von konkreten Handlungen umsetzen zu können. (Deuringer, 2000, S. 101)

Nach Bartscher und Huber (2007) wird mit dem Installieren einen funktionierenden Feedbacksystems das Erfassen und Bewerten von Auswirkungen des unternehmerischen Handelns ermöglicht. Dabei stehen eine Vielzahl von Feedbackinstrumenten beziehungsweise Feedbackformen zur Verfügung. Hier ist zu unterscheiden zwischen internem Feedback durch Mitarbeiter*innen und dem externen Feedback von beispielsweise Auftraggeber*innen sowie Adressat*innen der erbrachten Dienstleitung. Die gebräuchlichsten Formen sind Fragebögen im Rahmen von Einzelbefragungen, 360-Grad Feedback zur Einschätzung von Kompetenzen und Leistungen von Führungskräften, aus dem Blickwinkel von Kolleg*innen, Mitarbeiter*innen und Adressat*innen, Mitarbeiter*innengespräche und Leistungsbeurteilungen. (Bartscher & Huber, 2007, S. 45)

Ein externen Feedbacksystem generiert möglich Antworten in Bezug auf:

- Den erlebten Nutzen der erbrachten Dienstleistung durch Adressat*innen,
- die Attraktivität der Organisation für Adressat*innen,
- einen möglichen Ertrag von den Adressat*innen,
- Fortschritte in der Organisation (Relevanz im Kontext Organisationsentwicklung),
- Zielerreichung der Organisation und
- Nutzen sowie Attraktivität für Geldgeber*innen. (Bartscher & Huber, 2007, S. 45)

Neben den personenbezogenen Möglichkeiten zur Qualitätsumsetzung, wie in den vorangegangenen Kapitelunterpunkten beschrieben, spielt die Dokumentation mit ihrem unmittelbaren Anwendungsbezug in diesem Zusammenhang eine ebenso wichtige Rolle.

6.3.8 Dokumentation

„Gerade in Dienstleistungsunternehmen ist es erforderlich, die Qualität der erbrachten Leistungen zu dokumentieren. Serviceleistungen entziehen sich dem Produktvergleich wie bei der Stiftung Warentest. Serviceleistungen sind daher in den Dimensionen Struktur-, Prozess- und Ergebnisqualität zu dokumentieren." (Vogelbusch, 2018, S. 404)

Der Fachdiskurs rund um das Thema Qualität der Dokumentation in der Sozialen Arbeit hat sich in den letzten Jahren zunehmend verschärft. Oft wird es von Praktiker*innen zwar als Notwendigkeit erachtet, jedoch aufgrund steigender interner sowie externer Anforderungen nur mit wenig Begeisterung erledigt. (Zauner, 2016, S. 180)

Reichmann (2022) und Vahs (2019) verweisen auf die Funktionen der Dokumentation im institutionellen Kontext. So ist die Dokumentation in diesem Zusammenhang auf eine Unterstützung praktischer Aufgabenwahrnehmung ausgerichtet und gekennzeichnet durch einen unmittelbaren Anwendungsbezug. Entwicklungsberichte dienen beispielsweise als Wissensgrundlage für hilfebezogene Entscheidungen, Verwaltungsbescheide sprechen Adressat*innen bestimmte Leistungen zu oder ab, Protokoll- und Vereinbarungsdokumente legen die jeweiligen Beiträge von Beteiligten fest und unterstreichen somit Handlungsverpflichtungen, Laufzettel beziehungsweise Organisationsschemata verknüpfen Arbeitsabläufe zu Aufgabenlösungen. Somit lassen sich folgende Funktionen der institutionellen Dokumentation festhalten: Information, Identifikation organisatorischer Schwachstellen, Argumentation/Vermeidung von Missverständnissen, Reflexion, Arbeitsorganisation, Legitimation, Verpflichtung, Evaluation/Analyse und Sozialplanung. (Reichmann, 2022, S. 55–56; Vahs, 2019, S. 511)

Mit zunehmender Digitalisierung der Arbeitswelt gewinnen auch die Formate und Einsatzmöglichkeiten softwaregestützter Dokumentationssysteme an Bedeutung. Dieser Aspekt und die damit im Zusammenhang stehende Ambivalenz vom Für und Wider solcher Systeme wird von Ley und Seelmeyer (2014) aufgegriffen. Das Mediatisierung und Informatisierung Auswirkungen auf die Strukturierung der Arbeitsprozesse und auch auf die Transformation professioneller Wissensformen sowie Wahrnehmungs- und Verarbeitungsmuster haben, steht nicht außer Frage. Ob oder inwieweit der Einsatz von Fach-Software die Debatte um das Für und Wider im Zusammenhang mit der Dokumentation entschärft, ist weniger eine Frage technischer Vorgaben und Möglichkeiten, sondern in erster Linie abhängig davon, wie die Realisierung eines fachlich begründeten Dokumentationskonzeptes erfolgt, darauf bezogene Qualifikationsmaßnahmen umgesetzt werden und eine bewusst reflektierte Auseinandersetzung von Professionist*innen mit Funktionen und Folgen der Dokumentation geschieht. (Ley & Seelmeyer, 2014, S. 55)

Festzuhalten bleibt, dass Dokumentation eine wichtige Schnittstellenfunktion einnimmt und Spannungsfelder zwischen Klient*innensystem, Professionist*innen, der Organisation sowie sozialpolitischer Legitimation der Arbeit abzufangen sind (Zauner, 2016, S. 181) Die Art und Weise, wie Dokumentation im Rahmen des Qualitätsmanagements steuernd eingreift, hängt von den jeweiligen Interessen und Zielen der Organisation ab. Es bedarf einer offenen Auseinandersetzung mit möglichen Potentialen und Risiken. Darüber hinaus ist zu hinterfragen, in welcher Form und in welchem Kontext sie wem dienlich ist und ob die Gestaltung auch die eigenen fachlichen Ansprüche unterstreicht. (Zauner, 2016, S. 190)

6.4 Analyse und Entwicklung einer Qualitätskultur in der Organisation

Für die Analyse und Entwicklung einer Qualitätskultur in der Organisation können unterschiedliche Instrumente zur Anwendung kommen. Für eine mögliche Übertragung in die Praxis werden in den folgenden Unterkapiteln der Prozess des Kulturwandels sowie Instrumente zur Diagnose der Unternehmenskultur vorgestellt.

6.4.1 Ausgewählte Instrumente zur Diagnose der Unternehmenskultur

Nach Eberhardt (2013) umfasst das Management der Unternehmenskultur die Phasen der Diagnose, die Beurteilung und die aktive Gestaltung. Im Rahmen der Analyse geht es zunächst darum einen IST-Zustand zu ermitteln, um in weiterer Folge geeignete Maßnahmen mit dem Ziel einer SOLL-Kultur setzen zu können. Die Autorin verweist in diesem Zusammenhang auf verschiedene exemplarische Instrumente, die in den folgenden Absätzen kurz behandelt werden. (Eberhardt, 2013, S. 12–13)

Das Modell des Denison Organisational Culture Survey (DOCS) von Denison und Mishra (1995) setzt bei der empirischen Überprüfung der Kulturmerkmale Mitwirkung, Kontinuität, Anpassungsfähigkeit und Mission an, welche als Einflussfaktoren für den Erfolg der Organisation aus Perspektive der des DOCS von maßgeblicher Bedeutung sind. Mit dem DOCS fokussiert man in erster Linie Faktoren der Unternehmensführung und setzt sich mit der Ausprägung unterschiedlichster Managementpraktiken auseinander. Es erfolgt eine Unterteilung der vier genannten Dimensionen in drei Indizes, welche sich an verschiedenen Funktionen im Unternehmen orientieren:

- Mitwirkung beinhaltet die Indizes Übertragung von Verantwortung, Teamorientierung und Kompetenzentwicklung.
- Kontinuität legt den Fokus auf Kernwerte, Übereinstimmung, Koordination und Integration.
- Anpassungsfähigkeit umfasst die Aspekte Wandel schaffen, Kundenorientierung und organisationales Lernen.
- Mission zielt auf strategische Ausrichtung und Absichten, Ziele und Richtwerte sowie die Vision einer Organisation ab. (Denison & Mishra, 1995, S. 204–223)

Die jeweilige Ausprägung der Werte in den Indizes wird im Nachgang der Analyse graphisch aufbereitet, wobei ein hoher Wert in allen Merkmalen und Indizes als optimal zu betrachten ist. Kulturmerkmale mit ihren Indizes werden als konkurrierende Werte in einem Koordinatensystem mit den Achsen Struktur und Fokus dargestellt. Auf der Strukturachse werden die konkurrierenden Werte Flexibilität versus Stabilität dargestellt. Die Fokusachse ist gekennzeichnet durch den externen Fokus – externe Orientierung und Anpassungsfähigkeit an die Umgebung und den internen Fokus – interne Orientierung und Förderung der Integration der Mitarbeiter*innen. (Denison & Mishra, 1995, S. 204–223; Eberhardt, 2013, S. 14; Raeder, 2010, S. 89–110)

Bei der Kurzskala zur Erfassung der Unternehmenskultur (KUK) von (Jöns et al., 2005) steht die Erfassung der Kultur zweier Unternehmen durch die Mitarbeiter*innen, wie beispielweise im Fall von Fusionen im Fokus. Die Dimensionen Strategie, Struktur, Führung und Zusammenarbeit werden anhand eines Inventars von 15 Merkmalen erfasst. (Jöns et al., 2005)

Mit dem Fragebogen zur Erfassung des Organisationsklimas (FEO) nach Daumenlang und Müskens (2004) werden mit 12 Skalen folgende Dimensionen des Organisationsklimas erfasst: Vorgesetztenverhalten, Kollegialität, Bewertung der Arbeit, Arbeitsbelastung, Organisation, berufliche Perspektiven, Entgelt, Handlungsraum, Einstellung zum Unternehmen, Interessenvertretung und Mitarbeiterbewertung. Die Erhebung erfolgt mittels Fremd- und Selbstbeurteilungsskalen, des Weiteren liegt dem FEO das Zweifaktorenmodell des Führungsverhaltens (Consideration and Initiating Structure) zugrunde. (Daumenlang & Müskens, 2004)

Die Methode des Culture Assessment (CA) nach Sackmann (2006) eignet sich, wenn sich das Management eines Unternehmens einen Überblick über die unternehmenskulturellen Stärken und Schwächen verschaffen will. Zunächst werden aus der Unternehmensstrategie die notwendigen Anforderungen an eine künftige Unternehmenskultur (Soll-Kultur) abgeleitet. Aus der Soll-Kultur ergeben sich

Inhalte, welche mit den bestehenden Unternehmens- und Führungsgrundsätzen abgeglichen werden. Daraus lassen sich Dimensionen beziehungsweise Bereiche ableiten, über die bei der Kulturanalyse Daten gesammelt und Informationen eingeholt werden. Eine Kombination von Methoden zur Datensammlung wird im Rahmen des CA empfohlen: Interviews mit den oberen zwei bis drei Führungsebenen sowie mit zentralen Führungskräften verschiedener Hierarchieebenen und Bereiche (Schlüsselkräfte); Workshops mit Führungskräften der nachfolgenden Ebenen und mit zentralen Fachkräften – bereichs- und standortübergreifend; Analyse von firmeninternen und externen Dokumenten; Beobachtungen (im Rahmen von Gesprächen und Treffen, Rundgängen etc.); informelle Gespräche über Ebenen und Bereiche hinweg. Im Anschluss erfolgen Vergleich und Analyse der gesammelten Informationen. In einem Abschlussbericht werden Handlungsempfehlungen zusammengefasst. Beim CA steht nicht die gesamthafte Analyse der Unternehmenskultur im Vordergrund, sondern eine auf die Fragestellung oder Herausforderung fokussierte Analyse. Die Ergebnisse und Handlungsempfehlungen werden zunächst dem oberen Management vorgestellt und gemeinsam diskutiert. (Sackmann, 2006, S. 36–37)

Das Instrument Organizational Culture Inventory (OCI) nach Schuster (2006) definiert Unternehmenskultur als die Summe aller Wertvorstellungen, die sich in den direkt oder indirekt vorhandenen Verhaltenserwartungen widerspiegeln. Der Kern des Ansatzes ist ein Kreisprofil, das leicht verständlich und praxisrelevant Verhaltenserwartungen in zwölf Rubriken darstellt: Selbstverwirklichung, Menschlichkeit-Motivation, Kontaktfreudigkeit, Zustimmung, Konvention-Tradition, Abhängigkeit, Ausweichverhalten, Oppositionsverhalten, Macht, Wettbewerb, Perfektionismus und Leistung. Die zentrale Frage des OCI lautet, wie sich Mitarbeiter*innen verhalten müssen, „um in das Unternehmen zu passen und den Erwartungen gerecht zu werden?". (Schuster, 2006, S. 20–21)

Der nach einem Projekt benannte TiM-Interviewleitfaden von Pundt et al. (2007) enthält allgemeine Fragen zur Unternehmenskultur und bezieht die Geschichte der Organisation, bekundete Werte, Artefakte, Grundannahmen und Gestaltungsaspekten der Unternehmenskultur sowie Mitarbeiterbeteiligung und problembehaftete Situationen mit ein. (Pundt et al., 2007, S. 22–30)

Welches Instrument in der Praxis zum Einsatz kommt, hängt in erster Linie von den Ressourcen der Organisation sowie den Zielstellungen beziehungsweise den jeweiligen Anforderungen an die Analyse der Organisationskultur und deren Weiterentwicklungsbedarfen ab.

Nachdem in diesem Unterkapitel exemplarisch der Fokus auf Methoden und Instrumente zur Diagnose der Unternehmenskultur gelegt wurde, geht es im nachfolgenden Abschnitt um die Klärung der Fragestellung, wie der Prozess des Kulturwandels auf Grundlage der Diagnose gestaltet werden kann.

6.4.2 Der Prozess des Kulturwandels im Überblick

Levin und Gottlieb (2009) verweisen auf 6 Prinzipien, welche bei der Neuausrichtung kultureller Aspekte in der Organisation einen Rahmen bilden und bei Gestaltung von erforderlichen Prozessen hilfreich sein können. Diese werden in Tabelle 6.8 dargestellt.

Tab. 6.8 Prinzipien für eine kulturelle Neuausrichtung und die Gestaltung von Kulturentwicklungsprozessen (eigene Darstellung nach den Texten von Levin & Gottlieb, 2009, S. 31–46 zitiert nach Eberhardt, 2013, S. 20–21)

Prinzipien	Gestaltung der Neuausrichtung
Prinzip 1: Die erforderliche Ausrichtung der Veränderung verstehen	Einerseits können bewährte und hilfreiche Elemente der Kultur bestehen bleiben, andererseits braucht es neue Aspekte für die Zukunft. Von Bedeutung ist es, die Wichtigkeit und Art der gewünschten Veränderung zu verstehen.
Prinzip 2: Vorbild sein, andere anleiten und einbinden	Führungskräften haben eine Schlüsselrolle bei der kulturellen Neuausrichtung. Sie müssen deutlich spürbar hinter dem Veränderungsprozess stehen und in ihrem Verhalten mit dem übereinstimmen, was von den Mitarbeiter*innen erwartet wird. Wesentliche Aufgaben sind das Aufzeigen der Veränderungsnotwendigkeit, das Gestalten einer Vision, angelehnt an erwünschte Verhaltensweisen und Praktiken, die künftigen Erfolg sicherstellen sollen.
Prinzip 3: Auf verschiedenen Ebenen arbeiten	Organisationskultur ist gekennzeichnet durch Komplexität und Vielschichtigkeit. Deshalb ist es wichtig, auf unterschiedlichen Ebenen zu arbeiten. Zu unterscheiden sind hierbei zwei Ebenen: • Instrumentelle Ebene nimmt direkten Bezug auf den Arbeitskontext sowie die Erbringung der Arbeitsleistung. • Symbolische Ebene nimmt Einfluss auf Wahrnehmung, Einstellung und Bedeutung von Elementen der organisatorischen Entscheidungen, Handlungen und Praktiken.
Prinzip 4: Gesamte Organisation und ihre Gremien breit einbetten	Die kulturelle Neuausrichtung impliziert gemeinsame Anstrengungen und das Mitwirken aller handelnden Personen in der Organisation. Vielseitiges Engagement und Beteiligungsmöglichkeiten sind wirksame Faktoren für das Erreichen von breiter Unterstützung und die Verankerung einer neuen Kultur.
Prinzip 5: Mit Strenge und Disziplin managen	Die Neuausrichtung einer Kultur sollte den gleichen Stellenwert einnehmen, wie andere Aufgaben oder Anforderungen in der Organisation. Dies beinhaltet eine detaillierte Planung, realistische Abschätzung und Bereitstellen von Ressourcen, das Commitment auf allen Ebenen sowie die Koordination und Integration von Aufgaben und Verantwortlichkeiten.
Prinzip 6: in das tägliche Arbeitsleben integrieren	Die Neuausrichtung einer Kultur kann erfolgreich gelingen, wenn die Veränderungen in Managementalltag einfließen und in den Arbeitsablauf integriert werden. Von großer Bedeutung ist das Handeln bei entscheidenden Fragen in Bezug auf das gewünschte Ergebnis des Kulturwandels.

Die in Tabelle 6.8 vorgestellten Prinzipien richten den Fokus vorrangig aus einer systemischen Perspektive auf die Dynamiken von Strukturen und Abläufen bei der Neuausrichtung und Gestaltung des Kulturentwicklungsprozesses.

Homma und Bauschke (2015) beschreiben in ihren Ausführungen den gesamten Prozess der Kulturentwicklung allgemein und übertragbar, mit dem Ziel der Klärung folgender Fragestellungen:

- Wie kann Kulturwandel als Prozess konzipiert werden?
- Wie lassen sich die einzelnen Prozessschritte unterscheiden?
- Welche grundlegenden Anforderungen gibt es an die Prozessschritte? (Homma & Bauschke, 2015, S. 53)

In Abbildung 6.5 beschreiben Homma und Bauschke (2015) die einzelnen Prozessschritte im Rahmen des Kulturwandels sowie projektrelevanten Aspekte. Umrahmt wird der gesamte Prozess von einer fortlaufenden Kommunikationsstrategie.

Abb. 6.5 Der Kulturwandelprozess im Überblick (Homma & Bauschke, 2015, S. 54)

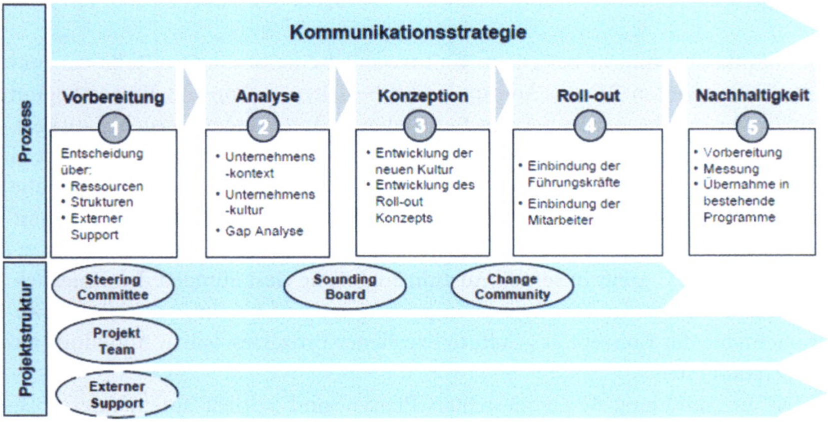

Die fünf Prozessschritte des Kulturwandelprozesses laut Abbildung 6.5 werden von Homma und Bauschke (2015) wie folgt genauer beschrieben:

1) Vorbereitung: Das Top-Management trifft die Entscheidung, dass im Kontext der Unternehmenskultur noch nicht genau definierte Veränderungen zu planen sind. Zu klären sind in dieser Phase die Ressourcen und die nachfolgen-

den Projektstrukturen (Projektleiter, Team, Steering Committee, externer Support), die inhaltliche Umsetzung schließt daran an.
2) Analyse: Analyseinstrumente werden genutzt (siehe Kapitel 6.4 des vorliegenden Buches), um das weitere Vorgehen zu klären und die Projektstrukturen mit Inhalt zu füllen.
3) Konzeption: Inhalte und Prozesse des Kulturwandels werden mit Impulsen des Top-Managements und möglichst unter Einbindung von Mitarbeiter*innen (Betroffene zu Beteiligten zu machen) erarbeitet. Spätere Reibungsverluste können so vermieden und nachhaltige Ergebnisse erzielt werden
4) Roll-Out: In dieser herausforderndsten Phase des Kulturwandels müssen Betroffene von der Notwendigkeit der Veränderungen der Kultur und damit eigener Gewohnheiten und Werte überzeugt werden. Führungskräfte spielen hierbei eine entscheidende Rolle (siehe Kapitel 6.2.2) in ihrer Vorbildfunktion und bei der Erklärung des Nutzens der Veränderungsmaßnahmen, sie müssen mögliche Hindernisse bewältigen und den Umgang damit offen kommunizieren.
5) Nachhaltigkeit: Die nachhaltige Wirkung der Maßnahmen ist im Zuge der Veränderung durch geeignete Maßnahmen sicherzustellen, deren Klärung erfolgt bereits in der Konzeptionsphase. (Homma & Bauschke, 2015, S. 54–56)

Kommunikation nimmt bei einem Kulturwandel eine besondere Rolle ein und sollte den gesamten Prozess kontinuierlich begleiten. Schon mit Prozessbeginn können Verunsicherungen bei den Beteiligten auftreten oder Gerüchte aufkommen. Es gilt nicht nur eingangs die Notwendigkeit zu kommunizieren, sondern auch über Fortschritte und Misserfolge zu informieren. Zuverlässige und zeitnahe Kommunikation erhöht die Glaubwürdigkeit und trägt zum Erfolg des Gesamtprozesses bei. (Homma & Bauschke, 2015, S. 56)

Herget (2020) greift in seinen Ausführungen zur Gestaltungen der Unternehmenskultur eine integrative Betrachtungsweise auf und beschreibt in diesem Zusammenhang das Konzept des Culture Excellence Prozesses, wie in Abbildung 6.6 grafisch dargestellt.

Die in Abbildung 6.6 dargestellten Phasen sind zeitlich aufeinander abgestimmt in ihrer Reihenfolge zu betrachten. Auf die einzelnen Phasen wird in Tabelle 6.9 kurz eingegangen.

Analyse und Entwicklung einer Qualitätskultur in der Organisation

Abb. 6.6 Der Culture Excellence Prozess (Herget, 2020, S. 48)

1 Modell-Entwicklung	2 Audit-Konzept	3 Reifegrad-Modell	4 Strategie-Entwicklung	5 Methoden-Selektion	6 Implement & Control
Analyse der relevanten Faktoren	Diagnose und Priorisierung	Auswertung Potentiale	Generisch Spezifisch	Aktionsplan Detailplanung	Milestones Review & Anpassung
Diamant-Modell Triptychon-Exzellenz-Modell	Culture Excellence Audit	Culture Excellence-Reifegrad	Strategie-Ableitung Roadmap	Methoden zur Kulturveränderung Change Prozess	Begleitung Change Management

Tab. 6.9 Die Phasen des Culture Excellence Prozesses (eigene Darstellung nach dem Text von Herget, 2020, S. 48–51)

Phasen	Bedeutung und Ausgestaltung
Modell-entwicklung	Die spezifische Unternehmenskultur liegt bei der Modellentwicklung/dem zu entwickelnden Konzept im Mittelpunkt der Betrachtung. Es werden relevante Kulturfaktoren identifiziert, welche für den Erfolg des Unternehmens bezeichnend sind. Dies geschieht auf den Ebenen Umwelt, interne Bereiche und Individual-/Teamperformance. Dieses Vorgehen kann durchaus kaskadierend stattfinden, da auch einzelne Teams oder Bereiche im Unternehmen spezifische und erfolgreiche Kulturfaktoren aufweisen können. Das Ziel bei der Identifizierung ist eine möglichst hohe Verdichtung auf wenige positiv besetzte Kulturfaktoren.
Audit-Konzept	Mit dem Audit-Konzept erfolgt die Analyse der Ausprägungen von identifizierten Kulturfaktoren. Eine Priorisierung spielt eine wichtige Rolle für das weitere Vorgehen. Mit dem Audit und der vorgestellten Modellentwicklung wird häufig das erste Mal ein intensiver Austausch bezüglich der Unternehmenskultur angeregt.
Reifegrad-Modell	Die selektierten Kulturfaktoren können im Anschluss mit Hilfe eines Reifegrad-Modells ausgewertet werden. Diskussionsmöglichkeiten können den Prozess konstruktiv begleiten. Mit dem Reifegrad-Modell ist es möglich, den jeweiligen Ausprägungsfaktor des Kulturmerkmals zu verorten, um zu sehen wo man steht oder wohin man sich entwickeln will. Auch beim Einsatz des Reifegrad-Modells bietet sich eine kaskadenförmige Anwendung im Unternehmen an.
Strategie-entwicklung	Dieser Prozessschritt ist gekennzeichnet durch das Ableiten von strategischen Zielen und operativen Maßnahmen. Einzelne Strategien und Maßnahmen können eine Hebelwirkung entwickeln, welche gleichzeitig bei mehreren Kulturfaktoren wirken. (Herget, 2020, S. 50)
Methoden-selektion	Ausgewählte Methoden, Werkzeuge und Tools haben eine Wirkung auf das Mindset und das Verhalten der Organisationsmitglieder, sie füllen den Prozess mit Leben. (Herget, 2020, S. 50)
Implement & Control	Ergebnisse werden durch die Umsetzung generiert und mit anschließender Evaluation noch deutlicher sichtbar. Hierbei ist es wichtig gut zu selektieren. Was eignet sich für eine Implementierung in die Organisation oder wo muss gegebenenfalls nachjustiert werden. Eine Kulturentwicklung ist aufgrund einer Vielzahl an Wechselwirkungen nur bedingt prognostizierbar, ein hohes Maß an Flexibilität ist notwendig. (Herget, 2020, S. 50)

Aus der Beschreibung der Phasen in Tabelle 6.9 ist ersichtlich, dass sich diese methodisch unterschiedlichen Aspekte der Kulturgestaltung fokussieren und an verschiedene Zielgruppen adressiert sind. Das Ergebnis jeder Phase bildet die Voraussetzungen und Grundlagen für die darauf folgende Phase.

Die in diesem Kapitel skizzierten Prinzipien und Prozessmodelle bilden den theoretischen Rahmen bei der Prozessgestaltung, um zum Gelingen der Kulturveränderung beizutragen. Der Faktor Mensch und dessen Umgang mit Veränderung spielt jedoch eine entscheidende Rolle. Auf diesen Aspekt wird im nachfolgenden Kapitel näher eingegangen und Erfolgsfaktoren bei der Verankerung und Betrachtungsweise aus dieser Perspektive vorgestellt.

6.5 Erfolgsfaktoren bei der Verankerung von Qualität und Qualitätsmanagement

Bei allen Gestaltungs- und Entwicklungsschritten im Rahmen der Prozess und Rollenbetrachtung, welche wie in Kapitel 6.1 und 6.3 dem organisationalen Kontext zugeschrieben werden können, sind Mitarbeiter*innen und Führungskräfte wesentlich. Veränderung zielt in der Wirkung tendenziell nicht nur in die positive Richtung, sondern wird auf der individuellen Ebene zum Teil als ungewohnt und negativ behaftet empfunden. Es gilt gewohnte Muster zu hinterfragen, sich mit Veränderungsthemen auseinanderzusetzen und die Komfortzone zu verlassen, was zu Ängsten und Unruhe führt.

Doppler und Lauterburg (2008) benennen beim Umgang mit Widerständen acht Prinzipien, welche dazu beitragen können, optimale Voraussetzungen zu schaffen, um als Organisation auch diese Herausforderung zu bewältigen:

1) Zielorientiertes Management: Um akzeptable Ergebnisse zu erhalten, ist Klarheit über die Ausgangslage, die Zielsetzung, festgelegte Erfolgskriterien, die allgemeine Organisation, die Planung und die Kontrolle notwendig.
2) Keine Maßnahme ohne Diagnose: Organisationsdiagnose geht über die Analyse des Ist- und Soll-Zustandes hinaus und umfasst alle Ebenen der Organisation. Es empfiehlt sich die Datenerhebung, Datenverarbeitung, Datenfeedback und Datenanalyse als Vorgangsweise.
3) Ganzheitliches Denken und Handeln unter den Gesichtspunkten Strukturen (Aufbauorganisation, Ablauforganisation, Führungssystem), Verhalten (Motivation und Identifikation, Kommunikation und Kooperation) und Kultur (geschriebene und ungeschriebene Gesetze sowie Spielregeln in der Organisation, Belohnungs- und Sanktionsprinzipien).

4) Beteiligung der Betroffenen, um bessere Entscheidungen, praxisgerechtere Lösungen, Erzeugung von Motivation, Identifikation mit dem Vorhaben/der Organisation zu erwirken.
5) Hilfe zur Selbsthilfe: Zielstellung sollte es sein, dass Mitarbeiter*innen schnellstmöglich handlungsfähig werden.
6) Prozessorientierte Steuerung mit regelmäßiger Prozessanalyse, Bearbeitung von Widerständen und Konflikten sowie einer rollenden (laufenden) Planung.
7) Sorgfältige Auswahl von Schlüsselpersonen im Sinne der Suche von Verbündeten, Opinion Leaders und der Kompetenzorientierung.
8) Lebendige Kommunikation: Information ist nicht gleich Kommunikation, Dialog auf allen Ebenen suchen und interaktive Formen wählen. (Doppler & Lauterburg, 2008, S. 167–186)

Herget (2020) bezieht sich in diesem Zusammenhang auf Do's und Dont's, um im Projekt des Kulturwandels nicht zu scheitern. Wesentliche Do's sind unter anderem: Mit dem „Warum" der Veränderung anzufangen, um damit Einsicht in die Veränderungsnotwendigkeit zu erwirken, Transparenz über Ziele, Prozesse, Ablauf und Support erzeugen, Offenheit im Prozess des Kulturwandels fördern, weitreichend denken, Würdigung des Vergangenen, Skalieren bis auf Team- und Mitarbeiter-Ebene, Verhalten und Praktiken festlegen, Betroffene sind Beteiligte sowie Abläufe kultivieren und Erfolge feiern. Als Dont's werden genannt: Keine bloßen Lippenbekenntnisse, keine verstecken Aktionen, keine Schuldzuweisungen für vergangene Fehler machen, zu viel wollen/alles auf einmal wollen/alles sofort wollen, eine Kultur befehlen, den Prozess nicht einschlafen lassen, nicht auf dem Erfolg ausruhen, keine Beliebigkeit akzeptieren, keine Helden produzieren. (Herget, 2020, S. 150–155)

6.6 Fallbeispiel Qualität im Verein Spektrum Salzburg

Qualität im Verein Spektrum

Mag.a (FH) Pamela Heil, Fachbereichsleitung jetzt – Soziale Arbeit in der Schule beim Verein Spektrum Salzburg
Der social-profit Verein Spektrum bietet in Stadt und Land Salzburg drei Handlungsfelder der Sozialen Arbeit an: Offene Kinder- und Jugendarbeit (OJA), Sozialpädagogische Familienbetreuung (SpF) und „jetzt" – Soziale Arbeit in der Schule (SUSA). Das Thema Qualität in der Sozialen Arbeit sowie theoretische und praktische Grundlagen des Qualitätsmanagements werden im Fachdiskurs mit unterschiedlichen Zielsetzungen und Hintergründen diskutiert. Wo und wie Qualitä-

ten im Verein Spektrum ablaufen und welche Prozesse der Implementierung und nachhaltigen Verankerung dem zu Grunde liegen, stellt dieser Fachbeitrag dar.

Zuerst wird zum besseren Verständnis die Organisation beschrieben und der inhaltliche Zugang zu Qualität und Qualitätsentwicklung dargestellt, um im Anschluss Schlüsselprozesse und weitere Instrumente zur Qualitätssicherung exemplarisch und handlungsfeldübergreifend vorzustellen. Ausdifferenzierungen oder Unterschiede in den drei Bereichen werden angesprochen. Zum Schluss fasst ein Statement zum Status quo mit Ausblick den Beitrag zusammen.

Organisationsbeschreibung
Der Verein Spektrum ist eine private Einrichtung der Kinder- und Jugendhilfe mit drei zentralen Handlungsfeldern, die parteilich, überkonfessionell und gemeinnützig agiert. 2023 beschäftigt der Verein 100 Mitarbeiter*innen, die aus der Sozialen Arbeit, Pädagogik oder vergleichbaren Ausbildungen im psychosozialen Bereich und der Verwaltung kommen. Auf eine facheinschlägige Ausbildung wird bei der Suche neuer Kolleg*innen großer Wert gelegt, in der SpF und der Schulsozialarbeit ist der Abschluss an einer FH für Soziale Arbeit Voraussetzung für eine Anstellung.

Abbildung 6.7 (nächste Seite) gibt einen Einblick in die Aufbauorganisation des Vereins Spektrum.

Die Abbildung 6.7 zeigt die Organisation mit ihren drei Fachbereichen und untergeordneten Einrichtungen bzw. Teams sowie die unterschiedlichen Fördergeber*innen.

Im Auftrag der Stadt Salzburg werden Angebote der offenen Kinder- und Jugendarbeit (OJA) und soziokulturellen Projektarbeit umgesetzt. Ziel ist es, kulturelle Vielfalt, soziale Intelligenz und verantwortliches Handeln zu fördern und ein facettenreiches, attraktives Freizeitangebot für Kinder und Jugendliche aus anregungsarmen und infrastrukturell benachteiligten Stadtteilen zu setzen. Die Arbeit findet in vier Kinder- und Jugendzentren und beim Spielbus in verschiedenen Stadtteilen statt und wird durch Projekte wie die Kinderstadt „Mini-Salzburg" erweitert.

Im Auftrag des Landes Salzburg (Soziales) bietet die Sozialpädagogische Familienbetreuung als Kinder- und Jugendhilfeprodukt im gesamten Bundesland ein eigenständiges ambulantes Betreuungsangebot, dass derzeit 142 Familien unterstützt, an. Die gesetzliche Grundlage ist das Salzburger Kinder- und Jugendhilfegesetz, §§ 15–17. Übergeordnetes Ziel ist die Entwicklung einer eigenverantwortlichen Lebensgestaltung, welche die angemessene Versorgung und Erziehung der Kinder und Jugendlichen gewährleistet. Diese Form der aufsuchenden Sozialen Arbeit ist zeitintensiv und kontinuierlich im Lebensumfeld der Familien verankert. Räumlichkeiten befinden sich an den Standorten in den Bezirken.

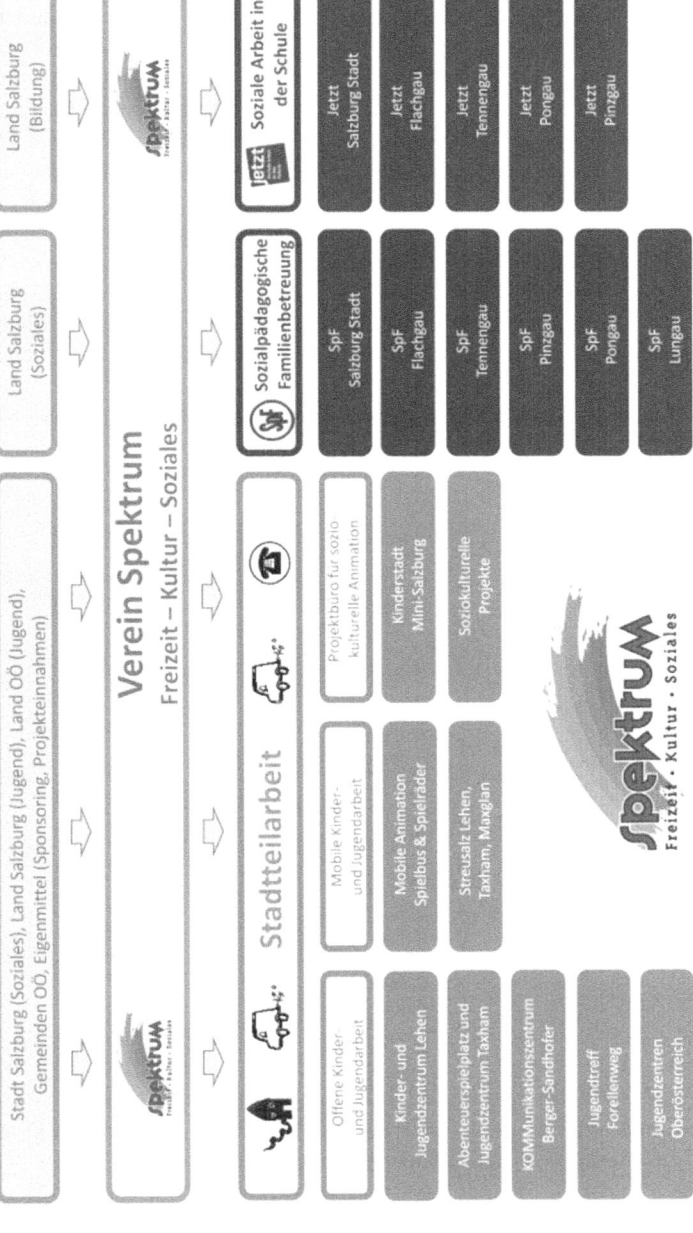

Abb. 6.7 Organigramm Verein Spektrum (zum Abdruck zur Verfügung gestellt vom Verein Spektrum)

Ebenfalls durch das Land Salzburg (Bildung) finanziert wird das Projekt „jetzt – Soziale Arbeit in der Schule". In mittlerweile 37 Volks-, Mittel- und Sonderschulen wird niederschwellige, präventive, sozialraumorientierte Schulsozialarbeit angeboten. Beratung, gruppenpädagogische Angebote und Vernetzung in und außerhalb der Schule gehören zu den Kernaufgaben. Übergeordnete Themen sind u. a. die Verhinderung von Bildungsabbrüchen, Mobbingprävention und Kinderschutz. Die Sozialarbeiter*innen sind mit einem festgelegten Wochenstundenkontingent direkt an den Schulen anwesend.

Zusammengefasst entwickelt, reflektiert und etabliert der Verein Spektrum seit 1978 Angebote für Kinder, Jugendliche und deren Familien auf Basis sozialarbeiterischer Methodenkompetenz. Die historische Entwicklung der Organisation ist im Weiteren relevant für die Auseinandersetzung mit dem Thema Qualität. Abbildung 6.8 gibt einen Überblick über die Entwicklung des Vereins im Zeitverlauf.

Abb. 6.8 Historische Entwicklung der drei Handlungsfelder (Grafik zum Abdruck zur Verfügung gestellt vom Verein Spektrum)

Offene Kinder- und Jugendarbeit	Sozialpädagogische Familienbetreuung	jetzt - Soziale Arbeit in der Schule
1977/78 Gründung Arbeitsgemeinschaft Aktion Spielbus	1993 Pilotprojekt von Studentinnen der Sozialakademie	Schuljahr 2010/11 Pilotprojekt, 2 Sozialarbeiter:innen an 3 Schulen Stadt Salzburg
1983 Eröffnung Kinder- und Jugendzentrum Lehen	bis 2008 22 betreute Familien Stadt Salzburg	2016 Erweiterung in der Stadt und Bischofshofen
1988 Eröffnung Jugendzentrum Taxham und Kommunikationszentrum Berger-Sandhofer Siedlung	ab 2009 Erweiterung Bundesland auf 112 betreute Familien, 4 Standorte, 6 Teams, kontinuierlicher Ausbau	2017 weitere Bezirke
2003 1. Kinderstadt Mini-Salzburg		
2022 3 Kinder- und Jugendzentren, 3 Jugendtreffs + mobile Jugendarbeit und Spielbus, 6 Teams, 30 - 35 Mitarbeiter:innen	2022 142 betreute Familien, 6 Standorte, 8 Teams, 43 Mitarbeiter:innen	2022 37 Schulen, 3 Teams, 22 Mitarbeiter:innen

Abbildung 6.8 fasst die wichtigsten historischen Meilensteine der Fachbereiche zusammen und verdeutlicht den stetigen Ausbau und das Wachsen der Organisation auf verschiedenen Ebenen seit der Gründung des Vereins bis dato.

Zugang zum Thema Qualitätsprozesse

Wie und woran erkennt man Qualität? Häufig wird, wenn von Qualität gesprochen wird, Fachlichkeit gemeint. (Ribbeck, 2022, S. 17) Die Realisierung der unterschiedlichen Aufträge, also der personenbezogenen Dienstleistungen in den jeweiligen Handlungsfeldern sind – abgesehen vom ideellen Zugang – fachlicher Natur, eingebettet in einen organisationalen Kontext. Unser Qualitätsverständnis geht einher mit unserer Leistungs- und Organisationsentwicklung. Dabei können drei Perspektiven eingenommen werden:

- „Stakeholder"-Perspektive: Was erwarten Adressat*innen unserer Leistung und Auftraggeber*innen und was wäre aus deren Sicht eine gute Qualität?
- Organisationbezogene Perspektive: Was können wir angesichts der vorhandenen Rahmenbedingungen und Potentiale als gute Qualität bezeichnen?
- Fachbezogene Perspektive: Was ist „state of the art"? Was ist entsprechend der Fachdiskussion gute Qualität?" (Merchel, 2013, S. 41)

Qualität wird nicht ausschließlich durch Vorgaben und Standardisierung gesichert, sondern durch die Mitarbeiter*innen selbst, in Kooperation mit unseren Adressat*innen ausgebildet, aufrechterhalten und weiterentwickelt. Wir orientieren unseren Qualitätsanspruch stark an unseren Klient*innen, die durch ihre Defizite und Notlagen ihre Vorstellungen und Erwartungen an soziale Dienstleistungen häufig nicht konkret vertreten können. Transparenz, Verschwiegenheit, Partizipation, Offenheit im Angebot, Anwaltschaft, Wertschätzung etc. sind deshalb als unsere Grundsätze und Handlungsprinzipien festgeschrieben. Immerwährende Auftragsklärung und Wirkungsreflexion sind weitere Bausteine eigener Qualitätsforderungen, denen zahlreiche Kommunikations- und Aushandlungsprozesse vorausgehen.

Im fachlichen Diskurs gibt es differenzierte Modelle zur Qualitätsdefinition in Handlungsfeldern Sozialer Arbeit. Wir ziehen das seit den 1980ern häufig verwendete, „klassische" Modell nach A. Donabedian heran: die Unterscheidung in Strukturqualität, Prozessqualität und Ergebnisqualität. (Merchel, 2013, S. 46) Die Strukturqualität umfasst die notwendigen organisationalen Voraussetzungen, die in der Budgeterstellung stets berücksichtigt und gegenüber den Auftraggeber*innen verhandelt werden müssen: die räumliche Ausstattung unserer Jugendzentren oder Beratungsräume, die technische Ausrüstung wie Laptops und Mobiltelefone, die Anzahl und Qualifikation des Personals, die Erreichbarkeit für die Zielgruppe etc. Die Prozessqualität umfasst das Vorhandensein und die Ausgestaltung aller Aktivitäten und Abläufe, die geeignet und notwendig sind, bestimmte Ziele, Leistungen für und mit unseren Klient*innen zu erreichen: Prozessstandards für Einzelberatungen, Klasseninterventionen, Begleitung zu Ämtern und Behörden,

Ausflüge etc. Auch der Informationsfluss und die Zusammenarbeit zwischen Sozialarbeiter*innen, Zielgruppe und Netzwerkpartner*innen gehören hier dazu. Die Ergebnisqualität umfasst die Zufriedenheit der Adressat*innen, sichtbare Erfolge und Misserfolge, den Integrationsbeitrag für junge Menschen, die Entlastung von Systemen, erzielte Veränderungen und die Reflexion darüber. (Merchel, 2013, S. 48; Ribbeck, 2022, S. 22)

Die Münchner Gesellschaft für Ausbildungsforschung und Berufsentwicklung (kurz GAB) entwickelte 1996 ein Qualitätsmanagementverfahren, das den drei Qualitätsdimensionen eine vierte, nämlich die der Beziehungsqualität hinzufügte, welche sich auf die „professionelle Beziehungsgestaltung als Kerntätigkeit" bezieht und Struktur, Prozess und Ergebnis umspannt. (Ribbeck, 2022, S. 80) „Menschen entwickeln Qualitäten" (Ribbeck, 2022, S. 79) ist ein Schlüsselsatz aus diesem Verfahren, mit dem wir uns identifizieren, nämlich hinsichtlich dessen, dass die Qualität unserer Dienstleistungen in der OJA, der SpF und SUSA durch die beteiligten Akteur*innen in Anlehnung an Ribbeck (2022, S. 79) gestaltet, im Dialog bestimmt und entwickelt, situativ stets neu arrangiert und letztlich kontinuierlich, systematisch überprüft und reflektiert wird.

Schlüsselprozesse in der Qualitätssicherung

Schlüsselprozesse zu identifizieren, heißt Anforderungen, wiederkehrende Situationen oder hervorzuhebende Prozesse sichtbar zu machen, die besondere Auswirkungen auf die gesamte Qualität sozialarbeitsicher oder betreuerischer Prozesse haben. (Merchel, 2013, S. 49) In unseren Handlungsfeldern haben wir im Bereich der Mitarbeiter*innenführung die Einschulung, die Mitarbeiter*innengespräche, das kollegiale Feedback, Supervision und Coaching sowie Dokumentation und Berichtwesen als solche wesentlichen Prozesse herausgegriffen:

Einschulung

In allen drei Bereichen wird der Einschulung von neuen Mitarbeitenden ein wichtiger Stellenwert eingeräumt. Die Abläufe und Inhalte haben sich hinsichtlich Handlungsanforderungen und Ausbildungshintergründen stets weiterentwickelt.

Seit 2016 unterlaufen die neuen Kolleg*innen der Kinder- und Jugendarbeit eine 24-stündige Einschulungsphase, in der sie alle Einrichtungen vor Ort kennen, dazu gibt es Themenblöcke zu Recht & Kommunikation, Mädchen- und Burschenarbeit und den Umgang mit Konflikten im pädagogischen Alltag. Die Referent*innen sind interne Expert*innen. Neben Know-how geht es um den Austausch im Team, ums Ausprobieren von Spiel- und Sportmaterialien und den Medien.

In der sozialpädagogischen Familienbetreuung gibt es eine Checkliste für die Einschulung, in der u. a. die Arbeitsschritte und Kompetenzen von Geschäftsführung und fachlicher Leitung festgelegt sind: Dienstvertrag, Vereinbarungen, Organisatorisches wie Versicherung, Technik, Einschulung in die Abrechnung, Konzepteinschulung, Fallakquise. Die Teamleiter*innen sind dann nach der Grundeinschulung wichtige Ansprechpersonen: sie übernehmen die Standorteinschulung, Einbindung ins Team, Organisation von Hospitationsmöglichkeiten und die Begleitung in der Fallarbeit durch wöchentliche Reflexionsgespräche. Im ersten halben Jahr wird der Arbeitseinstieg intensiv begleitet.

Checkliste, Konzepteinschulung, Interna über das Schulsystem und den jeweiligen Schulstandort, Vorbereiten der Dokumentation und Statistik, Handhabung der Dienstzeitaufzeichnung, Hospitationen bei langjährigen Kolleg*innen etc. sind für die Schulsozialarbeit in einem Handbuch festgehalten (siehe Leitbilder und Handbücher). Je nach Schule oder Vorerfahrungen können unterschiedliche Akzente und Prozesse beim Arbeitsbeginn vordergründig sein.

Mitarbeiter*innengespräche

Die Mitarbeiter*innenführung legen wir befähigend und serviceorientiert an. Die Fach- und Führungskräfte im Verein Spektrum gestalten Qualität im Sinne von Kompetenzentwicklung und persönlicher Entfaltung. Deshalb finden in allen drei Bereichen jährlich oder auch anlassbezogen Mitarbeiter*innengespräche statt. In der SpF bestehen diese aus drei Teilen: Fallarbeit und eigene fachliche Einschätzung, Organisationsstruktur hinsichtlich Team/Teamleitung/Leitung/GF und persönlicher Bereich (Belastung-Balance, aktuelle Themen, Perspektiven und Veränderungswünsche). Auch in den beiden anderen Bereichen sind die Gespräche leitfadengestützt, werden von beiden Seiten vorbereitet und umfassen die Bereiche inhaltliche Bilanz, Arbeitszufriedenheit, Zusammenarbeit im Team sowie Zukunft, Wünsche und Perspektive.

Kollegiales Feedback: Team und Intervision

Alle drei Bereiche arbeiten teamorientiert mit fachlicher Leitung, die das Team vertritt. Das Team bietet gegenseitige Unterstützung, ist Entscheidungsinstanz und dient als Korrektiv für das eigene Handeln. Der lösungsorientierte Ansatz begleitet nicht nur die inhaltliche, tägliche Arbeit mit unseren Klient*innen, sondern ist auch Leitkonzept für das Arbeiten im Team. Während in den Einrichtungen der Offenen Kinder- und Jugendarbeit die Kolleg*innen vor Ort miteinander tätig sind, sind die Schulsozialarbeiter*innen meistens Einzelkämpfer*innen ihrer Profession an den jeweiligen Standorten (an manchen Schulen kann in Zweier-Teams gearbeitet werden). Auch die SpF Kolleg*innen sind in den Familien allein unterwegs. Deshalb ist die regelmäßige, wöchentliche Teamzeit im Umfang von zwei bis drei Stunden essenziell, um Anliegen und Fragen aus dem professionellen Kontext zu besprechen. Die Teamsitzungen sind strukturiert und werden von den Teamleiter*innen moderiert und protokolliert.

Externe Begleitung: Supervision und Coaching

Die Beratungsformate Supervision und Coaching haben sich in den letzten Jahrzehnten in vielen Bereichen der Sozialen Arbeit bewährt und etabliert. Beide beraten Einzelne wie auch Teams in Hinblick auf das Zusammenwirken von Personen, beruflichen Aufgaben und Organisationen. Alle Teams im Verein Spektrum haben die Möglichkeit in Supervision zu gehen – zwischen 6 bis 9 Doppeleinheiten je nach Teamgröße und Handlungsfeld sind dafür jährlich eingeplant. Die eingetragenen Supervisor*innen unterstützen die Mitarbeiter*innen dabei ihre beruflichen Handlungen zielgerichtet und erfolgreich zu gestalten. Sie sind der Blick „von außen", fördern querdenken und neue fachliche Sichtweisen. Die Mitarbeiter*innen schätzen die Supervision als Ort der Psychohygiene.

Gezieltes Coaching unterstützt die Führungskräfte im Verein. Vor allem in den diversen Ausbaustufen der letzten Jahre wurden die Gestaltung der Führungsaufgaben, die Prozesse in der Organisation und das Schaffen eines produktiven und wertschätzenden Betriebsklimas durch eine externe Begleitung reflektiert. Sowohl Supervision als auch Coaching dienen laut (Judy & Knopf, 2020, S. 17–23) dem Wissensmanagement und der Qualitätssicherung.

Vom geschäftsführenden Vorstand bis hin zu den Teams in allen drei Fachbereichen sind Jahresklausuren und interne Fachtage Fixpunkte, damit Perspektivenwechsel, Fokussierung auf bestimmte Themen und eine Weiterentwicklung der Angebote gelingen. Auch hier ist die Beteiligung der Mitarbeiter*innen hinsichtlich inhaltlicher, methodischer und atmosphärischer Vorbereitung essenziell.

Dokumentation und Berichtswesen

„So wenig wie möglich, so viel wie notwendig" lautet der Leitsatz für Dokumentation und Berichtswesen im Verein. Je nach Auftraggeber*in sind die Anforderungen diesbezüglich unterschiedlich. Dabei gelten festgelegte Standards wie Dokumentationsbögen oder Datenbanken wie der Kidsmanager. In der Offenen Jugendarbeit (OJA) wird das tägliche Geschehen in Form von Tagesprotokollen festgehalten (bOJA bundesweites Netzwerk Offene Jugendarbeit, 2021, S. 104) In der Sozialpädagogischen Familienbetreuung wird unterschieden in Falldokumentation, organisationsbezogene Dokumentation und Controlling. Sowohl in der Sozialpädagogischen Familienbetreuung (SpF) als auch in der Schulsozialarbeit (SUSA) dient die Falldokumentation als standardisierter, professioneller Reflexionsprozess der Qualitätssicherung (Hilfeplanung, Diagnostik, Interventionsplanung) nach innen (höchstmögliche Qualität für die Klient*innen, Fallführung) und nach außen (Auftraggeber Land, Prüfung durch Fachaufsicht, Absicherung bei Gefährdungen).

In allen drei Handlungsfeldern wird jährlich eine inhaltliche Rückschau in Form von Tätigkeitsberichten den Stakeholdern und Netzwerkpartner*innen vorgelegt. Dabei werden die Struktur-, Prozess- und Ergebnisdaten des jeweiligen Angebots dargestellt: Besucher*innenzahlen, Anzahl Beratungen, Workshops und Netzwerkkontakte, soziodemographisches Profil der Zielgruppe, inhaltliche Schwerpunkte, Vernetzungstätigkeiten, Bildmaterial etc.

Weitere Instrumente zur Qualitätsumsetzung
Vier-Augen-Prinzip: Das Zusammenwirken von zwei Fachkräften als Vier-Augen-Prinzip, kommt bei uns vor allem im Bereich Kinderschutz bei der Gefährdungseinschätzung und Meldung sowie im Konfliktmanagement je nach Eskalationsstufe zum Einsatz. Das Vier-Augen-Prinzip im Sinne des österreichischen Bundes-Kinder- und Jugendhilfegesetzes (B-KJHG, 2013) geht über gemeinsame Überlegungen hinaus, indem es nicht nur eine offene Reflexion oder gegenseitige Beratung, sondern auch eine gemeinsame Entscheidungsfindung mitbeabsichtigt, mit der das Übernehmen von Verantwortung für das fachliche Handeln und die getroffenen Entscheidungen einhergehen. Es kann auch als „Verankerung einer Arbeitsweise im Sinne der kollegialen Beratung verstanden werden" (Kapella et al., 2018, S. 39) und stellt einen „zentralen Schritt in Richtung Professionalisierung und Standardisierung der fachlichen Arbeit dar" (Kapella et al., 2018, S. 67).

Leitbilder und Handbücher: Das pädagogische Leitbild für die offene Kinder- und Jugendarbeit im Verein Spektrum enthält den Auftrag, die Aufgaben, Ziele und die Arbeitsprinzipien. Außerdem sind methodische Zugänge, Rahmenbedingungen sowie zentrale sozialpädagogische Elemente und weitere Angebote und Leistungen handlungsleitend für die Mitarbeiter*innen definiert und gegebenenfalls für Außenstehende zugänglich. Das österreichische bOJA bundesweites Netzwerk Offene Jugendarbeit (2021) hat ein Handbuch veröffentlicht, das den Kolleg*innen der Kinder- und Jugendzentren als gut gegliedertes und lesbares Standardwerk dient.

In der Sozialpädagogischen Familienbetreuung (SpF) sowie bei der Schulsozialarbeit sind im Zuge der Erweiterungen Qualitätshandbücher erarbeitet worden. 2008/2009 wurden vorhandene Leitfäden und Richtlinien der SpF, Konzeptbausteine, Produktbeschreibung aktualisiert und zusammengeführt. Fehlende Teile wie z. B. Einschulungsunterlagen, Tätigkeitsprofile, Anleitung zur Abrechnung und Dokumentation wurden neu entwickelt. Ziel war es einerseits das Leistungsspektrum der SpF abzubilden und andererseits den Mitarbeiter*innen ein Nachschlagewerk zur Verfügung zu stellen, das einen schnellen niederschwelligen Zugang zu arbeitsrelevanten Fragen bietet. Es gibt neben der konzeptionellen Ausrichtung auch Aufschluss über standardisierte Vorgangsweisen der Einrichtung. Das Handbuch wird laufend angepasst und erweitert.

2016 und 2017 wurde die Schulsozialarbeit (SUSA) über die Stadt hinaus in vier weitere Bezirke ausgebaut. Mit dieser größeren Erweiterung und sieben neuen Mitarbeiter:innen wurde es ebenfalls notwendig, ein Handbuch als „ein grundlegend verbindliches handlungsleitendes Instrument in einem Qualitätsentwicklungsprozess der Schulsozialarbeit [...]" zu erarbeiten, „um Rahmenziele [...], Leistungen sowie die dafür notwendige Strukturqualität nachvollziehbar zu beschreiben und somit in ihrem Handeln und Wirken intern und zugleich für außenstehende Entscheidungsträger nachvollziehbar zu machen." (Bestmann, 2018, S. 396) Das Handbuch wurde in Anlehnung an das der Sozialpädagogischen Familienbetreuung (SpF) und anderen Schulsozialarbeitsprojekten aus dem deutschsprachigen Raum verfasst. Es ist wie Bestmann (2018, S. 396) beschreibt, inhaltlich nicht abgeschlossen, sondern unterliegt fortlaufenden Wandlungsprozessen, sich ändernden Rahmenbedingungen und fachpolitischen Schwerpunktsetzungen.

Fachaustausch und Publikationen: Die gute Kooperation mit Partnerorganisationen und Institutionen der Bildung und Wissenschaft, gekennzeichnet durch Vernetzungstreffen, Fortbildungen und Fachtagungen sowie das starke Engagement innerhalb der Sozial- und Bildungsszene in Salzburg sind zentrale Anliegen des Vereins und integraler Bestandteil fachlicher Weiterentwicklung und Qualität.

Von Beginn an ist die Arbeit im Verein Spektrum durch eine intensive Austauschkultur auf regionaler, österreichweiter und internationaler Ebene gekennzeichnet. Wir sind Mitglied der Sozialwirtschaft Österreich, der größten Interessenvertretung der privaten Sozial- und Gesundheitsbranche. Fachleute des Vereins bringen sich seit jeher in verschiedenen Gremien und Qualitätszirkeln wie zum Beispiel der Österreichischen Gesellschaft für Soziale Arbeit (ogsa), dem Bundesweiten Netzwerk Offener Jugendarbeit (bOJA), der Spielmobile e. V. oder im Netzwerk Kinderspielstädte aktiv ein und definieren Standards, Strategien und Konzepte der Offenen Kinder- und Jugendarbeit und Schulsozialarbeit mit, was sich wiederum positiv auf die Arbeit im eigenen Haus auswirkt. Die sozialpädagogische Familienbetreuung ist Mitglied im Dachverband österreichischer Kinder- und Jugendhilfeeinrichtungen (doej) und Teil einer Projektgruppe bei der International Federation of Educative Communities Austria (FICE), die sich die „Kooperative Entwicklung von Qualitätsstandards für die Unterstützung der Erziehung" zum Ziel gesetzt hat.

Auch Publikationen tragen zu einem Wissenstransfer und nachhaltigen Reflexion der eigenen Arbeit und zu ihrer Verbesserung bei. Fachartikel mit hohem Praxisbezug sind ein Markenzeichen des Verein Spektrum geworden. Mit Beiträgen zu aktuellen Fragestellungen unserer drei Handlungsfelder bleiben wir selbst up-to-date und entwickeln gleichzeitig die Herausforderungen und Debatten zu unterschiedlichen Themen intern weiter.

Zusammenfassung: Was haben wir erreicht und was wollen wir erreichen?
Seit seiner Gründung ist der Verein Spektrum mit seinen Angeboten und sozialen Dienstleistungen im Sozial- und Freizeitraum von Kinder und Jugendlichen, im Lebensumfeld von Familien und im Lebensraum Schule präsent. Die Verbesserung der Lebensbedingungen unserer Adressat*innen und demnach unserer professionellen Handlungspraxis sind uns stets ein Anliegen. Das Wachstum der letzten vierzig Jahre hat die Entwicklung und Abbildung von Qualität, ihrer Prozesse und Sicherung notwendig gemacht und tut dies weiterhin. Als mittelständisches Unternehmen der Sozialwirtschaft können wir auf gewachsene Strukturen, tragfähige Konzepte und Handlungsleitlinien verweisen.

„Menschen entwickeln Qualitäten" (Ribbeck, 2022, S. 79) ist uns dabei ein wichtiger Leitsatz. Die Beziehungsdimension und dialogische Haltung waren der Geschäftsführung und den Fachbereichen immer zentral:

„Ich denke, es zeichnet uns der wertschätzende Umgang, das Schaffen von sinnvollen Rahmenstrukturen, die eine hohe Fachlichkeit, Motivation und Freiraum für Kreativität zulassen, die Teamorientierung, kollegiales Lernen und die fachliche Anleitung aus. Dazu gehören auch eine ausgeprägte Fehlerkultur und Lösungsorientierung. Wir werden jedenfalls auch in Zukunft einen selbstreflexiven, kritischen Blick beibehalten aber auch unsere Erfolge feiern."
DSA Thomas Schuster, Geschäftsführer Verein Spektrum

6.7 Arbeit mit dem Fallbeispiel Verein Spektrum Salzburg

6.7.1 Aufgaben zum Fallbeispiel

1) Sind im Verein Spektrum Salzburg Ansätze der kontinuierlichen Verbesserung bemerkbar? Begründen Sie Ihre Antwort.
2) Welche Rollen/Aufgaben nehmen Individuen in ausführenden Stellen im Fallbeispiel zur Sicherstellung von Qualität ein?
3) Welche Rollen/Aufgaben nehmen Leitungspersonen sowie die Organisation zur Sicherstellung von Qualität im Fallbeispiel ein?
4) Welche Instrumente der Qualitätsumsetzung aus Kapitel 6.3 werden im Verein Spektrum Salzburg verwendet?
5) Welche weiteren Instrumente der Qualitätssicherung oder Qualitätsdokumentation finden Sie im Fallbeispiel aus anderen Kapiteln dieses Buches bzw. aus dem Fallbeispiel selbst?

6) Wie hat sich die Qualitätskultur in der Organisation aus Ihrer Sicht weiterentwickelt? Vergleichen Sie die Kultur zum Start der Organisation mit dem aktuellen Stand.
7) Welche Erfolgsfaktoren der Verankerung von Qualität und Qualitätsmanagement sind aus dem Fallbeispiel erkennbar?

6.7.2 Musterlösungen zum Fallbeispiel

Die Musterlösungen zeigen beispielhafte Möglichkeiten der Antwort auf die Fragen, damit Sie sich betreffend der Arbeitsaufgaben orientieren können und erheben keinen Anspruch auf Vollständigkeit.

1. Ansätze der kontinuierlichen Verbesserung im Verein Spektrum Salzburg
Der kontinuierliche Verbesserungsprozess ist, wie in Kapitel 6.1 beschrieben, ein Ansatz zur laufenden Optimierung des Dienstleistungserstellungsprozesses. Die in den Prozessen tätigen Mitarbeiter*innen analysieren den eigenen Arbeitsbereich im Team und entwickeln Verbesserungsvorschläge von der Basis. Erforderlich dafür ist eine offene Kultur innerhalb der sozialen Organisation. Die einzelnen, immer wiederkehrenden Phasen im Rahmen der kontinuierlichen Verbesserung werden am Beispiel des Vereins Spektrum Salzburg sehr deutlich.

Die prozesshafte Verankerung von Plan – Do – Check – Act ist beim Verein Spektrum Salzburg verankert, was sich beispielhaft so darstellt:

- Plan – der Verein Spektrum entwickelt und setzt seit vielen Jahren Dienstleistungsangebote für Kinder, Jugendliche und deren Familien im Auftrag des Landes Salzburg und der Stadt Salzburg um. Diese Dienstleistungsangebote durchlaufen im Rahmen des Qualitätsmanagements und der damit eng verknüpften kontinuierlichen Verbesserung den Prozess der Optimierung. Im Fallbeispiel beschriebenen Instrumente der Qualitätsumsetzung unterliegen einem stetigen Weiterentwicklungsprozess.
- Do – Der Einsatz von beschriebenen Instrumenten der Qualitätsumsetzung lässt sich auf der Prozessebene der kontinuierlichen Verbesserung dem Do zuordnen.
- Check/Act – Der vom Geschäftsführer beschriebene kritische Blick auf die Dienstleistungserbringung sowie die beispielsweise beim Handbuch für die Dienstleitung Schulsozialarbeit beschriebene fortlaufende Entwicklung sind auf der Prozessebene kennzeichnend für Check, was wiederum in den danach folgenden Prozessschritt mündet, Act.

> „Qualität wird nicht ausschließlich durch Vorgaben und Standardisierung gesichert, sondern durch die Mitarbeiter*innen selbst, in Kooperation mit unseren Adressat*innen ausgebildet, aufrechterhalten und weiterentwickelt. Wir orientieren unseren Qualitätsanspruch stark an unseren Klient*innen, die durch ihre Defizite und Notlagen ihre Vorstellungen und Erwartungen an soziale Dienstleistungen häufig nicht konkret vertreten können. Transparenz, Verschwiegenheit, Partizipation, Offenheit im Angebot, Anwaltschaft, Wertschätzung etc. sind deshalb als unsere Grundsätze und Handlungsprinzipien festgeschrieben. Immerwährende Auftragsklärung und Wirkungsreflexion sind weitere Bausteine eigener Qualitätsforderungen, denen zahlreiche Kommunikations- und Aushandlungsprozesse vorausgehen."

2. Rollen des Individuums bei der Sicherstellung von Qualität

„Qualität wird nicht ausschließlich durch Vorgaben und Standardisierung gesichert, sondern durch die Mitarbeiter*innen selbst." Mit diesem Leitgedanken wird sehr deutlich unterstrichen, welche tragende Rolle den einzelnen Akteur:innen beim Verein Spektrum Salzburg im Rahmen der Sicherstellung von Qualität zugestanden wird.

Beispielhafte Aufgaben von Mitarbeiter*innen im Rahmen des Qualitätsmanagements sind die Gestaltung der Dokumentation und des Berichtswesens, die Mitarbeit am Leitbild und die stetige Weiterentwicklung von Handbüchern der einzelnen Dienstleistungen. Mitarbeiter*innen haben außerdem die Möglichkeit an Klausuren und Fachtagen teilzunehmen, um sich fachlich weiter zu entwickeln.

3. Rollen von Leitungspersonen sowie der Organisation bei der Sicherstellung von Qualität

Die Beziehungsdimension und dialogische Haltung sind bei der Geschäftsführung und den Fachbereichen des Vereins Spektrum Salzburg zentral angesiedelt. Darüber hinaus wird deutlich, welche Aufgaben und Verantwortlichkeiten Führungskräfte bei der Planung und nachhaltigen Sicherstellung von Qualität sowie einer daran angelehnten Qualitätskultur in der Organisation übernehmen und in der täglichen Arbeit vorleben. Leitungspersonen kommt eine wesentliche Rolle in der Mitarbeiter*innenführung zu, die Organisation (Verein Spektrum) ermöglicht den Rahmen, um wesentliche Aspekte zur Sicherstellung und Weiterentwicklung von Qualität zu gewährleisten.

4. Instrumente der Qualitätsumsetzung beim Verein Spektrum Salzburg

Alle in Kapitel 6.3 beschriebenen Instrumente werden beim Verein Spektrum genutzt und deren Anwendung wird hier kurz beschrieben.

- Vier-Augen-Prinzip: Kommt beim Verein Spektrum Salzburg vor allem im Bereich Kinderschutz bei der Gefährdungseinschätzung und Meldung sowie im Konfliktmanagement zum Einsatz.
- Checklisten: Checklisten werden bei verschiedenen Themen genutzt, exemplarisch werden im Fallbeispiel die Sozialpädagogische Familienbetreuung und die Schulsozialarbeit genannt.
- Intervision und Kollegiales Feedback: Die regelmäßige, wöchentliche Teamzeit im Umfang von zwei bis drei Stunden wird in den jeweiligen Bereichen als essenziell erachtet. Hier gibt es für die Mitarbeitenden die Möglichkeit, Anliegen und Fragen aus dem professionellen Kontext zu besprechen. Die Teamsitzungen sind strukturiert und werden von den Teamleiter*innen moderiert und protokolliert.
- Supervision und Coaching: Auch diese Maßnahmen der Qualitätsumsetzung haben sich in den letzten Jahren bewährt und etabliert. Alle Teams im Verein Spektrum haben die Möglichkeit in Supervision zu gehen – zwischen 6 bis 9 Doppeleinheiten je nach Teamgröße und Handlungsfeld sind dafür jährlich eingeplant. Gezieltes Coaching unterstützt die Führungskräfte im Verein. Es wird darauf hingewiesen, dass vor allem in den diversen Ausbaustufen der letzten Jahre die Gestaltung der Führungsaufgaben, die Prozesse in der Organisation und das Schaffen eines produktiven und wertschätzenden Betriebsklimas durch eine externe Begleitung reflektiert wurde.
- Mitarbeiter:*innengespräche: Die Mitarbeiter*innenführung wird beim Verein Spektrum befähigend und serviceorientiert angelegt. Deshalb finden in allen drei Bereichen jährlich oder auch anlassbezogen Mitarbeiter*innengespräche statt. In der Sozialpädagogischen Familienbetreuung bestehen diese aus drei Teilen: Fallarbeit und eigene fachliche Einschätzung, Organisationsstruktur in den verschiedenen Ebenen des Teams/der Teamleitung, übergeordnete Leitung/Geschäftsführung und persönlicher Bereich (Belastung-Balance, aktuelle Themen, Perspektiven und Veränderungswünsche). Auch in den beiden anderen Bereichen sind die Gespräche leitfadengestützt, werden von beiden Seiten (Mitarbeitende und Führungskräfte) vorbereitet und umfassen die Bereiche inhaltliche Bilanz, Arbeitszufriedenheit, Zusammenarbeit im Team sowie Zukunft, Wünsche und Perspektiven.
- Internes Feedback: Vom geschäftsführenden Vorstand bis hin zu den Teams in allen drei Fachbereichen sind Jahresklausuren und interne Fachtage Fixpunkte beim Verein Spektrum, damit Perspektivenwechsel, Fokussierung auf bestimmte Themen und eine Weiterentwicklung der Angebote gelingen. Auch hier ist die Beteiligung der Mitarbeiter*innen hinsichtlich inhaltlicher, methodischer und atmosphärischer Vorbereitung essenziell, internes Feedback wird somit generiert.

- Externes Feedback: Die gute Kooperation mit Partnerorganisationen und Institutionen der Bildung und Wissenschaft, gekennzeichnet durch Vernetzungstreffen, Fortbildungen und Fachtagungen sowie das starke Engagement innerhalb der Sozial- und Bildungsszene in Salzburg sind zentrale Anliegen des Vereins Spektrum und somit integraler Bestandteil fachlicher Weiterentwicklung und Qualität. Externes Feedback wird in diesem Zusammenhang ermöglicht.
- Dokumentation: „So wenig wie möglich, so viel wie notwendig" lautet der Leitsatz für Dokumentation und Berichtswesen im Verein Spektrum. Je nach Auftraggeber*in sind die Anforderungen diesbezüglich unterschiedlich, dabei gelten festgelegte Standards. In allen drei Handlungsfeldern wird jährlich eine inhaltliche Rückschau in Form von Tätigkeitsberichten den Stakeholdern und Netzwerkpartner*innen vorgelegt. Dabei werden die Struktur-, Prozess- und Ergebnisdaten des jeweiligen Angebots dargestellt.

5. Weitere Instrumente der Qualitätsentwicklung, -sicherung und -dokumentation im Fallbeispiel

Die Prozesse der Qualitätsentwicklung, -sicherung und -dokumentation benötigen konkrete Instrumente und Methoden, um in der Organisation zu wirken. Ergänzend zu den bereits erläuterten Instrumenten der Qualitätsumsetzung kommen daher folgende Instrumente zum Einsatz:

- Einschulung: In allen drei Bereichen des Vereins Spektrum wird der Einschulung von neuen Mitarbeitenden ein wichtiger Stellenwert eingeräumt. Die Abläufe und Inhalte haben sich hinsichtlich Handlungsanforderungen und Ausbildungshintergründen stets weiterentwickelt.
- Leitbilder: Das pädagogische Leitbild für die offene Kinder- und Jugendarbeit im Verein Spektrum enthält den Auftrag, die Aufgaben, Ziele und die Arbeitsprinzipien. Außerdem sind methodische Zugänge, Rahmenbedingungen sowie zentrale sozialpädagogische Elemente und weitere Angebote und Leistungen handlungsleitend für die Mitarbeiter*innen definiert.
- Handbücher: Das österreichische bOJA bundesweites Netzwerk Offene Jugendarbeit (2021) hat ein Handbuch veröffentlicht, welches den Mitarbeitenden der Kinder- und Jugendzentren beim Verein Spektrum als gut gegliedertes und lesbares Standardwerk dient. In der Sozialpädagogischen Familienbetreuung (SpF) sowie bei der Schulsozialarbeit sind im Zuge der Erweiterungen Qualitätshandbücher erarbeitet worden.
- Fachaustausch: Erfolgt beim Verein Spektrum durch eine gute Kooperation mit Partnerorganisationen und Institutionen der Bildung und Wissenschaft, in Form von Vernetzungstreffen, Fortbildungen und Fachtagungen sowie ein

hohes Engagement innerhalb der Sozial- und Bildungsszene in Salzburg. Weiterhin ist die Arbeit durch eine intensive Austauschkultur auf regionaler, österreichweiter und internationaler Ebene gekennzeichnet. Der Verein ist Mitglied der Sozialwirtschaft Österreich, bringt sich seit jeher in verschiedenen Gremien und Qualitätszirkeln, wie zum Beispiel der Österreichischen Gesellschaft für Soziale Arbeit (ogsa), dem Bundesweiten Netzwerk Offener Jugendarbeit (bOJA), der Spielmobile e. V. oder im Netzwerk Kinderspielstädte, aktiv ein und definieren Standards, Strategien und Konzepte der Offenen Kinder- und Jugendarbeit und Schulsozialarbeit in Österreich mit. Die sozialpädagogische Familienbetreuung ist Mitglied im Dachverband österreichischer Kinder- und Jugendhilfeeinrichtungen (doej) und Teil einer Projektgruppe bei der International Federation of Educative Communities Austria (FICE).

- Publikationen: Fachartikel mit hohem Praxisbezug sind ein Markenzeichen des Verein Spektrum geworden. Mit Beiträgen zu aktuellen Fragestellungen aus den drei Handlungsfeldern bleiben Fachkräfte selbst up-to-date und entwickeln gleichzeitig die Herausforderungen und Debatten zu unterschiedlichen Themen auch intern weiter.

Die Vielfalt der Instrumente mit unterschiedlichen Zielrichtungen und Ausgestaltungsmöglichkeiten hilft der Organisation und ihren Mitarbeiter*innen, sich laufend und facettenreich weiter zu entwickeln.

6. Wandel der Qualitätskultur in der Organisation
Folgende Eckpunkte zum Wandel der Qualitätskultur im Verein Spektrum Salzburg lassen sich zusammenfassen:

Das Wachstum der letzten vierzig Jahre hat die Entwicklung und Abbildung von Qualität, ihrer Prozesse und Sicherung beim Verein Spektrum in Salzburg notwendig gemacht. Das Abschlusszitat des Geschäftsführers, DSA Thomas Schuster, unterstreicht noch einmal sehr gut, in welche Richtung sich der Verein über die Jahre in Bezug auf Qualitätskultur entwickelt hat.

> *„Ich denke, es zeichnet uns der wertschätzende Umgang, das Schaffen von sinnvollen Rahmenstrukturen, die eine hohe Fachlichkeit, Motivation und Freiraum für Kreativität zulassen, die Teamorientierung, kollegiales Lernen und die fachliche Anleitung aus. Dazu gehören auch eine ausgeprägte Fehlerkultur und Lösungsorientierung. Wir werden jedenfalls auch in Zukunft einen selbstreflexiven, kritischen Blick beibehalten aber auch unsere Erfolge feiern."*

7. Erfolgsfaktoren bei der Verankerung von Qualität und Qualitätsmanagement in der Organisation

Anhand des Fallbeispiels Verein Spektrum Salzburg wird sehr deutlich, dass viele der in Kapitel 6.5 genannten Erfolgsfaktoren zum Tragen kommen:

- Zielorientiertes Management: Der Verein Spektrum legt großen Wert darauf, dass Qualität nicht ausschließlich durch Vorgaben und Standardisierung gesichert, sondern durch die Mitarbeiter*innen selbst, in Kooperation mit den Adressat*innen ausgebildet, aufrechterhalten und weiterentwickelt wird. Der Qualitätsanspruch und daran ausgerichtete Managementaspekte orientieren sich stark an den Klient*innen, die durch ihre Defizite und Notlagen ihre Vorstellungen und Erwartungen an soziale Dienstleistungen häufig nicht konkret vertreten können.
- Keine Maßnahmen ohne Diagnose: Sein selbstreflexiver und kritischer Blick sowie die Ausrichtung auf eine stetige Weiterentwicklung begründen die hohe Relevanz für den Fokus auf die Diagnose vor Maßnahmensetzung.
- Ganzheitliches Denken und Handeln: Weiterentwicklung geschieht beim Verein Spektrum nicht nur vorausschauend und achtsam intern, auch die externen Perspektive/Beteiligung wird groß geschrieben.
- Beteiligung von Betroffenen: Eine Vielzahl von Beteiligungsmöglichkeiten in den verschiedensten Zusammenhängen werden im Fallbeispiel erwähnt – Klausuren, Fachtage, Leitbildprozess, Qualitätshandbücher, Fachaustausch extern und Publikationen.
- Prozessorientierte Steuerung: Das Qualitätsverständnis vom Verein Spektrum geht einher mit Leistungs- und Organisationsentwicklung. Drei Perspektiven werden im Rahmen der prozessorientierten Steuerung hervorgehoben: Stakeholder Perspektive, die organisationbezogene Perspektive sowie die fachbezogene Perspektive. Immerwährende Auftragsklärung und Wirkungsreflexion sind weitere Bausteine der im Fallbeispiel skizzierten Prozesssteuerung.
- Hilfe zur Selbsthilfe: Wird in Form der Angebote Supervision und Coaching durch den Verein unterstützt.

Qualifizierte Fachkräfte sind wesentlich für die Qualität einer Organisation und für deren Erfolg. Besonders wird daher auf sorgfältige Personenauswahl und Weiterentwicklung der Fachkräfte geachtet. Hier legt der Verein beispielsweise ein hohes Augenmerk auf Beteiligungsorientierung und die Schaffung von passenden Rahmenbedingungen, hinzu kommt der nötige Entscheidungsspielraum der Führungskräfte bei wesentlichen Prozessen der Mitarbeiter*innenführung sowie die professionelle Begleitung der Fachkräfte schon beim Eintritt in die Organisation (Onboarding).

6.8 Fragen zur Übung und Kontrolle des Lernerfolges

a) Was versteht man unter dem Konzept der kontinuierlichen Verbesserung und welche Schritte umfasst der Deming Cycle, der in diesem Zusammenhang Anwendung findet? Beschreiben Sie die Prozessschritte in Kürze.
b) Wie sind Kollegiales Feedback/Intervision, Supervision und Coaching voneinander abzugrenzen? Definieren Sie die Begrifflichkeiten und nennen Sie die Unterschiede.
c) Welche Phasen umfasst ein Mitarbeiter*innen Gespräch nach Becker (2013)?
d) Welche wesentlichen Punkte im Zusammenhang mit der persönlichen Vorbereitung auf ein Mitarbeiter*innengespräch benennt Laufer (2010)?
e) Welche Zielsetzungen hat und welche Funktionen erfüllt die institutionelle Dokumentation?
f) Welche Rolle haben Individuum, Team, Leitung und die Organisation als Ebenen und Akteur*innen im Rahmen einer Qualitätskultur?
g) Was ist das Vier-Augen-Prinzip und was wird dadurch ermöglicht?
h) Welche Aufgaben erfüllen Checklisten und wie können diese gestaltet werden?
i) Auf welche sechs Prinzipien verweisen Levin und Gottlieb (2009) bei der Neuausrichtung kultureller Aspekte in einer Organisation?
j) Welche fünf Prozessschritte umfasst der Kulturwandel nach Homma und Bauschke (2015)? Beschreiben Sie diese kurz.
k) Welche Erfolgsfaktoren bei der Verankerung von Qualität und Qualitätsmanagement in einer Organisation können Sie nennen?

6.9 Literaturverzeichnis

Bär, M., Böckelmann, C. & Thommen, J.-P. (2006). Interne und externe Coachings in Unternehmen. *Organisationsberatung, Supervision, Coaching, 13*(1), 44–55. https://doi.org/10.1007/s11613-006-0005-5

Bartscher, T. & Huber, A. (2007). *Praktische Personalwirtschaft: Eine praxisorientierte Einführung* (2., vollst. überarb. Aufl.). *Lehrbuch*. Gabler.

Bauschke, R. (2014). Unternehmenskultur und Unternehmenserfolg. In N. Homma, R. Bauschke & L. M. Hofmann (Hrsg.), *Einführung Unternehmenskultur* (S. 15–29). Springer Fachmedien Wiesbaden. https://doi.org/10.1007/978-3-658-02411-6_2

Becker, M. (2013). *Personalentwicklung: Bildung, Förderung und Organisationsentwicklung in Theorie und Praxis* (6., überarb. und aktualisierte Aufl.). Schäffer-Poeschel.

Benes, G. & Groh, P. E. (2017). *Grundlagen des Qualitätsmanagements* (4., aktualisierte Aufl.). Fachbuchverlag Leipzig im Carl Hanser Verlag. http://www.hanser-fachbuch.de/9783446451834

Bestmann, S. (2018). Qualitätshandbuch. In H. Bassarak (Hrsg.), *Lexikon der Schulsozialarbeit* (1. Aufl., S. 396–397). Nomos.

bOJA bundesweites Netzwerk Offene Jugendarbeit (Hrsg.). (2021). *OFFENE JUGENDARBEIT IN OSTERREICH: Ein Handbuch*. https://www.boja.at/sites/default/files/downloads/2022-01/Handbuch_mitCover.pdf

Brüggemann, H. & Bremer, P. (2020). *Grundlagen Qualitätsmanagement: Von den Werkzeugen über Methoden zum TQM* (3. Aufl.). Springer Vieweg.

Bruhn, M. (2021). *Qualitätsmanagement für Non-Profit-Organisationen: Grundlagen – Planung – Umsetzung – Kontrolle* (2., überarbeitete und erweiterte Aufl.). Springer Gabler.

Buchinger, L. & Herget, J. (2018). Unternehmenskultur – Es gibt nichts Praktischeres als eine gute Theorie. In J. Herget & H. Strobl (Hrsg.), *Unternehmenskultur in der Praxis: Grundlagen – Methoden – Best Practices* (1. Aufl. 2018, S. 107–121). Springer Fachmedien Wiesbaden. https://doi.org/10.1007/978-3-658-18565-7_7

Bundes-Kinder- und Jugendhilfegesetz 2013 – B-KJHG 2013, RIS Rechtsinformationssystem des Bundes (2013). https://www.ris.bka.gv.at/GeltendeFassung.wxe?Abfrage=Bundesnormen&Gesetzesnummer=20008375&FassungVom=2019-12-31

Daumenlang, K. & Müskens, W. (2004). *Fragebogen zur Erfassung des Organisationsklimas: FEO; Manual*. Hogrefe.

Denison, D. R. & Mishra, A. K. (1995). Toward a theory of organizational culture an effectiveness. *Organization Science*(6), 204–223.

Deuringer, C. (2000). *Organisation und Change Management: Ein ganzheitlicher Strukturansatz zur Förderung organisatorischer Flexibilität*. Gabler-Edition Wissenschaft Internationalisierung und Management. Deutscher Universitäts-Verlag. https://ebookcentral.proquest.com/lib/kxp/detail.action?docID=6287999

Doppler, K. & Lauterburg, C. (Hrsg.). (2008). *Change Management: Den Unternehmenswandel gestalten* (12., aktualisierte und erweiterte Aufl.). Campus-Verlag.

Eberhardt, D. (2013). Culture matters – aber wie? Impulse zum Phänomen Organisationskultur. In D. Eberhardt (Hrsg.), *Unternehmenskultur aktiv gestalten: Praxisfälle aus Wirtschaft, öffentlichem Dienst, Kultur & Sport; mit 13 Tabellen* (S. 5–32). Springer. https://doi.org/10.1007/978-3-642-40910-3_2

Elbe, M. (2016). *Sozialpsychologie der Organisation: Verhalten und Intervention in sozialen Systemen* (1. Aufl. 2016). Springer Berlin Heidelberg. http://nbn-resolving.org/urn:nbn:de:bsz:31-epflicht-1592818

Ettl, C. (2018). Organisationskultur – Aufbau, Modelle und Messbarkeit. In J. Herget & H. Strobl (Hrsg.), *Unternehmenskultur in der Praxis: Grundlagen – Methoden – Best Practices* (1. Aufl. 2018, S. 39–59). Springer Fachmedien Wiesbaden. https://doi.org/10.1007/978-3-658-18565-7_3

Herget, J. (2020). *Unternehmenskultur gestalten: Systematisch zum nachhaltigen Unternehmenserfolg*. Springer Berlin/Heidelberg. https://ebookcentral.proquest.com/lib/kxp/detail.action?docID=6272249

Herget, J. & Strobl, H. (Hrsg.). (2018). *SpringerLink Bücher. Unternehmenskultur in der Praxis: Grundlagen – Methoden – Best Practices.* Springer Gabler. https://doi.org/10.1007/978-3-658-18565-7

Hoffmann, F. (1987). Unternehmenskultur in Amerika und Deutschland: Wie unterscheiden sich d. Ziele u. Normen von Topmanagern diesseits u. jenseits d. Atlantiks? *Harvard-Manager, 9*(4), 91–97.

Homma, N. (2014). *Einführung Unternehmenskultur: Grundlagen, Perspektiven, Konsequenzen. SpringerLink Bücher.* Springer Gabler. https://doi.org/10.1007/978-3-658-02411-6

Homma, N. & Bauschke, R. (2015). *Unternehmenskultur und Führung: Den Wandel gestalten – Methoden, Prozesse, Tools* (2. Aufl.). Springer Gabler.

Homma, N., Bauschke, R. & Hofmann, L. M. (Hrsg.). (2014). *Einführung Unternehmenskultur.* Springer Fachmedien Wiesbaden. https://doi.org/10.1007/978-3-658-02411-6

Imai, M. (1992). *Kaizen: Der Schlüssel zum Erfolg der Japaner im Wettbewerb* (5. Aufl.). Wirtschafts-Verl. Langen Müller, Herbig. https://permalink.obvsg.at/AC00514206

Jöns, I., Hodapp, M. & Weiss, K. (2005). *Kurzskala zur Erfassung der Unternehmenskultur: Mannheimer Beiträge zur Wirtschafts- und Organisationspsychologie, Universität Mannheim.* https://www.researchgate.net/publication/37366952_Kurzskala_zur_Erfassung_der_Unternehmenskultur

Judy, M. & Knopf, W. (2020). Supervision – Coaching – Beratung: Wie unterscheiden sie sich und woran merkt man, dass sie gelingen? *SIO – Fachzeitschrift für Soziale Arbeit in Österreich,* (2), 17–23. https://obds.at/wp-content/uploads/2022/03/SIO-2_2020-WEB.pdf

Kapella, O., Rille-Pfeiffer, C., Wernhart, G. & Baierl, A. (2018). *Teilbericht der Evaluierung des Bundes-Kinder- und Jugendhilfegesetzes (B-KJHG): Endbericht der Module 4, 6 und 7 (Forschungsbericht/Österreichisches Institut für Familienforschung an der Universität Wien, 28).* https://www.ssoar.info/ssoar/handle/document/61202

Laufer, H. (2010). *Grundlagen erfolgreicher Mitarbeiterführung: Führungspersönlichkeit, Führungsmethoden, Führungsinstrumente.* GABAL Verlag.

Levin, I. & Gottlieb, J. Z. (2009). Realigning organization culture for optimal performance: Six principles & eight practices. *Organisational Development Journal, 27*(4), 31–46.

Ley, T. & Seelmeyer, U. (2014). Dokumentation zwischen Legitimation, Steuerung und professioneller Selbstvergewisserung: Zu den Auswirkungen digitaler Fach-Anwendungen. *Sozial extra, 38*(4), 51–55. https://doi.org/10.1007/s12054-014-0090-1

Macharzina, K. & Wolf, J. (2023). *Unternehmensführung: Das internationale Managementwissen: Konzepte – Methoden – Praxis* (12., überarbeitete und erweiterte Aufl.). Springer Gabler. https://doi.org/10.1007/978-3-658-41053-7

McKeever, N. (2019). Weniger Stress durch die richtige Organisation. In D. Schenk (Hrsg.), *Chefsache. Chefsache Assistenz: Effiziente Chefentlastung im Office 4.0* (S. 165–188). Springer Gabler.

Merchel, J. (2013). *Qualitätsmanagement in der Sozialen Arbeit. Eine Einführung*. Beltz Juventa.

Pühl, H. (2009). Team-Supervision und Teamarbeit. In H. Pühl (Hrsg.), *Handbuch Supervision und Organisationsentwicklung* (3., aktualisierte und erweiterte Aufl., S. 161–193). VS Verlag für Sozialwissenschaften. https://doi.org/10.1007/978-3-531-91556-2_10

Pundt, A., Nerdinger, F., Martins, E. & Horsmann, C. (2007). Beteiligungsorientierte Unternehmenskultur und Innovation: Ergebnisse aus dem Projekt TiM. *Organisationsentwicklung. Zeitschrift für Unternehmensentwicklung und Change Management*, (26), 22–30.

Raeder, S. (2010). Organisationskultur – Analyse, Gestaltung und Entwicklung. In B. Werkmann-Karcher & J. Rietiker (Hrsg.), *Angewandte Psychologie für das Human Resource Management: Konzepte und Instrumente für ein wirkungsvolles Personalmanagement* (S. 89–110). Springer.

Rauen, C. (2002). Varianten des Coachings im Personalentwicklungsbereich. In C. Rauen (Hrsg.), *Schriftenreihe innovatives Management. Handbuch Coaching* (2., überarb. und erw. Aufl., S. 67–88). Hogrefe, Verl. für Psychologie.

Reichmann, U. (2022). *Schreiben und Dokumentieren in der Sozialen Arbeit: Struktur, Orientierung und Reflexion für die berufliche Praxis* (2. überarbeitete und aktualisierte Aufl.). *UTB: 4579. Soziale Arbeit*. Verlag Barbara Budrich.

Ribbeck, J. (2022). *Qualitätsmanagement in der Sozialwirtschaft: Grundlagen – Qualitätsmanagementsysteme – Implementierung und Steuerung* (2., neu bearbeitete Aufl.). *Blaue Reihe*. Walhalla und Praetoria. http://www.walhalla.de

Ryschka, J. & Tietze, K.-O. (2011). Instrumente der Personalentwicklung. In J. Ryschka, M. Solga & A. Mattenklott (Hrsg.), *Praxishandbuch Personalentwicklung: Instrumente, Konzepte, Beispiele* (3., vollständig überarbeitete und erweiterte Aufl., S. 93–272). Gabler.

Sackmann, S. A. (1991). *Cultural knowledge in organizations: Exploring the collective mind* (1. print). Sage.

Sackmann, S. A. (2006). Kulturassessment. In: Bertelsmann Stiftung (Hrsg.). *Messen, werten, optimieren – Erfolg durch Unternehmenskultur*. Gütersloh, S. 36–39. https://www.bertelsmann-stiftung.de/fileadmin/files/BSt/Publikationen/GrauePublikationen/GP_Messen_werten_optimieren.pdf

Sackmann, S. A. (2017). *Unternehmenskultur: Erkennen – Entwickeln – Verändern: Erfolgreich durch kulturbewusstes Management* (2. Aufl. 2017). *SpringerLink Bücher*. Springer Fachmedien Wiesbaden. https://doi.org/10.1007/978-3-658-18634-0

Schein, E. H. (1999). *The corporate culture survival guide: Sense and nonsense about culture change* (1. ed.). *A Warren Bennis book*. Jossey-Bass. http://www.loc.gov/catdir/description/wiley036/99006330.html https://doi.org/6330

Scherm, N. (2020). *Psychohygiene in der Sozialen Arbeit. Methoden zur Prävention von psychischen Erkrankungen* (1. Aufl.). Social Plus.

Schnyder, A. B. (1989). *Unternehmungskultur: Die Entwicklung eines Unternehmungskultur-Modells unter Berücksichtigung ethnologischer Erkenntnisse und dessen Anwendung auf die Innovations-Thematik. Europäische Hochschulschriften/*

European University Studies/Publications Universitaires Européennes: Bd. 987. Lang, Peter Brüssel.

Scholz, C. (2000). *Personalmanagement: Informationsorientierte und verhaltenstheoretische Grundlagen* (5., neubearb. und erw. Aufl.). *Vahlens Handbücher der Wirtschafts- und Sozialwissenschaften.* Vahlen.

Schuster, C. (2006). *Organizational Culture Inventory – Nutzung von Kultur als Treiber erfolgreichen Wandels.* In: Bertelsmann Stiftung (Hrsg.). *Messen, werten, optimieren – Erfolg durch Unternehmenskultur.* Gütersloh, S. 20–25. https://www.bertelsmann-stiftung.de/fileadmin/files/BSt/Publikationen/GrauePublikationen/GP_Messen_werten_optimieren.pdf

SGB Sozialgesetzbuch. *Achtes Buch (VIII) – Kinder- und Jugendhilfe: Artikel 1 des Gesetzes v. 26. Juni 1990, § 72 Mitarbeiter, Fortbildung, BGBl. I, S. 1163.* https://www.gesetze-im-internet.de/sgb_8/__72.html

Steinbrecher, W. & Müll-Schnurr, M. (2014). *Prozessorientierte Ablage: Dokumentenmanagement-Projekte zum Erfolg führen; praktischer Leitfaden für die Gestaltung einer modernen Ablagestruktur* (3., überarb. Aufl.). Springer Gabler.

Tergeist, G. (2015). *Führen und leiten in sozialen Einrichtungen.* (1. Aufl.). BALANCE buch + medien verlag.

Tietze, K.-O. (2010). *Kollegiale Beratung: Problemlösungen gemeinsam entwickeln. Miteinander reden: Praxis. Herausgegeben von Friedemann Schulz von Thun.* Rowohlt Digitalbuch.

Vahs, D. (2019). *Organisation: Ein Lehr- und Managementbuch* (10., überarbeitete Aufl.). Schäffer-Poeschel Verlag.

Vogelbusch, F. (2018). *Management von Sozialunternehmen: Eine Einführung in die allgemeine Betriebswirtschaftslehre mit Abbildungen und Praxisbeispielen.* Verlag Franz Vahlen.

Weidner, G. E. (2020). *Qualitätsmanagement: Kompaktes Wissen, konkrete Umsetzung, praktische Arbeitshilfen* (3., überarbeitete Aufl.). Hanser.

Wrede, B. A. (2002). So finden Sie den richtigen Coach. In C. Rauen (Hrsg.), *Schriftenreihe innovatives Management. Handbuch Coaching* (2., überarb. und erw. Aufl., S. 253–288). Hogrefe, Verl. für Psychologie.

Zauner, A. (2016). Mehr als nur ein notwendiges Übel: Über Potentiale, Risiken und Ambivalenz von Dokumentation in der Sozialen Arbeit. *Soziales_Kapital – Wissenschaftliches Journal Österreichischer Fachhochschul-Studiengänge Soziale Arbeit, 2016*(15), 180–192. https://soziales-kapital.at/index.php/sozialeskapital/article/view/436

Zito, D. & Martin, E. (2021). *Selbstfürsorge und Schutz vor eigenen Belastungen für Soziale Berufe: Mit Online-Materialien* (1. Aufl.). *Edition sozial.* Beltz Juventa.

Zollondz, H.-D. (2011). *Grundlagen Qualitätsmanagement: Einführung in Geschichte, Begriffe, Systeme und Konzepte* (3., überarb., aktualisierte und erw. Aufl.). *Management 10-2012.* Oldenbourg. https://www.degruyter.com/isbn/9783486712025 https://doi.org/10.1524/9783486712025

Zusammenfassung 7

Soziale Dienstleistungen sind aufgrund ihrer Immaterialität, der häufig nötigen Co-Produktion, des uno-actu Prinzips, der fehlenden Lagerfähigkeit und der nötigen Indivdualität und Heterogenität spezifisch für Adressat*innen zu gestalten, um Ziele in der Begleitung und Hinführung der Adressat*innen zu einem gelingenden Leben zu unterstützen. Sie brauchen daher eine spezifische Form des Dienstleistungs- und somit auch des Qualitätsmanagements. Soziale Dienste und soziale Organisationen müssen für wesentliche Anspruchsgruppen (Stakeholder) relevant und qualitätsvoll ausgestaltet werden.

Soziale Organisationen können dabei als privatfreigemeinütze Träger (NPO), freiberufliche Träger oder privatgewerbliche Träger auftreten. Große Organisationen verfügen häufig über einen Finanzierungsmix aus, wenngleich der Sozialbereich und soziale Organisaitonen hauptsächlich staatlich finanziert werden, sich an Gesetze und Verordnungen orientieren müssen und durch Leistungs- und Zuwendungsverträge von der Fördergeberschaft gesteuert werden. Zu diesen Besonderheiten kommen Anforderungen an eine gesellschaftliche Relevanz und Wirkung der sozialen Dienste und ein Legitimationsdruck, ob Mittel effektiv und effiziente Verwendung finden. Soziale Dienste sind daher zunehmend gefordert, die eigene leistungs- und kundenbezogene Qaltät der (Dienst-)Leistungen unter Beweis zu stellen und sich der Qualität und dem Qualitätsmanagement von Dienstleistungen sowie der Prozesse und des Managements der Organisation zu widmen. Professionelles Qualitätsmanagement hilft Organisationen dabei, Herausforderungen von innen aus der Organisaiton und von außen durch Gesellschaft und Stakeholdern zu begegnen, auch wenn die Implementierung von Qualität und Qualitätsmanagement wiederum selbst Herausforderungen für soziale Organisationen in sich birgt.

Die kurzen Ausführungen zeigen bereits, dass Qualität und Qualitätsmanagement komplex zu verstehen sind und professionelle Begleitung benötigen. Um geeignete Ansatzpunkte für die Optimierung der Qualität (Kapitel 2) zu finden hilft der Prozessbegriff bei der Orientierung, indem Leistungs- bzw. Kernprozesse, Support- bzw. Unterstützungsprozesse sowie Führungs- bzw. Managementprozesse jeweils gezielt bearbeitet werden können. Bei der Frage des Startpunktes für soziale Organisationen ist zu empfehlen, sich erst den Kernprozessen (Leistungsprozessen zur Erstellung der Dienstleistungen) zuzuwenden, da diese den Existenzgrund der Organisation bestimmen. Außerdem braucht die Organisation Klarheit über die gewünschte Qualität, Qualitätsleitlinien und Ziele, an denen sie sich orientieren kann. Aufgaben des Qualitätsmanagements in der Organisation sind zudem mit Zuständigkeiten zu verknüpfen. Einerseits kann dies z. B. durch eine Supportfunktion im Qualitätsmanagement (Qualitätsmanagementbeauftragte*r) und durch die Vorbildfunktion der Führungskräfte geschehen, andererseits ist genauso das Bewusstsein in der Organisation erforderlich, dass jede Person für Qualität und Qualitätsmanagement im eigenen Aufgabenbereich verantwortlich ist. Die Gesamtqualität der Organisation ergibt sich durch alle Teilleistungen der Mitarbeiter*innen und Führungskräfte.

Organisationen sind in ihrer Gesamtheit im Sinne des Qualitätsmanagements zu gestalten, daher hat die ganzheitliche Betrachtung von Organisationen im Qualitätsmanagement (Kapitel 3) besondere Relevanz, bei gleichzeitigem Bewusstsein, dass sich dieser hohe Anspruch nie ganz einlösen lässt. Im Total Quality Management werden daher vier Betrachtungsperspektiven von besonderer Relevanz für die Zukunftsfähigkeit von Organisationen einbezogen. Zu diesen zählen die Kund*innen (Fördergeberschaft und Adressat*innen), die Mitarbeiter*innen, die Prozessarten der Organisation sowie die Umfeld- bzw. Gesellschaftsorientierung. Total Quality Management ist als Führungsphilosophie zu verstehen und nicht als ein konkreter Ansatz oder ein Werkzeug des Qualitätsmanagements. TQM verweist auf die Wichtigkeit Bottom-Up und Top-Down Ansätze im Qualitätsmanagement zu kombinieren und die meisten konkreten Qualitätsmanagementansätze oder -instrumente beziehen sich in ihrer Ausgestaltung auf Begrifflichkeiten des Total Qualty Managements. Da Qualität komplex ist, braucht es ausdifferenzierte Ansätze um diese zu gestalten. Qualität ist in unterschiedlichen Facetten/Ausprägungsformen leichter zu bearbeiten – die Begriffe der Strukturqualität, Potentialqualität, Prozessqualität und Ergebnisqualität beziehen die wichtigsten Betrachtungsperspektiven des Total Quality Managements ein und ergeben zusammen die Gesamtqualität einer Organisation. Sie sind teilweise separat bearbeitbar, immer mit Beachtung der Beziehungen und Abhängigkeiten zueinander.

Neben einer klaren Leitungsphilosophie und Zielsetzungen brauchen Organisationen interne Instrumente für Qualitätsmanagement (Kapitel 4), die handlungsanleitend für Mitarbeiter*innen und Führungskräfte wirken. Prozessbeschreibungen und Prozesslandkarten sorgen dabei für eine Transparenz der Prozesslandschaft sowie der Prozesse im Detail und dienen vor allem neuen Mitarbeiter*innen zur Orientierung in alltäglichen Abläufen. Außerdem können sie dabei helfen, seltener benötigte Prozesse transparent und klar zu dokumentieren, damit „das Rad" in der Organisation „nicht immer neu erfunden werden muss", wenn diese Prozesse wieder gebraucht werden. Wesentlich ist in diesem Zusammenhang die Service- und Dienstleistungsqualität zu analysieren um Stärken und Schwächen zu erkennen und Maßnahmen der (kontinuierlichen) Verbesserung zu ergeifen. Das betriebliches Vorschlagswesen und der Qualitätszirkel sind hier hilfreiche Instrumente der Weiterentwicklung von Qualität und Qualitätsmanagement mit der Beteiligung von Mitarbeiter*innen. Ein in der Praxis weniger beliebtes aber sehr hilfreiches Tool ist das Beschwerdemanagement als günstiges Feedback und Entwicklungsinstrument von außen. Damit diesees seine Wirkung entfalten kann, müssen die eingehenden Beschwerden innerbetrieblich tatsächlich gut für die Weiterentwicklung von Prozessen und Dienstleistungen genutzt werden. Das GAB-Verfahren zur Qualitätssicherung und Qualtätsentwicklung berücksichtigt neben Struktur-, Prozess- und Ergebnisqualität die Beziehungsqualität als zusätzliche Dimension, die in herkömmlichen Instrumenten weniger Berücksichtigung findet und ist ein Beispiel eines ganzheitlich orientierten Ansatzes, der an kontinuierlicher Verbesserung orientiert ist.

Orrganisationen müssen intern erarbeitete Qualität jedoch auch nach außen hin „unter Beweis" stellen und diese für externe Stakeholder abbilden. Geeignete Instrumente dazu sind Qualitätsaudits und Qualitätszertifikate, zu den beiden gängigsten Normen zählen die DIN EN ISO-Normen sowie das EFQM-Modell, die als komplexe Ansätze umfassend auf die Qualität und das Qualitätsmanagement einer Organisation einwirken. Sie liefern klare Kriterien für eine (ganzheitliche) Qualitätsarbeit und brauchen eine intensive organisationsinterne Ausrichtung und Begleitung. Das Instrument der Gütesiegel ist auch für kleinere Unternehmen geeignet und ermöglicht häufig auch eine branchenspezifische Abbildung von Qualität (z. B. Spendengütesiegel im Non-Profit-Bereich).

Die Selbstbewertung von Organisationen als Qualitätsicherungsinstrument ist für Qualität und Qualitätsmanagement zentral und ist häufig eine formale Erfordernis zum Erlangen von Qualitätszertifikaten und/oder Gütesiegeln im Vorfeld von Besuchen durch externe Gutachterteams.

Die professionelle Arbeit von Mitarbeiter*innen und Führungskräften an Qualität und Qualitätsmanagement und dessen Eignung für Organisationen im Sozialbereich ist aktuell als unverzichtbare (Zukunfts-)Kompetenz einzustufen. Gerade kleine und mittelständische Unternehmen (KMUs) müssen verstärkt auf Qualität achten, um im Vergleich zu großen Organisationen konkurrenzfähig zu sein. Damit verbundene Ansätze der Professionalisierung sowie konkrete Instrumente der Qualitätsentwicklung und -sicherung können dabei als Differenzierungsmerkmal gelten, um sich in der vielfältigen Anbieterlandschaft langfristig mit spezifischen Angeboten für Adressat*innen durchsetzen zu können.

In vielen großen Organisationen ist Qualität und Qualitätsmanagement als fixer Bestandteil der organisationalen Prozesse und des organisationalen Lernens bereits verankert. Es ist somit davon auszugehen, dass die qualitätsvoll arbeitenden Organiationen künftig noch mehr auf die Außendarstellung von Qualität und Qualitätsmanagement achten und Zertifizierungs- und Qualitätsauszeichnungsmaßnahmen verstärken werden.

Die Implementierung von Qualitätsmanagement (Kapitel 5) in eine Organisation erfordert eine aussagekräftige Organisaitonsanalyse als Grundlage. Hilfreiche und häufig angewandte Analysemethoden werden in Kapitel 5 vorgestellt, dazu zählen die Stakeholder, SWOT-, GAP-, Zufriedenheitsanalyse sowie die Problem und Ursachenanalyse. Die Stakeholder-Analyse ermöglicht Klarheit über relevante Stakeholder und deren Ansprüche an eine qualitätsvolle Dienstleistung und deren Organisation zu gewinnen. Die SWOT-Analyse dient der Darstellung interner Stärken und Schwächen und bietet die Möglichkeit einer Reflexion organisationsexterner Chancen und Risiken. Die GAP-Analyse gibt Hinweise zur Feststellung von Qualitätslücken im Leistungserstellungsprozess sowie an Schnittstellen der Organisation. Die Zufriedenheitsanalyse wirft den Blick auf Kund*innen des Leistungserstellungsprozesses, zu beachten ist in diesem Kontext zumindest das doppelte Mandat in der Sozialen Arbeit und damit Beziehungsgeflechte zu Adressat*innen und Fördergeber*innen.Die Problem- und Ursachenanalyse dient mit verschiedenen Instrumenten zur Identifizierung relevanter Fehler und Probleme mit dem Ziel einer Lösungssuche.

Genauso wichtig wie eine Klarheit über die Ausgangslage ist für Führungskräfte und Mitarbeiter*innen das Wissen, wohin die Reise gehen soll. Das Qualitätsleitbild gilt als genereller normativer Orientierungsrahmen zu wesentlichen organisationalen Werten, dazu gehörige strategische Organisationsziele und Qualitätsvorstellungen ermöglichen eine Konkretisierung. Davon abgeleitete taktische und operative Qualitätsziele sind mit Blick auf die eigenen Ansprüche sowie die Erwartungen der Stakeholder zu formulieren. Diese Formulierungen dienen als handlungsanleitender Kompass nach innen und außen und besitzen für die verschiedenen Ebenen der Organisation (strategisch, taktisch, operativ) Gültigkeit. Benchmarking bietet in diesem Kontext die Möglichkeit die Position der Organisation im Vergleich mit anderen Organisationen zu analysieren, also beispielsweise die eigenen Dienstleistungsangebote, Arbeitsbedingungen und organisationale Prozesse mit Organisationen anderer Branchen oder Mitbewerber*innen zu vergleichen. Dabei steht der Erkenntnisgewinn über mögliche Verbesserung in den analysierten Bereichen im Vordergrund. Die zukunftsgerichtete Qualitätsplanung steht für eine strategische und nachhaltige Entwicklung der Organisation. In diesem Zusammenhang können die Szenariotechnik, Zukunftskonferenzen oder Strategieklausuren und Strategiesitzungen zur Anwendung kommen.

Die Qualitätsmessung dient dem Soll-Ist Abgleich und unterstützt bei der Umsetzung von notwendigen Maßnahmen, sollte es zu Abweichungen kommen. Anwendungsbeispiele in Kapitel 5 sind Qualitätskennzahlen oder Qualitätsstatistiken, um einen Überblick zu relevanten internen Zahlen und/oder zu wesentlichen Aspekten des Organisationsumfeldes zu erhalten. Die Balanced Scorecard als Kennzahlensystem mit den vier sich ergänzenden Perspektiven der Kundenperspektive, internen Prozessperspektive, der Innovations- und Wissensperspektive sowie der finanzwirtschaftlichen Perspektive liefert ein möglichst ganzheitliches Messinstrument. Außerdem ermöglicht sie die Überleitung von strategischen Zielsetzungen in den täglichen Arbeitsprozess, da für jedes Ziel geeingete Messgrößen (Kennzahlen) definiert werden, die den Zielerreichungsgrad messen und im nächsten Schritt sind konkrete Maßnahmen zur Zielerreichung abzuleiten. Die quasi-objektive Messung in Form der Beobchtung soll an dieser Stelle als Beispiel für einen weiteren Ansätze zur Messung der Dienstleistungsqualität erwähnt werden, zu den subjektiven Messverfahren zählen klassische Kundenbefragungen und Beschwerdeanalysen, unternehmensorientiert können beispielsweise Mitarbeiter*innenbefragungen oder betriebliches Vorschlagswesen zusätzlich zur Kennzahlenerhebung genutzt werden.

Die Qualitätsdarlegung für interne Entscheidungsträger und externe Stakeholder kann in Form eines Sachberichts erfolgen. Dieser dient als Prüfinstrument für relevante Stakeholder, zur Beurteilung der zweckgerichteten Mittelverwendung und zur Bewertung der Erreichung festgelegter Ziele. Qualitätsberichte als weitere Form der Darlegungsinstrumente geben einen systematischen Überblick über qualitätsrelevante Strukturen und Leistungsdaten einer Organisation (Ist-Darstellung), darüber hinaus bieten sie die Möglichkeit, qualitätsvolle Leistungen transparent nach außen zu kommunizieren, das Image der Organisation zu stärken und gelingende Öffentlichkeitsarbeit zu unterstützen. Das Qualtätshandbuch, als Form der organisationsinternen Qualitätsdarlegung dient als Orientierungsrahmen (Soll-Darstellung) und Verschriftlichungsmöglichkeit relevanter Aspekte des Qualitätsmanagementsystems für Mitarbeiter*innen und Führungskräfte. Organisationen können dieses zusätzlich in ausgewählten Teilen auch externen Stakeholdern zur Verfügung stellen, um Leistungen der Organisation in detaillierterer Form öffentlichkeitswirksam zu präsentieren.

Im Rahmen der Verankerung und Gestaltung von Qualität in der täglichen Organsiationspraxis gilt es, verschiedene Prozesse und Ebenen in den Fokus zu rücken und laufend an der Weiterentwicklung der organisationalen Qualität zu arbeiten. Kapitel 6 beschreibt den Ansatz der kontinuierlichen Verbesserung, in seiner Abfolge (Plan-Do-Check-Act), welcher der laufenden Optimierung des Dienstleistungsprozeses unabhängig von der Organisationsgröße dient. Wichtig ist ebenfalls, Dynamiken zwischen Individuen, innerhalb von Teams und Organisationseinheiten, Leitungskräften und der Gesamtorganisation zu beachten.

Verschiedene Instrumente der Qualitätsumsetzung im Organisationsalltag tragen zur Verankerung von Qualität in die tägliche Orgnisatiosnpraxis bei. Skizziert werden in Kapitel 6 Instrumente, die direkt in den Alltag der Mitarbeiter*innen integrierbar sind, wie das Vier-Augen-Prinzip, Checklisten, Intervision und Kollegiales Feedback, Supervision, Coaching, Mitarbeiter*innengespräche, externes und internes Feedback und die Dokumentation.

Die Analyse und Entwicklung einer Qualitätskultur spielen bei der Verankerung von Qualität und Qualitätsmanagement eine wesentliche Rolle. Das Denken und Handeln der Organisationsmitglieder ist im kulturellen Kontext von entscheidender Bedeutung. Instrumente der Diagnose der Unternehmenskultur sind hilfreich, um den IST-Zustand der organisationalen Qualitätskultur zu erfassen, um darauf aufbauend bei Bedarf Kulturwandel mit klaren Prozessen zu initiieren.

Erfolgsfaktoren bei der Verankerung von Qualität und Qualitätsmanagement liegen vor allem in einer gelungenen prozessorientierten Steuerung der Entwicklungsmaßnahmen unter Berücksichtigung von geeigneten Begleitprozessen des Implementierungsprozesses sowie im Umgang mit Widerständen. Beispielhaft kommen folgende wesentliche Erfolgsfaktoren kommen zum Tragen: Zielorientiertes Management, kein Setzen einer Maßnahme ohne klare Diagnose, die Anwendung ganzheitlichen Denkens und Handelns, die Beteiligung der Betroffenen an den Optimierungsschritten, das Ermöglichen von Hilfe zur Selbsthilfe (Empowerment der Mitarbeiter*innen und Führungskräfte), die sorgfältige Auswahl von Schlüsselpersonen zur Unterstützung des Veränderungsvorhabens sowie eine fortlaufend lebendige Kommunikation mit allen Beteiligten. Grundlegend braucht die Organisation die erforderlichen finanziellen Ressourcen für Prozesse, Instrumente und oder Zertifikate sowie die personellen Kapazitäten zur Leistung der Qualitätsarbeit im fachlichen Alltag sowie in der Koordination der Begleitprozesse auf den Leitungsebenen.

Folgende Erkenntnisse können exemplarisch als Fazit zur praktischen Anwendung von Qualität und Quqlitätsmanagement in sozialen Organisationen aus den Fallbeispielen festgehalten werden:

Zusammenfassung

- Organisationen, unabhängig von ihrer Größe, benötigen Qualität für eine nachhaltige Entwicklung.
- Qualitätsarbeit ist auch in kleinen Schritten möglich, die kontinuierliche Verbesserung dient dabei als Ansatz und Schlüssel zum Erfolg.
- Auch ohne hohen finanziellen Einsatz lässt sich die Qualität der Arbeit steigern (siehe dazu auch Kapitel 6.3) und im Alltag integrieren.
- „Der Weg beginnt hier und jetzt" – viele kleine, koordinierte Schritte bringen die Organisation auch zum Ziel, das Commitment und die Beteiligung der Mitarbeiter*innen und Führungskräfte in der Organisation ist wichtig, um Qualitätsarbeit zu ermöglichen.

Qualitätsarbeit braucht Zeit:

- Die Fallbeispiele zeigen deutlich, dass Entwicklungen über mehrere Jahre dauern können und eine laufende schrittweise Umsetzung und Verbesserung erforderlich ist.
- Die Auswahl der Instrumente und Methoden muss zur jeweiligen Organisation passen.
- Entscheidend ist die Bereitschaft Wissen zu erwerben, aber auch Wissen zu teilen (organisationsinterne sowie externe Netzwerke schaffen und Netzwerke nutzen).
- Das „Schmoren im eignen Saft" birgt die Gefahr, wichtige Veränderungen in Umfeld und Branche zu übersehen und in eine Krise zu geraten. Das Bewusstsein für die Bedeutung von Qualität und Qualitätsentwicklung ist im Sinne einer Qualitätskultur der Organisation zu fördern.

Als fachliches Fazit aus der Arbeit an vorliegenden Werk lässt sich festhalten, das Qualität und Qualitätsmanagement in Organisationen gut ausgebildete Expert*inenn braucht, die Qualitätsarbeit begleiten können. Leitungskräfte sowie in die Qualitätsarbeit integrierte Schlüsselpersonen benötigen einen vertiefenden Einblick in die Vielfalt an Methoden und Instrumenten, die zur Anwendung kommen können, um geeignete Auswahlentscheidungen für die eigene Organisation und den jeweils situations- und kontextbezogenen Anlass zu treffen. Die Vielschichtigkeit und Komplexität des Themas, sowie der mögliche Einsatz unterschiedlichster Instrumente und Methoden in einer Organisation erfordert aber auch grundlegendes Qualitätsmanagementwissen auch bei Fachkräften im Sozialbereich, damit diese sich des Themas annehmen und Qualitätsmanagement im Alltag umsetzen können.

Der Implementierungsprozess von Qualität und Qualitätsmanagement braucht Kontinuität und einen langen Atem bei allen involvierten Beteiligten. Durchaus kann Beharrlichkeit bei der Implementierung von Neuerungen und Mut zur Veränderung nötig sein, um einem Festhalten am vermeintlich Bewährtem entgegen zu wirken. Organisationskulturelle Aspekte können sich förderlich oder hinderlich auf die Implementierung von Qualität und Qualtätsmanagement auswirken und erfordern im zweiteren Fall einen Kulturwandel. Qualitätsentwicklung braucht eine gewisse Resilienz bei Organisationsmitgliedern und der Organisation auf allen Ebenen, denn der Umgang mit Rückschlägen im Entwicklungsprozess, das Lernen aus Fehlern und die Etablierung einer produktiven Fehlerkultur gehören zu entscheidenden Herausforderungen bei der erfolgreichen Implementierung und Weiterentwicklung von Qualtitä und Qualitätsmanagement.

Abschließend bleibt festzuhalten, dass Qualitätsarbeit nie endet und eine positive Entwicklung der Organisation durch Erkenntnisgewinn laufend nötig ist, da sich Organisationen und ihr Umfeld ebenso weiter entwickeln. Qualtität und Qualitätsmanagement ist eine Investition in die Gegenwart und Zukunft der Organisation und kann gezielt eine nachhaltige Entwicklung von Dienstleistungen und sozialen Organisationen befördern.

Literaturverzeichnis (Gesamtwerk)

Ant, M. (2018). *Effizientes Strategisches Management: Die 10 Phasen Einer Erfolgreichen Unternehmensentwicklung.* Gabler. https://ebookcentral.proquest.com/lib/kxp/detail.action?docID=5441134

Arnold, U. (2014a). Besonderheiten der Dienstleistungsproduktion. In U. Arnold, K. Grunwald, B. Maelicke, H. Backhaus-Maul, B. Benz & K.-H. Boeßenecker (Hrsg.), *Lehrbuch der Sozialwirtschaft* (4. erweiterte Aufl., S. 460–480). Nomos.

Arnold, U. (2014b). Qualitätsmanagement in Sozialwirtschaftlichen Organisationen. In U. Arnold, K. Grunwald, B. Maelicke, H. Backhaus-Maul, B. Benz & K.-H. Boeßenecker (Hrsg.), *Lehrbuch der Sozialwirtschaft* (4. erweiterte Aufl., S. 585–628). Nomos.

Bäcker, G., Naegele, G., Bispinck, R., Hofemann, K. & Neubauer, J. (2020). *Sozialpolitik und soziale Lage in Deutschland* (6., vollständig überarbeitete und erweiterte Aufl.). Springer VS.

Bär, M., Böckelmann, C. & Thommen, J.-P. (2006). Interne und externe Coachings in Unternehmen. *Organisationsberatung, Supervision, Coaching, 13*(1), 44–55. https://doi.org/10.1007/s11613-006-0005-5

Bartscher, T. & Huber, A. (2007). *Praktische Personalwirtschaft: Eine praxisorientierte Einführung* (2., vollst. überarb. Aufl.). *Lehrbuch*. Gabler.

Bauschke, R. (2014). Unternehmenskultur und Unternehmenserfolg. In N. Homma, R. Bauschke & L. M. Hofmann (Hrsg.), *Einführung Unternehmenskultur* (S. 15–29). Springer Fachmedien Wiesbaden. https://doi.org/10.1007/978-3-658-02411-6_2

Beck, R. & Schwarz, G. (2011). *Konzeptions- und Leitbildentwicklung: Bestandsaufnahme und Prozessgestaltung. Optimierung von Leitungshandeln.* Studienbrief 2-020-1301 (2., grundlegend überarbeitete Aufl.). Service-Agentur des Hochschulverbundes Distance Learning.

Becker, M. (2013). *Personalentwicklung: Bildung, Förderung und Organisationsentwicklung in Theorie und Praxis* (6., überarb. und aktualisierte Aufl.). Schäffer-Poeschel.

Beckmann, C. (2009). *Qualitätsmanagement und Soziale Arbeit* (1. Aufl.). VS Verlag für Sozialwissenschaften.

Benes, G. & Groh, P. E. (2014). *Grundlagen des Qualitätsmanagements: Mit 46 Tabellen und 239 Lernerfolgskontrollfragen* (3., aktualisierte Aufl. [Elektronische Ressource]. Fachbuchverl. Leipzig im Carl-Hanser-Verl. http://www.hanser-elibrary.com/isbn/9783446440234 https://doi.org/10.3139/9783446440234

Benes, G. & Groh, P. E. (2017). *Grundlagen des Qualitätsmanagements* (4., aktualisierte Aufl.). Fachbuchverlag Leipzig im Carl Hanser Verlag. http://www.hanser-fachbuch.de/9783446451834

Bennis, W. G. (1990). *Führen lernen* (T. Schmidt, Übers.). Campus.

Bestmann, S. (2018). Qualitätshandbuch. In H. Bassarak (Hrsg.), *Lexikon der Schulsozialarbeit* (1. Aufl., S. 396–397). Nomos.

Binner, H. F. (2002). *Prozessorientierte TQM-Umsetzung* (2., verb. und aktualisierte Aufl.). *Hanser Lehrbuch*. Hanser.

Böckelmann, C. & Mäder, K. (2018). *Fokus Personalentwicklung.: Konzept und ihre Anwendung im Bildungsbereich.* (2., vollständig überarb, und erw. Aufl.). Springer.

Böhm, W. & Engelhardt, H. D. (2009). *Qualitätsmanagement (Total Quality Management) für die Soziale Arbeit: Qualität/Evaluation/Qualitätssicherung/Total Quality Management.* Studienbrief 2-020-1702 (2. Aufl.). Service-Agentur des Hochschulverbundes Distance Learning.

bOJA bundesweites Netzwerk Offene Jugendarbeit (Hrsg.). (2021). *OFFENE JUGENDARBEIT IN ÖSTERREICH: Ein Handbuch.* https://www.boja.at/sites/default/files/downloads/2022-01/Handbuch_mitCover.pdf

Brandl, P. (2021). Die QM-Systeme sind in die Jahre gekommen – Wie geht's weiter? In A. Wöhrle, M. Boecker, P. Brandl, K. Grunwald, L. Kolhoff, S. Noll, J. Ribbeck & M. Sagmeister (Hrsg.), *Studienkurs Sozialwirtschaft. Qualitätsmanagement, Qualitätsentwicklung* (1. Aufl., S. 85–120). Nomos.

Brinkmann, V. (2010). *Sozialwirtschaft: Grundlagen – Modelle – Finanzierung* (1. Aufl.). *Lehrbuch*. Gabler. http://bvbr.bib-bvb.de:8991/F?func=service&doc_library=BVB01&doc_number=014612951&line_number=0002&func_code=DB_RECORDS&service_type=MEDIA

Brüggemann, H. & Bremer, P. (2020). *Grundlagen Qualitätsmanagement: Von den Werkzeugen über Methoden zum TQM* (3. Aufl.). Springer Vieweg.

Bruhn, M. (2020). *Qualitätsmanagement für Dienstleistungen: Handbuch für ein erfolgreiches Qualitätsmanagement: Grundlagen – Konzepte – Methoden* (12., aktualisierte und erweiterte Aufl.). Springer Gabler. https://doi.org/10.1007/978-3-662-62120-2

Bruhn, M. (2021). *Qualitätsmanagement für Non-Profit-Organisationen: Grundlagen – Planung – Umsetzung – Kontrolle* (2., überarbeitete und erweiterte Aufl.). Springer Gabler.

Buchinger, L. & Herget, J. (2018). Unternehmenskultur – Es gibt nichts Praktischeres als eine gute Theorie. In J. Herget & H. Strobl (Hrsg.), *Unternehmenskultur in der Praxis: Grundlagen – Methoden – Best Practices* (1. Aufl. 2018, S. 107–121). Springer Fachmedien Wiesbaden. https://doi.org/10.1007/978-3-658-18565-7_7

Bundes-Kinder- und Jugendhilfegesetz 2013 – B-KJHG 2013, RIS Rechtsinformationssystem des Bundes (2013). https://www.ris.bka.gv.at/GeltendeFassung.wxe?Abfrage=Bundesnormen&Gesetzesnummer=20008375&FassungVom=2019-12-31

Burow, O.-A. (2008). Zukunftskonferenz. Anspruch, Wirklichkeit und Perspektiven. In N. Kersting (Hrsg.), *Politische Beteiligung* (S. 181–191). VS Verlag für Sozialwissenschaften. https://doi.org/10.1007/978-3-531-91071-0_11

Cremer, G., Goldschmidt, N. & Höfer, S. (2013). *Soziale Dienstleistungen: Ökonomie, Recht, Politik. UTB Wirtschaftswissenschaften, Rechtswissenschaften, Sozialwissenschaften: Bd. 3665*. Mohr Siebeck. http://www.socialnet.de/rezensionen/isbn.php?isbn=978-3-8252-3665-6

Dahl, C. (2015). *ISO 9001:2015 einfach erklärt* (Version 1.0 vom 28.10.2015). Amazon Fulfillment.

Daumenlang, K. & Müskens, W. (2004). *Fragebogen zur Erfassung des Organisationsklimas: FEO; Manual*. Hogrefe.

Deinet, U., Szlapka, M. & Witte, W. (Hrsg.). (2008). *Qualität durch Dialog: Baustein kommunaler Qualitäts- und Wirksamkeitsdialoge* (1. Aufl.). VS Verlag für Sozialwissenschaften.

Deming, W. E. (1982). *Quality, Productivity, and Competetive Position*. Massachusetts Institute of Technology.

Denison, D. R. & Mishra, A. K. (1995). Toward a theory of organizational culture an effectiveness. *Organization Science*(6), 204–223.

Deuringer, C. (2000). *Organisation und Change Management: Ein ganzheitlicher Strukturansatz zur Förderung organisatorischer Flexibilität. Gabler-Edition Wissenschaft Internationalisierung und Management*. Deutscher Universitäts-Verlag. https://ebookcentral.proquest.com/lib/kxp/detail.action?docID=6287999

DGQ Deutsche Gesellschaft für Qualität. (2023). Überarbeitete ISO 9001 kommt 2025 – weitere Revisionen angekündigt. https://www.dgq.de/aktuelles/ueberarbeitete-iso-9001-kommt-2025-weitere-revisionen-angekuendigt/

DIN Deutsches Institut für Normung. (2023a). *DIN-Norm: Entstehung einer Norm*. https://www.din.de/de/ueber-normen-und-standards/din-norm

DIN Deutsches Institut für Normung. (2023b). Über Normen und Standards: DIN kurz erklärt. https://www.din.de/de/ueber-normen-und-standards/basiswissen

Donabedian, A. (1966). Evaluating the quality of medical care. *The Milbank Memorial Fund quarterly*, *44*(3), 166–206.

Donabedian, A. (2005). Evaluating the quality of medical care. 1966. *The Milbank quarterly*, *83*(4), 691–729. https://doi.org/10.1111/j.1468-0009.2005.00397.x

Doppler, K. & Lauterburg, C. (Hrsg.). (2008). *Change Management: Den Unternehmenswandel gestalten* (12., aktualisierte und erweiterte Aufl.). Campus-Verlag.

Doran, G. T. (1981). There's a SMART way to write management's goals and objectives. *Management Review*, *70*(11), 35–36. https://www.ctwomen.org/blog?offset=1539610989606

Eberhardt, D. (2013). Culture matters – aber wie? Impulse zum Phänomen Organisationskultur. In D. Eberhardt (Hrsg.), *Unternehmenskultur aktiv gestalten: Praxisfälle aus Wirtschaft, öffentlichem Dienst, Kultur & Sport; mit 13 Tabellen* (S. 5–32). Springer. https://doi.org/10.1007/978-3-642-40910-3_2

EFQM European Foundation for Quality Management. (2021). *Das EFQM Modell: 2. überarbeitete Ausgabe. Enthält ergänzende Informationen zu Anwendungsbeispielen, RADAR und Bewertungsprofilen*. https://efqm.org/de/the-efqm-model/

Elbe, M. (2016). *Sozialpsychologie der Organisation: Verhalten und Intervention in sozialen Systemen* (1. Aufl. 2016). Springer Berlin Heidelberg. http://nbn-resolving.org/urn:nbn:de:bsz:31-epflicht-1592818

Ensslen, C. (2004). Rechnungslegung und Transparenz im Dritten Sektor. In W. R. Walz (Hrsg.), *Schriftenreihe des Instituts für Stiftungsrecht und das Recht der Non-Profit-Organisationen [Band 1]: Bd. 3. Rechnungslegung und Transparenz im Dritten Sektor* (S. 215–218). Heymanns.

Eremit, B. & Weber, K. F. (2015). *Individuelle Persönlichkeitsentwicklung: Quick Finder – Die wichtigsten Tools im Business Coaching*. Springer Fachmedien Wiesbaden. http://gbv.eblib.com/patron/FullRecord.aspx?p=4179396

Ertl-Wagner, B., Steinbrucker, S. & Wagner, B. (2013). *Qualitätsmanagement und Zertifizierung: Praktische Umsetzung in Krankenhäusern, Reha-Kliniken, stationären Pflegeeinrichtungen* (2. Aufl.). Springer.

Ettl, C. (2018). Organisationskultur – Aufbau, Modelle und Messbarkeit. In J. Herget & H. Strobl (Hrsg.), *Unternehmenskultur in der Praxis: Grundlagen – Methoden – Best Practices* (1. Aufl. 2018, S. 39–59). Springer Fachmedien Wiesbaden. https://doi.org/10.1007/978-3-658-18565-7_3

Geiger, W. & Kotte, W. (2008). *Handbuch Qualität: Grundlagen und Elemente des Qualitätsmanagements: Systeme – Perspektiven* (5., vollständig überarbeitete und erweiterte Aufl.). *Springer eBook Collection Computer Science & Engineering*. Vieweg. https://doi.org/10.1007/978-3-8348-9429-8

Gläser, W. (2020). *Leadership Skills & Strategies. VUCA world. Volatility/Uncertainty/Complexity/Ambiguity*. https://www.vuca-world.org

Gläser und Partner. (2018). *Leadership Skills und Strategien für eine VUCA Welt*. https://www.vuca-welt.de/

Gnahs, D. & Quilling, E. (2019). *Qualitätsmanagement: Konzepte und Praxiswissen für die Weiterbildung*. Springer VS. https://doi.org/10.1007/978-3-658-19534-2

Grunwald, K. (2018). Qualitätsmanagement in der Sozialwirtschaft. In K. Grunwald & A. Langer (Hrsg.), *Sozialwirtschaft: Handbuch für Wissenschaft und Praxis* (1. Aufl., S. 617–635). Nomos Verlagsgesellschaft mbH & Co. KG.

Grunwald, K. (2022). Qualitätsmanagement in der Sozialwirtschaft zwischen hilfreichem Instrumentarium und Steuerungseuphorie. In L. Kolhoff (Hrsg.), *Perspektiven Sozialwirtschaft und Sozialmanagement. Aktuelle Diskurse in der Sozialwirtschaft IV* (S. 171–192). Springer Fachmedien Wiesbaden. https://doi.org/10.1007/978-3-658-38677-1_10

Hahn, D. (2006). Stand und Entwicklungstendenzen der strategischen Planung. In D. Hahn & B. Taylor (Hrsg.), *Strategische Unternehmungsplanung – strategische Unternehmungsführung: Stand und Entwicklungstendenzen* (9., überarb. Aufl., S. 3–28). Springer. https://doi.org/10.1007/3-540-30763-X_1

Halfar, B. (2009). Wirkungsorientiertes Controlling [Sozialwirtschaft: Zeitschrift für Führungskräfte in sozialen Unternehmungen, 5, S. 6–8]. https://nbn-resolving.org/urn:nbn:de:0168-ssoar-315806

Haller, S. (2012). *Dienstleistungsmanagement: Grundlagen – Konzepte – Instrumente* (5., aktualisierte Aufl.). Springer Gabler.

Haller, S. & Wissing, C. (2022). *Dienstleistungsmanagement: Grundlagen – Konzepte – Instrumente* (9., überarbeitete und erweiterte Aufl.). *Springer eBook Collection.* Springer Gabler. https://doi.org/10.1007/978-3-658-36810-4

Helmig, B. & Boenigk, S. (2020). *Nonprofit Management* (2., komplett überarbeitete Aufl.). *Vahlens Handbücher der Wirtschafts- und Sozialwissenschaften.* Verlag Franz Vahlen.

Helmig, B., Purtschert, R. & Beccarelli, C. (2006). Nonprofit but Management. In B. Helmig & R. Purtschert (Hrsg.), *Nonprofit-Management: Beispiele für Best-Practices im Dritten Sektor* (2., aktualisierte und erweiterte Aufl., S. 1–20). Betriebswirtschaftlicher Verlag Dr. Th. Gabler – GWV Fachverlage GmbH Wiesbaden.

Hensen, P. (2019a). *Qualitätsmanagement im Gesundheitswesen: Grundlagen für Studium und Praxis* (2., überarbeitete und erweiterte Aufl.). Springer Gabler.

Hensen, P. (2019b). *Qualitätsmanagement im Gesundheitswesen: Grundlagen für Studium und Praxis* (2., überarbeitete und erweiterte Aufl.). Springer Gabler.

Herget, J. (2020). *Unternehmenskultur gestalten: Systematisch zum nachhaltigen Unternehmenserfolg.* Springer Berlin/Heidelberg. https://ebookcentral.proquest.com/lib/kxp/detail.action?docID=6272249

Herget, J. & Strobl, H. (Hrsg.). (2018). *SpringerLink Bücher. Unternehmenskultur in der Praxis: Grundlagen – Methoden – Best Practices.* Springer Gabler. https://doi.org/10.1007/978-3-658-18565-7

Herrmann, J. & Fritz, H. (2021). *Qualitätsmanagement: Lehrbuch für Studium und Praxis* (3., aktualisierte und erweiterte Aufl.). Hanser.

Hinsch, M. (2014). *Die neue ISO 9001:2015 – Status, Neuerungen und Perspektiven* (Aufl. 2014). Springer Berlin Heidelberg.

Hirt, M. (Hrsg.). (2015). *Management Competence. Die wichtigsten Strategietools für Manager: Mehr Orientierung für den Unternehmenserfolg.* Verlag Franz Vahlen.

Hoffmann, F. (1987). Unternehmenskultur in Amerika und Deutschland: Wie unterscheiden sich d. Ziele u. Normen von Topmanagern diesseits u. jenseits d. Atlantiks? *Harvard-Manager, 9*(4), 91–97.

Homma, N. (2014). *Einführung Unternehmenskultur: Grundlagen, Perspektiven, Konsequenzen. SpringerLink Bücher.* Springer Gabler. https://doi.org/10.1007/978-3-658-02411-6

Homma, N. & Bauschke, R. (2015). *Unternehmenskultur und Führung: Den Wandel gestalten – Methoden, Prozesse, Tools* (2. Aufl.). Springer Gabler.

Homma, N., Bauschke, R. & Hofmann, L. M. (Hrsg.). (2014). *Einführung Unternehmenskultur.* Springer Fachmedien Wiesbaden. https://doi.org/10.1007/978-3-658-02411-6

Horak, C. & Speckbacher, G. (2013). Ziele und Strategien. In R. Simsa (Hrsg.), *Handbuch der Nonprofit-Organisation: Strukturen und Management* (5., überarb. Aufl., S. 159–182). Schäffer-Poeschel.

Hövemann, G. (2009). *Wirtschaftslehre für soziale Berufe: Fachbuch für Sozialwirtschaft.* Lambertus-Verlag.

Hoyle, D. (2007). *Quality Management Essentials* (1. Aufl.). Elsevier professional. http://site.ebrary.com/lib/alltitles/docDetail.action?docID=10167105

Humanomed. (2021a). *Unser Verhaltenskodex – Kur & Rehabilitation/Health Retreat: Die richtigen Entscheidungen treffen.* https://www.humanomed.at/fileadmin/user_upload/Media/Humanomed_Zentrum_Althofen/hza_verhaltenskodex 2021.pdf

Humanomed. (2021b). *Unser Verhaltenskodex – Privatkliniken: Die richtigen Entscheidungen treffen.* https://www.humanomed.at/fileadmin/user_upload/Media/Privatklinik_Villach/pkv_verhaltenskodex2021.pdf

Hungenberg, H. (2011). *Strategisches Management in Unternehmen: Ziele – Prozesse – Verfahren* (6. Aufl.). Gabler Verlag.

Imai, M. (1992). *Kaizen: Der Schlüssel zum Erfolg der Japaner im Wettbewerb* (5. Aufl.). Wirtschafts-Verl. Langen Müller, Herbig. https://permalink.obvsg.at/AC00514206

ISO Internationalen Organisation für Normung. (2023). *Popular standards: ISO 9000 family – Quality management.* https://www.iso.org/iso/quality_management

Jöns, I., Hodapp, M. & Weiss, K. (2005). *Kurzskala zur Erfassung der Unternehmenskultur: Mannheimer Beiträge zur Wirtschafts- und Organisationspsychologie, Universität Mannheim.* https://www.researchgate.net/publication/37366952_Kurzskala_zur_Erfassung_der_Unternehmenskultur

Judy, M. & Knopf, W. (2020). Supervision – Coaching – Beratung: Wie unterscheiden Sie sich und woran merkt man, dass sie gelingen? *SIO – Fachzeitschrift für Soziale Arbeit in Österreich,* (2), 17–23. https://obds.at/wp-content/uploads/2022/03/SIO-2_2020-WEB.pdf

Kahla-Witzsch, H. A., Jorzig, A. & Brühwiler, B. (2019). *Das sichere Krankenhaus: Leitfaden für das klinische Risikomanagement* (1. Aufl.). Verlag W. Kohlhammer.

Kapella, O., Rille-Pfeiffer, C., Wernhart, G. & Baierl, A. (2018). *Teilbericht der Evaluierung des Bundes-Kinder- und Jugendhilfegesetzes (B-KJHG): Endbericht der Module 4, 6 und 7 (Forschungsbericht/Österreichisches Institut für Familienforschung an der Universität Wien, 28).* https://www.ssoar.info/ssoar/handle/document/61202

Kaplan, R. S. & Norton, D. P. (1996). *The Balanced Scorecard: Translating Strategy into Action.* Harvard Business School Press.

Kerth, K., Asum, H. & Stich, V. (2015). *Die besten Strategietools in der Praxis: Welche Werkzeuge brauche ich wann? Wie wende ich sie an? Wo liegen die Grenzen?* (6. überarb. und erw. Aufl.). Hanser.

Kiessling, W. & Babel, F. (2016). *Corporate Identity: Strategie nachhaltiger Unternehmensführung* (4. Aufl.). Walhalla u. Praetoria Verlag GmbH & Co. KG. https://www.wiso-net.de/document/WLHE,AWLH__9783802944147196

Klaußner, S. (2016). *Partizipative Leitbildentwicklung: Grundlagen, Prozesse und Methoden.* https://ebookcentral.proquest.com/lib/kxp/detail.action?docID=4533438

Knon, D., Goerig, R.-M. & Gietl, G. (2013). Historie und Prinzipien des Qualitätsmanagements. In D. Knon, R.-M. Goerig & G. Gietl (Hrsg.), *Pocket-Power: Bd. 038. Qualitätsmanagement in Krankenhäusern* (2. Aufl., S. 9–17). Hanser.

Kohlen, R. & Müller, R. A. (2021). *Quality Reinvented! Zusammenarbeit kreativ gestalten, Organisation sinnstiftend entwickeln, ISO 9001 wertschöpfend einsetzen.* Hanser.

König, E. & Volmer, G. (2008). *Handbuch Systemische Organisationsberatung: Grundlagen und Methoden* (1. Aufl.). *Weiterbildung und Qualifikation*. Beltz Juventa.

Koubek, A. (2017). *DIN EN ISO 9001:2015 umsetzen: QM-System aufbauen und weiterentwickeln. Pocket-Power: Bd. 080*. Hanser.

Kühl, S. (2017). *Leitbilder erarbeiten: Eine kurze organisationstheoretisch informierte Handreichung* (1. Aufl. 2017). Springer Fachmedien Wiesbaden. https://doi.org/10.1007/978-3-658-13423-5

Laufer, H. (2010). *Grundlagen erfolgreicher Mitarbeiterführung: Führungspersönlichkeit, Führungsmethoden, Führungsinstrumente*. GABAL Verlag.

Levin, I. & Gottlieb, J. Z. (2009). Realigning organization culture for optimal performance: Six principles & eight practices. *Organisational Development Journal, 27*(4), 31–46.

Ley, T. & Seelmeyer, U. (2014). Dokumentation zwischen Legitimation, Steuerung und professioneller Selbstvergewisserung: Zu den Auswirkungen digitaler Fach-Anwendungen. *Sozial extra, 38*(4), 51–55. https://doi.org/10.1007/s12054-014-0090-1

Macharzina, K. & Wolf, J. (2023). *Unternehmensführung: Das internationale Managementwissen: Konzepte – Methoden – Praxis* (12., überarbeitete und erweiterte Aufl.). Springer Gabler. https://doi.org/10.1007/978-3-658-41053-7

Maurus, A., Lang, R., Juraschek, S., Hepting, S., Hartmann, E., Elsäßer, P., Ackermann, S. & Brater, M. (2016). *Menschen entwickeln Qualitäten: Qualitätsmanagement nach dem GAB-Verfahren. Ein Leitfaden für pädagogische und soziale Arbeitsfelder* (Bd. 6). wbv Publikation. https://doi.org/10.3278/6004509w

McKeever, N. (2019). Weniger Stress durch die richtige Organisation. In D. Schenk (Hrsg.), *Chefsache. Chefsache Assistenz: Effiziente Chefentlastung im Office 4.0* (S. 165–188). Springer Gabler.

Meinhold, M. (1998). *Qualitätssicherung und Qualitätsmanagement in der sozialen Arbeit: Einführung und Arbeitshilfen* (3., erg. Aufl.). Lambertus.

Meinhold, M. & Matul, C. (2011). *Qualitätsmanagement aus der Sicht von Sozialarbeit und Ökonomie* (2., überarb. und aktualisierte Aufl.). *utb-studi-e-book: Bd. 3568*. Nomos-Verl.-Ges; UTB. http://www.utb-studi-e-book.de/9783838535685

Merchel, J. (2013). *Qualitätsmanagement in der Sozialen Arbeit. Eine Einführung*. Beltz Juventa.

Müller, E. (2014). *Qualitätsmanagement für Unternehmer und Führungskräfte: Was Entscheider wissen müssen*. Springer Gabler.

Müller-Stewens, G. & Lechner, C. (2005). *Strategisches Management: Wie strategische Initiativen zum Wandel führen; der St. Galler General Management Navigator* (3., aktualisierte Aufl.). Schäffer-Poeschel.

Njo, M. (2014). Unternehmenskultur und Unternehmensleitbild. In W. Koberski, V. Engelbert & G. Dachrodt (Hrsg.), *SpringerLink Bücher. Praxishandbuch Human Resources: Management – Arbeitsrecht – Betriebsverfassung* (S. 113–129). Springer Gabler.

Nürnberg, V. & Schneider, B. (2014). *Kundenmanagement im Krankenhaus: Service – Qualität – Erreichbarkeit* (1. Aufl.). Springer Gabler.

Oakland, J. S. (2014). *Total Quality Management and Operational Excellence: Text with Cases* (4th ed.). Taylor and Francis. http://gbv.eblib.com/patron/FullRecord.aspx?p=1682288

ÖNORM Österreichisches Normungsinstitut (15. November 2015). *Qualitätsmanagementsysteme – Anforderungen* (ÖNORM EN ISO 9001:2015).

OSGS Österreichisches Spendengütesiegel. (2021). Über das Spendengütesiegel. https://www.osgs.at/spendenguetesiegel/

Parasuraman, A., Zeithaml, V. A. & Berry, L. L. (1985). A conceptual model of service quality and its implications for future research. *Journal of Marketing, 49/4*, 41–50.

Pennersdorfer, A. & Badelt, C. (2013). Zwischen Marktversagen und Staatsversagen? Nonprofit-Organisationen aus ökonomischer Sicht. In R. Simsa (Hrsg.), *Handbuch der Nonprofit-Organisation: Strukturen und Management* (5., überarb. Aufl., S. 107–123). Schäffer-Poeschel.

Pfeifer, T. (2001). *Qualitätsmanagement: Strategien, Methoden, Techniken* (3., völlig überarb. und erw. Aufl.). Hanser.

Porter, M. E. (1986). *Wettbewerbsvorteile: Spitzenleistungen erreichen u. behaupten = (Competitive advantage)*. Campus-Verlag.

Porter, M. E. (2014). *Wettbewerbsvorteile: Spitzenleistungen erreichen und behaupten = (Competitive Advantage)* (8., durchges. Aufl.). Campus-Verl.

Pühl, H. (2009). Team-Supervision und Teamarbeit. In H. Pühl (Hrsg.), *Handbuch Supervision und Organisationsentwicklung* (3., aktualisierte und erweiterte Aufl., S. 161–193). VS Verlag für Sozialwissenschaften. https://doi.org/10.1007/978-3-531-91556-2_10

Pundt, A., Nerdinger, F., Martins, E. & Horsmann, C. (2007). Beteiligungsorientierte Unternehmenskultur und Innovation: Ergebnisse aus dem Projekt TiM. *Organisationsentwicklung. Zeitschrift für Unternehmensentwicklung und Change Management*, (26), 22–30.

Quality Austria & arbeit plus. (2021). *Leitfaden zum Gütesiegel für Soziale Unternehmen: Version 6.1*. https://arbeitplus.at/wordpress/wp-content/uploads/2021/06/RE_27_01_037_Leitfaden-GSU-1.pdf

Raab, G., Unger, A. & Unger, F. (2018). *Methoden der Marketing-Forschung: Grundlagen und Praxisbeispiele* (3., überarb. u. erw. Aufl. 2018). Springer Fachmedien Wiesbaden. https://doi.org/10.1007/978-3-658-14881-2

Raeder, S. (2010). Organisationskultur – Analyse, Gestaltung und Entwicklung. In B. Werkmann-Karcher & J. Rietiker (Hrsg.), *Angewandte Psychologie für das Human Resource Management: Konzepte und Instrumente für ein wirkungsvolles Personalmanagement* (S. 89–110). Springer.

Rauen, C. (2002). Varianten des Coachings im Personalentwicklungsbereich. In C. Rauen (Hrsg.), *Schriftenreihe innovatives Management. Handbuch Coaching* (2., überarb. und erw. Aufl., S. 67–88). Hogrefe, Verl. für Psychologie.

Reichmann, U. (2022). *Schreiben und Dokumentieren in der Sozialen Arbeit: Struktur, Orientierung und Reflexion für die berufliche Praxis* (2. überarbeitete und aktualisierte Aufl.). UTB: 4579. Soziale Arbeit. Verlag Barbara Budrich.

Ribbeck, J. (2018). *Qualitätsmanagement in Sozialunternehmen: Grundlagen – Systeme und Konzepte – Implementierung und Steuerung*. Management Soziales et Gesundheit. Walhalla.

Ribbeck, J. (2022). *Qualitätsmanagement in der Sozialwirtschaft: Grundlagen – Qualitätsmanagementsysteme – Implementierung und Steuerung* (2., neu bearbeitete Aufl.). *Blaue Reihe*. Walhalla und Praetoria. http://www.walhalla.de

Ryschka, J., Solga, M. & Mattenklott, A [Axel.] (Hrsg.). (2011). *Praxishandbuch Personalentwicklung: Instrumente, Konzepte, Beispiele* (3rd ed. 2011). Gabler Verlag; Imprint Gabler Verlag. https://doi.org/10.1007/978-3-8349-6384-0

Ryschka, J. & Tietze, K.-O. (2011). Instrumente der Personalentwicklung. In J. Ryschka, M. Solga & A. Mattenklott (Hrsg.), *Praxishandbuch Personalentwicklung: Instrumente, Konzepte, Beispiele* (3., vollständig überarbeitete und erweiterte Aufl., S. 93–272). Gabler.

Sackmann, S. A. (1991). *Cultural knowledge in organizations: Exploring the collective mind* (1. print). Sage.

Sackmann, S. A. (2006). *Kulturassessment. In: Bertelsmann Stiftung (Hrsg.). Messen, werten, optimieren – Erfolg durch Unternehmenskultur*. Gütersloh, S. 36–39. https://www.bertelsmann-stiftung.de/fileadmin/files/BSt/Publikationen/GrauePublikationen/GP_Messen_werten_optimieren.pdf

Sackmann, S. A. (2017). *Unternehmenskultur: Erkennen – Entwickeln – Verändern: Erfolgreich durch kulturbewusstes Management* (2. Aufl. 2017). SpringerLink Bücher. Springer Fachmedien Wiesbaden. https://doi.org/10.1007/978-3-658-18634-0

SAQM Schweizerische Akademie für Qualität in der Medizin. (2022). *Hinweise zur Verfassung eines Qualitätsberichts*. https://www.fmh.ch/themen/qualitaet-saqm/saqm.cfm

Scheibeler, A. A. & Scheibeler Florian. (2019). *Easy ISO 9001:2015 für kleine Unternehmen.* (2., vollständig überarbeitete Aufl.). Hanser.

Schein, E. H. (1999). *The corporate culture survival guide: Sense and nonsense about culture change* (1. ed.). A Warren Bennis book. Jossey-Bass. http://www.loc.gov/catdir/description/wiley036/99006330.html https://doi.org/6330

Schellberg, K. (2014). Finanzierung in der Sozialwirtschaft. In U. Arnold, K. Grunwald, B. Maelicke, H. Backhaus-Maul, B. Benz & K.-H. Boeßenecker (Hrsg.), *Lehrbuch der Sozialwirtschaft* (4. erweiterte Aufl., S. 224–271). Nomos.

Scherm, N. (2020). *Psychohygiene in der Sozialen Arbeit. Methoden zur Prävention von psychischen Erkrankungen* (1. Aufl.). Social Plus.

Schmidt, S. (2016). *Das QM-Handbuch: Qualitätsmanagement für die ambulante Pflege*. Springer.

Schmitt, R. & Pfeifer, T. (2015). *Qualitätsmanagement: Strategien – Methoden – Techniken* (5., überarb. Aufl.). Hanser.

Schnyder, A. B. (1989). *Unternehmungskultur: Die Entwicklung eines Unternehmungskultur-Modells unter Berücksichtigung ethnologischer Erkenntnisse und dessen Anwendung auf die Innovations-Thematik*. Europäische Hochschulschriften/European University Studies/Publications Universitaires Européennes: Bd. 987. Lang, Peter Brüssel.

Scholz, C. (2000). *Personalmanagement: Informationsorientierte und verhaltenstheoretische Grundlagen* (5., neubearb. und erw. Aufl.). *Vahlens Handbücher der Wirtschafts- und Sozialwissenschaften*. Vahlen.

Schreyögg, G. & Koch, J. (2020). *Management: Grundlagen der Unternehmensführung* (8., vollständig überarbeitete Aufl.). *Lehrbuch*. Springer Gabler. https://doi.org/10.1007/978-3-658-26514-4

Schuster, C. (2006). Organizational Culture Inventory – Nutzung von Kultur als Treiber erfolgreichen Wandels. In: Bertelsmann Stiftung (Hrsg.). *Messen, werten, optimieren – Erfolg durch Unternehmenskultur*. Gütersloh, S. 20–25. https://www.bertelsmann-stiftung.de/fileadmin/files/BSt/Publikationen/GrauePublikationen/GP_Messen_werten_optimieren.pdf

SGB Sozialgesetzbuch. *Achtes Buch (VIII) – Kinder- und Jugendhilfe: Artikel 1 des Gesetzes v. 26. Juni 1990, § 72 Mitarbeiter, Fortbildung, BGBl. I, S. 1163*. https://www.gesetze-im-internet.de/sgb_8/__72.html

Simsa, R. & Patak, M. (2021). *Leadership & Homeoffice: So gelingt Führung auf Distanz*. Linde international.

Sommerhoff, B. (2021). *QM im Wandel: Personenzentriertes Innovations- und Qualitätsmanagement*. Hanser.

Stauss, B. & Seidel, W. (2014). *Beschwerdemanagement: Unzufriedene Kunden als profitable Zielgruppe* (5., vollst. überarb. Aufl.). Hanser Verl. http://www.hanser-elibrary.com/doi/book/10.3139/9783446436633 https://doi.org/10.3139/9783446436633

Steinbrecher, W. & Müll-Schnurr, M. (2014). *Prozessorientierte Ablage: Dokumentenmanagement-Projekte zum Erfolg führen; praktischer Leitfaden für die Gestaltung einer modernen Ablagestruktur* (3., überarb. Aufl.). Springer Gabler.

Sternad, D. & Mödritscher, G. (2018). *Qualitatives Wachstum: Der Weg zu nachhaltigem Unternehmenserfolg* (1st ed. 2018). Springer Fachmedien Wiesbaden; Imprint Springer Gabler. https://doi.org/10.1007/978-3-658-18880-1

Stöger, R. & Salcher, M. (2006). *NPOs erfolgreich führen: Handbuch für Nonprofit-Organisationen in Deutschland, Österreich und der Schweiz*. Schäffer-Poeschel Verlag für Wirtschaft Steuern Recht GmbH. http://site.ebrary.com/lib/alltitles/docDetail.action?docID=10555989

Stötzer, S. (2009). *Stakeholder Performance Reporting von Nonprofit-Organisationen: Grundlagen und Empfehlungen für die Leistungsberichterstattung als stakeholderorientiertes Steuerungs- und Rechenschaftslegungsinstrument*. Gabler.

Tergeist, G. (2015). *Führen und leiten in sozialen Einrichtungen*. (1. Aufl.). BALANCE buch + medien verlag.

Thommen, J.-P. & Achleitner, A.-K. (2005). *Umfassende Einführung aus managementorientierter Sicht* (4., überarb. und erw. Aufl., Nachdruck). *Allgemeine Betriebswirtschaftslehre/Jean-Paul Thommen Ann-Kristin Achleitner: Hauptbd*. Gabler.

Tietze, K.-O. (2010). *Kollegiale Beratung: Problemlösungen gemeinsam entwickeln. Miteinander reden: Praxis. Herausgegeben von Friedemann Schulz von Thun*. Rowohlt Digitalbuch.

Vahs, D. (2019). *Organisation: Ein Lehr- und Managementbuch* (10., überarbeitete Aufl.). Schäffer-Poeschel Verlag.

Vogelbusch, F. (2018). *Management von Sozialunternehmen: Eine Einführung in die allgemeine Betriebswirtschaftslehre mit Abbildungen und Praxisbeispielen.* Verlag Franz Vahlen.

Weidner, G. E. (2020). *Qualitätsmanagement: Kompaktes Wissen, konkrete Umsetzung, praktische Arbeitshilfen* (3., überarbeitete Aufl.). Hanser.

Weisbord, M. R. & Janoff, S. (2001). *Future search – die Zukunftskonferenz: Wie Organisationen zu Zielsetzungen und gemeinsamem Handeln finden.* Klett-Cotta.

Werkstatt PARITÄT. (2014). *Arbeitshilfen – Stichwortkatalog: Sachbericht (Förderperiode 2014–2020).* https://archiv-www.esf-epm.werkstatt-paritaet-bw.de/fileadmin/template/main/arbeitshilfen/20200528_EPM-Arbeitshilfe_Sachbericht_5.0.pdf

Wöhe, G., Döring, U. & Brösel, G. (Hrsg.). (2016). *Vahlens Handbücher. Einführung in die allgemeine Betriebswirtschaftslehre* (26., überarbeitete und aktualisierte Aufl.). Verlag Franz Vahlen.

Wrede, B. A. (2002). So finden Sie den richtigen Coach. In C. Rauen (Hrsg.), *Schriftenreihe innovatives Management. Handbuch Coaching* (2., überarb. und erw. Aufl., S. 253–288). Hogrefe, Verl. für Psychologie.

Zauner, A. (2016). Mehr als nur ein notwendiges Übel: Über Potentiale, Risiken und Ambivalenz von Dokumentation in der Sozialen Arbeit. *Soziales_Kapital – Wissenschaftliches Journal Österreichischer Fachhochschul-Studiengänge Soziale Arbeit, 2016*(15), 180–192. https://soziales-kapital.at/index.php/sozialeskapital/article/view/436

Zech, R. (2019). *Qualitätsmanagement und gute Arbeit: Grundlagen einer gelingenden Qualitätsentwicklung für Einsteiger und Skeptiker* (2. Aufl.). *Essentials.* Springer. http://www.springer.com/

Zerfaß, A. & Volk, S. C. (2019). *Toolbox Kommunikationsmanagement: Denkwerkzeuge und Methoden für die Steuerung der Unternehmenskommunikation* (1. Aufl.). Springer Gabler.

Zito, D. & Martin, E. (2021). *Selbstfürsorge und Schutz vor eigenen Belastungen für Soziale Berufe: Mit Online-Materialien* (1. Aufl.). *Edition sozial.* Beltz Juventa.

Zollondz, H.-D. (2011). *Grundlagen Qualitätsmanagement: Einführung in Geschichte, Begriffe, Systeme und Konzepte* (3., überarb., aktualisierte und erw. Aufl.). *Management 10-2012.* Oldenbourg. https://www.degruyter.com/isbn/9783486712025 https://doi.org/10.1524/9783486712025

zur Bonsen, M. (2021). *Zukunftskonferenz: socialnet Lexikon.* https://www.socialnet.de/lexikon/4609

SPRINGER NATURE

GPSR Compliance

The European Union's (EU) General Product Safety Regulation (GPSR) is a set of rules that requires consumer products to be safe and our obligations to ensure this.

If you have any concerns about our products, you can contact us on ProductSafety@springernature.com

In case Publisher is established outside the EU, the EU authorized representative is:

Springer Nature Customer Service Center GmbH
Europaplatz 3
69115 Heidelberg, Germany

The manufacturer's authorised representative in the EU is Springer Nature Customer Service Centre GmbH, Europaplatz 3, 69115 Heidelberg, Germany. If you have any concerns regarding our products, please contact ProductSafety@springernature.com

Printed and bound by CPI Group (UK) Ltd, Croydon, CR0 4YY

23/03/2026

02076466-0007